Constituição, Sistemas Sociais e Hermenêutica

Programa de Pós-Graduação
em Direito da UNISINOS

MESTRADO E DOUTORADO
Anuário 2007
n. 4

Área das Ciências Jurídicas
Anuário do Programa de Pós-Graduação em Direito

UNIVERSIDADE DO VALE DO RIO DOS SINOS

Reitor: Pe. Marcelo Fernandes de Aquino, S.J.
Vice-Reitor: Pe. Aloysio Bohnen, S.J.

Diretora da Unidade Acadêmica de Pesquisa e Pós-Graduação
Ione Maria Ghislene Bentz

Coordenador do Programa de Pós-Graduação em Direito
José Luis Bolzan de Morais

Corpo Docente PPGDIREITO
Álvaro Filipe Oxley da Rocha, André Leonardo Copetti Santos,
André Luís Callegari, Antonio Carlos Nedel,
Darci Guimarães Ribeiro, Deisy de Freitas Lima Ventura,
Jânia Maria Lopes Saldanha, José Carlos Moreira da Silva Filho,
José Luis Bolzan de Morais, Lenio Luiz Streck, Leonel Severo Rocha,
Ovídio Araújo Baptista da Silva, Rodrigo Stumpf González,
Sandra Regina Martini Vial, Têmis Limberger,
Vicente de Paulo Barretto e Wladimir Barreto Lisboa.

C758   Constituição, sistemas sociais e hermenêutica: programa de pós-graduação em Direito da UNISINOS: mestrado e doutorado / orgs. Lenio Luiz Streck, José Luis Bolzan de Morais; Ovídio Araújo Baptista da Silva ... [*et al.*]. Porto Alegre: Livraria do Advogado Editora; São Leopoldo: UNISINOS, 2008.
294 p.; 23 cm.
ISBN 978-85-7348-525-7

1. Direito. 2. Teoria do Direito. I. Streck, Lenio Luiz, org II. Morais, José Luis Bolzan, org.

CDU 34

Índices para o catálogo sistemático
Direito
Teoria do Direito

(Bibliotecária responsável: Marta Roberto, CRB-10/652)

Constituição, Sistemas Sociais e Hermenêutica

Programa de Pós-Graduação
em Direito da UNISINOS

MESTRADO E DOUTORADO
Anuário 2007
n. 4

Lenio Luiz Streck
José Luis Bolzan de Morais
Organizadores

Porto Alegre, 2008

© dos autores, 2008

Capa, projeto gráfico e diagramação de
Livraria do Advogado Editora

Revisão
Rosane Marques Borba

Direitos desta edição reservados por
Livraria do Advogado Editora Ltda.
Rua Riachuelo, 1338
90010-273 Porto Alegre RS
Fone/fax: 0800-51-7522
editora@livrariadoadvogado.com.br
www.doadvogado.com.br

Área das Ciências Jurídicas
Programa de Pós-Graduação em Direito
Universidade do Vale do Rio dos Sinos
Av. Unisinos, 950
93022-000 São Leopoldo RS
Fone/fax (51) 3590-8148
ppgd@unisinos.br
www.unisinos.br

Impresso no Brasil / Printed in Brazil

Sumário

Apresentação
Lenio Luiz Streck e José Luis Bolzan de Morais 7

I – EXECUÇÃO OBRIGACIONAL E MANDAMENTALIDADE
Ovídio A. Baptista da Silva 9

II – DA TEORIA GERAL DO PROCESSO À TEORIA DA TRADUÇÃO: um aporte da sociologia das ausências e das emergências
Jânia Maria Lopes Saldanha 27

III – ESBOÇO DE UMA TEORIA PROCESSUAL DO DIREITO
Darci Guimarães Ribeiro 53

IV – DO ESTADO SOCIAL DAS "CARÊNCIAS" AO ESTADO SOCIAL DOS "RISCOS". Ou: de como a *questão ambiental* especula por uma "nova cultura" jurídico-política
José Luis Bolzan de Morais 65

V – DEMOCRACIA E FORMAS DE INCLUSÃO – EXCLUSÃO POLÍTICA NOS SISTEMAS POLÍTICOS BRASILEIRO, MEXICANO E ITALIANO
Sandra Regina Martini Vial 79

VI – DESCONSTRUINDO OS MODELOS DE JUIZ: a hermenêutica jurídica e a superação do esquema sujeito-objeto
Lenio Luiz Streck 97

VII – O DISCURSO DECISÓRIO DO STF À LUZ DAS TRADIÇÕES INDIVIDUALISTA E COLETIVISTA. O caso da contribuição previdenciária dos inativos
André Leonardo Copetti Santos 117

VIII – JUDICIÁRIO, MÍDIA E CIDADANIA
Álvaro Filipe Oxley da Rocha 135

IX – A ILUSÃO METAFÍSICA DO POSITIVISMO JURÍDICO
Antônio Carlos Nedel 153

X – OBSERVAÇÕES SOBRE AUTOPOIESE, NORMATIVISMO E PLURALISMO JURÍDICO
Leonel Severo Rocha 167

XI – POLÍTICAS DE PROMOÇÃO AOS DIREITOS HUMANOS NO BRASIL: descontinuidades e desafios
Rodrigo Stumpf González 183

XII – ESTADO E POLÍTICA CRIMINAL: a expansão do direito penal como forma simbólica de controle social
André Luís Callegari 203

XIII – HIATOS DA TRANSNACIONALIZAÇÃO NA NOVA GRAMÁTICA DO DIREITO EM REDE: um esboço de conjugação entre estatalismo e cosmopolitismo
Deisy Ventura 223

XIV – POR QUE PUNIR?
Vicente de Paulo Barretto 241

XV – A REPERSONALIZAÇÃO DO DIREITO CIVIL EM UMA SOCIEDADE DE INDIVÍDUOS: o exemplo da questão indígena no Brasil
José Carlos Moreira da Silva Filho 253

XVI – THOMAS HOBBES E A CONTROVÉRSIA ACERCA DA INTERPRETAÇÃO DA LEI: uma questão jurídica contemporânea vista à luz do *Commonwelth hobbesiano*
Wladimir Barreto Lisboa 271

XVII – TRANSPARÊNCIA NA GESTÃO FISCAL E EFETIVIDADE: a importância da cultura constitucional e orçamentária
Têmis Limberger 281

Apresentação

A vinda à público do Anuário do Programa de Pós-Graduação em Direito da Universidade do Vale do Rio dos Sinos, do ano 2007, marca a passagem dos 10 anos de instalação do PPGD/UNISINOS.

Neste decênio pode-se constatar que a proposta inovadora, instalada em 1997 por um grupo de professores reunidos em torno à figura do Prof. Dr. Maurício Baptista Berni, conseguiu não apenas se consolidar mas, principalmente, oferecer um novo e sofisticado caminho para a compreensão do fenômeno jurídico. Alicerçado em uma área de concentração abrangente – o Direito Público – organiza-se em duas linhas de pesquisa – (1) Constituição, Hermenêutica e Realização de Direitos e (2) Sociedade, Novos Direitos e Transnacionalização – as quais permitem aos estudantes desenvolverem uma reflexão crítica que problematiza o Direito desde um conjunto de construções teóricas que possibilitam a realização de pesquisas inovadoras, contribuindo, assim, para o desenvolvimento científico da área, bem como viabilizando o desenvolvimento de práticas jurídicas inovadoras e que apontam para a construção do Estado Democrático de Direito que pauta a ordem constitucional pátria desde 1988.

Por outro lado, como se verá nos trabalhos aqui apresentados, tal contorno abre aos professores do PPGD a possibilidade de elaboração de construções teóricas que buscam não apenas compreender as estruturas regulatórias contemporâneas mas, sobretudo, fornecer ferramentas que aportam elementos aptos, necessários e suficientes para o afinamento de uma leitura crítico-reflexiva voltada à concretização da ordem constitucional tendo presente um contexto de profundas mudanças nos paradigmas e modelos político-institucionais da modernidade.

Com isso, o PPGD, ao longo desta década, tem servido de pólo de atração para inúmeros bacharéis em Direito, vindos de todos as regiões do País, buscando exatamente este diferencial.

Da mesma forma, os trabalhos aqui desenvolvidos têm servido de referência para as práticas jurídicas nacionais, estando presente não apenas na academia mas também na atividade forense e nas práticas políticas.

Com isso, o PPGD/UNISINOS consagra-se como um foco de irradiação de um pensar e agir jurídico comprometido, o que pode ser notado e anotado nas páginas que seguem.

Dez anos passados que abrem perspectivas para o futuro, alicerçados na consagração de uma proposta que, como dito, destaca-se do saber tradicional e tem contribuído para a elaboração desta "nova": cultura jurídica, papel fundamental da Universidade.

Tudo isso pode, agora, ser percebido com a leitura das páginas que seguem.

Os Organizadores
José Luiz Bolzan de Morais
Lenio Luiz Streck

— I —

Execução obrigacional e mandamentalidade

OVÍDIO A. BAPTISTA DA SILVA

1. A história da execução de sentença, a partir dos primórdios do direito romano, descreve uma linha descendente contínua em direção ao debilitamento dos meios coercitivos e à tolerância para com o condenado. Originariamente, como se sabe, a execução era privada, e consistia em severas medidas coercitivas pessoais contra o condenado, porquanto a relação obrigacional carecia de patrimonialidade, somente mais tarde adquirida, até tornar-se, hoje, exclusivamente patrimonial. O condenado não respondia com seus bens, mas com sua pessoa. O patrimônio do condenado apenas indiretamente poderia ser alcançado pela execução. Ultrapassado o *tempus iudicati*, se o condenado perseverasse em não cumprir a condenação, o credor o acorrentava, à espera de que alguém (*vindex*) o viesse libertá-lo, mediante o pagamento. O devedor sequer poderia libertar-se por si mesmo da *manus iniectio* primitiva. Era necessária a intervenção do *vindex* que assumia a responsabilidade pelo cumprimento da condenação (Vittorio Scialoja, *Procedimiento civil romano*, Roma, 1936, versão de 1954, EJEA, Buenos Aires, p. 276).

2. O abrandamento dos instrumentos executórios foi, em grande parte, resultado da influência do cristianismo, como notam os historiadores do direito (Referimo-nos a esta marcante influência – que se tornou uma conquista definitiva da civilização contemporânea – na obra *Jurisdição e execução na tradição romano canônica*, 2ª edição, R.T., 1997, cap. 9).

3. Mesmo na Idade Média, por influência dos povos germânicos, os instrumentos executivos revestiam-se de extrema crueldade. Na alta Idade Média, diz Giuseppe Salvioli, o condenado, além da perda do bem, era considerado réu do delito de desobediência caso não cumprisse a condenação, hipótese em que o credor poderia obrigá-lo a prestar-lhe serviços se não preferisse fazê-lo encarcerar (*Storia del diritto italiano*, reimpressão da edição de 1927, vol. III, Florença, 1969, p. 626).

4. No caso de insolvência, poderia o credor receber o pagamento obrigando o devedor a prestar-lhe serviço ou, até mesmo, reduzi-lo *ad carcerem privatum* (autor e obra cits., p. 631).

Antonio Pertile observa que mesmo que a *esecuzione personale*, "cadesse in dissuetudine, come immorale", ainda são encontrados vestígios de escravidão por dívida na Itália medieval até o século XIV (*Storia del diritto italiano*, Bolonha, 2ª edição, 1966, vol. VI, Parte II, p. 353).

Na verdade, tantos eram os meios de execução indireta no direito intermédio que Giuseppe Borrè considera que "non sarebbe agevole tentare una elencazione completa" desses instrumentos de coerção pessoal, "escogitati dalla prassi, contemplati dagli statuti, suggeriti dai trattatisti o affermatisi nelle decisioni giurisprudenziali, specialmente della Rota romana", dentre os quais o banimento (*bannitio*), como punição de natureza político-social e a excomunhão (*excommunicatio*), como uma severa pena religiosa (*L´esecuzione forzata degli obblighi di fare e di non fare*, CEDAM, Nápoles, 1966, p. 11).

5. A eliminação das medidas coercitivas de natureza pessoal, em favor da patrimonialidade da prestação obrigacional, que caracteriza os sistemas processuais herdeiros da tradição romano-canônica, a partir do século XV, por influência do Humanismo e dos demais princípios formadores da modernidade, fez com que o direito dos sistemas contemporâneos exasperassem a mercantilização dos meios executórios, a ponto de tornar indenizáveis, e portanto negociáveis, até as mais graves ofensas morais.

6. No direito português medieval, vigente até o século XIX no Brasil, ainda havia pena de prisão por desobediência às ordens judiciais, expressas nas chamadas "cartas de seguranças", tratadas pelas Ordenações Filipinas (Liv. V, Tít. 78). No § 5º desse Título dizia a ordenação que a segurança era dada a fim de que aqueles contra quem ela se dirigia *"tivessem razão de arrecear o rompimento della, e de incorrer nas penas, em que incorrem os que quebrão as seguranças postas por Nós."*

7. A extraordinária significação dessas "cartas reais" está em que, além de representarem um importante instrumento de *tutela preventiva*, que nosso direito, mesmo não as tendo formalmente eliminado, por influência do Racionalismo, com extrema dificuldade as prátic as, mostram também o germe de nosso atual mandado de segurança, como dissemos em outro lugar (*Curso de processo civil*, vol. II, 3ª edição, p. 250).

Esta é uma questão interessante porque, tendo-nos tornado dogmáticos ao extremo, perdemos a percepção histórica dos fenômenos jurídicos, a ponto de supor, como disse Andreas Proto Pisani, reproduzindo um pensamento de Salvatore Satta, que os institutos de direito processual *"nascem, não apenas com o selo terreno, mas com aquele da eternidade*" (Revista da Magistratura do Rio de Janeiro, nº 16, 2001, p. 23).

Essa falta de visão histórica das instituições processuais faz com que procuremos no direito americano as origens de nosso mandado de segurança, quando suas raízes estão, precisamente, na ordenação do reino português antes indicada.

É reveladora dessa ascendência o fato de haver o direito americano utilizado o vocábulo "*contempt*" para significar o desprezo ou desobediência às ordens judiciais, porquanto esse vocábulo provém do verbo latino *contemno, contenere*, desdenhar, *desprezar*, que é o mesmo sentido do vocábulo empregado por essa ordenação (78, pr.). Dizia o legislador português: "*E não o querendo segurar, o Julgador o segurará da nossa parte do dito, feito e conselho, e além disto castigará o que seu mandado não quizer dar a dita segurança, polo desprezo que lhe assi fez.*"

8. Mas há, dentre outros muitos fatores oriundos das filosofias liberais dos séculos XVII e XVIII, a importante circunstância de haverem os sistemas do direito continental europeu, especialmente o italiano, regressado ao conceito romano de jurisdição, como advertiu, em conhecido ensaio, Giuseppe Chiovenda (*L'idea romana nel processo civile moderno*, Saggi di diritto processuale civile, reedição de 1993, 3º volume, p. 79), não sem antes, todavia, recordar que "il processo romano adempieva alla funzione di mero accertamento" (p. 81); retorno às fontes romanas, segundo Chiovenda, devido à Revolução Francesa, conseqüentemente determinada por uma influência de que ficara imune o direito inglês que, como se sabe, continua a praticar um forma de tutela imperativa através das célebres *injunctions*.

Além disso, regressamos ao direito romano do Imperador Justiniano, no qual não mais havia a tutela interdital, eliminada no período da *cognitio extraordinaria*. É necessário, igualmente, ter presente que a tutela concedida pelo pretor romano, através dos interditos, não era considerada uma proteção jurisdicional, por isso que, tendo natureza imperativa, expressa por meio de ordens de fazer e não fazer, haveria de ser classificada como atos de império e não de jurisdição.

Como mostrou Arnaldo Biscardi, "uno dei dati storicamente più sicuri che le nostre fonti presentino è la costante contrapposizione di interdetti ed azioni" (*La protezione interdittale nel processo romano*, 1938, CEDAM, Pádua, p. 14), precisamente, como disse o romanista, pela essência publicística dos interditos, oposta à natureza privada da iurisdictio.

De Martino, em seu clássico tratado, refere-se ao texto de Paulo, contido no Dig. 50. 1. 26, em que este jurista romano recusa competência aos magistrados municipais para conceder interditos, tendo em vista serem os interditos "*magis imperio quam iurisdictionis*" (Francesco de Martino, *La giurisdizione nel diritto romano*, 1937, CEDAM, Pádua, p. 231). Esta, como se sabe, foi a razão de a doutrina brasileira recusar, por tanto tempo, ao mandado de segurança, a natureza de uma ação, preferindo considerá-lo uma providência de natureza administrativa.

A distinção entre *iurisdictio* e interdito tinha explicações mais profundas. Francesco Calasso mostra que os juristas medievais recusavam jurisdicionalidade aos interditos seja porque a *iurisdictio* tratava do direito, ao passo que os interditos tratavam de questões de fato; seja, como dissera Bartolo, porque a função jurisdicional representada pelo *actio* ligava-se necessariamente de uma *obligatio* (*sicut actio ab obligatione*), limitado, portanto, o campo da *iurisdictio* ao direito obrigacional ("*Jurisdictio nel diritto comune classico*, Studi in onore di Vincenzo Arangio-Ruiz, Editore Jovene – Napoli, vol. IV, p. 439)

Devemos também ter presente que o processo romano somente praticava a execução para pagamento de quantia certa, ou seja, a execução tinha sempre expressão pecuniária, sendo desconhecidas, no procedimento privado da *actio* – que foi o que nos restou do processo romano –, a execução das obrigações de dar, fazer ou não fazer (Giuseppe Borrè, ob. cit., p. 3 e sgts.).

9. Explica-se, portanto, também por esta herança, nossa dificuldade em construir uma tutela executiva para o cumprimento das obrigações de dar coisa certa e para as execuções de fazer e não fazer. Esta última ainda mais penosa dado o componente preventivo de que se reveste a condenação a não fazer.

Como ensinava Pothier, tanto as obrigações de fazer quanto as de não fazer, quando não cumpridas voluntariamente pelo devedor, haverão de resolver-se em indenização por perdas e danos: "Cuando alguien se ha obligado a hacer alguna cosa, esta obligación no da al acreedor el derecho de obligar el deudor precisamente a hacer lo que se ha obligado a hacer, sino tan sólo el de hacerle condenar al pago de daños y perjuicios, falto de haber satisfecho a su obligación. Es en esta obligación de daños e perjuicios que se resuelven todas las obligaciones de hacer alguna cosa; pues *nemo potest praecise cogi ad factum*" (Robert Joseph Pothier, *Traité des obligations*, versão espanhola da edição francesa de 1824, Editorial Heliasta, Buenos Aires, 1978, nº 157).

Ensinava igualmente Pothier que o direito resultante das obrigações de não fazer consistia no direito de o credor perseguir em juízo o devedor em caso de contravenção à sua obrigação (ob. cit., nº 158), pressuposto, portanto, o não cumprimento da obrigação e o correspondente pedido indenizatório; exeqüibilidade ainda mais difícil, nesta espécie de jurisdição, necessariamente preventiva, porquanto, sendo, em direito romano, expressa a condenação sempre em dinheiro, seria impossível conceber uma tutela preventiva, dada a impossibilidade de estimarem-se monetariamente o valor futuro das perdas e danos. Como está no Digesto, seria impossível estimar o valor de uma vã suspeita de que o devedor viesse a não cumprir a obrigação (Dig. 42, 13, pr.).

10. Aliás, o Digesto (42, 1, 13, 1) continha a prescrição de que, nas obrigações de prestar fato, não cabia compelir o obrigado a cumprir o fato prometido, cabendo a este liberar-se da obrigação pagando a indenização correspondente (*solvendo interesse*").

Liebman transcreve o comentário de Bartolo a essa lei do Digesto: "quando est in obligatione rem dari, quis praecise compellitur; in obligationibus autem facti quis non praecise compellitur; sed liberatur solvendo interesse" (*Processo de execução*, Editora Saraiva, 1ª edição 1946, São Paulo, p. 334). Nas obrigações de dar, o obrigado pode ser compelido a prestar a coisa objeto da obrigação; nas de prestar fato, não (*"non praecise compellitur"*).

11. É compreensível, portanto, a resistência oferecida pela doutrina às tentativas de introduzir em nosso sistema alguma forma de tutela mandamental, imperativa, de tipo interdital. Esta resistência ficou visível na forma como o legislador concebeu a antecipação de tutela ao elaborar o novo art. 273 do Código de Processo Civil.

Originariamente, imaginaram-se essas antecipações de tutela como uma forma de "interditalização" do processo civil brasileiro, dando-lhes a estrutura procedimental dos interditos possessórios e do próprio mandado de segurança, restos de tutela interdital ainda existentes em nosso direito.

É sabido que as antecipações de tutela, tanto nas ações possessórias, quanto no mandado de segurança, não se submetem aos princípios da execução obrigacional. O cumprimento da ordem pretoriana, contida nessas liminares, nada tem a ver com execução obrigacional do livro II do Código de Processo Civil.

Entretanto, o sistema só admitiu a introdução das antecipações de tutela sob a condição, expressa no § 3º do art. 273, de que a execução do provimento antecipatório fosse feita segundo as disposições do Livro II do Código, conseqüentemente com a transformação do interdito em *actio*.

12. É verdade que o legislador tem-se mostrado sensível aos inconvenientes da degradação dessa tutela mandamental, procurando libertar § 3º do art. 273 da sujeição à execução obrigacional. Fê-lo, na última alteração do texto legislativo, prescrevendo que o cumprimento da tutela antecipada far-se-á segundo o art. 588 ou, conforme a sua natureza, pelas disposições dos §§ 4º e 5º do art. 461 e art. 461-A.

13. Mas a superação da natureza obrigacional, originariamente estabelecida por essa norma, ficou aquém da expectativa do legislador – se é que houve realmente essa expectativa – de desvinculá-la da execução, segundo o modelo do Livro II do Código.

É verdade que o art. 461 contempla instrumentos especiais, destinados ao cumprimento dos provimentos judiciais que não se limitam às técnicas executivas obrigacionais. O § 5º do art. 461, especialmente, arma o juiz com significativos poderes, que o antigo direito incluía na ampla gama de faculdades e poderes *discricionários*, que compunham o chamado "*officium iudicis*", cuja natureza era essencialmente interdital ou, pelo menos, definido, em termos modernos, como *lato sensu* executivos, como a ordem de busca a apreensão, remoção de pessoas e coisas e o desfazimento de obras, bem como a ordem (mandamental) de impedimento de atividades nocivas.

14. Ao lado delas, porém, está indicada a possibilidade de multa, a ser cominada contra o destinatário da ordem. A multa, porém, como é sabido, não tem natureza mandamental. É instrumento próprio da jurisdição executiva comum, a ser efetivada, em caso de desobediência, pelos meios executórios obrigacionais.

De resto, a norma nem mesmo prevê a imposição de multa, mas a simples ameaça de impô-la (*comminatio*), quando o provimento judicial não seja espontaneamente satisfeito. Há simples cominação de multa que, como mostrou, em páginas memoráveis, Pontes de Miranda, são espécies clássicas de juízos condenatórios (*Comentários ao Código de Processo Civil*, 1959, Tomo V, 2ª edição, Forense, pp. 55-69).

Sendo assim, conhecida da resistência do sistema em superar seus princípios e estruturas tradicionais, é fácil prever a utilização das multas, em detrimento dos demais instrumentos inscritos no § 5º do art. 461, se não de modo exclusivo, pelo menos com maior freqüência, do que os demais instrumentos aí contemplados.

15. Além disso, a ambigüidade da redação do art. 461-A poderá também estimular a que a prática processual conduza os instrumentos, contidos nesses dois dispositivos, ao leito natural e ortodoxo da execução comum do Livro II do Código.

A razão para este temor está em que, embora o § 3º art. 461-A mande aplicar o art. 461, para cumprimento das sentenças que determinem a entrega de coisa, inadvertidamente, dispusera antes o legislador, no *caput* do artigo, o seguinte: "Na ação que tenha por objeto a entrega de coisa, o juiz, ao conceder a tutela específica, fixará prazo para o cumprimento da obrigação."

Tratando-se de tutela específica de uma pretensão à entrega da coisa, a sentença terá de conter uma *ordem*, determinando que se cumpra o preceito sentencial. Ocorre-nos, no entanto, indagar: a quem se dirige a ordem de entrega da coisa, existente no art. 461-A? A sentença determinará que se expeça mandado de entrega, dirigido aos auxiliares do juízo, a fim de que estes cumpram o mandado de busca e apreensão ou de imissão na posse? Ou a prescrição será dirigida ao demandado, a quem a sentença estará concedendo o prazo previsto nesse dispositivo? Afinal, o prazo é concedido aos auxiliares do juízo ou ao sucumbente?

As dúvidas dissipam-se, porém, ao lermos esta norma constante do art. 461-A: "§ 2º Não cumprida a obrigação no prazo estabelecido, expedir-se-á em favor do credor mandado de busca a apreensão ou de imissão na posse, conforme se tratar de coisa móvel ou imóvel."

Pareceu ao legislador que o § 3º do art. 461-A, dispondo que se aplique, nas hipóteses de pretensão à entrega de coisa, o art. 461 e seus parágrafos, estaria assegurada a executividade ou a mandamentalidade que consta deste artigo. A distinção, porém, entre ordenar que se cumpra a obrigação de fazer em certo prazo e a cominação a que o sucumbente entregue *voluntariamente* a coisa litigiosa é bem clara. Nas obrigações de fazer, o intervalo entre a emissão da ordem e o respectivo cumprimento é da natureza da obrigação, ou é o que sobrou na incoercibilidade da primitiva *obligatio*. Já na ordem de entrega da coisa litigiosa, ocorre o inverso. Aqui, é o tomar a coisa, origem remota do modo como se realizavam as pretensões de entrega, quando o sucumbente, aquele a quem o julgador negara direito à posse, nem mesmo prestava, limitando-se a sofrer a tomada de posse (*patientia praestare*), pelo autor vitorioso.

16. Como se vê, o sistema, zeloso de seus compromissos, espreita as condutas que possam ofendê-lo, cuidando, astuciosamente, de evitá-lo. A contradição se mostra evidente: se a sentença julga procedente a ação e concede prazo ao sucumbente, a fim de que ele, *espontaneamente*, cumpra o julgado, houve condenação e não outorga de tutela específica; ou seja, não haverá tutela específica que fique na dependência da boa vontade do sucumbente em cumpri-la. Poderá ter havido, no máximo, promessa de tutela específica, caso o sucumbente – espontaneamente – recuse-se a entregar a coisa.

Evitemos o entendimento, que muitos supõem correto, de que seja condenatória a sentença somente quando a execução se faça em processo autônomo subseqüente. Segundo este ponto de vista, não haveria mais condenação na jurisdição do trabalho, em que o cumprimento da sentença se faz na própria relação de cognição; e – pior ainda – não teria havido juízo condenatório no sistema do Código de Processo Civil de 1939, no qual a execução era simples fase do único processo iniciado pela petição inicial e terminado com a entrega do bem ao autor vitorioso.

É verdade que importáramos, já nesse Código, a idéia da autonomia da execução de sentença, inserindo em seu art. 290 esta disposição: "*Parágrafo único. A sentença condenatória será pleiteada por meio de ação adequada à efetivação do direito declarado, sendo, porém, exeqüível desde logo a condenação nas custas*".

Havia a regra, mas o próprio autor do Código, ao comentá-la, escreveu: "No processo civil brasileiro, ao contrário do que ocorre noutras legislações, a relação processual só se encerra com a execução da sentença" (Pedro Batista Martins, *Comentários ao Código de Processo Civil*, coleção Forense, vol. III,

2ª edição, 1960, p. 338). Era a estrutura, acusada, pelos autores do Código de 1973, de anacrônica, restos de direito medieval, a que agora, porém, com a Lei 11.232, retornamos.

17. Para compreender a natureza do juízo condenatório, é indispensável ter presente suas origens no direito romano da *actio*. Se considerarmos a genealogia do conceito, veremos que o elemento que o define é a existência de uma obrigação que lhe sirva de pressuposto. No direito romano, como agora, sem *obligatio*, não haveria *condemnatio*. É por isso que Chiovenda proclamou que todas as relações jurídicas de direito material, quando caem no processo tornam-se obrigacionais (sobre a adulteração do texto das *Institutas* de Gaio, como um marco importante no curso da *mercantilização* do direito processual moderno, conferir o que dissemos na obra *Jurisdição e execução na tradição romano-canônica*, Cap. V).

Chiovenda, ao dizer que o processo transformava em obrigacionais todas as relações jurídicas, era compelido por nosso compromisso com a jurisdição romana, limitada, como se sabe, ao procedimento privado da *actio* e, conseqüentemente, tendo sempre uma *obligatio* como causa. Esta é a explicação para a extensão do campo ocupado pela condenação, em detrimento das formas de tutela processual derivadas dos interditos. A passagem da República romana para os regimes imperiais foi caracterizada pelo eliminação de tutela interdital.

A evolução do processo romano deu-se no sentido de privatização dos meios de tutela processual, com o amplo predomínio da *actio* sobre os interditos, tidos, aliás, como não jurisdicionais. Com o predomínio das ações fundadas numa *obligatio*, foram desaparecendo as ações *reais*, nas quais se pedia a coisa, não o cumprimento de uma *prestação*.

O resultado dessa tendência foi a ampliação do conceito de obrigação, dando-o como nascendo, não apenas do *contrato* e do *delito*, que eram as fontes exclusiva das *obligationes*, no direito romano clássico, para fazê-las nascer, também, de qualquer preceito legal. As obrigações *ex lege*, invenção do direito medieval, é que tornou condenatórias as ações reais.

A ampliação do conceito de obrigação, como se vê, antes de invalidar a equação *obligatio=condemnatio*, mais a reafirma e consolida. Ao ampliarem-se as fontes das obrigações, ampliou-se a área coberta pelo juízo condenatório, independentemente de estar a sentença concebida como o ato que encerra o procedimento ou como sentença incidental, proferida no curso de um processo que ainda continua para cumprimento da "fase" executiva do julgado, como agora temos em virtude da Lei 11.232. A relação pressuposta entre obrigação e condenação não é tocada pela circunstância de ser a sentença ato final do respectivo procedimento ou, ao contrário, provimento que não o encerra.

18. A nota que define uma sentença como condenatória está em outro elemento, igualmente relevante para o conceito. É a exigência de que a sentença dê oportunidade ao condenado para ele, dentro de um determinado tempo (*tempus iudicati*), *espontaneamente* cumprir a sentença. Este é um pressuposto importante para a caracterização do juízo condenatório, que nos vem, como diz Leopold Wenger, da Lei das XII Taboas, o mais primitivo documento escrito do direito romano (*Actio iudicati*, versão do original alemão de 1901, EJEA, 1954, Buenos Aires, § 25).

Como é sabido, o fundamento longínquo que o determina é a *incoercibilidade* do vínculo obrigacional. Disse, a este respeito, Liebman: "A doutrina moderna agasalhou amplamente o conceito de autonomia da ação, a qual não faz parte do direito subjetivo e não se lhe pode confundir. Mas assim se chega logicamente à conclusão de que a relação obrigacional tem, logo após o inadimplemento, por conteúdo exclusivo a prestação do obrigado, conteúdo por si mesmo incoercível, porque não pode, quando permanece insatisfeito, realizar-se, só, em face da resistência do devedor. Não assiste ao credor a faculdade de praticar ato algum para obter pela força o que lhe é devido" (*Embargos do executado*, tradução da 2ª edição italiana, Saraiva, São Paulo, 1952, p. 126).

Antes dissera Carnelutti: "Il vero è che sul terreno della morale sociale, non soltanto su quello del diritto, il *non dominus* ha una posizione senza confronto meno comoda che il debitore; e anche quella retribuizione etica dell'illecito, di cui parla Schultze, non è e non è forse mai stata nei campo dei rapporti di obbligazione, più severa della retribuizione giuridica. La ragione secondo me, è sempre una. Il ladro prende il *denaro non suo*. Il cattivo debitore si tiene il *denaro suo*. Questi ha, quegli non ha la proprietà. Il diritto del creditore ha dalla morale e dalla legge un riconoscimento assai meno pieno che il diritto del proprietario perchè quello e non questo si trova in conflitto con *un diritto dell'obbligato*" (*Diritto e processo nella teoria delle obbligazioni*, in m Studi di diritto processuale, 2º vol., CEDAM, 1928, p. 214).

Pode-se tirar desta lição conclusões importantes. A eliminação das *ações reais*, tornadas pretensões e ações de credores contra devedores, reduzidas, portanto, a demandas condenatórias, confere às ações reais "un riconoscimento meno pieno che il diritto del proprietario". O proprietário, em nosso processo executivo, torna-se credor, para surpresa, certamente, de Carnelutti.

A transformação das ações reais em obrigacionais, dando-lhe a natureza de uma ação condenatória, é um dos tantos artifícios utilizados pelos sistemas modernos, de nossa tradição jurídica, para retirar do direito material sua força originária.

É exemplar, sob este aspecto, a história da transformação da reivindicatória em ação condenatória (consultar o que dissemos no ensaio *Reivindicação e sentença condenatória*, inserida na obra "Sentença e coisa julgada", 4ª edição,

Forense, 2003). A outra conseqüência, tanto ou mais relevante que a anterior, está em mostrar a intensidade com que o direito processual invade o direito material, para mutilá-lo, fazendo, contra a óbvia constatação de Carnelutti, idênticas a tutela executiva concedida ao proprietário contra o usurpador e a outorgada ao credor contra o devedor, segundo o conhecido princípio da "unidade dos instrumentos executórios".

Se todas as relações tornam-se obrigacionais no processo, se, conseqüentemente, todas as sentenças serão condenatórias, estará explicada a redução das ações reais a obrigacionais, de modo que todas submetam-se ao procedimento do Livro II do Código. Ganha-se a *uniformidade*, capaz de permitir a formulação de uma "regra" científica, que é outra campanha permanente da modernidade.

19. A conceituação desta categoria, conhecida como condenação, exige ainda a revelação de mais um elemento. Se quisermos surpreender a essência da sentença condenatória, teremos de ir à petição inicial da respectiva ação e investigar quais os *verbos* de que o autor se utilizara para formular o pedido de tutela processual (é recomendável falar em "verbos", porquanto estamos a falar em ação, substantivo do verbo "agir"). Veremos que aí não se encontra um *verbo* através do qual o autor peça a entrega da coisa pretendida na ação; nem mesmo, sendo monetária da pretensão, o pedido de pagamento. Na petição inicial de uma demanda desta classe, o autor limita-se a pedir a condenação do devedor. Só isto. A sentença, portanto, não lhe dará mais do que a condenação.

20. O *tempus iudicati*, que é inerente à sentença condenatória, significa que o condenado haverá de contar com um prazo, dentro do qual ele possa *espontaneamente* cumprir o julgado. É o que está nestes preceitos de nosso Código: *"Art. 580. Verificado o inadimplemento do devedor, cabe ao credor promover a execução. Parágrafo único. Considera-se inadimplente o devedor que não satisfaz espontaneamente o direito reconhecido pela sentença, ou a obrigação, a que a lei atribuir a eficácia de título executivo."*

Pois o art. 461-A reproduz, precisamente, a estrutura, própria de uma sentença condenatória. Também aqui a sentença "fixará o prazo para o cumprimento da obrigação". É verdade que as medidas executivas que o juiz haverá de tomar contra o inadimplente, que não cumpra *espontaneamente* a sentença, não carecem da propositura, pelo credor, de uma ação autônoma de execução, mas esta peculiaridade não faz com que o *petitum*, próprio de uma ação condenatória, se modifique. A petição inicial não se altera.

Aliás, como mostra Liebman, a execução no direito medieval, tanto podia dar-se através de uma *actio iudicati*, quanto *per officium iudicis*, uma vez que, para muitos juristas daquele período, a execução integrava o grupo numeroso de atividades que o juiz podia e devia desenvolver, como funções conexas a seu ofício (*Embargos do executado*, cit., p. 69). Mesmo assim, a condenação pressupunha sempre a existência de uma *obrigação*, com exclusão das pretensões e *ações reais*, nas quais não se pede o cumprimento de uma *prestação*, mas a própria coisa (*res*), a respeito de cuja posse ou propriedade o autor lograra reconhecimento de seu direito.

21. Além disso, o art. 461-A refere-se ao "cumprimento da obrigação", como sendo a conduta que se espera do sucumbente, a sugerir a mesma idéia de condenatoriedade da sentença, sabido como é que o cumprimento das sentenças que determinem a entregar coisa certa tanto pode ter natureza condenatória quanto, ao contrário, compreenderem *execuções reais*, conhecidas em nosso direito como executivas *lato sensu*.

São estes pressupostos – herança de uma tradição milenar – que nos embaraçam quando, desejando superar a universalidade do juízo condenatório, acabamos concebendo as novas disposições legislativas de maneira ambígua, presas aos mesmos compromissos que estruturam o sistema. Isto ficou bem claro na redação do art. 461-A.

O critério pelo qual cumpre fazer a distinção entre as duas espécies é a presença ou não de um ato de "*cumprimento de uma obrigação*". Nas execuções *reais*, o sucumbente nunca foi, ou não mais é, um obrigado. A pretensão de direito material dirige-se à obtenção da coisa, não ao cumprimento de uma *prestação*, porque o réu sucumbente nada deve, seja porque obrigação entre as partes jamais existira, seja porque a sentença encarregara-se de eliminá-la.

Quando se pede condenação, a petição inicial não pedirá coisa alguma além da própria condenação. Claro, pedirá também que o juiz lhe reconheça a pretensão invocada na ação. Será o componente declaratório, inerente a qualquer sentença. Além da declaração, pedirá que o juiz condene o demandado, apenas isto. Não pedirá a entrega da coisa e nem mesmo pedirá o pagamento do débito alegado pelo autor.

Conseqüentemente a sentença de procedência não conterá nem mesmo um *verbo* "ordenando o cumprimento da obrigação". Limitar-se-á a condenar o réu, *exortando-o* ao cumprimento da sentença. Ao invés de mandar, de ordenar, a sentença condenatória não irá além de uma *exortação* ao condenado, recomendando que ele espontaneamente cumpra a sentença. Essa *exortação* poderá vir acompanhada de alguma ameaça, como no caso de a sentença adverti-lo de que a desobediência acarretar-lhe-á uma multa, ou outra sanção análoga. Mas o intervalo dentro do qual o condenado poderá cumprir a sentença é uma característica que tem acompanhado, salvas determinadas exceções, o juízo condenatório.

Liebman destacou este ponto com propriedade, ao dizer que "depois de proferida a sentença é possível e acontece freqüentemente que o condenado *se resolva* (este itálico não está no texto original) a cumprir a sua obrigação" (*Processo de execução*, Saraiva, 1946, p. 41). Também J. C. Barbosa Moreira identificou na existência desse prazo o traço comum às sentenças que condenem à entrega de coisas, confirmando a concepção dominante de que todas elas sejam condenatórias, por serem sentenças que impõem o cumprimento de uma obrigação, conseqüentemente, eliminadas as ações reais (*Novo processo civil brasileiro*, 22ª edição, p. 198).

É claro que hipóteses poderá haver em que o princípio milenar do t*empus iudicati* seja quebrado, como aconteceu no direito medieval, com a execução *per officium iudicis*, mas esta peculiaridade não elimina a natureza condenatória da sentença. Certamente, não se haverá de dizer que no direito medieval as sentenças não eram condenatórias . . . porque seriam executadas *per officium iudicis*. Antes de mais nada, elas eram e continuam sendo *obrigacionais*.

Se pudermos abandonar, ainda que seja por alguns instantes, nossa predisposição de raciocinar no Direito buscando a formação de regras universais, como os físicos e matemáticos, perderemos a angústia de ter de lidar com categorias jurídicas (históricas!) que podem ter seu conteúdo transformado, sem que o invólucro – que o submete ao paradigma – seja alterado.

22. A distinção básica entre juízo condenatório e execuções reais vem-nos do direito romano, através da importante distinção entre *actio* e *interdictum*. Somente no procedimento da *actio* – única tutela tida por jurisdicional em direito romano –, o árbitro privado (*iudex*), um cidadão romano escolhido como juiz, limitava-se a condenar, a fim de que o demandante vitorioso privadamente promovesse a execução.

O procedimento da *actio* limitava-se a tratar de relações jurídicas obrigacionais, não cuidava da propriedade ou da posse, nem das relações de família e menos ainda das relações de direito público, todas estas atendidas pelos interditos, de que se contavam cerca de sessenta espécies (Biscardi, ob. cit., p. 116). Somente depois, já na fase da *cognitio extra ordinem*, depois de os interditos serem absorvidos pelo procedimento privado da *actio*, é que a execução, tornada estatal, passou a conter jurisdição executivas, em que o autor não se limitava a pedir a condenação do réu, formulando, desde logo, já na petição inicial, o pedido de entrega da coisa litigiosa. Seria uma ação igual à existente em nosso direito, uma ação "condenatório-executiva" (quanto a isto, consultar o que dissemos no estudo intitulado: *A ação condenatória como categoria processual*, na obra "Da sentença liminar à nulidade da sentença", Editora Forense, 2001).

23. Muitos supõem que o grupo das sentenças executivas que Pontes indicava como *lato sensu* executivas derivem de um direito real. Isto é falso. Embora possam as sentenças executivas ter o direito real como fundamentos, é mais freqüente que elas se originem de uma pretensão exercida contra um direito real e não fundadas nele. De qualquer modo, *jamais serão elas derivadas de uma obrigação*.

A possessória de reintegração não é fundada em qualquer direito real, e geralmente é dirigida contra o titular de um direito real, inclusive contra o proprietário; a imissão de posse também. O promitente comprador, por exemplo, a quem o contrato outorgara posse, terá pretensão contra o proprietário (!) para imitir-se de posse contratualmente concedida (cf. nosso *a ação de imissão de posse*, 3ª edição, R. T., 2001, p. 187).

O que pode confundir é a circunstância de serem elas *ações reais* e não obrigacionais; ações reais, como o são, por exemplo, a ação de despejo, de depósito e a *actio commodati* [Pontes de Miranda não é claro quanto à natureza executiva da "ação do comodante", *Tratado de direito privado*, Tomo 46 § 5006, 10. Parece-nos, porém, que de sua lição pode-se extrair a conclusão de que ele as teve como executivas].

A dificuldade da doutrina e da jurisprudência está em supor que essas ações nasçam do contrato e, portanto, devam ser condenatórias. Não é o que ocorre. A pretensão a obter a posse da coisa, que é o núcleo das respectivas pretensões, pressupõe que a sentença haja – antes de expressar-se executivamente – cortado a relação obrigacional que servia de obstáculo à recuperação da coisa. Não será o contrato de locação que dará direito ao despejo; será a eliminação desse contrato.

A pretensão real nasce depois que a relação obrigacional, que dava legitimidade à posse do demandado, é retirada. Somente a partir do corte da relação obrigacional poderá o juiz ordenar o ato executivo. Ele ordena o ato executivo, depois de eliminar a relação obrigacional. A ação de despejo e outras semelhantes não nascem do contrato. A pretensão à recuperação da coisa nasce porque não há mais contrato! Isto vale para a ação de depósito, para a ação em que o comodante pede a restituição da coisa emprestada e para todas as hipóteses análogas. Mas é sempre conveniente advertir que o locador, assim como o comodante, que exercem ações *reais* executivas, podem não ser proprietários e terem pretensão à restituição da coisa dada em locação ou em comodato!

24. As considerações precedentes visaram a mostrar que uma autêntica tutela mandamental não terá condições de ser admitida em nosso sistema processual. Várias razões conspiram contra isto. Mostramos que a tendência histórica de nosso sistema é privilegiar o juízo condenatório, a ponto de transformar todas as pretensões executivas em pretensões obrigacionais. Basta ler o Livro II do Código.

Contra este argumento, porém, seria possível opor o fato de que contamos, além da tutela da posse (que, apesar da doutrina, teima em apresentar-se como interdital), com o prodigioso mandado de segurança.

Acontece, no entanto, que as ações possessórias, ao contrário das demais, buscam a "conservação do fático". Todas as ações, todo agir em juízo, mesmo através das declaratórias, tenta realizar alguma transformação da realidade, porém as possessórias dirigem-se à conservar do *status quo*. Circunstância mais notável dá-se com o mandado de segurança. Embora seja um instrumento amplamente utilizado, em nossa prática judiciária, elogiado pela unanimidade da doutrina, até hoje não se conseguiu estendê-lo para a tutela das violações ou ameaças de violações a direitos cometidas por particulares.

Nossos juízes podem ordenar, sob pena de desobediência, que um Ministro de Estado, por exemplo, comporte-se de determinada maneira, mas não poderá emitir ordem análoga contra um particular que, igualmente, viole ou ameace violar nosso direito.

No sistema atual, dir-se-ia que o mandado de segurança é instrumento da sociedade civil contra o Estado. Esta é a razão pela qual o sistema o aceita. Seu cariz liberal e burguês é transparente.

24. Faz parte de nossa herança romano-canônica o sentido de tolerância para com os devedores, assim considerados, de um modo geral, todos os demandados. Referimo-nos a esta herança religiosa em obra anterior, mostrando, com base em autorizada bibliografia, a influência do princípio de caridade cristã, na formação de nosso moderno processo civil (*Jurisdição e execução, na tradição romano-canônica*, cit., cap. IX).

A respeito da profunda ligação, na Idade Média, entre os ideais cristãos e a cultura romana, fortalecida pelo ódio aos bárbaros, observou Francesco Calasso que "in quest'epoca, *romanus* diventa sinonimo di *catholicus*" (*Medio evo del diritto*, GIUFFRÈ, 1954, p. 219). Esta identificação é suficiente para que se tenha o direito romano, de nossa herança, como o direito romano iluminado pelo cristianismo.

Esta herança impôs que se inserisse em nossos textos constitucionais a proibição da prisão por dívidas, que a doutrina e a jurisprudência fazem equivalente à prisão por desobediência a uma ordem judicial, na qual o juiz determine o pagamento da dívida. A prisão não seria por desacato, mas por dívida. Isto pode parecer estranho, mas é verdadeiro e profundamente entranhado em nossa cultura.

Mesmo que povos com tradição democrática e amantes da liberdade, como os Estados Unidos, de quem ultimamente tanto copiamos, valham-se de severos instrumentos processuais contra a desobediência às ordens judiciais, impondo ao desobediente a pena de prisão, nossa cultura preserva o princípio constitucional que veda a prisão civil, salvas as raras exceções previstas no texto constitucional.

25. Nem as inocentes *astreintes*, introduzidas em nosso sistema, são praticadas com o sentido de punição contra o *ilícito processual*. Na verdade, a prática judiciária só raramente reconhece uma conduta processual ilícita. Segundo o entendimento predominante na doutrina e na jurisprudência, a parte contra a qual o juiz impôs uma *astreinte* somente ficará obrigada a pagá-la se, afinal, resultar sucumbente.

Se a conduta reprovada pelo juiz for praticada por aquele que se torne vencedor, o ilícito tornar-se-á lícito. Ele pagará por não ter razão, não por cometer um ilícito contra a ordem jurídica processual.

Reflexos desta mesma cultura infiltram-se, por exemplo, na redação do parágrafo único do art. 14 do Código de Processo Civil, fruto das recentes reformas, assim concebido: "Ressalvados os advogados que se sujeitam exclusivamente aos estatutos da OAB, a violação do disposto no inc. V deste artigo constitui ato atentatório ao exercício da jurisdição, podendo o juiz, sem prejuízo das sanções criminais, civis e processuais cabíveis, aplicar ao responsável multa em montante a ser fixado de acordo com a gravidade da conduta ...".

O ilícito processual, qualificado como atentatório à jurisdição – diz a lei – "poderá" (apenas poderá) ser punido pelo juiz (representante do Estado, vítima do atentado) com multa. É verdade que a norma acena com outras penalidades criminais, civis e processuais, mas seria desejável, se essa previsão fosse para valer – tendo em vista o espírito das instituições –, que o texto ordenasse, ao menos, que o juiz tomasse imediatas providências para instauração do competente processo criminal. Diz o texto, "sem prejuízo de outras penalidades". Cabe indagar, a quem caberá a iniciativa para a punição do ilícito processual? Não parece que este encargo esteja confiado ao juiz, pelo menos tendo em vista a fórmula indulgente do texto legislativo.

Além disso, sabido como é que os atos atentatórios são em geral cometidos pelos advogados, na condições de procuradores das partes, surpreende que estes gozem de foro privilegiado para responder pelo ilícito processual.

Quem tem interesse por estas questões, sabe que a tendência dos sistemas romano-canônicos é no sentido de tornar o cumprimento das ordens judiciais cada vez mais débeis e tolerantes. Em obra anterior, transcrevemos este lição de Carnelutti: "Accanto al *rispetto per il diritto reale* sorge e si diffonde cosi, poco a poco il *rispetto per la persona del debitore*, considerata nella duplice manifestazione del suo corpo e poi del suo patrimonio; si diffonde e si consolida così da spazzar via, man mano, tutte le misure coercitive, fino a ridurle a quella larva che è, nella legge e peggio nella pratica, l'*arresto per debiti*; si diffonde e, come avviene di tutte le reazioni, acuisce e si esagera fino al punto da aver generato quella stracca indulgenza verso il debitore, che constituice uno dei più grave demeriti delle legislazioni moderne" (*Curso de processo civil*, 2º volume, cit., p. 437).

26. Resta falar na forma mais nobre de tutela preventiva, a que Pontes de Miranda emprestara seu talento, dedicando-lhe constante atenção, repelida, porém, no nascedouro, pelo direito brasileiro, por ser uma forma de tutela mandamental e sumária. Referimo-nos às ações cautelares, ditas inominadas ou atípicas.

Neste particular, há uma questão que poderia, à primeira vista, parecer intrigante. É que nosso direito, desde suas origens medievais, possui, formas típicas de tutela cautelar, ditas também específicas, como o arresto e o seqüestro. Todavia, tanto o arresto quanto o seqüestro só entram no sistema sob a condição de serem simples "antecipações das medidas executivas" correspondentes. O arresto, para a doutrina italiana, apenas antecipa a penhora, como mostramos em obra anterior (*Doutrina e prática do arresto ou embargo*, 1976, Forense, p. 73 e sgts.), pertencendo, para essa doutrina, ao processo principal, sendo apenas uma "misura" que antecipa a penhora. Os mesmos pressupostos valem para o seqüestro.

Não há, no sistema italiano, uma verdadeira ação cautelar de arresto ou de seqüestro, como não há em nosso direito. As "medidas" cautelares são toleradas, como "parcelas" do processo principal, como uma fase da "mesma lide"; daí serem uma "ação sem mérito", "mera azione", porquanto, como dissera Chiovenda, "o provimento cautelar é um direito do Estado, fundado na necessidade de tutela do direito" (*Principii di diritto processuale civile*, reimpressão de 1965, Nápoles, p. 226). Para ele, as cautelares seriam *mere azioni*, por serem tutela do processo, não do direito da parte. Daí serem medidas apenas processuais, sem conteúdo de mérito, somente apreciado na sentença que julgar o processo principal.

27. Em última análise, limitamo-nos a reproduzir formas de antecipações de tutela, dando-lhes, contudo, o pomposo nome de ações cautelares inominadas, imprudência que os italianos, mais realistas, não cometem. Preferem tratar as nossas cautelares inominadas com a designação genérica de "provimentos de urgência". E estão certos porque essas medidas tanto na Itália, quanto no Brasil, não são cautelares.

Cabe, no entanto, observar que a eliminação da tutela cautelar deve-se mais à sua natureza sumária do que propriamente à *mandamentalidade* que lhe é inerente. É por esta razão que nosso *paradigma* a repugna. É a exigência de que a jurisdição se apóie em juízos de certeza, que reduz a tutela cautelar a um "pedaço" do processo principal, qual uma tutela que apenas antecipe a futura sentença de mérito. E como a imensa generalidade das ações que praticamos tem natureza repressiva, pressupondo a violação do direito, quando se antecipa tutela, antecipa-se proteção repressiva, não preventiva, logo não se trata de tutela de mera segurança contra dano eventual. Protege-se contra o dano decorrente da demora em prover (temos dito isto à exaustão); executa-se desde logo, em vista do *periculum in mora*. A tutela contra a *mora* provoca antecipação, não tutela assegurativa!

28. Bem ponderadas as coisas, seria mais próprio dizer que não eliminamos a tutela cautelar, porque, na verdade, jamais a tivemos em nosso sistema, a não ser nas fontes medievais ainda não contaminadas pelas doutrinas processuais modernas.

Para que se conseguisse esta conquista, inscrevendo no sistema uma autêntica tutela cautelar, seria indispensável conceber uma *"pretensão à segurança"*, distinta da *"pretensão à satisfação"* do direito assegurado. Mas ir a este ponto seria pedir ao sistema algo que ele não pode oferecer. A doutrina processual não trabalha com a categoria das pretensões de direito material, embora nosso atual Código Civil trate – sofrivelmente é verdade – dessa categoria, no art. 189, reconhecendo, bisonhamente, apenas as pretensões *repressivas*, ao estilo de Savigny, esquecendo a tutela preventiva, assegurada pela Constituição. O poder do *paradigma* vai além do que se possa imaginar. No discurso, é fácil enaltecer a modernidade de nosso sistema, evidenciada pela relevância dada às formas preventivas de tutela (em textos legais); na prática, nossa cabeça ainda guia-se pelo modelo europeu do século XIX. Nada, a não ser a força do *paradigma*, poderia impor aos autorizadíssimos autores do Código Civil a redação tão equivocada desse artigo 189.

29. A conclusão, portanto, indica que a consagração de uma classe bem definida e praticada de tutela mandamental, embora seja, mais do que desejável, uma imposição de nossas atuais circunstâncias sociais, políticas e, acima de tudo, éticas, dificilmente será inserida no sistema, sem que seus pressupostos sofram uma profunda revisão.

— II —

Da teoria geral do processo à teoria da tradução: um aporte da sociologia das ausências e das emergências

JÂNIA MARIA LOPES SALDANHA*

Sumário: Introdução; Parte I: A teoria geral do processo entre a razão metonímica e a razão proléptica; 1.1. A teoria geral do processo e a razão metonímica: o recurso à sociologia das ausências; 1.2. A teoria geral do processo e a razão proléptica: o recurso à sociologia das emergências; Parte II: Da teoria geral do processo à teoria da tradução; 2.1. Pensando um novo processo: A hermenêutica diatópica e as zonas de contato. Outras experiências possíveis; 2.2. A construção de uma teoria da tradução para a justiça. Considerações finais.

> *Somente a imaginação nos permite ver as coisas em suas perspectivas próprias; só ela coloca a uma certa distância o que está próximo demais para que possamos ver sem tendências ou preconceitos; e só ela permite superar os abismos que nos separam do que é remoto, para que possamos ver e compreender tudo o que está longe demais como se fosse assunto nosso. Esse "distanciamento" de algumas coisas e aproximação de outras pela superação dos abismos faz parte do diálogo da compreensão, para cujas finalidades a experiência direta estabelece contato próximo demais e o mero conhecimento ergue barreiras artificiais.*
> (Hannah Arendt)

Introdução

Quando Shakespeare[1] escreveu Hamlet no Século XVI fazendo alusão que alguém apenas suportaria "as delongas da lei" somente por temor a algo maior e desconhecido, não sabia que tal reflexão, em pleno Século XXI, ainda seria atual, diante das agruras dos jurisdicionados em face da prestação da Justiça, acusada de morosa e ineficiente. Este texto tentará mostrar que o possível, invariavelmente, poderá ser mais rico do que o real. É fato que a crise da Justiça

---
* Doutora em Direito da UNISINOS. Professora do PPGD e do Curso de Graduação em Direito da UNISINOS. Advogada.
[1] SHAKESPEARE, William. *Hamlet*. Trad. Millôr Fernandes. Porto Alegre: L&PM Editores, 1997, p. 61.

ocorre nos mais variados sistemas jurídicos do mundo ocidental, seja por sua morosidade, seja em razão de seu distanciamento para com as demandas da cidadania, o que se deve, por um lado, às estruturas processuais que se tornaram obsoletas em virtude de terem se originado em outro contexto sócio-político e, por outro, porque os juristas ainda não conseguiram superar o seu histórico distanciamento da sociedade. A a-historicidade do Direito explica, mas não justifica a permanência desse status quo. É necessário, em vista desse quadro, realizar uma reflexão teórica e epistemológica sobre o papel do direito processual para a solução dos conflitos por meio da atuação do Poder Judiciário.

Nesse contexto, se faz necessário analisar o que os juristas "deixam de fora" ao permanecerem atrelados ao modelo de jurisdição calcado na ordinariedade, no conflito e na decidibilidade. Por outro lado, é importante pensar sobre o que se deixa de aprender com outros espaços de solução de controvérsias, à medida que se crê que o direito processual aplicado pela jurisdição é a única via possível de solução de tais conflitos.

O trabalho será dividido em duas partes. Na primeira, será realizada a crítica à razão metonímica e à razão proléptica[2] dos processualistas. A finalidade é investigar se é possível transcender a Teoria Geral do Processo em vista das "ausências" geradas pela compreensão atual do processo e da jurisdição. Para tanto, tomar-se-á como ponto de partida a sociologia das ausências de Boaventura de Sousa Santos. Também a jurisdição e o direito processual serão analisados a partir da sociologia das emergências de autoria desse mesmo autor (Parte I).

Por fim, é preciso refletir se uma Teoria Geral para o Processo ao invés de contribuir para a melhoria do sistema jurisdicional de solução das controvérsias não causaria justamente o contrário por ignorar a singularidade dos conflitos. Ante a falibilidade das abstrações genéricas, é pertinente pensar na construção de uma Teoria da Tradução para o processo, capaz de aproximar aquilo que existe e não é visto com o que falta, mas que cuja necessidade de existência não é pensada (Parte II).

Parte I – A teoria geral do processo entre a razão metonímica e a razão proléptica[3]

A forma de produção do conhecimento jurídico no mundo ocidental tem expressado, tradicionalmente, a influência dos princípios oriundos das ciências

---

[2] O sentido dessas expressões será explicado a seguir.
[3] Essas duas expressões são de autoria de SANTOS, Boaventura de Sousa. O autor critica a razão indolente, dividindo-a em razão impotente, arrogante, metonímica e proléptica. Propõe a sua superação por uma outra que denomina de razão cosmopolita, a qual se funda em três procedimentos sociológicos: a sociologia das ausências e das emergências e o trabalho de tradução. Por razão metonímica entende aquela que se reivindica como a única forma de racionalidade, ignorando qualquer outra que possa existir. Tal fenômeno se opera no campo das experiências. Já por razão proléptica entende aquela que não se preocupa em pensar o futuro, pois acha que sabe tudo a respeito dele. Essa razão acontece no âmbito das expectativas. Para uma sociologia das ausências e uma sociologia das emergências. *In:* SANTOS, Boaventura de Sousa (Org.) *Conhecimento prudente para uma vida decente.* São Paulo: Cortez, 2004, p. 779-780. Também em: *A gramática do tempo.* São Paulo: Cortez, 2006, p. 93-166.

exatas.[4] A busca incessante por segurança jurídica e ordem, por intermédio da aplicação do Direito, tem sido o maior signo dessa influência que silenciosamente perpassou os séculos.

Tudo aquilo que não pode se encaixar nesse modelo, voltado à previsibilidade e certeza,[5] não é digno de confiança. O direito processual, elevado à condição de ciência já nos estertores do século XIX, sempre esteve a serviço desse ideário. O conjunto de institutos e princípios construído por importantes teóricos da época atendeu regiamente à necessidade de uniformização de toda a ritualística processual.[6] E sendo assim, por longo tempo fechou-se a outras possibilidades,[7] ainda que a crise da Justiça tenha dado seus primeiros sinais no início da segunda metade do século XX, acompanhando a própria crise do Estado.[8]

A situação perdura. Na atualidade, tal racionalidade ignora ou esconde outras alternativas existentes no sistema jurídico voltadas à solução dos conflitos. A Teoria Geral do Processo que, como o próprio nome indica, define os principais institutos do direito processual, bem como sua principiologia de

---

[4] Sobre o tema BAPTISTA DA SILVA, Ovídio Araújo diz que a busca por segurança jurídica através da utilização do uso da metodologia das ciências exatas foi o que ocasionou a supressão do estudo de casos no ensino do direito. A conseqüência foi o "mergulho" dos juristas na normatividade, cuja conseqüência foi o total descaso do mundo concreto. In: Processo e Ideologia. Rio de Janeiro: Forense, 2004, p. 36. Esse, a propósito, tem sido o pensamento incansável de CASTANHEIRA NEVES, Antonio, na medida em que afirma que o problema da aplicação jurídica não está na dedução a partir das premissas que se postulam oferecidas (as normas e os fatos), mas na elaboração das premissas oriundas pelo problema do caso jurídico a ser decidido. In: Método jurídico. Digesta. Escritos acerca do direito, do pensamento jurídico, da sua metodologia e outros. V. 2. Coimbra: Coimbra Editora, 1995, p. 309.

[5] Dois valores magnos da modernidade obedecem à lógica do pensamento linear, quais sejam, a verdade e a certeza. A primeira está ligada ao pensamento único, da competitividade e da vida vista como uma guerra. A segunda refere-se a uma forma de explicação do mundo que pressupõe um universo imutável e fora do observador, o qual pode sempre alcançá-lo por meio do raciocínio lógico. Sobre esse tema consulte-se MARIOTTI, Humberto. As paixões do ego. Complexidade, Política e Solidariedade. São Paulo: Palas Athena, 2000, p. 162-167.

[6] Esse é o contraste notório entre o sistema consuetudinário e o sistema civil, o qual deu origem ao sistema processual brasileiro. Enquanto no primeiro a codificação ainda é estranha à sua tradição de desenvolvimento gradual e empírico, baseada nos precedentes, o segundo apóia-se na codificação racionalizada dos princípios jurídicos básicos, inspiradora do desejo de unificação das leis com a conseqüente eliminação das variações locais em instituições e regras no interior de um mesmo país. Consulte-se: LLOYD, Dennis. A idéia de lei. São Paulo: Martins Fontes, 2000, p. 356-357.

[7] Em um ciclo de conferências realizado na Universidade de Pádua, na primeira metade do século XX, analisando a crise da justiça na Itália, CALAMANDREI, Piero, um dos mais importantes teóricos do direito processual civil italiano daquela época, reconheceu a crise do jurista puro e da lógica jurídica, dizendo que os juristas deveriam descansar à sombra de suas arquiteturas conceituais, feitas de normas gerais e abstratas, que afastou o direito da política e da moral e de todas as questões pré-jurídicas e meta-jurídicas. In: A crise da justiça. Belo Horizonte: Editora Líder, 2004, p. 14. Como se vê, o tema não é recente. Há de se reconhecer que ao mesmo tempo em que se construíam teorias e conceitos de direito processual, a crise já emergia.

[8] Sobre o tema consulte-se ROSANVALON, Pierre. La Crise de l'État Providence. Paris: Seuil, 1981. DELMAS-MARTY, Mireille aponta para esse fenômeno fazendo referência a dois aspectos distintos. O primeiro, representado por modelos de Estado em extinção. De um lado, mais Estado e, então, vê-se a presença dos Estados autoritários e totalitários. De outro, menos Estado, encontra-se na sua forma radical, a sociedade de sem Estado. O segundo, um modelo a ser construído, capaz de pensar o múltiplo e os laços das mudanças que envolvem Estado/Sociedade civil; Estado/Sociedade internacional, bem como capaz de pensar os tempos iterativos, quais sejam, os tempos das leis, dos processos e das penas para, enfim, propor a necessidade de ordenar o cenário múltiplo em que se vive na atualidade. In: Le flou du droit. Paris: PUF, 2004.

matriz constitucional, tem sido a disciplina responsável pela crença de que a uniformidade do sistema processual é necessária para que a atividade do Poder Judiciário seja confiável. Afinal, se houver uniformidade de rito para a veiculação em juízo de um maior número de direitos materiais, tanto mais se terá a certeza dos resultados e o cumprimento do devido processo legal.

Com efeito, esse quadro é a expressão da apriorização inscrita na lógica do campo jurídico, para usar a linguagem de Pierre Bourdieu.[9] A neutralização e a universalização são dois efeitos dos processos lingüísticos que têm caracterizado o Direito. Ambos estão interligados. Ora, é justamente porque repetidamente tem-se dito que o direito processual é mero instrumento neutro que a universalização de rito fortalece-se por meio de vários procedimentos convergentes.

O mesmo ocorre com os principais institutos de direito processual. Basta lembrar a compreensão da ação, base na qual repousa a idéia de conflito, de defesa e de revelia, marcada, ainda, pelo perfil privado e individualista[10] de processo, herdado da fase tardia do direito romano. Na verdade, tem cabido, ao menos aos juristas da tradição romano-germânica, pôr-em-forma[11] a aplicação dos princípios e regras para suas práticas, através da elaboração de um corpo sistemático, assentado em princípios racionais e tendentes à universalização e, então, à uniformidade e à redução da variabilidade dos comportamentos e das decisões.

Mas há uma outra razão que confirma essa busca pela uniformidade e que não deve ser esquecida. É que a compreensão dos institutos antes citados acontece no âmbito do procedimento ordinário.[12] Como se sabe, esse é o modelo paradigmático de rito para o processo civil que a doutrina tradicional tem se encarregado de perpetuar como aquele capaz de satisfazer na plenitude e de modo exauriente o direito material invocado em juízo. Sob essa ótica, não poderia mesmo ser diferente, visto que a cognição realizada por quem julga, sendo plena, permite as mais amplas alegações e defesas. Por isso, para os juristas tradicionais, ao menos no plano da teoria, tende-se a fornecer respostas certas e coerentes. Os custos de tempo,[13] de atos e de despesas financeiras impostos às

---

[9] *O poder simbólico*. Rio de Janeiro: Bertrand Brasil, 2003, p. 215-216.

[10] MAFFESOLI, Michel faz pensar outras possibilidades quando diz que, ao contrário do que se pensa, vive-se num mundo não mais marcado pelo individualismo. O tribalismo, aos poucos tem tomado o seu lugar e é ele que tem declarado guerra ao esquema que marcou o Ocidente, em cujo âmbito se destaca o indivíduo. Esse seria o último avatar da modernidade; esse Deus moderno, em que a identidade é seu modo de expressão. Há um destino comunitário que não deixa de ser amedrontador, mas que não pode ser ignorado. *O tempo das tribos. O declínio do individualismo nas sociedades de massa*. 4. ed. Rio de Janeiro: Forense Universitária, 2006, p. 16-17.

[11] BOURDIEU, Pierre. *O poder...*, Op. cit. p. 221.

[12] Uma profunda crítica a esse sistema pode ser encontrada em BAPTISTA DA SILVA, Ovídio Araújo. *Jurisdição e execução na tradição romano-canônica*. 2. ed. São Paulo: RT, 1998, especialmente nos capítulos 4 a 6.

[13] O problema do tempo e o processo tem sido objeto de muitas reflexões, pois muitas vezes, ainda que a resposta dada seja a esperada pela parte, nada há que supere o custo da espera. A Emenda Constitucional n. 45

partes e ao Estado ficam suplantados pelo fim a ser atingido, o qual é a segurança jurídica, cuja manutenção, como dogma, o trabalho de formalização jurídica tem muito se prestado. Mas para "além das palavras e dos gestos, o tempo do processo é um fenômeno a meditar".[14]

O que continua a ser surpreendente neste modo de compreender o direito processual e de aplicar os seus institutos é que a uniformidade e generalização de aplicação de um mesmo rito escondem as peculiaridades do caso concreto. Esse último, no entanto, muitas vezes exige formas processuais diferentes para solucioná-lo, impostas, é bom lembrar, pela natureza do direito material.[15] O plano da abstração, onde repousam as regras processuais, jamais será capaz de alcançar as vicissitudes da riqueza da vida real.[16] Mas essa é a epistemologia do certo e do errado, imposta por uma percepção lógica do Direito e do Processo quando, na verdade, é na analogia que se encontra uma das condições de possibilidade para se superar o positivismo e, desse modo, recolocar o Direito e o Direito Processual no seu devido lugar, qual seja, no âmbito das ciências do espírito.[17]

A lição de Castanheira Neves[18] é oportuna para demonstrar o quanto de inexata, senão perigosa, é essa subserviência à abstração que a teoria geral impõe e que tem fomentado o positivismo jurídico ao longo de décadas. Lembra o autor que, para além da interpretação, o que importa mesmo é a "concreta realização do direito". Resulta que a lei será apenas o eixo de um processo metodológico complexo, em que, de um lado, ela é transcendida pelo caso concreto e, de outro, ela é assimilada pelo diálogo metodológico da própria realização do Direito que a utiliza. E a via de acesso a essa complexa operação é o Direito Processual.

---

inseriu o inciso LXVIII ao artigo 5º da Constituição Federal, o qual prevê a duração razoável do tempo do processo. Essa previsão, desde a primeira metade do século XX, encontra-se inserida no artigo 6, alínea 1, da Convenção Européia para Salvaguarda e Proteção dos Direitos do Homem e, por conta dela, alguns Estados europeus têm sido recorrentemente condenados a indenizar as partes do processo em razão da demora. A compreensão do que seja o prazo razoável ainda depende do trabalho hermenêutico. Consulte-se sobre o tema: HOFFMANN, Paulo. *Razoável duração do processo*. São Paulo: Quartier Latin, 2006.

[14] DELMAS-MARTY, Mireille. *Le flou...* p. 305.

[15] Trata-se da sua inarredável substancialização que põe por terra as concepções instrumentalistas largamente repetidas nos manuais.

[16] A reflexão de STRECK, Lenio sobre essa temática é digna de nota. Refere o autor que o mundo prático não pode ser dito no todo. Sempre sobra algo. Trata-se da 'dobra' que cada caso concreto possui, assim como ocorre com a linguagem. Enfim, sempre sobra a realidade que repousa na singularidade de cada caso. In: *Verdade e Consenso. Constituição, Hermenêutica e Teorias Discursivas*. Rio de Janeiro: Lúmen Júris Editora, 2007, p. 181 e 265.

[17] Sobre o tema consulte-se: BAPTISTA DA SILVA, Ovídio Araújo. *Processo e Ideologia*. Rio de Janeiro: Forense, 2004, especialmente o capítulo XI, p. 265-296. O autor relembra a lição da Arthur Kaufmann para quem a analogia é rejeitada pelo positivismo justamente pelo fato de conduzir a juízos sempre problemáticos e, sendo assim, não pode fornecer resultados seguros. Op. cit., p. 270.

[18] Interpretação jurídica. In: *Digesta. Escritos acerca do direito, do pensamento jurídico, da sua metodologia e outro*. Op. cit. p. 373-374. No texto, o autor reconhece o trabalho de mediação que o intérprete desenvolve. Porém, afirma que esse é apenas um dos momentos da dialética, pois o segundo momento é o que diz com o caso concreto a ser decidido, com o problema jurídico concreto, sendo que o resulta disso é um diálogo problemático entre a norma e as exigências específicas do caso.

Essa lição confirma o que antes se disse acerca da impropriedade da universalização de rito para a realização dos mais díspares direitos materiais. Contudo, é justamente para isso que, historicamente, tem-se voltado à Teoria Geral do Processo que, ao invés de tornar o direito processual um ramo do pensamento jurídico emancipado, o mantém refém de institutos e princípios construídos para um outro tempo e, assim, torna-o incapaz de dar respostas às interrogações que são verdadeiramente importantes no tempo presente, como lembra Kaufmann.[19] É a forma de manter sua aura de cientificidade, nada estranho à modernidade, ignorando-se que é marcado pela cultura de cada época, pela faticidade e temporalidade. Sendo assim, o diferente torna-se desnecessário, porque a uniformidade faz-se a regra.[20] Ele apenas emerge, com extrema dificuldade, pela via da transgressão. Há, em vista disso, desperdício de experiências voltadas à solução de conflitos, seja na via judicial, seja na via extrajudicial.

Assim, no caso brasileiro, as reformas[21] pelas quais tem passado o sistema processual civil apontam para um quadro de crise, decorrente, sobretudo, da obsolescência de inúmeros de seus institutos e, por isso, da incapacidade de resposta dos sistemas judiciais. Contudo, como se verá, se a intenção do legislador reformista é positiva, pois se parte do princípio de que por meio delas pretende melhorar o sistema judicial, as estatísticas demonstram que os focos da crise não têm sido aplacados e o descrédito do Poder Judiciário é uma realidade não somente sociológica, mas que nasce em seu próprio interior.[22] Nesse quadro, tudo aquilo que existe, mas que permanece como não visto, é vítima da razão metonímica, que pode ser criticada pela ótica da sociologia das ausências (1.1). Tudo o que é possibilidade, mas não é reconhecido como tal, é resultado da razão proléptica que recebe a crítica da teoria das emergências (1.2.).

---

[19] KAUFMANN, Arthur. *La filosofia del derecho en la posmodernidad.* Bogotá: Editorial Temis, 1998, p. 7.

[20] Refletindo sobre o papel das ciências do espírito e sobre a sua contaminação pelos princípios da ciência, GADAMER, Hans-Georg perguntou se as peculiaridades das primeiras desvaneceriam-se diante de um edifício metodológico uniforme? Reconheceu que, por um lado, há sim a tendência em unificar a imagem que os homens têm do mundo e o comportamento que desenvolvem dentro dele, o que é a expressão mais geral da busca pela uniformização decorrente da extrema mobilidade humana na sociedade atual. De outro, há uma tendência ao reconhecimento da diferenciação que até o presente permaneceu oculta. In: *Acotaciones hermenêuticas.* Madri: Editorial Trotta, 2002, p. 157-158.

[21] Para se ter uma idéia desse quadro, podem ser citadas as últimas leis que alteraram o Código de Processo Civil: a- Lei 11.187/05, que alterou as regras sobre o recurso de agravo; b- Lei 11.276/06, que instituí a denominada sentença vinculante; c- Lei 11.277/06 que estabelece a possibilidade de negativa de seguimento de recurso de apelação quando a matéria recorrida for de direito e já houver sido decidida em casos similares anteriores; d- Lei 11.280/06, que alterou regras sobre vício processual, prescrição, competência e ação rescisória; e- Lei 11.232/06, que alterou regras sobre sentença, coisa julgada e liquidação da sentença, que criou a fase do cumprimento da sentença e alterou as regras relativas aos embargos à execução contra a Fazenda Pública.; f- Lei 11382/06, que alterou o Livro do Processo de Execução de Título Extrajudicial e f- Lei 11.419, que criou o processo eletrônico.

[22] O descrédito não repousa apenas no interior da sociedade. Pesquisa realizada no ano de 2005 por Maria Tereza Sadek, junto a 3.258 magistrados, evidencia que os juízes na ativa são os mais críticos quanto à atuação do Supremo Tribunal Federal, reprovando-o em quatro das seis áreas analisadas. Veja-se SADEK, Maria Tereza (Coord.). *Pesquisa AMB.* Associação dos Magistrados Brasileiros. Disponível em: http://www.amb.com.br/portal/. Acesso em 26.03.2007.

1.1. A teoria geral do processo e a razão metonímica: o recurso à sociologia das ausências

A razão metonímica é aquela que se impõe como totalidade. Sendo assim, desconsidera outras totalidades existentes no vasto âmbito das experiências de solução de conflitos. No entanto, é preciso reconhecer que não há uma única totalidade ou modelo. Há, sim, uma convivência de experiências que precisa ser reconhecida. No campo do direito processual e da jurisdição, caso os juristas reconhecessem como importantes as experiências ocorridas em outros campos do sistema judiciário,[23] muitas das reformas deveriam carregar outro conteúdo e significado, ou até mesmo seria dispensável a sua existência. Para isso, importante seria pensar um outro sistema de solução de litígios em que o Estado assumisse uma nova relação entre meios judiciais e não judiciais de resolução de conflitos, sistema esse que deveria ser inclusivo e não exclusivo, tomando-se como exemplo o Projeto de Lei da Mediação, em trâmite no Congresso Nacional.[24] A administração da Justiça deixaria de centralizar sua atenção à atividade dos tribunais, passando a reconhecer o pluralismo jurídico[25] como uma via alternativa à sua própria crise.

Essa crise pode ser parcialmente identificada, por exemplo, nas várias alterações que o recurso de agravo de instrumento tem sofrido quando, ao contrário, dever-se-ia pensar na possibilidade de extingui-lo, aproveitando-se das experiências dos Juizados Especiais e da Justiça do Trabalho que não o admitem.[26] Esse objetivo encontra, no entanto, no mínimo um obstáculo sempre recorrente traduzido na manutenção do sistema rico em recursos, o que apenas confirma o significado burocrático da atividade dos juízes. Nada ao acaso. Essa é a marca do Poder Judiciário dos países de tradição civil, pois, "o serviço judicial é uma carreira burocrática, e o juiz é um funcionário" que, inadvertidamente, está a serviço de uma organização complexa,[27] provocando, como

---

[23] Refiro-me ao sistema judiciário em sentido amplo, ou seja, àquele que reconhece o pluralismo jurídico e, desse modo, várias esferas de solução de litígios, jurisdicionais ou não.

[24] Projeto de Lei em trâmite no Senado Federal sob nº 94 de 2002. Disponível em http://www.direitoprocessual.org.br/site/index. Acesso em 12 de agosto de 2007.

[25] Esse pluralismo tanto pode ser encontrado no interior do Poder Judiciário, por meio de experiências inovadoras, como no âmbito da sociedade com suas "formas de arrumação" de conflitos que, muitas vezes, assemelham-se ou tentam obedecer a mesma lógica da jurisdição estatal. Consulte-se: SANTOS, Boaventura Sousa. *Discurso de poder. Ensaio sobre a sociologia da retórica jurídica.* 2. Reimp. Porto Alegre: SAFE, 1988, p. 30-33.

[26] O sistema agasalha o maior número de possibilidades de impugnar as decisões de primeiro grau na mesma proporção em que desconfia das decisões dos juízes. Trata-se de num problema congênito dos sistemas jurisdicionais dos países de tradição civil. Sobre o tema: BAPTISTA DA SILVA, Ovídio Araújo. *Da sentença liminar à nulidade da sentença.* Rio de Janeiro: Forense, 2001. Também *Processo e ideologia.* Rio de Janeiro: Forense, 2004.

[27] Na raiz da burocratização repousa a preocupação com a homogeneização, própria da lógica do poder. Com isso, à força de uniformizar, chega-se à apatia social e escondem-se as singularidades, como acontece no processo judicial. Sobre a burocracia veja-se: MAFFESOLI, Michel. *A violência totalitária.* Lisboa: Piaget, 219-306. Não são desprezíveis as recomendações do Banco Mundial para os judiciários dos países de terceiro mundo. A

refere Owen Fiss,[28] o seu afastamento do jurisdicionado, na medida em que a burocratização do Poder Judiciário aumenta a possibilidade de que a sua assinatura não tenha o devido significado, exercendo ele o poder sem se envolver profundamente no diálogo hermenêutico que caracteriza sua atividade e do qual deriva sua autoridade.

Porém, como se pode verificar, há alternativas que o próprio sistema apresenta para diminuir ou inibir os pontos de estrangulamento do processo ordinário clássico. Inobstante a isso, é como se não existissem. Duas razões justificam tal quadro. A primeira deve-se ao fato de que tudo o que não faz parte da linguagem hegemônica do processo não é reconhecido como importante, sendo simplesmente desprezado. É o caso, por exemplo, no âmbito judicial, das ações coletivas[29] e, no âmbito extrajudicial, das Comissões de Conciliação Prévia na Justiça do Trabalho[30] e dos Termos de Ajustamento de Conduta[31] previstos no Estatuto da Criança e do Adolescente e na Lei da Ação Civil Pública. A segunda é que não se discute profundamente as matrizes fundadoras do direito processual e da jurisdição, as quais já não são capazes de dar respostas ao crescente processo de juridificação da sociedade contemporânea.[32] Tal primazia bem pode ser denominada de justicentrisme[33] porque a própria sociedade transfere suas inumeráveis incapacidades – e a primeira delas é o não cumprimento da Constituição – às instituições judiciárias.

Há outra cadeia de fatores sociológicos a considerar. Esse cenário tipifica o denominado "direito em abundância" ou "explosão do direito",[34] que tem gerado muitas perturbações. Em vista disso, acaba-se por ignorar – não desconhecer

principal delas refere-se à previsibilidade das decisões, condição de confiabilidade desse poder. CANDEAS, Ana Paula Lucena Silva. Valores e os judiciários. Os valores recomendados pelo Banco Mundial para os judiciários nacionais. In: Cidadania e Justiça. Revista da AMB. Ano 7, nº. 13, set/2004, p. 17-39.

[28] FISS, Owen. *Um novo processo civil. Estudos norte-americanos sobre jurisdição, constituição e sociedade.* São Paulo: RT, 2004, p. 165.

[29] Esse tipo de demanda coloca em questão o perfil individualista de processo, o princípio dispositivo e a coisa julgada para além das partes individuais e isoladas. Porém, não está imune a críticas e deve ser tratada com cuidado, uma vez que por um lado responde à exigência contemporânea da massificação, eliminando por completo o sujeito. Não seria garantia de felicidade. Consulte-se: BAUMAN, Zygmunt. *Modernidade líquida.* Rio de Janeiro: Jorge Zahar Editor, 2001, p. 26.

[30] Instituída pela Lei 9958/2000. Prevê uma instância paritária prévia ao processo trabalhista em que representantes dos empregadores e dos empregadores têm por função realizar a mediação do conflito trabalhista, a partir da aplicação de técnicas de mediação aproximativas das partes.

[31] Previsto no artigo 5º. § 6º, da Lei da Ação Civil Pública e possui caráter nitidamente preventivo.

[32] Trata-se, segundo lembra PRODI, Paolo da onipresença e penetração do direito positivo de forma ostensiva em cada aspecto da vida cotidiana, o próprio suicídio do direito ou, senão, o enriquecimento da vida cotidiana numa regulamentação legislativa e judiciária que se estende a territórios antes pertencentes apenas à moral. É uma justiça que regula tudo e que acompanha os homens até a morte. Padece, pois, da própria agonia uma vez que se tornou incapaz de resolver todos os conflitos da sociedade. In: *Uma história da justiça.* São Paulo: Martins Fontes, 2005, p. 531-532.

[33] HAENEL, Hubert; FRISON-ROCHE, Maria-Anne. *Le juge et le politique.* Paris: PUF, 1998, p. 8.

[34] Sobre o tema consulte-se: PEDROSO, João; TRINCÃO, Catarina; DIAS, João Paulo. *Por caminhos da reforma da Justiça.* Coimbra: Editora Coimbra, 2003, p. 12.

– que os movimentos e teorias que deram conformação à jurisdição e ao direito processual, desde a segunda metade do século XIX, nasceram num tempo histórico marcado por um outro tipo de complexidade e racionalidade. Sobretudo aquela gerada pelos princípios do nascente Estado industrial que, para firmar-se, necessitava de estruturas jurídicas consolidadas e que estivessem a seu serviço.

Assim, três são os pontos de partida para a elaboração da crítica à Teoria Geral do Processo a partir da sociologia das ausências. O primeiro é que a compreensão do direito processual não pode se esgotar na compreensão unicamente a partir da tradição civil que tem por modelo o conflito, a ordinariedade e a decidibilidade.[35] O segundo é que a compreensão do processo se dá a partir de como se compreende a sua relação com o tempo e com o direito material, com vistas à concretização dos direitos. Não seria preciso demandar muito esforço para constatar que o tempo não é um elemento neutro no processo. Todas essas dimensões do tempo vivem em tensão, mas é exatamente a questão da duração dos processos que emerge como o foco do dilema entre celeridade e efetividade.[36] O terceiro conduz ao reconhecimento de que tal como a racionalidade ocidental, o direito processual contrai o presente (ao que conhece), ou seja, a concepção do que seja contração do presente decorre de uma estranha concepção de totalidade. Por isso ignora, no campo da experiência, todas aquelas experiências que não fazem parte do pensamento hegemônico.[37]

À medida que a solução dos litígios se faz hegemonicamente pelas vias processuais clássicas – do processo de conhecimento de rito ordinário – impõe-se como uma totalidade que enfraquece outras experiências possíveis, seja no âmbito judicial – como o do universo das demandas sumárias, dos Juizados Especiais e das demandas coletivas – quanto no extrajudicial – como no caso da mediação em direito de família. E impondo-se como totalidade, contrai o presente ao que se reconhece como importante e crível, ignorando o pluralismo jurídico. Como em outros campos das ciências do espírito, também no Direito, em geral, e na Teoria Geral do Processo, em particular, é necessário construir um outro tipo de racionalidade, percorrendo um caminho inverso daquele realizado ao longo da modernidade. É preciso expandir o presente.

Por que a lógica da negação de experiências diferentes e existentes mantém-se gerando verdadeiras ausências? Talvez seja preciso reconhecer o peso

---

[35] Essa tentativa de transcendência, talvez não de superação do modelo, não está restrita ao campo da Teoria Geral do Processo. Pode, todavia, encontrar respaldo nas teorias contemporâneas sobre *interconstitucionalidade* e *interculturalidade*. Para isso, a hermenêutica desempenha papel relevante na procura da identificação das identidades das diferentes culturas. Veja-se: CANOTILHO, José J. Gomes. *"Brancosos" e a Interconstitucionaldiade. Itinerários dos discursos sobre a historicidade constitucional*. Coimbra: Almedina, 2006, p. 265-277. E na raiz dessas relações está a necessidade de que um sistema jurídico seja capaz de entender a linguagem do outro, o que deriva sobremaneira do trabalho de tradução que a perspectiva comparada impõe. Consulte-se: OST, François. *Le droit comme traduction*. Disponível em via eletrônica. Cedido pelo autor.

[36] Consulte-se GOMES, Conceição. *O tempo dos tribunais: Um estudo sobre a morosidade da Justiça*. Coimbra: Coimbra Editora, 2003, p. 18-19.

[37] SANTOS, Boaventura de Sousa. *Para uma sociologia das ausências...* Op. cit., p. 779.

da marca do processo ordinário tradicional, que é a sua forma predominantemente escrita. Através dela é que os procedimentos regularizados perpetuam-se e, desse modo, viabilizam a emergência das regras e dos princípios universais, ainda que distantes da realidade do caso concreto. As formas autocompositivas – ainda que raras –, como a conciliação e a mediação, carregam uma outra marca, a da prevalência da oralidade. Como se sabe, a tradição oral, se não impede, dificulta a elaboração científica, na medida em que se prende à experiência singular de um lugar e de um meio. E sendo assim, inverte a tradição escrita e sua lógica da conservação e da normalização.

O mesmo pode ser dito das formas procedimentais que ocorrem no âmbito do Poder Judiciário – como as experiências dos Juizados Especiais Cíveis que têm na oralidade um princípio. Ainda que não se desconheça os desafios de tais experiências, as críticas que lhe são dirigidas associam-se não só a sua estrutura "pós-burocrática"[38] de solução de conflitos, já que contam com a participação de outros atores além do juiz, mas de igual modo, com a informalidade de seu ritual que relativiza as formas e prioriza o consenso..

Nesse contexto, a teoria das ausências consiste na crítica à razão metonímica. Como já afirmado, essa produz inexistências de vários modos. No campo do processo isso ocorre, quando, por exemplo, as estruturas de processo continuam a ignorar que é a Constituição que o informa, sendo condição de possibilidade para uma efetiva solução dos conflitos. Isso ocorre, por exemplo, quando promete que a prestação da Justiça será feita pelos Juizados Especiais. Porém, há vários processos de produção de inexistência. Como afirma Boaventura de Sousa Santos,[39] "há produção de inexistência sempre que uma dada entidade é desqualificada e tornada invisível, ininteligível ou descartável". Nesse domínio, o que prevalece, na verdade, é o peso da monocultura da racionalidade instrumental que forjou um único modelo de processo, comprometido com a certeza e segurança.

De que modo a sociologia das ausências, que é necessariamente transgressiva, pode auxiliar para que sejam suplantados os modelos processuais impostos pela Teoria Geral do Processo? Pode-se tomar de empréstimo duas das cinco "ecologias"[40] criadas por Boaventura de Sousa Santos. Primeiro, através do que se pode denominar de "ecologia dos saberes" centrando-se na crença de que

---

[38] Consultar SALDANHA, Jânia Maria Lopes; GOMES, Joséli Fiorin. *A luta entre Zeus e os Titãs: um olhar sobre o enfrentamento da morosidade e da inefetividade no processo civil brasileiro a partir do uso e desenvolvimento do Direito Responsivo na experiência do Juizado Especial Cível de Santa Maria – RS*. Estudo realizado no ano de 2004 no âmbito da pesquisa intitulada "A experiência do Juizado Especial Cível de Santa Maria: tornando prática o Direito Responsivo e garantindo o Acesso à Justiça", financiada pela Fundação de Amparo à Pesquisa do Estado do Rio Grande do Sul – FAPERGS.

[39] *Para uma sociologia das ausências...* op. cit., p. 787.

[40] Duas delas estão referidas no texto. As demais correspondem à "ecologia dos reconhecimentos", destinada a suplantar a lógica da classificação social; a "ecologia das trans-escalas", que tem por fim destacar tudo aquilo que localmente não é resultado da globalização; e a "ecologia da produtividade", que visa recuperar e valorizar sistemas alternativos de produção. *In: Para uma sociologia das ausências... Op. cit.*, p. 790-793. A

não há saber geral nem ignorância geral. Assim, no âmbito da Teoria Geral do Processo, pretende-se superar a monocultura do procedimento ordinário, da certeza e da segurança por meio do reconhecimento de que outros procedimentos, mais próximos à natureza dos direitos materiais levados à Justiça, são alternativos e tendem a ser mais eficientes. É o caso, já referido, das ações coletivas de autoria do Ministério Público. Segundo, na "ecologia da temporalidade", tem-se a tentativa de transcendência da concepção linear de tempo, única concepção de tempo adotada pela modernidade ocidental e destinada a manter as relações de dominação. No caso das práticas judiciais através do processo é visível o descompasso entre essa noção linear de tempo que as mesmas impõem e o tempo social onde frutificam e se reproduzem as relações jurídicas conflitantes. As mudanças processuais recentes no Brasil, do que é exemplo a instituição da fase denominada "Cumprimento de sentença"[41] que chegou para substituir a processo de execução ex intervalo, reconhecidamente moroso e ineficiente, como dito, são tentativas de superar esse descompasso entre os tempos sociais e os tempos do processo. Esses avatares, no entanto, não passam de medidas vãs para alterar o sistema, uma vez que a mentalidade dos juristas continua congelada no paradigma da ordinariedade do procedimento.

Responder a essa ânsia de compreender o futuro pela ótica da linearidade tem uma origem precisa e conhecida. Pensar "outras temporalidades" para o processo e para a jurisdição pode significar atitude perigosa capaz de pôr em risco os dogmas da certeza e da segurança. Contudo essa é apenas uma tentativa de neutralizar o perigo que a própria história – e aqui as transformações do sistema jurídico – carrega naturalmente. A ideologia[42] tem se encarregado dessa neutralização. É mais ou menos como se costuma encarar o que seja a própria história ou a sua essência: a idéia de progresso como algo já definido previamente, com regras ditadas desde o início. Não haveria lugar para a transformação e criação porque, sob esse ponto de vista, a história limita-se a ser algo idêntico que se desdobra ao longo do tempo. A idéia de "resíduo", criada por Boaventura de Sousa Santos, ajuda a compreender as exclusões que o sistema processual cria. Isso significa que existem outras experiências de solução de conflitos contemporâneas às da temporalidade dominante – da certeza dos juízos e da busca da verdade –, mas que, por não serem reconhecidas como importantes, são jogadas àquela condição. O trabalho da sociologia das ausências é justamente substituir a monocultura do tempo linear, pela ecologia das temporalidades. Qual é o seu âmbito de aplicação no que diz respeito à Teoria Geral do Processo? É justamente mostrar que a imen-

---

autora também recorrerá ao paradigma ecológico de que trata a teoria da complexidade de MORIN, Edgar. Veja-se: *Ciência com consciência*. 6. ed. Rio de Janeiro: Bertrand Brasil, 2002.

[41] Veja-se o teor da Lei 11.232/06.

[42] Como se sabe, o termo ideologia tem várias significações. Toma-se aqui a compreensão de CHAUÍ, Marilena, para quem a ideologia não tem história. Essa ausência deve-se ao fato de que a ideologia permanece naquilo que é sempre idêntico. Sendo assim, elimina o que tornaria impossível a sua própria existência, ou seja, a história do real, a percepção de que o social e o político não cessam de instituir-se. *In: Cultura e democracia*. São Paulo: Cortez, 2003, p. 29.

sa variabilidade do direito material exige um sistema processual capaz de olhar para sua temporalidade.

A recuperação das experiências proporcionada pela sociologia das ausências não fica completa sem que se recorra à sociologia das emergências que visa criticar a chamada razão proléptica. É o que segue.

1.2. A teoria geral do processo e a razão proléptica: o recurso à sociologia das emergências

A razão proléptica concebe o futuro linearmente. Por isso o expande, já que projetado para atender a idéia de progresso[43] a qualquer preço. Sendo assim, é irreversível, homogêneo e vazio.[44] Desse ponto de vista, o futuro, por ser abundante, não precisa ser pensado.

A sociologia das emergências propõe uma alternativa diferente para tal situação. Trata-se do caminho inverso àquele proposto pela teoria das ausências, mas não menos importante, que é a contração do futuro para torná-lo escasso. Recorre-se aqui à noção de cuidado, pois é ele que dá direção ao futuro. Como já referido, é preciso não esquecer que a ordinariedade fez-se a regra no direito processual, por conta das construções teóricas construídas no âmbito da Teoria Geral do Processo. O desalento surgiu e acentuou-se após a segunda metade do século XX, em razão do aumento da complexidade das relações da vida em sociedade, da intensificação da troca de comunicações, de consumo e, com essas, das promessas de implementação dos direitos sociais da cidadania por parte das Constituições dos Estados Democráticos.

Exasperaram-se as buscas por procedimentos mais eficazes para atender as emergências sociais levadas ao Poder Judiciário. Arremedos de sumarização, na tentativa de ocupar espaços adredemente reservados ao procedimento ordinário, apareceram. Daí foi um passo para a busca da proteção de direitos pela via da cautelarização e da antecipação por meio de medidas antecipatórias de caráter provisório, que são as formas de tutela de urgência em vigor na maioria dos sistemas de tradição civil.

Tal cenário de tolerância, construído pelos sistemas jurídicos contra a existência de direitos inoportunos em favor de direitos oportunos, não passa de uma tentativa de disciplinar um desequilíbrio que pode envolver todos os tempos – passado, presente e futuro – que englobam um caso concreto levado à apreciação do Poder Judiciário. No caso brasileiro, como já demonstrado, isso

---

[43] O progresso insere-se na idéia de metanarrativa de François Lyotard, compreendida como uma récita totalizante que confere à história um único significado. Assim, o progresso é a metanarrativa iluminista e positivista com maior expressão na atualidade. Veja-se: CANOTILHO, José J. Gomes. *"Brancosos" e interconstitucionalidade...* Op. cit., p. 154. Também em LYOTARD, Jean-François. *A condição pós-moderna.* 5ª ed. Rio de Janeiro: José Olympio, 1998.

[44] SANTOS, Boaventura de Sousa. *Para uma sociologia...,*op. cit., p. 794.

é possível na atualidade por meio das ações cautelares ou das medidas antecipatórias da tutela. Finalmente o ataque a ordinariedade parecia certeiro. Engano. Afinal, se o processo é esse maravilhoso instrumento criado pelo homem para a realização da Justiça, suas instituições seriam mais perfeitas, tanto que eternas,[45] uma vez que não seria um produto cultural e, por isso, mutável, como o é o direito material. Essa seria a Justiça estática e tirânica, oposta à Justiça dinâmica de que falou Agnes Heller.[46]

Porém, seja sob a ótica das ações cautelares, seja pela da antecipação da tutela, o que a "comunidade científica" fez foi promover um projeto assimilatório, trazendo-as para o "costumeiro" da ordinariedade. Sem que se desconheça o elemento positivo que elas possuem, essa solução não passou de uma afinidade eletiva, que está longe de ser uma relação causal e tampouco é uma relação de similaridade.[47] Trata-se da ignorância do que seja hoje a denominada Nova Crítica do Direito.[48]

Ao contrário do que se pensava, não resolveram as mazelas da jurisdição. Por quê? Porque à base dessas demandas repousa na idéia de verossimilhança.[49] E esse é o problema. Acostumada a navegar na certeza, a tradição jurídico-processual sente-se ainda em perigo na verossimilhança que caracteriza os processos urgentes que antecipam futuro.

Com efeito, na medida em que a linguagem é constitutiva do ser-no-mundo, seu valor para o mundo da experiência jurídica é inestimável, uma vez que essa última somente naquela adquire expressão. O mundo da vida,[50] nesse quadro, é reproduzido em cada processo pela utilização da linguagem. É ela que aproxima

---

[45] BAPTISTA DA SILVA, Ovídio. *Fundamentação das sentenças como garantia constitucional.* Fornecido gentilmente pelo autor, p. 2.

[46] HELLER, Agnes. *Más allá de la justicia.* Barcelona: Editorial Crítica, s/d, p. 311-124.

[47] Essas idéias são de BAUMAN, Zygmunt, ao referir sobre o processo assimilatório, o que é "comum" pelo que é "estranho", o que muito caracterizou a modernidade, dando origem aos seus próprios coveiros, porque a afinidade eletiva "cria" estruturas que se constituem em violações: impôs suas prioridades, suas próprias irrelevâncias, compele alguns fenômenos à proeminência enquanto outros relega ao esquecimento. In: *Modernidade e ambivalência.* Tradução: Marcus Penchel. Rio de Janeiro: Jorge Zahar Editor, 1999. p. 167.

[48] STRECK, Lenio Luiz. *Verdade e Consenso...* Op. cit.

[49] A decisão com base na verossimilhança, em geral produto de um juízo mais rápido, pode ser confrontada com a ética. Essa é a preocupação da KAUFMANN, Arthur quando afirma que o discurso ético pode ser compreendido em âmbitos macroéticos. O desafio é entendê-lo quando se recorre à microética, justamente onde exigem-se decisões tomadas de imediato em cujo contexto a situação concreta pode entrar em conflito com regras estabelecidas. Daí diz que há decisões que não podem ser generalizadas. Isso ocorre, por exemplo, quando o juiz é chamado a determinar ou não a internação hospitalar de uma pessoa gravemente ferida que não tenha encontrado vaga no hospital. Veja-se: *La filosofia del derecho en la posmodernidad.* Bogotá: Editorial Temis, 1998, p. 81.

[50] Gadamer lembra que o primeiro a usar essa expressão foi Edmund Husserl, mas com o sentido de recordar os pressupostos que residem, de antemão, em todo o conhecimento científico. GADAMER, Hans-Georg. *Elogio da Teoria.* p. 56. Posteriormente, na mesma obra, Gadamer vale-se da mesma expressão para dizer que esse mundo da vida reconhece-se a si mesmo, distinguindo-se do mundo objetivo da ciência que é determinável pela idéia de conhecimento metódico. *Ibid.* p. 122. No presente trabalho, a expressão tem o sentido mais comum de expressar as experiências concretas dos homens em suas relações.

o passado do presente e faz emergir o que é futuro no contexto da temporariedade. Há sempre um "acontecer" através da sua mediação. A idéia do "razoável" e sua aplicação ao universo jurídico é um componente importante para justificar a mudança dos fundamentos da jurisdição declaratória e plenária.

Assim, se o ponto central da hermenêutica filosófica é a tradição, a qual, frente aos casos particulares, deve ser entendida a cada vez de uma maneira diferente, compreender é então um caso especial de aplicação de algo geral a uma situação concreta e particular.[51] De outro modo, isso quer dizer que um saber geral que não se saiba aplicar a uma situação concreta, segundo Gadamer, permanece sem sentido, pelo simples fato de que o saber hermenêutico separa-se daquele saber estático que é próprio do método objetificador das ciências modernas.

Nisso repousa a diferença entre o saber técnico-científico e o saber ético, o qual pode ser ligado à própria idéia da Justiça. O primeiro pode ser apreendido e esquecido. O segundo não, pois não se defronta com ele de modo que pode ser apreendido ou esquecido. Aqui está o problema central da aplicação como algo problemático, porque deriva sempre de algo que já se conhece previamente.

Sob esse ponto de vista, a tarefa da jurisdição de aplicar a lei sempre colocará o intérprete numa situação de carência – pois sempre faltará algo, haverá a dobra –, o que o levará a sempre buscar a resposta adequada para o caso, considerando a sua singularidade. E o fará, segundo afirma Lenio Streck,[52] por meio dos princípios, os quais têm a potencialidade de sustentar a tese das "respostas adequadas" ao caso concreto. É que o saber ético, a que está vinculada a idéia de justiça,[53] requer, incontornavelmente, o buscar conselho consigo próprio,[54] ou seja, com as próprias pré-compreensões. A isso está ligada a noção de experiência que traz em si a idéia de que o intérprete não deve ignorar a si mesmo e tampouco a situação hermenêutica concreta em que se encontra para que a compreensão se realize.

Assim que, se de um lado, para a hermenêutica jurídica, a prudência humana ensina a ponderar os componentes de cada situação, contribuindo para que seja encontrada a solução adequada para os problemas jurídicos, por outro, encontra-se com a hermenêutica filosófica na noção de coisa-mesma, porque esse acontecer se dá apenas no universo da linguagem. E encontrar a resposta mais conveniente é resultado desse processo de compreender permitida pela hermenêutica.

Retorna-se a Vico[55] para dizer que essa percepção ele a tivera quando, sem desdenhar do método cartesiano, apontou-lhe as vantagens da precisão e da

---

[51] GADAMER, Hans-Georg. *Verdade e Método*, 3ª ed. São Paulo: Vozes, 1999, p. 465.

[52] *Verdade e Consenso*, op. cit., p. 175 e 189.

[53] *Ética e Nicômaco*, 3ª ed, Brasília: UnB, 2001, p. 101.

[54] GADAMER, Hans-Georg. *Verdade e Método,* op. cit., p. 477

[55] VICO, Giambattista. *A ciência nova.* Tradução: Marco Lucchesi. Rio de Janeiro: Record, 1999. Nessa obra, Vico mostra que o homem faz, sofre e não se aparta da história. Para conhecê-la é preciso conhecer o

exatidão. Porém, duas desvantagens foram salientadas pelo filósofo, importantes, sobretudo, para o conhecimento das ciências do espírito. A primeira, pela perda ou diminuição da visão prudente – e do cuidado – que legou uma certa atrofia da fantasia e da potencialidade criadora. A segunda, pelo empobrecimento da linguagem. Enfim, uma falta de maturidade para os assuntos humanos, descolados que foram do ser para reduzirem-se apenas aos entes. Tal como na fenomenologia hermenêutica, o logos do razoável da hermenêutica jurídica fala a mesma "fala", porque ambos referem-se aos problemas humanos, portanto, ao político e ao jurídico. Nesse viés, busca-se compreender sentidos e nexos entre a significação das coisas-mesmas. A jurisdição ordinária não tem levado isso em conta. Ignora ser a realidade da vida humana, especialmente a social, sempre concreta e particular.[56] Por essa razão é que uma lei ou um procedimento abstrato jamais cobram plenitude de sentido. Antes, devem ter relação com fatos e fatos efetivos, enfim, com a coisa-mesma. Nesse campo não se deve desconhecer a diferença ontológica, uma vez que uma situação é deduzir de uma lei o caso concreto, entificando o ser; outra, é entender o direito como um processo de aplicação, no que estaria refletido ser a aplicação sempre hermenêutica, na medida em que o ser sempre é ser-em.[57]

Por tudo isso, a noção de cuidado é oportuna e justifica a desconstrução da razão metonímica. Ao invés de pertencer ao passado, a noção de cuidado faz com que seja um fator de ampliação do presente. Por outras vias, a noção de cuidado estabelecida por Boaventura de Sousa Santos[58] busca atingir a mesma finalidade, que é reconhecer-se no futuro possibilidades plurais e concretas, partindo-se da noção do "ainda não". É o modo como o futuro se inscreve no presente e o dilata. O "ainda-não" é a consciência antecipatória, a capacidade (potência) e possibilidade (potencialidade) que marcam a noção de futuro. Não um futuro incerto, mas futuro construído.[59] É nesse ponto que a sociologia das

---

homem dentro desse mundo cultural, sua linguagem e seus mitos. Essa posição de Vico não combinava com as bases lógicas da ciência trabalhadas por Descartes, seu contemporâneo.

[56] Daí a dificuldade em aceitar o artigo 285-A do CPC, inserido por intermédio da Lei 11.277/06, que trata da sentença liminar de improcedência. O dispositivo, além de violar vários princípios constitucionais do processo, mantém a separação entre fato e direito e envolve numa camisa de força o sentido do que seja "caso idêntico" referido no dispositivo. Do mesmo modo deve ser compreendida outra regra inserida no CPC por meio da Lei 12.276/06 que trata da chamada "súmula impeditiva de recurso", na medida em que prende os fatos a um texto pré-dado e vinculante, que é a súmula. Veja-se a crítica sobre o tema em STRECK, Lenio. *Verdade e consenso*, op. cit., p. 206-207.

[57] STRECK, Lenio. *Jurisdição constitucional e hermenêutica*. Uma nova crítica do Direito. Rio de Janeiro: Forense, 2004, p. 213.

[58] *Para uma sociologia das ausências e das...*,op. cit, p, 796-798.

[59] Segundo GIANNETTI, Eduardo a arte de prefigurar o futuro, de antecipar-se ao que está prestes a acontecer e agir com base nisso é parte do repertório comportamental de qualquer ser humano. No entanto, esse refere sobre o que denomina de anomalias temporais: a miopia e a hipermetropia. Na primeira, tal como na razão proléptica, há uma subestimação do futuro. Na segunda, tal como na razão metonímica, há uma subestimação do presente. O desafio é ajustar o foco intertemporal a fim de dar conta da complexidade do presente e das antecipações do futuro. *O valor do amanhã*. São Paulo: Companhia das Letras, 2005, p. 170-192.

emergências atua, ou seja, tanto sobre as possibilidades (potencialidade), quanto sobre as capacidades (potência).

Assim, a axiologia do progresso que marca a cultura contemporânea é substituída pela ontologia do cuidado.[60]

Por outro lado, a compreensão de dilatação do futuro, que resulta da compreensão linear do tempo, faz com que seja pensado indefinidamente. Nesse caso, ainda que possa haver expectativas, não são consideradas com cuidado. Essa falta pode ser identificada, no campo do direito processual, na exata medida em que as reformas do Código de Processo Civil não acompanham uma reforma de pensamento.

Pode-se afirmar, correndo-se o risco de errar, que isso se deve, em muito, à incapacidade de tratar as questões sob a ótica de previsibilidade e da imprevisibilidade na vida social. Tal preocupação possui uma relação direta com o que se tratou na primeira parte, que é o status de generalização que caracteriza o direito processual. O paradoxo é inafastável. Como disse Alasdair MacIntyre,[61] é o grau de previsibilidade que as estruturas sociais possuem que permite planejar projetos a longo prazo. Porém, não é possível olvidar que é justamente a imprevisibilidade persistente na vida humana que torna os projetos humanos frágeis e vulneráveis. Qualquer espécie de projeto totalitário sempre produzirá um tipo de rigidez e ineficácia que, em longo prazo, será motivo de seu próprio fracasso.

Assim, é induvidoso que a Teoria Geral do Processo incite ao pecado da razão proléptica, pois expande o futuro ao abrir-se ao amplo quadro de reformas processuais. No entanto, as trata sem cuidado na exata medida em que não prepara o jurista para desvencilhar-se do peso da ordinariedade e, tampouco, para construir saberes acerca da tutela preventiva, os quais exigiriam uma reforma das concepções pré-dadas acerca dos principais institutos de processo. O futuro, carregado de capacidades (potências) e possibilidades (potencialidade), resta limitado a tais pré-compreensões inautênticas. Contrair o futuro não significa limitar a capacidade e a potência, mas dar qualidade a elas, que só a noção de cuidado possibilita. Nesse sentido, vale lembrar a lição de Immanuel Wallerstein[62] quando, ao tratar da mística separação entre a verdade e o bem, imposta pela cultura ocidental, refere que as probabilidades dos vários futuros que o homem pode ter são construídos no interior das próprias estruturas sociais que limitam o seu agir.

É preciso construir um outro tipo de paradigma que contraia o futuro. A Teoria Geral não tem sido capaz de se desincumbir dessa tarefa. Tal trabalho pode estar reservado à Teoria da Tradução que será tratada a seguir.

---

[60] *Para uma sociologia das ausências e das...*, op. cit., p. 797.
[61] *Depois da virtude*. Bauru: EDUSC, 2001, p. 180.
[62] *O fim do mundo como o concebemos. Ciência para o século XXI*. Rio de Janeiro: Revan, 2002, p. 229.

Parte II – Da teoria geral do processo à teoria da tradução

O campo do domínio da Justiça e, portanto, de todo o instrumental teórico-prático que viabiliza o funcionamento da mesma, aqui se inserindo a Teoria Geral do Processo, é um dos mais profícuos para a aplicação da teoria das ausências e das emergências, porque proporciona experiências entre conhecimentos.

Se há uma pluralidade e diversidade de conflitos que exigem solução para reduzir a própria complexidade da tecitura social, a Teoria Geral do Processo é insuficiente, porque impõe um modelo de processo que não tem dado conta da riqueza das experiências e não tem pensado o futuro. O que ocuparia o lugar da Teoria Geral? Mais uma vez toma-se de empréstimo a idéia de Boaventura de Sousa Santos quando alude que o lugar seria ocupado pelo que denomina de Teoria da Tradução.[63] Essa seria um tipo de procedimento capaz de criar inteligibilidade mútua entre as várias experiências sociais, ou seja, entre as experiências disponíveis e as que são possíveis. O trabalho de tradução ensina que, por mais experiências que a sociedade tenha vivenciado e que vivencie na atualidade, nenhuma delas pode ter a pretensão de totalidade. A monocultura do saber imposta pelo paradigma de conhecimento ocidental não resiste à pluralidade de saberes que a complexidade da vida é capaz de criar.

No campo do direito processual e da jurisdição, a inteligibilidade recíproca entre experiências disponíveis pode decorrer, no âmbito interno, das experiências jurisdicionais inovadoras tendentes a simplificar o processo, atribuir mais poderes aos juízes, como também o contrário, provocar a divisão desse poder com outros atores não menos importantes

Por outro lado, no âmbito externo ou do direito comparado, sobretudo as experiências do common law podem servir de inspiração para a criação de outros institutos jurídico-processuais mais consentâneos com a massificação dos direitos e com a sua constitucionalização.

No que pertine à crítica à Teoria Geral do Processo, imposta como saber hegemônico, o desafio é duplo. Primeiro, é preciso identificar o quanto o modelo ordinário de Jurisdição e de processo, herdados da época tardia do direito romano, ainda se mantém como paradigmas. Tal tarefa seria destinada ao trabalho de desconstrução. Segundo, o trabalho seria conduzido a identificar e reinventar práticas jurisdicionais que têm dado certo, mas que não são valorizadas. Esse seria um trabalho de reconstrução.[64] O desafio da Teoria da Tradução seria encontrar no entrechoque entre a desconstrução e a (re)construção a hegemonia de uma sobre a outra para então sim buscar a harmonização entre elas.

---

[63] *Para uma sociologia das ausências...* op. cit., p. 779.
[64] Essa dicotomia, construída pela lógica da oposição, pode ser encontrada em tese de minha autoria, em que analiso a construção, desconstrução e reconstrução da jurisdição no mundo ocidental. In: *O desvelar (alethéia) da sumariedade*, Parte 2, op. cit.

O trabalho de tradução, assim, para ser mais eficaz, deverá incidir tanto sobre saberes já existentes quanto sobre práticas. É o que segue.

2.1. Pensando um novo processo: A hermenêutica diatópica e as zonas de contato. Outras experiências possíveis

Na visão de Boaventura de Sousa Santos,[65] a hermenêutica diatópica é um procedimento hermenêutico que tem por fim possibilitar o diálogo entre diferentes culturas, partindo-se do princípio de que cada uma caracteriza-se por possuir uma constelação de topoi fortes, que são os lugares comuns mais abrangentes no interior de cada uma delas, funcionando como premissas de argumentação. Mas é no interior de outra cultura que esses mesmos topoi, quando usados, tornam-se vulneráveis. A hermenêutica diatópica funcionaria como facilitadora do diálogo entre esses diferentes sistemas, ainda que não se perca de vista que compreender uma cultura a partir dos topoi de outra é tarefa difícil.

A grande lição da hermenêutica diatópica é que os topoi de uma cultura são tão incompletos quanto ela própria. Assim, o objetivo da hermenêutica diatópica não é atingir a completude, mas ampliar a sua consciência de incompletude por intermédio de um diálogo. No campo do direito processual as perguntas mais significativas são: Quais são os pontos frágeis e as barreiras do direito processual pátrio e quais são as fragilidades e obstáculos de outros sistemas processuais? Será que o sistema processual brasileiro tem a ensinar para outros sistemas? E esses, preferencialmente os do mundo ocidental, o que tem a ensinar? Desse modo, o reconhecimento das incompletudes é condição sine qua non de um diálogo intercultural e, porque não, interprocessual. Dada essa dimensão, é um trabalho que não pode ser levado a cabo apenas por uma cultura ou por uma pessoa. Faz-se necessário uma atitude coletiva de abertura a esse pensamento.

No caso da jurisdição, impõe-se aos juristas uma nova postura diante de seu métier, o que requer um tipo de conhecimento diferente e também um diferente processo de criação do conhecimento. Exige uma produção de conhecimento coletiva, participativa e intersubjetiva, uma produção baseada em trocas cognitivas que avancem por intermédio da reciprocidade entre elas. Privilegia o conhecimento emancipação em detrimento do conhecimento regulação.[66]

Desse modo, sob o ponto de vista do direito nacional, nesse trabalho optou-se por analisar experiências jurisdicionais de outros campos que não da justiça cível comum, para verificar quais são seus topoi fortes e o que aquela tem a aprender com esses. É o caso, por exemplo, do processo do trabalho, caracte-

---

[65] Para uma concepção multicultural dos direitos humanos. *In: Reconhecer para libertar. Os caminhos do cosmopolitismo multicultural.* Rio de Janeiro: Civilização Brasileira, 2003, p. 427-458.

[66] SANTOS, Boaventura de Sousa. *Do pós-moderno ao pós-colonial. E para além de um e de outro*, p. 16-17. Diponível em http://www.ces.uc.pt. Acesso em 15 de junho de 2006.

rizado por um conjunto de princípios mais afeitos a realidade contemporânea e às exigências da natureza do direito material envolvido, em geral, de caráter alimentar. Veja-se o caso dos processos de rito sumário em que há a prevalência da oralidade, da concentração dos atos, da irrecorribilidade das interlocutórias e da execução da sentença condenatória por impulso oficial. Todos esses princípios, somados, resultam em maior efetividade da jurisdição, acesso qualificado à Justiça, e desnaturam a sua concepção clássica, fundada nos princípios da linguagem escrita, da separação do processo em fases, da recorribilidade das interlocutórias, enfim, contribuem de modo significativo para a concretização dos direitos e, antes deles, da própria Constituição. Do mesmo modo, no âmbito da justiça comum, as experiências dos Juizados Especiais Cíveis criados pela Lei 9.099/95, como anteriormente referido, inauguraram no Brasil uma nova fase na prestação da jurisdição em favor do maior e mais facilitado acesso à Justiça. Isso ocorre não só porque informado por um tipo especial de principiologia, como a informalidade dos atos, a oralidade, a celeridade, a irrecorribilidade das interlocutórias e a conciliação,[67] mas porque possibilita a construção de um Judiciário pós-burocrático.

Esse modelo acolhe outros sujeitos, não pertencentes aos quadros da Jurisdição, que têm por atribuição também solucionar os litígios, cumprindo, pois, a promessa de democratização da própria Justiça através do comprometimento da sociedade que dela participa não só como parte, mas como sujeito. Tais sujeitos são oriundos do próprio meio onde os litígios acontecem, podendo ser simples cidadãos, advogados ou até mesmo estudantes de Direito, os quais exercem atividades marcadamente conciliatórias, colocando sob interrogação o modelo de solução de conflitos baseado exclusivamente na decidibilidade e nos decisionismos.[68] Trata-se do que se pode denominar de expansão da jurisdição. O modelo ordinário de jurisdição, sempre compreendido a partir dos quatro pilares básicos tradicionalmente tratados pela Teoria Geral do Processo – jurisdição, ação, processo e defesa –, muito tem a aprender com essas experiências relativamente novas, mas já consolidadas. Afinal, se no varejo das formas alternativas de solução dos conflitos ainda há muito a ser construído, é no atacado da jurisdição tradicional que as coisas precisam mudar.

---

[67] Resultado recente de pesquisa realizada pelo Ministério da Justiça e pelo Centro de Estudos e Pesquisas Judiciais-CEBEPEJ informa que a grande maioria das ações de competência dos JECs são de pessoas físicas e relacionam-se à matéria ligada ao direito do consumidor. A mesma pesquisa mostra que em 34,5% das ações nos locais pesquisados – nove capitais brasileiras – o processo termina pela via conciliatória, o que, segundo os pesquisadores, ainda representa um índice aquém do esperado. Esse baixo índice, ainda segundo a pesquisa, pode ser associado à seleção dos conciliadores, juízes leigos e árbitros, à necessidade de melhor treiná-los, qualificá-los e aperfeiçoá-los para o exercício das atividades conciliatórias. No âmbito dos recursos o índice também é baixo, representando 31,2%, o que demonstra confiança nas decisões dos juízes. *Juizados Especiais Cíveis – Estudo.* Disponível em http://www.mj.gov.br/notícias/Diagnóstico, p. 9. Acesso em 27 de maio de 2006.

[68] A decidibilidade pode ser tomada como um cânone jurídico, um reservatório de autoridade que garante, como um banco central, a autoridade dos atos jurídicos singulares. Veja-se: BOURDIEAU, Pierre. *O poder simbólico...* op. cit. p. 219. E o decisionismo jamais foi permitido pela hermenêutica. Ver STRECK, Lenio Luiz. *Verdade e Consenso...* Op. cit., p. 219.

A jurisdição, vista como espaço de solução de controvérsias, de tutela de direitos subjetivos e objetivos, durante largo tempo não passou de uma abstração nas mãos dos processualistas que a levaram até o alto do Olimpo. Olvidaram que, em essência, resume-se à atividade do juiz com um sentido profundamente prático. O mesmo ocorreu com a abstração a que foi elevada a ação processual quando não passa da atividade concreta das partes. Esse afastamento da realidade tem feito os próprios processualistas pagarem um alto preço, sobretudo com as definições abstratas de processo, instituição que é a verdadeira pedra de Sísifo, porque está sempre a recomeçar.[69]

O caso brasileiro oferece possibilidade de aprendizado e de trocas cognitivas no âmbito da jurisdição, ainda que, como Poder do Estado, deva ser vista como uma unidade. Inobstante isso, não é possível ignorar que a própria Constituição Federal estabelece sua divisão e define as competências de cada uma. Desse modo, as exigências da natureza dos conflitos levados a juízo forjaram a construção de topoi diferenciados para algumas. Justamente nesse ponto inicia a possibilidade de trocas cognitivas para que, por exemplo, a jurisdição comum ordinária aprenda com os topoi da Justiça do Trabalho e com os dos Juizados Especiais Cíveis.[70] Mas o que esses têm a aprender com a jurisdição ordinária, taxada de morosa e ineficiente? A têmpera, em âmbito interno, é saber identificar em que medida essas trocas cognitivas podem ocorrer no âmbito da Jurisdição. Essa é a tarefa do Trabalho de Tradução que possibilita identificar, por exemplo, quanto os princípios da segurança e da certeza jurídica ainda podem servir de fiel da balança no momento da solução de determinado conflito.

Por outro lado, o caso brasileiro não oferece modelos variados de meios de solução de conflitos fora do Poder Judiciário, o que se deve à crença cultural de que as decisões desse Poder são as únicas confiáveis. Não se trata aqui de uma crítica, mas sim da confirmação das características da própria sociedade que vê na pessoa do juiz a encarnação do próprio Estado, único que, historicamente, tomou a si o monopólio da solução dos conflitos. Pode ser lembrado, mais uma vez, o caso dos Termos de Compromissos de Ajustamento (TAC), através dos quais o Ministério Público, ou os demais legitimados para a propositura da ação civil pública, em momento pré-judicial, têm competência para resolver conflitos de massa que digam respeito a toda a sociedade ou a uma categoria ou grupo.[71] Trata-se de uma instância de resolução de conflito, fora do Poder Judiciário, como também é o caso das Comissões de Conciliação

---

[69] Essa idéia é de MÉNDEZ, Francisco Ramos. *El mito de Sísifo y la ciência procesal...* Op. cit. p. 17.

[70] No Senado Federal brasileiro tramitam vários projetos de lei que submetem a solução judicial de inúmeras matérias à competência e procedimento do Juizado Especial criado pela Lei 9099/95.

[71] Afinando-se com as reivindicações sociais que expressam o exercício dos direitos humanos de terceira geração relativos aos direitos coletivos em sentido largo. O mau trato dessas questões constitui, porém, no que STRECK, Lenio denomina de "crise do modelo de direito". *Verdade e Consenso...* op. cit., p. 193.

Prévia que atuam no âmbito trabalhista, com natureza paritária.[72] Todas essas considerações podem ser pensadas a partir da superação da Teoria Geral pela Teoria da Tradução.

2.2. A construção de uma teoria da tradução para a justiça

Questionada a hegemonia da Teoria Geral do Processo pela possibilidade de compreender que sua pretensão à totalidade esbarra em um mundo em que as "totalidades" não passam de partes de outras totalidades, a Teoria da Tradução possui a tarefa de complementar as funções da sociologia das ausências e das emergências num processo em que compreender, como disse Wallerstein, é muito mais complexo do que apregoado tradicionalmente pela epistemologia dominante.[73] Se a busca da uniformidade na perspectiva teórica pode significar uma comodidade, na vida prática pode implicar em inúmeros desacertos. A jurisdição e o direito processual devem ser compreendidos naquilo que de múltiplo têm, requestionando o dogma da verdade como o seu fim último para dar lugar à compreensão hermenêutica.[74] É o trágico[75] tomando o lugar que sempre foi ocupado pela visão romântica da Justiça como sendo o baluarte da última e certa resposta que poria fim ao litígio humano.[76] Claro, essa não é uma tarefa simples na medida em que a própria vida em sociedade tem sido construída em nome da uniformidade.

A construção de uma Teoria da Tradução para o direito processual e para a Jurisdição não consiste numa tarefa fácil, porque implica em identificar os pontos frágeis da jurisdição ordinária como também seus pontos fortes e no que esses últimos se identificam com outras procedimentos e formas de solução de conflitos. Será uma tarefa que talvez não encontre seu final, por ter a

---

[72] A preocupação com a resolução dos conflitos pela via do consenso também pode ser verificada junto ao TRT da 4ª Região que desde o ano de 2003, em razão do teor da Portaria nº. 386, possibilita a conciliação no âmbito do segundo grau. Disponível em: http://trt4.gov.br/. Acesso em 27 de maio de 2007.

[73] WALLERSTEIN, Immanuel. *Como concebemos o fim do mundo. Ciência para o século XXI*, op. cit., p. 227.

[74] Sobre o tema consulte-se: SALDANHA, Jânia Maria Lopes; SZINWELSKI, Fábio João; GOMES, Joséli Fiorin; LISBOA, Ramon. Direito, processo e uma proposta de (novo) compromisso com a filosofia. *In:* SPAREMBERGER, Raquel Fabiana Lopes. *Hermenêutica e argumentação. Em busca da realização do Direito.* Ijuí: Editora UNIJUI, 2003, p. 289-303.

[75] MAFFESSOLI, Michel analisa o papel do trágico na pós-modernidade para dizer que na origem dos diversos totalitarismos que caracterizaram a modernidade há uma paranóia retratada num tipo de racionalismo mórbido que procura uma explicação última e que rejeita tudo o que a ela não se submete. Para suplantar esse "fio vermelho" do racionalismo, vê uma relação estreita entre o trágico e a aparência, em que o papel da última é fazer a ligação entre profundidade e superfície, constituindo-se, assim, na dupla face das palavras, das pessoas e das coisas. *In: O eterno instante. O retorno do trágico nas sociedades pós-modernas.* Lisboa: Instituto Piaget, s/d, p. 112-117.

[76] Crítica que tem sido incansavelmente feita por Ovídio Baptista da Silva. Lembra o autor que no processo, ao invés da preocupação estar voltada para a quimérica "vontade da lei" ou apenas com a verdade dos fatos, deve sim voltar-se para seu significado, já que essa é a marca dos saberes que dependem da linguagem. Consulte-se: Verdade e significado. *In:* ROCHA, Leonel Severo; STRECK, Lenio Luiz. *Constituição, sistemas sociais e hermenêutica.* Porto Alegre: Livraria do Advogado, 2005, p. 265-281. O grifo é do autor.

característica da mutabilidade e da adequação às exigências que a natureza dos conflitos, sempre renovados, impõem. É que a amplitude dos desafios contrasta com o arcaísmo dos meios da Justiça. Algumas questões de ordem prática são inescapáveis para que se perceba a necessidade de questionar a Teoria Geral do Processo como ramo do direito a serviço da unificação do pensamento e de uma única compreensão do processo e da jurisdição e para que seja possível tentar-se construir uma Teoria da Tradução para o processo.

A primeira questão é o que pode ser objeto de tradução? Boaventura de Sousa Santos[77] leciona que o conceito de zona de contato pode dar a resposta pelo fato de que é possível entendê-la como aquela em que diferentes teorias, práticas e experiências se encontram e se chocam. Seria, no âmbito das ciências sociais, a zona de contato cosmopolita, ou seja, aquela que parte do princípio de que cada saber ou prática deve decidir o que coloca em contato com outros saberes e práticas, a fim de identificar o que há de comum ou para ser aprendido entre eles.

Que os processualistas teriam a dizer diante disso? O melhor talvez seja verificar o que está ausente na jurisdição comum. Tome-se, por exemplo, o caso da oralidade. Há sim a previsão da prática da oralidade nessa jurisdição, seja pela possibilidade de realização da audiência preliminar, de debates orais, pela autorização de interposição de recurso de agravo retido oral ou, finalmente, pela autorização de que o juiz tente a conciliação a qualquer tempo do processo. Esse é ponto de contato com as práticas conciliatórias dos Juizados Especiais Cíveis, bem como com as práticas orais dos Termos de Ajustamento e das Comissões de Conciliação Prévia. É uma zona de contato que não é relevante no contexto do processo comum, porque esse renega as opiniões que a oralidade carrega e porque somente acredita, platonicamente, em padrões absolutos de conduta nos assuntos humanos.[78] Porém, a oralidade trata-se de um princípio nos Juizados Especiais e uma condição sine qua non para o sucesso do Termo de Ajustamento e para o resultado da atuação das Comissões de Conciliação Prévia. Mas nem sempre o que é colocado em contato é, necessariamente, o que é mais importante porque não é reconhecido como tal pelos mitlaufers jurídicos,[79] ou seja, pelos juristas acostumados a seguir os lugares comuns dos textos jurídicos e das práticas judiciárias.[80] Talvez seja justamente o que tem

---

[77] *Para uma sociologia das ausências e uma sociologia das emergências*, op. cit., p. 808-809.

[78] ARENDT, Hannah. *A dignidade da política*. Relume-Dumará: Rio de Janeiro, 2002, p. 92.

[79] Sobre o aproveitamento desse "hábito tedesco" que aqui foi associado ao sentido comum teórico dos juristas ver: ESPINDOLA, Angela Araujo Silveira; SALDANHA, Jânia Maria Lopes. Constituir a Constituição. A Compreensão e a Linguagem na Nova Crítica do Direito. Afastando os *Mitlaufers Jurídicos*. In: LUCAS, Doglas César; SPAREMBERGER, Raquel Fabiana Lopes. (Orgs.) *Olhares hermenêuticos sobre o Direito. Em busca do sentido para os caminhos da Justiça*. Ijuí: Editora UNIJUÍ, 2006, p. 132.

[80] O Projeto de Lei nº 4.728/98 de autoria da Deputada Zulaiê Cobra, cujo substitutivo nº 94/2002, no Senado Federal, de autoria do Senador Pedro Simon foi aprovado em 12.07.2006 e acatou sugestões do IBDP-Instituto Brasileiro de Direito Processual. Esse Projeto propõe a criação da "Mediação Paraprocessual". A mediação poderá ser prévia ao processo ou incidental a ele. Judicial ou extrajudicial, caso os mediadores sejam ou não

sido deixado de lado, o que tem sido negligenciado. Aqui é que o Trabalho de Tradução pode emergir e frutificar.

No caso do processo, a sua "zona de contato cosmopolita" poderia ser a efetividade que só uma noção de processo e de jurisdição em contraditório e em diálogo pode permitir. Essa percepção deriva da fase atual em que se vive no direito processual que é a do "formalismo valorativo",[81] inserida num movimento cultural destinado a concretizar os valores da Constituição no âmbito do processo. Supera-se, desse modo, a visão de processo apenas como "relação jurídica" tal como a concebeu Oskar Von Büllow na segunda metade do século XIX, para compreendê-lo num cenário mais amplo que é a da concretização dos valores constitucionais e da vida democrática.

A segunda questão é identificar entre o que traduzir? Escolher teorias e práticas entre as quais se objetiva realizar a tradução derivará, certamente, não só de afinidades, mas antes de inconformidades. Pode surgir como superação ou alternativa de uma zona de contato imperial.[82] A questão da morosidade processual pode ser tomada como caso paradigmático desse tipo de zona de contato imperial. Enquanto a morosidade ocupa o centro dos discursos e fomenta reformas processuais, muitas vezes superficiais, evita-se falar acerca dos verdadeiros problemas da jurisdição relacionados ao seu modelo hegemônico de solução dos conflitos, que é a ordinariedade,[83] estigma da jurisdição que tem impedido a formação de um "sentimento constitucional".[84]

Assim, as discussões centrais dos processualistas são de que o mal da Justiça é a morosidade e essa foi a principal razão que fomentou a criação dos Juizados Especiais. Embora essa seja uma realidade que não possa ser desconsiderada, tudo se faz para combatê-la e, nesse afã, corre-se o risco de perder em qualidade.[85] É o dilema entre acelerar e retardar lembrado por Bauman ao afirmar que "a batalha contemporânea da dominação é travada entre forças que

---

advogados com mais de três anos de prática judiciária. Ao longo de todo o projeto percebe-se a importância da oralidade e do consenso que ela é capaz de provocar, para eliminar o conflito. Mais uma vez, ao modo dos Juizados Especiais, trabalha-se com a idéia de um Judiciário pós-burocrático. Disponível http://www.direitoprocessual.org.br/v2.htm. Acesso em 22 de julho de 2007.

[81] MITIDIERO, Daniel Francisco, valendo-se da lição de autores clássicos e contemporâneos, aponta três fases do processo: a- do praxismo ou sincretismo; b- do processualismo; e c- do formalismo-valorativo, concebidos como os três endereços culturais do direito processual. Consulte-se: *Elementos para uma Teoria Contemporânea do Processo Civil Brasileiro*. Porto Alegre: Livraria do Advogado, 2005, p., 21 e 144-145.

[82] Idem, p. 810.

[83] A crítica novamente pode ser encontrada em BAPTISTA DA SILVA, Ovídio. *Processo e Ideologia, op. cit.* Veja especialmente os capítulos V e IX.

[84] STRECK, Lenio. *Verdade e Consenso*, p. 211.

[85] Como já referido, essa é uma das marcas da modernidade. Agir no presente, antecipando o futuro para não ser submetido à demora, pode consistir na subestimação desse último, porque implica em antevisão, estratégia e implementação. Seria a "miopia do futuro" em nome de um presente acelerado. Por outro lado, procrastinar o presente, ignorando sua parcela de urgência, pode conduzir a uma superestimação do futuro – a hipermetropia – tendo como resultante uma subestimação do presente.

empunham, respectivamente, as armas da aceleração e da procrastinação".[86] A arte para o campo específico do direito processual e da jurisdição é encontrar o fio vermelho para ajustar e reajustar o foco intertemporal.[87] Se o problema temporal no processo é uma constante, pode-se afirmar que a motivação para o surgimento dos Juizados Especiais não foi tão-somente o problema da morosidade, mas sim cumprir a promessa constitucional de acesso à Justiça. Não só formal, como também qualificado, o que justifica o conjunto de valores e princípios que os caracterizam e que servem para concretizar os valores constitucionais.

A terceira é quando se traduz? Aqui se põe o problema da temporalidade. Porém, é no universo das reformas porque tem passado o direito processual que se deve pensar se a zona de contato não se torna "imperial". Talvez seja essa mesma a quadratura do círculo. Pretendendo aprimorar um bom número de institutos, o legislador mantém as ausências do próprio sistema. Reforma-se o sistema recursal mantendo-se a mesma cadeia de recursos, sem se questionar a falibilidade da busca da "verdade absoluta", cria-se a súmula vinculante, impõe-se a súmula impeditiva de recursos, estabelece-se critério de aferição de repercussão geral da matéria constitucional em recurso extraordinário, "ampliam-se" os poderes dos juízes de primeiro grau com a possibilidade de prolação da sentença vinculante, seqüestrando-se o sentido da problematicidade da cada caso, enfim, altera-se significativamente o Código de Processo Civil, mas não se olha para a questão de fundo que é o modelo de jurisdição burocrática baseada na decibilidade e nos decisionismos a cargo de um homem só. Não há dúvida, pois, que o processo padece do mito de Sísifo.[88] O processualista já não sabe mais como agarrar a pedra. O próprio sistema prevê alternativas, mas a credulidade da vítima – os juristas em geral e a sociedade – é a aliada do enganador.

O que se quer dizer é que a zona de contato deve ser vigiada para que não se ignore a própria história da construção do processo e da jurisdição e suas matrizes fundantes. Desse modo, a oralidade e a solução dos conflitos pela via conciliatória pode ser uma zona de contato entre diferentes práticas e saberes que envolvem a solução dos litígios humanos.

A quarta é quem traduz? Não existem saberes e tampouco práticas sem que por detrás alguém os aplique. No caso do processo e da jurisdição, o trabalho de tradução e de questionamento da Teoria Geral do Processo deve ser realizado pelos juristas envolvidos na melhoria da solução dos conflitos em sociedade. Requer, portanto, uma atitude favorável e de abertura, fruto da com-

---

[86] BAUMAN, Zigmunt. *Modernidade líquida*. Rio de janeiro: Jorge Zahar Editor, 2001, p. 139.
[87] GIANETTI, Eduardo. *O valor do amanhã*, op. cit., p. 170-192.
[88] Ver sobre a relação do processo com o mito de Sísifo: MÉNDEZ, Francisco Ramos. *El mito de Sísifo*. Barcelona: Atelier, 2004.

preensão e da atitude hermenêutica. Como afirmou Gadamer,[89] essa última supõe uma tomada de consciência em relação às próprias opiniões e preconceitos. Ora, a tradição pode ser o fator limitador de um novo olhar sobre o que diz a Constituição para o processo e para a jurisdição.[90]

A quinta e última é como se traduz? O trabalho de tradução, segundo Boaventura, é essencialmente um trabalho hermenêutico voltado a permitir que se partilhe de saberes ou experiências de outros. Por ser um trabalho hermenêutico diferiria das argumentações tradicionais, uma vez que destituído de topoi. E os topoi de outras experiências abandonariam essa condição para transformarem-se apenas em premissas de argumentação. Não há como prever o resultado disso. Mas o que está em confronto é a relação entre verdade e resposta adequada. A verdade, como o absoluto, eternamente buscada no modelo tradicional de processo. A resposta adequada como o resultado da própria condição de possibilidade que é a linguagem. Romper com a quintessência da ordinariedade – a escrita, a certeza e a segurança – não significa banalizar as formas alternativas de solucionar conflitos, mas reconhecer em que medida não são apenas necessárias, mas o que é mais relevante, em que medida trazem resultados positivos no mundo prático. O medo da contradição, como disse Hannah Arendt,[91] é o medo de fragmentar-se, de não continuar sendo um. Nessa lógica repousa toda a resistência no abandono dos absolutos.

A construção da Teoria da Tradução para a jurisdição e para o processo poderá contribuir para suplantar duas estratégias retiradas da obra Tristes Trópicos de Claude Lévi-Strauss e que podem ser, analogicamente, aplicadas ao processo e à jurisdição.[92] O antropólogo, ao estudar tribos indígenas no Brasil, afirmou que a identificação do "diferente" dava-se por duas vias. A antropoêmica e a antropofágica. Na primeira – a êmica –, a idéia era excluí-lo, afastá-lo ou ignorá-lo. Na segunda – a fágica –, realiza-se um processo assimilatório, através do qual o assimilado, sendo "ingerido", perdendo suas características. Na êmica se aniquila o outro. Na fágica aniquila-se a alteridade. Assim, por um lado, tem-se a dogmática jurídica ignorando o "outro", que são todas as outras formas não hegemônicas de solução de conflitos. E, por outro, na tentativa de manter as estruturas conhecidas da jurisdição e do processo, tendem a tratar o "novo" com os olhos do velho, assimilando-o ao que é conhecido, desconsiderando que a Constituição constitui. De certo modo, essa tem sido a lógica da modernidade. Quanto mais eficaz a tendência à homogeneização e quanto maior o esforço para eliminar a diferença, tanto mais difícil será sentir-se à

---

[89] GADAMER, Hans-Georg. *O problema da consciência histórica*. 2ª ed. Rio de Janeiro: FGV, 2003, p. 63-64.

[90] Sobre isso veja-se: TRIBE, Laurence; DORF, Michael. *Hermenêutica contistucional*. Belo Horizonte: Del Rey, 2007, p. 137-146.

[91] Op. cit., p. 101.

[92] LÉVI-STRAUSS, Claude. *Tristes trópicos*. São Paulo: Companhia das Letras, 2000. Essas idéias foram desenvolvidas por BAUMAN, Zigmunt. *Modernidade líquida...* Op. cit., p.118.

vontade com o que é estranho e tanto mais ameaçadora será a diferença. Não se deve esquecer, diante disso, que é a contingência e não o determinismo que está subjacente em cada conflito humano levado ao juiz para julgamento.

Considerações finais

Nesse ensaio, procurou-se transferir ao mundo jurídico, especificamente ao do processo e da jurisdição, categorias sociológicas capazes de ler a sociedade contemporânea e de apontar as ausências e as emergências a partir da obra de Boaventura de Sousa Santos.

O processo e a jurisdição, partes de um todo maior que é o Direito, são marcados por aqueles traços que, por conta do lento e gradual trabalho da dogmática jurídica dos últimos dois séculos, se encarregaram de construir os "lugares comuns" que dominam a fala e o modo de agir do jurista. Tudo o que é estranho e diferente do já feito é ignorado. Eis a produção das ausências da razão metonímica. Pensando tudo já estar pronto, não se pensa, tampouco se age, sob a perspectiva da emergência. Aqui a razão proléptica.

No âmbito da Teoria Geral do Processo, uma dentre tantas disciplinas que formam e conformam o Direito, essas mesmas ausências e emergências podem ser avistadas uma vez que, justamente por ser "geral" tem a pretensão de dizer tudo acerca dos institutos, princípios e modo de ser do direito processual a partir de um ponto de vista já conhecido.

Porém, há uma riqueza de possibilidades, jurisdicionais ou não, de solução de conflitos que são derrisivas às formas tradicionais e conhecidas, como foi demonstrado ao longo deste trabalho. A hermenêutica diatópica constitui-se na condição de possibilidade de realização de diálogo entre o velho e o novo, entre as práticas existentes e aceitas e entre aquelas que também existem, mas que são ignoradas. A zona de contato entre diversos campos de atuação poderia viabilizar tal diálogo.

A construção de uma Teoria da Tradução que transcenda a Teoria Geral do Processo talvez seja um caminho viável para a construção de um novo modelo de jurisdição para o século XXI, não como satisfação de um simples desejo de mudar, mas acreditando que, com vista à concretização dos valores constitucionais, outro processo seja possível.

— III —

Esboço de uma teoria processual do direito

DARCI GUIMARÃES RIBEIRO[1]

Sumário: 1. Conflito de interesses; 2. Direito objetivo; 3. Dupla função do ordenamento jurídico; 3.1. Função psicológica; 3.1.1. Sanção; 3.2. Função judicial

> *Más allá del derecho procesal no hay derecho civil o derecho penal, sino pura y simple sociología.*
> (GUASP, *la pretención processual*, en Anuário de Derecho civil, 1952, t.V, fasc.1º, p. 26).

1. Conflito de interesses

Todas as pessoas possuem necessidades e estas constituem uma lei básica para os homens, que são muito diferentes entre si, razão pela quais as necessidades não podem ser as mesmas, pois, ao variar os homens, variam também as necessidades.[2] As necessidades mudam constantemente, porque os homens estão em constante evolução, por isso as necessidades são ilimitadas,[3] isto é, as necessidades apresentam uma variação em intensidade, qualidade e quantidade, de indivíduo para indivíduo, e inclusive do mesmo indivíduo em ambientes e tempos diversos.

---

[1] Advogado. Doutor em Direito pela Universitat de Barcelona. Especialista e Mestre pela PUC/RS. Professor Titular da Unisinos e do Programa de Pós-Graduação em Direito. Advogado. Membro do Instituto Brasileiro de Direito Processual Civil. Membro representante do Brasil no Projeto Internacional de Pesquisa financiado pelo Ministério da Educação e Cultura – MEC – da Espanha, segundo Resolução de 14 de dezembro de 2004, da Secretaria de Estado de Universidades e Investigações, publicada no Boletim Oficial do Estado nº 312, de 28 de dezembro de 2004.

[2] Sobre o estudo das necessidades desde a perspectiva econômica até a psicológica, passando pela análise jurídica do fenômeno, consultar o que escrevi em *La pretensión procesal y la tutela judicial efectiva: hacia uma teoría procesal del derecho*, Barcelona: Bosch, 2004, p. 21 e ss.

[3] Neste sentido encontramos KANT que se refere ao homem como uma pessoa que "siempre es dependiente en lo tocante a cuanto exige para estar enteramente satisfecho con su estado y nunca puede verse por completo libre de deseos e inclinaciones", *Crítica de la razón práctica*. Trad. por Roberto Rodríguez Aramayo. Madrid: Alianza, 2000, p. 178 (na edição do original alemão [A 149] e na paginação da Academia <AK. V,84>). HEGEL, quando compara as necessidades dos animais com as dos homens fala da "multiplicación de las necesidades" no homem, *Filosofía del derecho*. Trad. por Angélica Mendoza de Montero. México: Juan Pablos, 1998, §190, p. 176. Entendendo que as necessidades são ilimitadas em número, COSCIANI, *Elementi di economia política*. Padova: Cedam, 1965, 8ª ed., p. 26; UGO PAPI, *Principii di economia*. Padova: Cedam, 1953, 12ª ed., vol. I, p. 24; BODIN, *Principios de ciencia económica*, Trad. por Luis de Garay. México: Jus, 1946, p. 122; y CARNELUTTI, *Sistema de derecho procesal civil*. Trad. por Niceto Alcalá-Zamora y Castillo y Santiago Sentís Melendo. Buenos Aires: Uthea, 1944, v. II, nº 121, p. 7.

E o que satisfaz uma necessidade? Um bem. Bem é, portanto, tudo aquilo capaz de satisfazer uma necessidade humana, no sentido mais amplo da palavra,[4] isto é, quando os homens possuem necessidades, que são ilimitadas, procuram satisfazê-las através de bens adequados, que podem ser qualquer objeto do mundo "exterior", inclusive o homem mesmo[5] ou "interior", como por exemplo, um sentimento, uma idéia.[6] Esta variação de bens faz com que uns sejam *limitados* e outros sejam *ilimitados*.

Os primeiros, os bens limitados, possuem grande relevância para o estudo do direito, porque se as necessidades são ilimitadas e os bens são limitados, em um determinado momento necessariamente surgirá um *conflito de interesses*.[7] Este existirá quando *duas ou mais pessoas tenham interesse pelo mesmo bem, o qual só poderá satisfazer a uma delas*.[8] Pertence a classe dos bens limitados qualquer objeto do mundo exterior, porque, segundo Due

---

[4] Como se pode perceber do conceito de ARTURO ROCCO, para quem: "Bene può essere qualche cosa di attualmente esistente, di esistente nel passato o nel futuro. Breve: tutto ciò che, esista o no attualmente, abbia esistenza materiale o inmateriale, può soddisfare un bisogno umano è bene; bene è tutto ciò che, esistendo come realtà di fronte alla considerazione della coscienza umana, è atto a soddisfare un bisogno umano", *L'oggetto del reato e della tutela giuridica penale*. In: *Opere Giuridiche*, Roma: Foro Italiano, 1932, vol. I, p. 261. De igual modo BODIN mantém que o bem é "el medio, cualquiera que sea su naturaleza, del cual dispone el hombre para llegar a la satisfacción", *Principios de ciencia económica*, op. cit. p. 153. A este respeito, SÊNECA afirma que o bem é um corpo – como estóico, seu conceito corpóreo da realidade deve ser entendido em oposição ao idealismo platônico e não no sentido toscamente materialista – pois, "el bien opera, puesto que aprovecha; lo que opera es un cuerpo. El bien excita la actividad del ánimo y, en cierto modo, lo configura y refrena, acciones éstas que son propias del cuerpo. Los bienes del cuerpo son cuerpos; luego también los bienes del espíritu, ya que también éste es un cuerpo", *Epístolas morales a Lucilio*. Trad. por Ismael Roca Meliá. Madrid: Gredos, v. II, L. XVII-XVIII, *Ep*. 106, p. 279. Para LEIBNIZ, "il 'bene' di qualcuno è ciò che serve alla sua felicità", *La giustizia*. Trad. por Alessandro Baratta, Milano: Giuffrè, 1967, p. 67. De acordo com a terminologia empregada por ALF ROSS, "los objetos apropiados para extinguir el impulso, son conocidos en psicología como satisfacientes (satisfactors)", *Sobre el derecho y la justicia*. Trad. por Genaro R. Carrió. Buenos Aires: Eudeba, 1997, 2ª ed., cap. XVII, nº LXXXIV, p. 437.

[5] Assim, BODIN, *Principios de ciencia económica*, op. cit., p. 145; ARTURO ROCCO, *L'oggetto del reato e della tutela giuridica penale*, op. cit., p. 261.

[6] Existe uma questão bastante controvertida entre os autores para saber se o *direito* ou uma *relação jurídica* é considerado um bem ou não. Entendo que o *direito* ou uma *relação jurídica* é um bem, se pronunciam ARTURO ROCCO, *L'oggetto del reato e della tutela giuridica penale*, op. cit., p. 261; UGO ROCCO, *Tratado de derecho procesal civil*. Buenos Aires: Depalma, 1983, t. I, p. 16; há também uma parte dos economistas que sustentam principalmente que os direitos de crédito são capitais e por conseguinte bens. De outra parte, entendem que o *direito* ou uma *relação jurídica* não é um bem, BODIN, para quem: "si los derechos fueran bienes, el propietario de un inmueble dispondría no de uno sino de dos derechos: 1) el inmueble, 2) el derecho de propiedad sobre el inmueble", *Principios de ciência económica*, op. cit., p. 163. De igual modo, adotando também o argumento da duplicação de direitos, UGO PAPI, *Principii di economia*, op. cit., p. 34.

[7] Assim se expressa CARNELUTTI: "La ragione di tale conflitto è sempre quella limitazione dei beni, che determina pure il conflitto tra diversi interessi di un medesimo uomo", *Teoria generale del diritti*. Roma: Foro Italiano, 1951, 3ª ed., nº 4, p. 14; e também em *Sistema de derecho procesal civil*, v. II, op. cit., nº 121, p. 7.

[8] No mesmo sentido CARNELUTTI, para quem surge o conflito entre dois interesses quando "la situación favorable a la satisfacción de una necesidad excluye la situación favorable a la satisfacción de una necesidad distinta", *Sistema de derecho procesal civil*, op. cit., v. I, p. 16; e também nas *Lezioni di diritto processuale civile*, Padova: Cedam, 1986., v. I, p. 14. Em igual sentido DÍEZ-PICAZO para quem "un conflicto existe cuando, sobre un objeto idéntico, que es un bien de la naturaleza o un bien cultural, apto para satisfacer necesidades o aspiraciones, dos o más personas ocupan posiciones y mantienen posturas que son entre sí antagónicas o incompatibles", *Experiencias jurídicas y teoría del derecho*. Barcelona: Ariel, 1993, 3ª ed., p. 11 e 12. Limitando a

la mayoría de los bienes son "bienes económicos", que existen en cantidades limitadas con relación a su demanda. La mayoría de los 'bienes de consumo' – los que satisfacen directamente as necesidades personales – no están disponibles en la naturaleza en la forma, lugar y tiempo deseados.[9]

Os segundos não apresentam nenhum problema para o estudo do direito, pois sendo ilimitados os bens, jamais haverá qualquer possibilidade de conflito entre dois ou mais interesses, por exemplo, se mais de uma pessoa tem a necessidade de rezar, esse feito não faz surgir nenhuma modalidade de conflito. São bens ilimitados quaisquer objetos do mundo interior.

A teoria do conflito de interesses possui cada vez mais defensores, entre os quais cabe destacar Díez-Picazo, para quem: "El derecho es un juicio valorativo sobre la tutela de um interés en conflicto con otro".[10] Modernamente esta teoria é a única capaz de fazer frente a uma concepção puramente normativista do direito, que o entende somente como um conjunto de normas previamente estabelecidas.[11]

existência do conflito ao obstáculo criado pela parte contrária, CALLEJAS; ANTONCICH; GORGET, quando afirmam que: "El conflicto se produce, cuando la pretensión extraprocesal (igual a pretensión material) encuentra un obstáculo, para su satisfacción, en el sujeto pasivo", *Nociones de derecho procesal*. Santiago: Jurídica de Chile, 1965, p. 20.

[9] *Análisis económico*. Trad. por Enrique Silberstein. Buenos Aires: Eudeba, 1967, p. 6.

[10] *Experiencias jurídicas y teoría del derecho*, op. cit., p. 15. Este mesmo autor entende que é possível "pensar que la experiencia jurídica primaria o el fenómeno jurídico primario es, antes que cualquier otra cosa, el conflicto de intereses. (...) El derecho es fundamentalmente un conjunto de experiencias vividas. (...) La experiencia jurídica es, como decía, una concreta experiencia de conflictos de intereses", op. cit., p. 7 a 10. Assim também CARNELUTTI, quando nos diz: "Observo, en cuanto a la historia de mi pensamiento, que desde las primeras tentativas de teoría general he 'impostado' el concepto del derecho sobre el conflicto de intereses", *Derecho y proceso*. Trad. por Santiago Sentís Melendo. Buenos Aires: Ejea, 1971, n° 31, p. 60, nota 24. Para ALMAGRO NOSETE a temática do conflito aparece "no como una explicación del proceso (aunque sirva para entenderlo), sino como la ocasión o motivo que justifica el ejercicio del derecho a la jurisdicción", *El "libre acceso" como derecho a la jurisdicción*. In: *Revista de la Facultad de Derecho de la Universidad de Madrid*, v. XIV, 1970, n° 37, p. 125. De acordo com a opinião de BENABENTOS, o objeto de conhecimento do direito processual consiste "en la afirmación de la existencia de un conflicto intersubjetivo de trascendencia jurídica ante un órgano jurisdiccional", *Teoría general unitaria del derecho procesal*. Rosario: Juris, 2001, cap. VI, n° 2.1, p. 280. Em sentido contrário, BARRIOS DE ANGELIS, afirma: "Nuestra tesis teórica consta de dos manifestaciones bien definidas: 1) Ni antes del proceso ni después de la cosa juzgada o de la ejecución (forma de la satisfacción declarativa o constitutiva la primera, forma de la satisfacción ejecutiva, la segunda) existe, en el proceso contencioso, alguna forma de conflicto. 2) El objeto gnoseológico o de conocimiento consiste en que a toda afirmación de una parte contenciosa o de un gestor voluntario sigue, sin que sea necesario que otro sujeto la apoye, una negación (o viceversa, si se trata de una negación inicial); esta segunda manifestación vale tanto para el proceso contencioso – comprendidas sus especies judicial y arbitral – como para el voluntario", *Muerte y resurrección del conflicto*. In: *Revista de Derecho Procesal*, 2000, n° 2, p. 17.

[11] Com uma severa crítica as diversas teorias do conflito GUASP afirma que: "todas ellas se hallan por fuerza sometidas a una doble y decisiva crítica. De un lado resultan materialmente excesivas al atribuir al proceso una base sustancial más amplia de la que éste realmente exige. De otro lado resultan formalmente insuficientes al no dar explicación adecuada a la figura particular del proceso como construcción específica del ordenamiento jurídico", *La pretensión procesal*. Madrid: Cívitas, 1985, 2ª ed., p. 26 (e também nos *Estudios Jurídicos*. Madrid: Cívitas, 1996, n° 20, p. 574). Também adota esta crítica ALMAGRO NOSETE, *El "libre acceso" como derecho a la jurisdicción*, op. cit., p. 125. A crítica de GUASP, seguida por ALMAGRO NOSETE, somente pode ser aceita se for utilizada a teoria do conflito de interesses unicamente para explicar a função do processo, porque como bem afirma o autor, "lo importante para el proceso no es evidentemente el conflicto, que no resulta necesario que exista, sino la reclamación ante el juez, que puede ir o no ligada con aquél", *La pretensión procesal*, op. cit., p. 27 e 28. E acrescentamos, de nossa parte, que o processo é um instrumento de realização da

Diante disto, a existência de conflitos dentro de uma sociedade é algo natural, pois existindo necessidades ilimitadas e bens limitados sua aparição é inevitável, salvo se pudermos limitar as necessidades dos homens ou ampliarmos os bens limitados, do contrário o conflito é um produto natural da evolução da sociedade. Pois, o que não é natural nem saudável é a permanência do conflito dentro da sociedade e não sua aparição.

Todo conflito dentro de uma sociedade tem seu aspecto positivo e negativo. O positivo é que dinamiza a sociedade e a faz evoluir, enquanto seu aspecto negativo se concretiza no fato de provocar tensão e gerar insegurança entre seus membros, podendo gerar uma situação violenta no momento de sua composição.[12] Por essa razão, Díez-Picazo destaca que, "hay, pues, una cierta exigencia social de solución o, por lo menos, de ordenación de los conflictos".[13]

---

justiça ou, melhor ainda, nas palavras de CAPOGRASSI, "il processo è vera celebrazione di giustizia", *Intorno al processo*. In: *Rivista Internazionale di Filosofia del Diritto*, ano XVIII, 1938, nº 10, p. 269, e não como queria Carnelutti,, um instrumento de composição de conflitos. A respeito, afirma acertadamente LOIS ESTÉVEZ que a teoria do conflito de interesse é "mais sociológica que jurídica", *La teoría del objeto del proceso*. In: *Anuário de Derecho Civil*, 1949, t. II, fasc. I, p. 615. Este ponto de vista em nada contradiz nossa afirmação sobre a teoria do conflito, já que esta se refere ao plano social, enquanto que a idéia de processo se refere ao plano jurisdicional propriamente dito. Além do mais, o processo pode conter uma determinada realidade social que não seja conflitiva, *v.g.*, separação consensual. Através da teoria do conflito não estamos explicando o que é a jurisdição, como fez Carnelutti, mas sim como surgem e como se desenvolvem os conflitos em sociedade. Esta é a razão pela qual a teoria de Carnelutti com sua visão 'funcional' da jurisdição não pode fazer frente ao que os italianos modernamente denominam "funzioni giurisdizionali sostanzialmente modificative", que, através do juiz, "sanziona o reprime, tra privati, lesioni di diritti o comunque situazioni antigiuridiche o attua diritti potestativi", MONTESANO, *La tutela giurisdizionale dei diritti*. Torino: Utea, 1985, nº 51, p. 123 e 124, pois aqui tecnicamente não existe uma pretensão resistida. No mesmo sentido de nossa crítica à teoria de Carnelutti, PEDRAZ PENALVA, *El objeto del proceso civil*. In: *El objeto del Proceso Civil, Cuadernos de Derecho Judicial*. Madrid: CGPJ, 1996, p. 24. De acordo com a opinião de CLÓVIS DO COUTO E SILVA, "a teoria da lide, como pretensão resistida, provém, decerto, da época em que as ações condenatórias eram o gênero por excelência de todas as ações que não fossem declaratórias", *A teoria da ação em Pontes de Miranda*. In: *Revista Ajuris*, nº 43, p. 73, nota 8. Estas confusões ainda existem na doutrina porque determinados autores não são capazes de entender que "estamos frente a dos aspectos diversos de un único ordenamiento", como corretamente destaca SERRA DOMÍNGUEZ, *Evolución histórica y orientaciones modernas del concepto de acción*. In: *Estudios de Derecho Procesal*. Barcelona: Ariel, 1969, p. 158.

A este respeito, convém citar a acertada opinião de RAMOS MÉNDEZ segundo a qual: "la controversia es una concepción larvada por el sentimiento de que el proceso surge de la violación del derecho privado. Esto es, se considera objetivamente existente el derecho y como medio para saldar la diversidad de pareceres se establece el proceso. Una vez más el dualismo preside un problema terminológico y de fondo", *Derecho y proceso*. Barcelona: Bosch, 1978, nº 53, p. 292.

[12] Para CARNELUTTI, "el empleo de la violencia para la solución de los conflictos hace difícil, si no imposible, la permanencia de los hombres en sociedad y, con ello, el desenvolvimiento de los intereses que por su naturaleza colectiva requieren esa permanencia", *Sistema de derecho procesal civil*, op. cit., v. I, p. 17 e 18.

[13] *Experiencias jurídicas y teoría del derecho*, op. cit., p. 12. Também CARNELUTTI fala da exigência social na composição dos conflitos, quando diz: "Desde un principio y por largo tiempo he considerado la composición, y se podría decir también la superación del conflicto, como una exigencia 'social' y no también e incluso como una exigencia individual..", *Derecho y proceso*, op, cit., nº 31, p. 60, nota 24. A este respeito, afirma corretamente LESSONA que: "Como la guerra, como la criminalidad, la litigiosidad es un fenómeno constante, un fenómeno interior y dañoso como aquéllos, pero que tiene raíces tan profundas en la naturaleza humana y en la organización social, que el Estado debe reglamentar del mejor modo posible, pero no puede pensar en arrancarlo de raíz; si el derecho es inseparable de la sociedad, los litigios son inseparables del derecho", *Los deberes sociales del derecho procesal civil*. In: *Revista General de Legislación y Jurisprudencia*, t. 91, 1897, p. 474.

2. Direito objetivo

Esta exigência social na solução e ordenação dos conflitos vem assegurada no direito objetivo,[14] que, segundo Chiovenda, pode ser definido como: "La manifestazione della volontà colletiva generale diretta a regolare l'attività dei cittadini e degli organi pubblici".[15] Desta forma, é o direito objetivo a base da exigência social na solução e ordenação dos conflitos de interesses,[16] conseqüentemente todo conflito só pode ser composto, uma vez observado, as regras contidas no ordenamento jurídico, pois a finalidade principal deste é hierarquizar os interesses da sociedade,[17] e não criar direitos.[18] Esta finalidade do ordenamento jurídico já foi destacada há muito tempo por Duguit, quando o mesmo afirmou que

---

[14] A expressão, *direito objetivo* admite muitas definições e historicamente é cenário de múltiplas controvérsias entre os autores. A respeito, vid. por todos, a clássica obra de VALLET DE GOYTISOLO, *Las definiciones de la palabra derecho y los múltiples conceptos del mismo*. Madrid: Real Academia de Jurisprudencia y Legislación, 1998, especialmente p. 15 e ss.

[15] *Istituzioni di diritto processuale civile*. Napoli: Eugenio Jovene, 1960, v. I, n° 1, §1, p. 1. Ou, como quer IHERING, em sua clássica concepção: "El derecho representa la forma de la 'garantía de las condiciones de vida de la sociedad', asegurada por el poder coactivo del derecho", *El fin en el derecho*. Buenos Aires: Heliasta, 1978, v. I, n° 180, p. 213, e também significa, segundo o mesmo autor, "un organismo objetivo de la libertad humana", *El espíritu del derecho romano*. Trad. por Enrique Príncipe y Satorres. Granada: Comares, 1998, t. I, §3, p. 21. Porém sempre devem ser destacados dois elementos que são indispensáveis no conceito de direito, a "norma y la realización de ésta por la coacción", *El fin en el derecho*, op. cit., v. I, n° 145, p. 158. Com um conceito mais geral encontramos JAEGER, para quem "il diritto oggettivo como disciplina del comportamento degli uomini, dettata al fine di ottenere che tale comportamento determini i consenta, mediante azioni o almeno mediante la astensione da atti capaci di nuocere, la soddisfazione di interessi di altri soggetti, oppure comuni al primi e ad altri soggetti"., *Corso di diritto processuale civile*, Milano: La Goliardica, 1956, 2ª ed., p. 40; assim como GUASP, que o define nestes termos: "Derecho es el conjunto de relaciones entre hombres que una cierta sociedad establece como necesarias" *Derecho*. Madrid: Impreso por Gráficas Hergon, 1971, p. 7.

[16] Em sentido mais amplo, CARNELUTTI, para quem o direito objetivo em relação à composição dos conflitos de interesses é não somente a base, mas também o fim do direito, *Sistema de derecho procesal civil*, op. cit., v. I, p. 20. A necessidade do direito objetivo para a sociedade pode ser justificada, nas palavras de ROUSSEAU, na medida em que *"toda sociedad sin leyes o sin jefes, toda unión formada o mantenida por azar debe, necesariamente, degenerar en querellas y disensiones en cuanto empiecen a cambiar las circunstancias"*, Extracto del proyecto de paz perpetua del Sr. Abate de Saint-Pierre. In: *Escritos sobre a Paz e a Guerra*. Trad. por Margarita Moran. Madrid: Centro de Estudios Constitucionales, 1982, n° I, p. 7.

[17] Desde a perspectiva da hierarquização dos interesses em sociedade, devemos mencionar, ainda que brevemente, por sua originalidade, a tese desenvolvida por LOIS ESTÉVEZ, para quem: "'Forma' es el resultado de proteger la exteriorización de un estado de hecho. A este estado de hecho se denomina, por eso, 'equivalente jurídico', porque en la vida social vale como si fuera de Derecho", *Proceso y forma*. Santiago de Compostela: Porto, 1947, cap. III, p. 59. Por essa razão, "el obstáculo que interfiere la pretensión es un equivalente jurídico. El proceso se transforma así en un medio para la jerarquización de los equivalentes jurídicos", *La teoría del objeto del proceso*, op. cit., p. 625. Em sentido contrário, KELSEN, quando afirma que o ordenamento jurídico, por ser um marco aberto a varias posibilidades, não hierarquiza os interesses em sociedade. Para o autor, "la necesidad de una 'interpretación' resulta precisamente del hecho de que la norma o el sistema de normas por interpretar es un marco abierto a posibilidades y no decide, entre los intereses en juego, cuál es el que tiene mayor valor", *Teoría pura del derecho*. Trad. por Moisés Nilve. Buenos Aires: Editorial Universitaria de Buenos Aires (Eudeba), 1973, 11ª ed., cap. X, n° 4, p. 168 e 169.

[18] De igual sentido DÍEZ-PICAZO, quando destaca que: "Las estimativas o juicios de valor son proposiciones sobre la bondad, la conveniencia o la utilidad, y sobre su respectiva jerarquía. En sí mismos considerados, estos juicios de valor no establecen, por lo menos de una manera directa, ni una obligación ni una prohibición, ni tampoco una autorización o un derecho. Se limitan a fundar tal consecuencia, determinando el carácter positivo, negativo o neutro de una acción o situación dada, desde el punto de vista del valor de que se trate. Parece claro que toda norma jurídica encuentra su raíz última en un juicio de valor, y que el conjunto de las normas jurídicas supone un conjunto de juicios de valor más o menos ordenado en relación con su respectiva jerarquía", *Experiencias jurídicas y teoría del derecho*, op. cit., p. 50.

le droit objectif, la loi positive qui le constate ou le met en œuvre est une règle générale, abstraite; en réalité, cette règle prise en elle-même ne fait naître ni droit ni obligation au profit ou à la charge de qui que ce soit.[19]

3. Dupla função do ordenamento jurídico

Esta hierarquia dos interesses em sociedade realizada essencialmente pelo direito objetivo apresenta uma dupla função. Esta dupla função do ordenamento jurídico pode ser observada, segundo Castanheira Neves, a partir da seguinte pergunta:

> Se a função prescritiva e reguladora do direito se caracteriza por uma intenção directamente orientadora e promotora da acção social, ou antes, por uma intenção directamente voltada para a resolução de conflitos sociais e, portanto, só indirectamente actuando como critério de conduta. Neste último caso, pode dizer-se que o direito é visto essencialmente na perspectiva do "processo".[20]

3.1. Função psicológica

A primeira função do ordenamento jurídico, que denomino *psicológica*, consiste na atividade através da qual o Estado hierarquiza os interesses das pessoas em sociedade, permitindo que estas cumpram voluntariamente com suas obrigações, na medida em que conhecendo esta hierarquia elas possam adequar sua conduta a estes valores, é a *Orientierungsgewissheit*[21] (certeza de orienta-

---

[19] *Traité de droit constitutionnel*. Paris: Ancienne Librairie Fontemoing & Cie, 1928, 3ª ed., t. I, §28, p. 298 e 299.

[20] *Curso de introdução ao estudo do direito*. Coimbra: Coimbra, 1976, p. 16 e 17, nota 14.

[21] De igual modo, CICERÓN, quando afirma que a lei é "la razón fundamental, ínsita en la naturaleza, que ordena lo que hay que hacer y prohibe lo contrario. Tal razón, una vez que se concreta y afirma en la mente humana, es la ley", *Las leyes*. Trad. Por Álvaro D'Ors. Madrid: Centro de Estudios Políticos y Constitucionales, 2000, 3ª ed., p. 71 (no original L. I, 18-19). A este respeito, HENKEL destaca que: "Dentro del Derecho establecido, la idea de la seguridad jurídica exige 'certidumbre jurídica', entendida ésta como claridad y univoquicidad y, en consecuencia, cognoscibilidad libre de dudas del contenido jurídico. Considerado desde el sujeto sometido al Derecho, se puede llamar a la certidumbre de contenido del Derecho <seguridad de orientación>. El sujeto quiere saber cómo ha de comportarse según las exigencias del Derecho en determinadas relaciones sociales o situaciones de la vida y qué comportamiento puede esperar o pretender de los otros; con otras palabras: qué hechos y obligaciones existen para él y con qué consecuencias jurídicas de su comportamiento tiene que contar. (...). También es evidente, sin más, que la certidumbre jurídica es la que más favorece la observancia voluntaria de las normas jurídicas", *Introducción a la filosofía del derecho*. Trad. por Enrique Gimbernat Ordeig. Madrid: Taurus, 1968, §30, p. 547. No mesmo sentido, KELSEN, quando ao tratar da efetividade do ordenamento jurídico, disse: "Este orden es eficaz en la medida en que los sujetos de derecho son influidos en su conducta por el conocimiento que tienen de las normas a las cuales están sometidos", *Teoría pura del derecho*, op. cit., cap. XII, n° 2, letra 'e', p. 195; MERRYMAN, quando se refere a importância da certeza legal para as pessoas em sociedade diz que "los individuos deben conocer la naturaleza de sus derechos y obligaciones y deben ser capaces de planear sus acciones con alguna confianza acerca de las consecuencias legales", *La tradición jurídica romano-canonica*. Trad. por Eduardo L. Suárez. México: Fondo de Cultura Económica, 1994, cap. VIII, p. 97; CASTANHEIRA NEVES, que denomina esta função de "primária e prescritiva". Segundo o autor, "na função primária e prescritiva vemos o direito não só como 'princípio de acção', mas ainda como 'critério de sanção'. É princípio ou critério de acção, porque é fundamento, norma ou critério da nossa conduta, e isto na medida em que, quer impondo os sentidos e as intenções de um comportamento social válido ou legítimo, quer ajuizando sobre esse comportamento em termos de justiça ou injustiça, de validade ou invalidade, de licitude ou ilicitude, é decerto condição e determinante da nossa acção social, a qual justamente julga (avalia) e se propõe orientar no sentido da realização dos valores ou validade que pressupõe e fundamentam as suas intenções normativas", *Curso*

ção), que favorece a "adesão espontânea"[22] e cria nas pessoas o "hábito geral de

---

de introdução ao estudo do direito, op. cit., p. 15 e 16; e PÉREZ LUÑO, quem distingue, de maneira correta, duas acepções básicas do termo segurança jurídica. A primeira responde ao que o autor denomina de seguridad jurídica '*stricto sensu*' e "se manifiesta como una exigencia 'objetiva' de regularidad estructural y funcional del sistema jurídico a través de sus normas e instituciones", *La seguridad jurídica*. Barcelona: Ariel, 1994, 2ª ed., cap. I, nº 3, p. 29; a segunda, representa sua "faceta 'subjetiva', se presenta como 'certeza del derecho', es decir, como proyección en las situaciones personales de la seguridad objetiva. Para ello, se requiere la posibilidad del conocimiento del Derecho por sus destinatarios. Gracias a esa información, realizada por los adecuados medios de publicidad, el sujeto de un ordenamiento jurídico debe poder saber con claridad y de antemano aquello que le está mandado, permitido o prohibido. En función de ese conocimiento los destinatarios del Derecho pueden organizar su conducta presente y programar expectativas para su acción jurídica futura bajo pautas razonables de previsibilidad", *La seguridad jurídica*, op. cit., cap. I, nº 3, p. 30; e MIGUEL REALE, para quem "não existe possibilidade de 'comportamento social' sem norma ou pauta que não lhe corresponda", *Filosofia do direito*. São Paulo: Saraiva, 1969, 5ª ed., v. II, nº 147, p. 339 e 340. Adota a mesma idéia, porém desde um ponto de vista distinto, uma vez que realiza um conceito de certeza jurídica, contrapondo-o a um conceito histórico relativo desta, MASSIMO CORSALE, quando afirma que, "al di là dei suoi aspetti meramente ideologici, la certezza come sicurezza, come univocità dell'ordinamento e come prevedibilità rappresenta, in ultima analisi, un elemento costitutivo del concetto stesso di diritto, un elemento immanente alla sua nozione. Ma essa non può esser cercata né perseguita con gli strumenti tradizionali della legge generale e astratta, del giudice <bocca della legge>, dell'amministrazione ispirantesi a un principio di legalità inteso come rigorosa osservanza della norma scritta", *La certeza del diritto*. Milano: Guiffrè, 1970, cap. I, nº 11, p. 58. Sem lugar a dúvida, para que esta 'certeza de orientação' seja eficaz é imprescindível, segundo ENGISCH, uma diversidade de exigências, entre as quais cabe citar: "el derecho debe ser conocido, debe ser técnicamente acertado, p. ej., debe ser claro, preciso y «practicable», debe limitar sus pretensiones a las posibilidades humanas, y además debe tener en cuenta como un hecho de experiencia la humana fragilitas – y sobre ello se piensa precisamente cuando se exige su realismo -, debe considerar los impulsos humanos reales opuestos y contrarios a los imperativos normativos, que por lo demás pueden pertenecer enteramente a la esfera moral", *La idea de concreción en el derecho y en la ciencia jurídica actuales*. Trad. por Juan José Gil Cremades. Pamplona: Universidad de Navarra, 1968, cap. IV, nº 1, p. 200.

[22] BOBBIO, *Teoría general del derecho*. Trad. por Eduardo Rozo Acuña. Madrid: Debate, 1996, nº 43, p. 126 e ss. De igual modo, SANTO TOMÁS, quando afirma que: "Los hombres bien dispuestos son inducidos a la virtud por medio de consejos, voluntariamente, mejor que por medio de la coacción; pero hay algunos mal dispuestos, que no se inclinan a la virtud si no son coaccionados", *Suma teológica*. Trad. por Fr. Carlos Soria. Madrid: Biblioteca de Autores Cristianos, MCMLVI, t. VI, p. 165 (Iª, IIæ, q. 95, artigo 1, *ad* 1), pois, incluindo estes 'protervos', "finalmente, ellos mismos, por la costumbre, vendrán a hacer voluntariamente lo que en un principio hacían por miedo, y llegarán a ser virtuosos", *Suma teológica*, op. cit., t. VI, p. 165 (Iª, IIæ, q. 92, artigo 1, *ad resp*); LOPEZ DE OÑATE, ao dizer: "Non potrebbe non esser così, perchè ogni diritto è produzione ed espressione della società per la quale è vigente, in un dato momento della sua storia: e quindi sempre in quella società deve esservi rispondenza tra ordinamento e convinzione giuridica; potrà questa rispondenza essere più o meno accentuata, ma non si può concepire che al posto di essa vi sia, invece, una totale non rispondenza", *Compendio di filosofia del diritto*. Milano: Giuffrè, 1955, §42, p. 185; ALF ROSS, para quem, "La mayor parte de las personas obedecen el derecho no sólo por temor a la policía y a las sanciones sociales extrajurídicas (pérdida de la reputación, de la confianza, etc.), sino también por respeto desinteresado al derecho. (...) Este componente de motivación desinteresada, de naturaleza ideológica, a menudo es descripto como conciencia moral producida por la observancia tradicional del orden jurídico", *Sobre el derecho y la justicia*, op. cit., cap. II, nº XI, p. 82; DABIN, para quem, "de ordinario la obediencia al derecho tiene lugar de un modo espontáneo, sin necesidad de la coacción, ya que no siempre con alegría", *Teoría general del derecho*. Trad. por Francisco Javier Osset. Madrid: Revista de Derecho Privado, 1955, nº 26, p. 47; GARCÍA MÁYNEZ, *Positivismo jurídico, realismo sociológico y iusnaturalismo*. México: Fontamara, 1996, 2ª ed., p. 19; e CALSAMIGLIA, *Justicia, eficiencia y derecho*. In: *Revista del Centro de Estudios Constitucionales*, nº 1, 1988, p. 329. Com razão BOBBIO destaca que: "es evidente que la adhesión espontánea acompaña la formación y la perdurabilidad de un ordenamiento jurídico, pero no lo caracteriza, *Teoría general del derecho*, ob. cit., nº 43, p. 128.

Para KANT, a 'legislación jurídica' só pode exigir do agente legalidade e não moralidade, pois "si exigen también que ellas mismas (las leyes) deban ser los fundamentos de determinación de las acciones, entonces son 'éticas', y se dice, por tanto: que la coincidencia con las primeras (jurídicas) es la 'legalidad', la coincidencia con las segundas (éticas), la 'moralidad' de la acción", *La metafísica de las costumbres*. Trad. por Adela Cortina Orts e Jesús Conill Sancho. Madrid: Tecnos, 1999, 3ª ed., p. 17 (na edição do original alemão [VI, 214]). Sendo assim, "a la mera concordancia o discrepancia de una acción con la ley, sin tener en cuenta los móviles de la misma, se le llama la 'legalidad' (conformidad con la ley), pero a aquélla en la que la idea del deber según la ley es a la vez el móvil de la acción, se le llama la moralidad (eticidad) de la misma", *La metafísica de las costumbres*, op. cit., p. 24

obediência".[23] Porém, este modelo de conduta, criado através da hierarquia de interesses da sociedade, não seria completo se não tiver, neste mesmo ordenamento jurídico, um mecanismo capaz de tornar efetiva esta própria hierarquia, independentemente da vontade das pessoas, porque, de acordo com Del Vecchio, "el Derecho es por su naturaleza *físicamente violable*",[24] e por tanto, deve impor-

---

(na edição do original alemão [VI, 219]). Neste último caso se encontra o cidadão que se sente moralmente impelido a cumprir uma lei. Aqui, confluem dois modos de sanção, a jurídica, já que se vê externamente coagido, e a moral, posto que também se vê internamente coagido desde sua própria vontade legisladora.
Esta adesão espontânea se justificaria, nas palavras de ARISTÓTELES, porque "en general, la pasión parece ceder no al argumento sino a la fuerza", puesto que "la mayor parte de los hombres obedecen más a la necesidad que a la razón, y a los castigos más que a la bondad", pois é natural nestes, "obedecer no por pudor, sino por miedo, y abstenerse de lo que es vil no por vergüenza, sino por temor al castigo", *Ética Nicomáquea*. Trad. por Julio Pallí Bonet. Madrid: Gredos, 2000, L. X, nº 1179b-25, nº 1180a-5, nº 1179b-10, p. 294 e 295. De igual modo HERÓDOTO, quando, o mesmo descreve a resposta dada por Demarato ao rei Xerxes: "Pues, pese a ser libres (los espartanos), no son libres del todo, ya que rige sus destinos un supremo dueño, la ley, a la que, en su fuero interno, temen mucho más, incluso, de lo que tus súbditos te temen a ti", *Historia*. Trad. por Carlos Schrader. Madrid: Gredos, 2000, L. VII, nº 104-5, p. 144. No mesmo sentido, THOMASIUS justifica a adesão espontânea com base na força, pois: "La obligación que corresponde al derecho siempre es externa, temiendo la coacción de otros hombres", *Fundamentos de derecho natural y de gentes*, Trad. por Salvador Rus Rufino e Maria Asunción Sánchez Manzano. Madrid: Tecnos, 1994, L. I, cap. V, § XXI, p. 216; SANTO TOMÁS, para quem "la ley induce a sumisión mediante el temor del castigo; por eso el castigar es un efecto propio de la ley", *Suma teológica*, op. cit., t. VI, p. 75 (Iª, IIæ, q. 92, artigo 2, *ad resp. in fine*), e também mais adiante quando disse: "Pues esta disciplina que obliga con el temor al castigo es la disciplina de las leyes", *Suma teológica*, op. cit., p. 165 (Iª, IIæ, q. 95, artigo 1, *ad resp.*). De igual modo CARNELUTTI confessa que: "la mia esperienza m'induce a credere che molto più della paura delle sanzioni opera in favore dell'obbedienza il consenso dell'obbligato, cioè il suo giudizio favorevole alla giustizia della legge", *L'esperienza del diritto*. In: *Rivista Internazionale di Filosofia del Diritto*, 1943, ano XXIII – série II, p. 112; e DABIN destaca que "el temor a la sanción figura entre los motivos más eficaces de la obediencia a las leyes, bien como estimulante en relación con las leyes que mandan algo, bien como fuerza de inhibición en las leyes que prohiben", *Teoría general del derecho*, op. cit., nº 26, p. 48. Para um estudo mais detalhado do conceito de lei, desde sua importância e significado constitucional até suas transformações atuais, vid. por todos, CABO MARTÍN, *Sobre el concepto de ley*. Madrid: Trotta, 2000, p. 15 e ss.

[23] HART, *El concepto de derecho*. Trad. por Genaro R. Carrió. México: Editora Nacional, 1980, 2ª ed., cap. II, p. 30. Para THON, este hábito geral de obediência nasce "della forza ideale, che il volere della società esercita su ognuno di coloro che ci vivono. Anche se nessuna conseguenza giuridica sia legata alla trasgressione della norma, tuttavia il solo fatto della sua esitenza è spesso praticamente d'inestimabile valore", *Norma guiridica e diritto soggettivo*. Trad. por Alessandro Levi. Padova: Cedam, 1951, p. 15 e 16. De acordo com MONTESQUIEU, "el pueblo romano poseía tan gran probidad que, con frecuencia, el legislador sólo tenía que mostrar el bien para que lo siguiera. Parecía que en lugar de ordenanzas bastaba con dar consejos", *Del espíritu de las leyes*. Trad. por Mercedes Blázquez e Pedro de Véga. Madrid: Tecnos, 1988, 4ª ed. L. VI, cap. XI, p. 61. Nesta ordem de idéias, HENKEL, quando afirma: "De la conformidad con el Derecho cuida ya, sobre la base más amplia, el mencionado instinto de imitación, y, además, instinto de sometimiento encerrado en la naturaleza social del hombre, así como la tendencia, dirigida por la razón, de no apartarse de los modelos de comportamiento observados en la Sociedad para no entrar en conflicto con el grupo estamental o profesional o con la Sociedad como totalidad. En todo ello entra en juego, además, otro efecto profundo del Derecho: en cuanto que el hombre que creció dentro de la Sociedad - e incluso el adulto que posteriormente se intregró en ella - is educado en una convicción jurídica por diversas y continuas influencias, de tal forma que con ello adquiere una 'actitud' que determina su actuación cotidiana en la vida", *Introducción a la filosofía del derecho*, op. cit., §12, p. 172. De acordo com a tese do direito natural em sentido lato, segundo nos informa FERNÁNDEZ-GALIANO e CASTRO CID, "los hombres vienen obligados a realizar determinadas conductas y a abstenerse de ciertos comportamientos porque así lo ordenan unas normas no sancionadas por legislador humano alguno, sino procedentes de un conjunto de realidades en cuyo marco está inscrita la convivencia social: desde la naturaleza metafísica del hombre hasta las circunstancias meramente físicas, pasando por los factores sociológicos, psicológicos, etc"., *Lecciones de teoría del derecho y derecho natural*. Madrid: Universitas, cap. n. XX, p. 390.

[24] *Filosofía del derecho*. Trad. por Luis Legaz y Lacambra. Barcelona: Bosch, 1969, 9ª ed., p. 358. De igual modo, KELSEN, ao dizer que um homem quando viola o direito "no significa que el Derecho sufra un perjuicio. Por el contrario, es precisamente para este caso para lo que se ha establecido el Derecho", *Introducción a la teoría pura del derecho*. Trad. por Emilio O. Rabasa. México: Nacional, 1974, p. 23.

se à vontade concreta das pessoas. Segundo Henkel, esta faculdade de impor-se é um "imprescindible *presupuesto de validez del Derecho*".[25] O mecanismo criado pelo ordenamento jurídico para tornar efetiva a hierarquia dos interesses em sociedade, influindo na vontade das pessoas,[26] se denomina sanção.

3.1.1. Sanção

Não obstante já termos trabalhado o tema relacionado à sanção em outra oportunidade,[27] convém destacar alguns aspectos da mesma a fim de melhor compreender esta função do ordenamento jurídico.

Quando o Estado hierarquiza os interesses das pessoas em sociedade através de normas jurídicas, ele espera sinceramente que esta hierarquia seja por todos respeitada, mas, para garantir e reforçar este respeito na observância das normas, ele desenvolveu uma técnica de controle social chamada *sanção* que, de acordo com Castanheira Neves, é "o modo juridicamente adequando de converter a intenção normativa em efeitos práticos ou de garantir aos efeitos normativos a sua eficácia prática".[28]

---

[25] *Introducción a la filosofía del derecho*, op. cit., §12, p. 162. Com razão o autor acrescenta que: "Si le falta, no puede pretender vigencia como derecho positivo. La facultad de imponerse del Derecho, como pretensión, es sinónima, absolutamente, con su 'validez normativa'; la imposición general fáctica de Derecho, sinónimo de su 'validez fáctica'", *Introducción a la filosofía del derecho*, op. cit., §12, p. 162. Para DABIN, o poder que acompanha o direito é "*una condición no sólo de eficacia o de validez, sino incluso de la existencia del derecho*", *Teoría general del derecho*, op. cit., nº 16, p. 32.

[26] A razão pela qual o ordenamento jurídico nescessita de um mecanismo capaz de assegurar a realização dos interesses em sociedade, independentemente da vontade das pessoas, estaria justificada, segundo KELSEN, porque "al atribuir una sanción a una conducta de este tipo, la ley obliga a los hombres a ser cuidadosos, a fin de que efectos normalmente perjudiciales de su conducta puedan ser evitados", *Introducción a la teoría pura del derecho*, op. cit., p. 27. Por isso, afirma o autor, "el fin de esta amenaza coactiva, es provocar una conducta de los hombres, que haga innecesaria la coacción", *Compendio esquemático de una teoría general del estado*. Trad. por Luis Recaséns Siches e Justino de Azcárate Florez. Barcelona: Núñez y Comp. S. en C., 1927, nº 11, p. 41.

[27] *Contribuição ao estudo das sanções desde a perspectiva do Estado Democrático de Direito*. In: Gênesis. Revista de Direito Processual Civil, nº 36, 2005, p. 205 e ss; também publicado no livro *Constituição, Sistemas Sociais e Hermenêutica: Programa de Pós-Graduação em Direito da Unisinos: Mestrado e Doutorado*. Porto Alegre: Livraria do Advogado, 2004, p. 187 e ss.

[28] *Curso de introdução ao estudo do direito*, op. cit., p. 29 e 30. A respeito, afirma acertadamente este autor: "Com isto não dizemos que o direito é 'objecto' da sanção, que é 'sancionada', e sim que a sanção é a dimensão, intenção e conteúdo do direito. O que não implica que todas as normas jurídicas, individualmente consideradas, hajam de ter sanção", *Curso de introdução ao estudo do direito*, op. cit., p. 22, nota 22. De igual modo, KELSEN, para quem o ato legislativo que não enlace uma sanção à conduta oposta "no es una norma jurídica; es un deseo del legislador sin importancia jurídica, un contenido jurídicamente indiferente de una ley", *Problemas escogidos de la teoría pura del derecho*. Trad. por Carlos Cossio. Buenos Aires: Guillermo Kraft Ltda, 1952, cap. III, nº 4, p. 63.

Em sentido contrário, entendendo que a sanção não é um elemento essencial para o direito, entre outros autores, encontramos GARCÍA MÁYNEZ, para quem a sanção tem caráter secundário, pois, "el deber cuya inobservancia determina la existencia de la obligación oficial de sancionar, tiene, naturalmente, carácter primario. La sanción es, en cambio, consecuencia secundaria", *Introducción al estudio del derecho*. 48ª ed., México: Porrúa, 1996, cap. XXI, nº 154, p. 295 e 296. De igual modo, THON afirma: "La coazione non è affatto un elemento essenziale nel concetto del diritto", *Norma giuridica e diritto soggettivo*, op. cit., p. 16; e ALLORIO, que aporta um novo ataque ao conceito de sanção, porém em uma direção completamente nova, pois, o autor enfoca o problema não desde a perspectiva de saber se a sanção é um elemento que compõe o ordenamento jurídico, senão desde a

Neste trabalho, como no outro, utilizamos o termo sanção em seu sentido mais amplo para incluir nele não só as conseqüências desagradáveis da inobservância das normas, senão também as conseqüências agradáveis da sua observância.[29]

Dentro desta perspectiva, a sanção pode ser entendida como o mecanismo criado pelo ordenamento jurídico para assegurar eficácia prática a um preceito normativo, seja ele repressivo, em virtude da inobservância da norma,[30] ou premial, como estímulo para a realização voluntária do mesmo,[31] isto é, são meios predispostos pelo ordenamento jurídico para garantir e reforçar a observância das normas jurídicas.[32]

---

perspectiva da natureza mesma da sanção como um conceito jurídicamente consistente. Para o autor: "Che valore ha dunque la 'sanzione' per siffatte norma? Non ha certo il valore di elemento intrinseco al congegno della norma, bensí semplicemente quello di contenuto delle norme stesse", *Osservazioni critiche sulla sanzione*. In: *Rivista di Diritto Civile*, 1956, p. 16, deste modo, a "nozione di 'sanzione', che del resto non considero una nozione giuridica rigorosa, anzi neppure una nozione corretta", *Osservazioni critiche sulla sanzione*, op. cit., p. 1. Para ALLORIO, portanto, o "concepto de la sanción, lejos de poseer autonomía, y tanto más de perfilarse como extremo esencial de la norma jurídica, se manifiesta así perfectamente reducible al normal mecanismo de la norma, entendida como juicio sobre comportamientos humanos", *El ordenamiento jurídico en el prisma de la declaración judicial*. Trad. por Santiago Sentís Melendo. Buenos Aires: Ejea, 1958, nº 7, p. 35. A posição do autor, que é extremamente fecunda e ao mesmo tempo completa, não pode ser reproduzida aqui de maneira completa, razão pela qual remetemos o leitor ao escrito original. Esta crítica de Allorio foi acolhida por BOBBIO, *Teoría general del derecho*, op. cit., nº 47, p. 138 e 139. Para um estudo mais detalhado das normas jurídicas sem sanção, vide por todos, BOBBIO, *Teoría general del derecho*, op. cit., nº 44, p. 129; e CASTANHEIRA NEVES, *Curso de introdução ao estudo do direito*, op. cit., p. 23 e ss.

[29] De igual modo BOBBIO, quando afirma: "Nella letteratura filosofica e sociologica il termine 'sanzione' viene esato in senso largo per comprendervi non soltanto le conseguenze spiacevoli dell'inosservanza delle norme, ma anche le conseguenze piacevoli dell'osservanza, distinguendosi nel *genus* sanzione le due *species* delle sanzioni positive e delle sanzioni negative", *Sulla funzione promozionale del diritto*. In: *Rivista Trimestrale di Diritto Processuale Civile*, 1969, p. 1318.

[30] Neste particular convém esclarecer que esta função repressiva do ordenamento jurídico como resposta a uma violação não está diretamente relacionada com o ilícito imputável a uma pessoa, pois, como observa MINOLI, a sanção pode ser entendida "non, rigorosamente, come reazione all'illecito vero e proprio, imputabile ad una persona determinata, ma come reazione ad una situazione di fatto antigiuridica, che il diritto intende sia rimossa (almeno, ove ricorrano certi presupposti: ad es. la domanda di un interessato) anche se non è imputabile a titolo di 'illecito', a nessuno (si pensi ad un contratto annullabile per errore o rescindibile per sopravvenuta onerosità", *Contributo alla teoria del giudizio divisorio*. Milano: Guiffrè, 1950, cap. II, nº 7, p. 60 e 61.

[31] Estas sanções *positivas* servem, segundo CARNELUTTI, para garantir o ordenamento jurídico "creando a chi sia tentato di fare del male una situazione di 'imposibilità' o quanto meno di 'difficoltà fisica' a farlo, oppure una situazione di 'convenienza economica a non farlo", *Teoria generale del diritto*, op. cit., nº 12, p. 28, e representam a função *promocional* do ordenamento jurídico. Esta função promocional do ordenamento jurídico se da através do expediente da assinatura de um *premio (praemium)* (que se divide, segundo ANGELO DE MATTIA em "ritenzioni, compensi e premi", *Merito e ricompensa*. In: Rivista Internazionale di Filosofia dei Diritto, ano XVII, fasc. VI, 1937, p. 621 y ss) a um comportamento conforme a norma positiva, *v. g.*, quando o obrigado paga de uma só vez o imposto devido obtém como premio um desconto sobre o valor total do imposto. De acordo com a opinião de BOBBIO, esta *função promocional* do ordenamento jurídico tende hoje a ampliar-se, uma vez que traz em si "nuove tecniche di controllo sociale, che caratterizzano l'azione dello Stato sociale dei nostri tempi e la distinguono profondamente da quella dello Stato liberale classico: l'impiego sempre più diffuso delle tecniche di incoraggiamento in aggiunta, o in sostituzione di, quelle tradizionali di scoraggiamento", *Sulla funzione promozionale del diritto*, op. cit., p. 1314. Para uma critica ao "*Estado social, también denominado 'promocional'*", vide por todos, CAPPELLETTI, *Problemas de reforma do processo civil nas sociedades contemporâneas*. In: Repro, nº 65, p. 136 e ss.

[32] No ordenamento jurídico, estas duas modalidades de sanções funcionam, de acordo com KANT, que foi o primeiro autor a desenvolvê-las, da seguinte maneira: "Es 'meritorio' (meritum) lo que alguien hace "de más" conforme al deber en comparación con aquello a que la ley puede obligarle; lo que hace sólo conforme a esta última, es "debido" (debitum); por último, lo que hace 'de menos' en comparación con lo que la última exige, es "delito" moral (demeritum). El efecto 'jurídico' de un delito es la "pena" (poena); el de un acto meritorio,

Com base neste conceito podemos afirmar, juntamente com Duguit, que toda norma jurídica para ser eficaz deve trazer em si uma sanção, já que, "en réalité, il ne peut pas y avoir de loi sans sanction".[33] Para o autor, toda regra jurídica é "une règle édictée *sous une sanction sociale*",[34] posto que

> si l'on fait un acte conforme à la loi, laquelle est par définition une règle sociale, cet acte est par là même un acte social, il a une valeur sociale et socialement reconnue; cette reconnaissance sociale de la valeur sociale de l'acte conforme à la loi constitue la sanction même de la loi. Par contre, l'acte contraire à la loi sera nécessairement un acte antisocial, sans valeur sociale, et par conséquent entraînera forcément une réaction sociale qui sera la sanction de la loi.[35]

Há uma correspondência direta entre sanção e norma jurídica, pois para a eficácia desta a intensidade daquela é um elemento fundamental, isto é, a maior ou menor eficácia de uma norma jurídica está diretamente relacionada a maior ou menor intensidade da sanção. Do mesmo modo que uma norma jurídica ligada a uma sanção de baixa intensidade cria condições para o seu descumprimento, uma norma jurídica ligada a uma sanção de alta intensidade contribui para o seu cumprimento, tanto no caso dela ser repressiva quanto no caso dela ser premial.[36]

3.2. Função judicial

A segunda função do ordenamento jurídico, que denomino *judicial*, consiste na função, através da qual, a hierarquia dos interesses em sociedade serve

---

la "recompensa" (praemium) (supuesto que ésta, prometida en la ley, fue la causa de la acción); la adecuación de la conducta a lo debido carece de efecto jurídico", *La metafísica de las costumbres*, op. cit., p. 35 (na edição do original alemão [VI, 227-228]). De igual modo, ANGELO DE MATTIA, quando afirma: "Si potrebbe dire figuratamente: il diritto impone all'individuo una serie di atti obbligatori, ed è la serie degli atti dovuti, i quali tracciano una linea mediana. Se l'individuo, volontariamente, si tiene al di sotto di questo limite, cade nell'atto illecito e va incontro alle sanzioni punitive; se, al contrario, si tiene volontariamente al di sopra, entra nella zona degli atti meritori, ai quali si accompagnano le sanzioni ricompensative", *Merito e ricompensa*, op. cit., p. 615. Sobre o tema consultar o que escrevemos em *Contribuição ao estudo das sanções desde a perspectiva do Estado Democrático de Direito*, anteriormente citado na nota 27.

[33] *Traité de droit constitutionnel*. Paris: Ancienne Librairie Fontemoing & Cie, 1928, t. II, §19, p. 202, e também no t. I, §8, pp. 89 e ss.

[34] *Traité de droit constitutionne*, op. cit., t. II, §19, p. 208 e também no t. I, §13, p. 142 e ss.

[35] *Traité de droit constitutionne*, op. cit., t. II, §19, p. 202, e também no t. I, §6, p. 74 e ss. De igual modo, KELSEN, para quem o ato legislativo que não enlace uma sanção à conduta oposta "no es una norma jurídica; es un deseo del legislador sin importancia jurídica, un contenido jurídicamente indiferente de una ley", *Problemas escogidos de la teoría pura del derecho*. Trad. de Carlos Cossio. Buenos Aires: Guillermo Kraft Ltda, 1952, cap. III, n° 4, p. 63.

[36] Sobre o tema consultar o que escrevemos em *Contribuição ao estudo das sanções desde a perspectiva do Estado Democrático de Direito*, anteriormente citado na nota 27. Porém, convém destacar que para nós, a intensidade da sanção é um elemento fundamental para a eficácia de uma norma jurídica, porque, de acordo com CALSAMIGLIA, "a veces las normas incentivan al incumplimiento del derecho porque los perjuicios de la sanción son inferiores a los beneficios que se siguen de su violación", *Justicia, eficiencia y derecho*, op. cit., p. 329. Assim mesmo CÍCERO quando critica aqueles que defendem uma justiça baseada no interesse, pois, de acordo com ele, se a justiça pudesse "medirse por el interés, el que calcula que le ha de resultar ventajoso, despreciará las leyes y las quebrantará, si le es posible", *Las leyes*, op. cit., p. 95 (no original L. I, 42). Em sentido contrário, salientando que a intensidade da sanção não interfere no cumprimento da norma, MONTESQUIEU, ao dizer que: "La experiencia nos pone de relieve que, en los países donde las penas son leves, éstas impresionan el espíritu del ciudadano, del mismo modo que las graves en otros lugares", *Del espíritu de las leyes*. Trad. de Mercedes Blázquez e Pedro de Véga. 4ª ed., Madrid: Tecnos, 1988, L. VI, cap. XII, p. 61.

de diretriz ao juiz em sua tarefa de aplicar os valores que anteriormente essa sociedade estabeleceu como sendo essenciais.[37] Por isso afirma Aristóteles que "aquellos que discuten recurren al juez, y el acudir al juez es acudir a la justicia, porque el juez quiere ser como una personificacion de la justicia",[38] na medida em que ele juiz utiliza os valores do que é socialmente justo para criar o direito no caso concreto.

Esta é a razão pela qual o juiz não pode desconsiderar os valores contidos nas normas jurídicas quando cria o direito no caso concreto. A função psicológica deste ordenamento está impregnada de valores de conduta que vão orientar tanto as pessoas em sociedade como o juiz. Por isto, ele não está legitimado a criar o direito a revelia do ordenamento jurídico. Deste modo, as normas jurídicas, e em especial a Constituição Federal, se constituem em meio absolutamente necessário para o juiz criar o direito em sociedade, elas sempre serão consideradas *meio*, mas nunca um fim em si mesma, isto é, elas, as normas jurídicas, não trazem em si o direito hermeticamente acabado para ser aplicado diante de um caso concreto. É ele, o juiz, que criara o direito diante do caso concreto partindo das normas e não chegando nas normas. Ele deve partir do ordenamento para chegar ao direito e não descobrir o direito no ordenamento.

Na vida moderna dos Estados (principalmente nos países da civil law), onde ainda se faz presente o Estado Social de Direito, se manifesta uma imperiosa necessidade de normas jurídicas, através das quais as pessoas adquirem confiança na proteção de seus interesses, e essa confiança produz uma segurança que é base da vida em sociedade,[39] pois segundo esclarece Heck, "lo necesario es tener seguridad y evitar conflictos",[40] segurança que por sua vez faz com que apareça a paz.[41]

---

[37] Assim mesmo RAMOS MÉNDEZ, quando disse: "El juez se enfrenta a la norma jurídica también como punto de referencia obligado en nuestra experiencia codificada", *El sistema procesal español*. Barcelona: Bosch, 1999, p. 300.

[38] *Ética Nicomáquea*. op. cit., nº 1132a-20, p. 140.

[39] Para aprofundar o estudo da segurança jurídica e sua função dentro do desenvolvimento da sociedade, vid. por todos, HENKEL, *Introducción a la filosofía del derecho*, op. cit., §30, p. 544 e ss; e PÉREZ LUÑO, *La seguridad jurídica*, op. cit., principalmente cap. I, nº 1, 2 e 3, cap. II, nº 2, 3 e 4, e cap. III, nº 2, 3, 4 e 8.

[40] *El problema de la creación del derecho*. Trad. por Manuel Entenza. Granada: Comares, 1999, p. 28.

[41] Essa paz em sociedade deve ser entendida desde dois pontos de vista diferentes, segundo as palavras de GUASP: "La paz social, traducida al fundamento del derecho, es subjetivamente seguridad, objetivamente certeza", *La paz como fundamento del derecho*. In: *Estudios Jurídicos*, ob. cit., p. 167. Para PONTES DE MIRANDA, a "'paz', mais do que 'revide', é a razão da Justiça", *Tratado das ações*. Sãoi Paulo: RT, 1972, 2ª ed., t. I, §43, p. 235.

— IV —

Do estado social das "carências" ao estado social dos "riscos". Ou: de como a *questão ambiental* especula por uma "nova cultura" jurídico-política

JOSÉ LUIS BOLZAN DE MORAIS*

Sumário: Introdução; 1. O direito e a nova cultura jurídica; 2. O estado Liberal: das carências sociais aos riscos ambientais; 3. Concluindo.

> *O problema, contudo, é que, ao que parece, não parecemos estar nem equipados nem preparados para esta atividade de pensar, de instalar-se na lacuna entre o passado e o futuro. Por longos períodos em nossa história, na verdade no transcurso dos milênios que se seguiram à fundação de Roma e que foram determinados por conceitos romanos, esta lacuna foi transposta por aquilo que, desde os romanos, chamamos de tradição. Não é segredo para ninguém o fato de essa tradição ter-se esgarçado cada vez mais à medida que a época moderna progrediu. Quando afinal rompeu-se o fio da tradição, a lacuna entre o passado e o futuro deixou de ser uma precondição peculiar unicamente à atividade de pensamento e adstrita, enquanto experiência, aos poucos eleitos que fizeram do pensar sua ocupação primordial. Ela tornou-se realidade tangível e perplexidade para todos, isto é um fato de importância política.*
> (Hannah Arendt, no Prefácio de Entre o passado e o futuro, p. 5)

> *A estrela mente o mar sofisma. De fato,*
> *o homem está preso à vida e precisa viver*
> *o homem tem fome e precisa comer*
> *o homem tem filhos e precisa criá-los*
> *Há muitas armadilhas no mundo e é preciso quebrá-las.*
> (Ferreira Gullar, No mundo há muitas armadilhas)

---

* Professor e Coordenador do PPGD/UNISINOS. Pesquisador do CNPq. Consultor "ad doc" CNPq, CAPES, MEC e INEP. Membro Conselheiro do IHJ. Procurador do Estado do Rio Grande do Sul.

Introdução

Pensar a questão ambiental tem imposto aos atores juristas, politólogos, sociólogos, dentre outros – ou em uma mistura necessária para uma leitura transdisciplinar competente – a necessidade de buscar compreender não só a emergência deste novo – já nem tanto – *dilema* social, assim como o compromisso de inseri-lo na agenda político-econômico-social diante da emergência de *novos riscos*,[1] os quais superam em muito as *velhas carências*, envolvendo o repensar do perfil das fórmulas político-jurídicas modernas condensadas no Estado.

Para os limites deste trabalho basta reter que a idéia de risco comporta um componente volitivo, enquanto a de perigo é vista como uma possibilidade de ocorrência. O risco se vincula a uma opção, enquanto o perigo pode emergir independentemente de um querer. O perigo é contingente, enquanto o risco é conseqüente.

E, por isso, podemos dizer que há um risco ambiental, como conseqüência de uma opção civilizatória – marcada pela sociedade fabril, pela massificação do cotidiano, pelo esgotamento dos recursos naturais, pela razão instrumental e etc. –, ao mesmo tempo em que há perigos que independem desta. E, assim, risco e perigo se entrelaçam.

Por outro lado, a passagem das *carências* para os *riscos*, mesmo tendo contribuído para uma mudança paradigmática, impondo-a até mesmo, parece não ter sido suficiente para instaurar uma *nova cultura do/no direito*, mesmo diante dos termos do art. 225 da CFB/88, bem como não tem sido objeto de atenções suficientes por parte da teoria política diante da emergência de referências novas para as práticas políticas, sobretudo pela demarcação de novos terrenos, os quais não se limitam ou identificam com as tradicionais fronteiras da soberania.

É a isso que vamos dedicar nossa reflexão, tomando como fundamento todo o debate que temos travado em torno dos dilemas experimentados pela fórmula estatal moderna, tendo a certeza que, em face de sua importância e dimensão, não daremos conta sequer de atingir parcela significativa da discussão e não alcançaremos o universo da temática sugerida, diante dos limites desta publicação, uma vez que a própria possibilidade de pensarmos na construção de um Estado Social que venha marcado pelo compromisso sócio-ambiental nos impõe a tarefa de refletirmos as condições de possibilidade para uma nova cultura jurídico-política que não venha demarcada e submetida aos parâmetros

---

[1] Não desconhecemos a distinção entre 'risco' e 'perigo'. Embora ela não seja imprescindível para o desenvolvimento do argumento do texto, vale registrar que os riscos são conseqüências de decisões, pressupondo, portanto, a consciência de danos possíveis. Já o perigo não tem relação com essa consciência, pois provocado exteriormente. Isso não significa que risco e perigo não estejam interligados, eis que o risco pode gerar perigos. Para uma melhor compreensão da distinção recomenda-se a análise de BECK, Ulrick. La sociedad del riesgo global. Madrid: Siglo XXI, 2006. LUHMANN, Niklas. Sociologia del riesgo. México: Triana Editores; Universidad Iberoamericana, 1998; dentre outros.

que a modernidade estabeleceu, mas, ao mesmo tempo, não perca o horizonte de sucessos que esta mesma tradição aportou à história da humanidade, mesmo não tendo sido capaz de, com isso, blindá-la das perversidades experimentadas e até hoje não resolvidas.

Ou seja: vamos lançar as bases para uma discussão que pretende inserir um novo componente à já expressiva interrogação acerca das circunstâncias que envolvem as estruturas jurídico-políticas modernas, bem como suas potencialidades.

Propomos, assim, uma reflexão que considere os termos novos trazidos pelo debate posto a partir dos nomeados *novos direitos*, dos quais o tema ambiental implica na necessidade de reestruturação de toda a cultura jurídico-política moderna marcada por um saber técnico que, ao mesmo tempo em que sustentou o novo, implicou também na sua redução epistemológica a categorias disciplinares e disciplinadas, assim como circunscreveu seu âmbito a uma tentativa de domesticação das possibilidades ao espaço geográfico delimitado do Estado Nação – com seu elemento territorial, marco geográfico de sua ação soberana.

A partir destas constatações pode-se avançar para uma análise acerca das condições e possibilidades de e para a compreensão do fenômeno jurídico-político contemporâneo, bem como das circunstâncias para o enfrentamento dos novos dilemas que se apresentam para a continuidade/transformação da civilização, tomando-se como referência o trânsito experimentado com a passagem da *questão social* para a *questão ambiental*, com suas novidades e sem que a primeira tenha sido adequada e suficientemente tratada e resolvida, em todos os lugares e para todas as pessoas.

Para isso, organizamos esta primeira aproximação em duas partes. Na primeira retomaremos alguns aspectos relativos à estruturação do direito contemporaneamente a partir de sua "expansão" subjetiva e, na segunda, buscaremos refletir os limites das fórmulas jurídico-políticas modernas para suportar o "novo" da questão ambiental, sem sequer ter solvido o "velho" da questão ambiental.

1. O Direito e a nova cultura jurídica

Tendo presente os termos da CF/88, percebemos que estamos diante de um direito novo não apenas no conteúdo que regula, mas na estrutura que adota. E, para o que aqui interessa, este novo vem expresso no reconhecimento de conteúdos que expressam o reconhecimento de dilemas nascidos das próprias circunstâncias da modernidade e de suas implicações, como pode ser percebido da regulação de um direito ao meio ambiente.

Nos termos do art. 225 da Carta Política de 1988, pode-se perceber o que sugerimos acima, como se lê:

> Art. 225 – Todos têm direito ao meio ambiente ecologicamente equilibrado, bem de uso comum do povo e essencial à sadia *qualidade de vida*, impondo-se ao Poder Público e à coletividade o dever de defendê-lo preservá-lo para as *presentes e futuras gerações*.

Compreender a complexidade da norma contida neste texto, sem enveredarmos por seu trato hermenêutico, nos faz perceber o caráter novo que aqui se apresenta.

Neste sentido emergem fundamentalmente duas grandes espécies de interesses reconhecidos pelos ordenamentos jurídicos contemporâneos, quais sejam, os *individuais e os transindividuais* – estes, os coletivos e os difusos –, o que passaremos a estudar a seguir, não sem anotar a ocorrência de outros interesses, como os individuais homogêneos, os quais não serão objeto de estudo neste momento, assim como não sem termos presente que esta tríade pode ser pensada sob a vertente dos direitos fundamentais e suas dimensões já clássicas – individuais (liberdades), sociais econômicos e culturais (igualdades) e de fraternidade, mesmo tendo sido esta a característica "esquecida" da revolução liberal, muito embora faça parte da formatação do novo Estado Liberal – o Estado do Bem-Estar Social.

Neste contexto, como diz François Ost:

> (...) falta, pois, imaginar um estatuto jurídico do meio, que esteja à altura do paradigma ecológico marcado pelas idéias de globalidade ("tudo constitui sistema na natureza") e de complexidade; um regime jurídico pertinente face ao caráter dialético da relação homem-natureza, que não reduza, portanto, o movimento ao domínio unilateral de um sobre o outro.[2]

Assim, a questão que nos foi posta se insere neste contexto onde, para um adequado tratamento político-jurídico do tema, é preciso ter-se presente que a problemática ambiental necessita estar reconhecida no conjunto dos *interesses transindividuais*,[3] como veremos na seqüência.

A ordem jurídica contemporânea, para além dos tradicionais interesses individuais, vem composta com os *interesses transindividuais*, dentre os quais aparecem, em primeiro lugar, os chamados interesses coletivos que, estando titularizados por um conjunto de pessoas, permanecem adstritos a uma determinada classe ou categoria, ou seja, são interesses que são comuns a uma coletividade de pessoas e a elas somente.

Para a caracterização destes pressupõe-se a delimitação do número de interessados com a existência de um vínculo jurídico que una os membros desta comunidade para que, assim, a titularidade possa ser coletivamente definida.

O que se percebe desde logo é que, embora coletivos, tais interesses têm uma titularidade perfeitamente visível, pois identificada com os membros de um determinado grupo, unidos por um laço jurídico de relacionamento. Neste

---

[2] Ver: OST, François. *A Natureza à margem da lei. Ecologia à prova do Direito*. ., p. 351

[3] Esta temática foi tratada no nosso *Do Direito Social aos Interesses Transindividuais. O Estado e o direito na ordem contemporânea*. Porto Alegre: Livraria do Advogado. 1996, com 2ª edição no prelo).

espectro podemos, então, situar, exemplificativamente, a sociedade mercantil, o condomínio, a família, o sindicato, os órgãos profissionais, entre outros, como grupos de indivíduos nos quais aparecem tais interesses.

Ou seja, o interesse será coletivo quando titularizado pelos elementos pertencentes a um grupo perfeitamente delimitado subjetivamente, pois juridicamente unidos. Assim, o interesse coletivo tem como titulares, apesar de sua extensão numérica, um conjunto delimitável e perceptível de pessoas.

A lei 8078/90 – Código do Consumidor – estatue:

Art. 81, II – interesses ou direitos coletivos, assim entendidos, para efeitos deste Código, os transindividuais de natureza indivisível de seja titular grupo, categoria ou classe de pessoas ligadas entre si ou com a parte contrária por uma relação jurídica básica.

O âmbito dos interesses coletivos está longe de esgotar as possibilidades desse processo de despersonalização dos interesses.

Se, do início aos meados do século XX, a resposta jurídica à *questão social* e aos demais aspectos ligados ao Estado do Bem-Estar Social significaram uma crise profunda da idéia de interesses individuais e o surgimento de interesses coletivos, a segunda metade deste mesmo período histórico impõe, diante do próprio esgotamento das condições vitais do planeta, ao lado de outros problemas ligados à sociedade industrial, novas questões que, para serem apreendidas pela regulação jurídica, significam o aprofundamento da crise da racionalidade jurídica individualista, o que pode ser alocado sob a perspectiva do que estamos nomeando como *questão ambiental* – sem que esta se restrinja ou identifique com o problema da preservação ambiental em sentido estrito –, em paralelo à questão social que caracterizou e pautou a formação do Estado Social em todas as suas versões desde meados do século XIX.

São estes novos impasses relacionados genericamente à qualidade de vida das pessoas que põem na ordem do dia um novo tipo de interesses – os difusos.

Estes, apesar de estarem relacionados à coletividade de indivíduos, distinguem-se dos coletivos por não estarem alicerçados em qualquer vínculo jurídico estrito de base e, com isso, não terem uma delimitação quantitativamente. Há um vínculo sim, mas de natureza constitucional.

A reunião de pessoas em torno de um interesse difuso assenta-se em fatos genéricos – como diz o art. 81 do Código do Consumidor[4] – ou tem base constitucional, acidentais e mutáveis, como habitar a mesma região, consumir os mesmos produtos, viver sob determinadas condições sócio-econômico-ambientais, sujeitar-se a determinados empreendimentos, etc., como refere o ju-

---

[4] Diz o Código do Consumidor (Lei 8078/90) em seu art. 81, I: interesses difusos, assim entendidos, para efeitos deste Código, os transindividuais, de natureza indivisível, de que sejam titulares pessoas indeterminadas e ligadas por circunstâncias de fato.

rista italiano Mauro Cappelletti.[5] Em razão disso, o grupo ligado aos interesses difusos apresenta-se fluido, indeterminado e indeterminável, pois estão diluídos na satisfação de necessidades e interesses de amplos e indefinidos setores da sociedade de massas, característica dos tempos atuais.

Com o crescimento de importância das questões envolvendo tais interesses difusos aprofunda-se, ainda mais, a incompatibilidade destes com uma teoria jurídica tradicional acostumada a reconhecer e atrelar a todo interesse um titular visível e reconhecível. Os interesses difusos significam uma indeterminação subjetiva de sua titularidade e, ainda, implicam uma reestruturação e ressignificação das fórmulas jurídicas tradicionais, posto que assumem âmbitos inovadores, para além das identidades territoriais, bem como para além do presente – uma vez expressarem um compromisso intergeracional.

Os interesses difusos caracterizam interesses que não pertencem a pessoa alguma de forma isolada, tampouco a um grupo mesmo que delimitável de pessoas, mas a uma série indeterminada ou de difícil determinação de sujeitos. de lugares e de gerações distintas. Neste sentido é já tradicional a questão posta por M. Cappelletti inquirindo a quem pertence o ar que respiramos (?) e respondendo: a cada um e a todos, a todos e a cada um.

Eu acrescentaria: daqui e dali (lugares indefinidos); de hoje e de amanhã (tempos indefinidos).

Os interesses transindividuais difusos implicam em um aprofundamento e reforço dos laços de união fáticos que reúnem o grupo "difuso" de pessoas em torno a determinado interesse, assim como, em razão de sua indeterminação subjetiva, a "comunidade" de interessados pode assumir contornos avantajados, referendando o que chamaríamos amplitude máxima – por isso os contornos abertos, fluidos dos agrupamentos – inclusive para além das referências territoriais próprias do Estado e da geração atual.

O que se percebe do descrito acima é que, mais do que uma seqüência evolutiva no sentido da despersonalização dos interesses, temos uma realidade jurídico-normativa que convive com tipos diversos de pretensões, muito embora tendamos a privilegiar as referentes aos interesses transindividuais, especialmente os difusos, em razão de sua importância fundamental no presente e para o futuro, como os que dizem respeito a questões relativas ao meio ambiente em sentido amplo.

É inafastável, contudo, que pensemos a realidade do Direito como uma convivência complexa entre interesses individuais, coletivos e difusos,[6] da

---

[5] CAPPELLETTI, Mauro, *Formações Sociais e Interesses Coletivos diante da Justiça Civil*, pp. 128-59.

[6] Não referimos aqui àqueles *interesses individuais homogêneos* também presentes na regulação jurídica contemporânea, por despiciendo para os objetivos do presente trabalho. Todavia, é preciso ter-lhes em conta como espécie dos *interesses transindividuais*. Sobre o tema ver o nosso *Do Direito Social aos Interesses Transindividuais. O Estado e o Direito na ordem contemporânea*. Porto Alegre: Livraria do Advogado. 1996. Passim.

mesma forma que as que referem as dimensões de direitos humanos, como visto antes.

Com isso, observa-se que a realidade envolvente do Direito implica na contemporaneidade de interesses muitas vezes contraditórios entre si e que exigem a tomada de posição frente a problemas estruturais que não se restringem a uma operação simples de dizer quem tenha e quem não tenha a sua pretensão reconhecida pelo ordenamento jurídico, de estabelecer um ganhador e um perdedor – ganhadores e perdedores podem ser todos, o que faz desaparecer o sentido mesmo de ganhar e perder.

2. O estado liberal: das carências sociais aos riscos ambientais

Uma das expressões mais "vivas" dos novíssimos interesses – os difusos – é sem dúvida aquela que diz com a *questão ambiental*, nos termos já referidos acima, a qual, pode-se dizer, substitui, ou melhor: se agrega, já em meados do século passado à nominada *questão social*, característica da transformação do Estado Liberal, de seu feitio mínimo para o social.

Ora, se no final do Século XIX e início do Século XX o tratamento da questão social transformou a face do Estado Liberal, impondo-lhe um caráter intervencionista tendo como sentido não apenas a proteção de pretensões, mas, e sobretudo, a promoção de modos de vida através, principalmente, de prestações públicas e de normas premiais, *a partir da metade do último século* viu-se, desde a explicitação das possibilidades de extinção massiva da espécie humana e do esgotamento de recursos naturais, entre outros fatores, a incorporação de um novo conjunto de preocupações cujo atendimento pressupunha uma transformação radical nas práticas jurídico-político-sociais, posto que estas novidades não se enquadravam em nenhum dos esquemas até então forjados para dar conta dos interesses juridicamente relevantes – individuais e coletivos, as liberdades "de" e as liberdades "do" ou "da".

A *questão ambiental* pôs em pauta não apenas a necessidade de se pensar estratégias novas de tratamento jurídico-político, como trouxe para o universo de preocupações jurídico-econômico-políticas o asseguramento das condições de vida – com qualidade – para as futuras gerações, uma vez explícita a sua inapropriabilidade exclusivista – própria aos interesses individuais – e tão só contemporânea – ou seja, do tempo presente – por, como diria Mauro Cappelletti, dizer respeito a todos e ninguém ao mesmo tempo, sendo *todos* incluindo os das presentes e os das futuras gerações – forjando o que se nomeia como *compromisso intergeracional*.

Ou seja, para o campo jurídico, a questão ambiental impôs não apenas a revisão de seus esquemas conceituais e estruturais, como também apresentou um novo ator interessado, até então desconhecido ou desprezado, as gerações futuras. Assim, pode-se dizer que a questão ambiental tem como interessados gerações, e não apenas indivíduos, atuais e futuras, fazendo com que se reescreva a assertiva de Mauro Cappelletti, para expressá-la dessa forma: A quem pertence – e pertencerá – o ar que respiro. A todos e a ninguém ao mesmo tempo, no presente e no futuro.

Com isso, um conjunto de preocupações se põe ao jurista, seja sob a perspectiva de que a compreensão da questão ambiental implica em uma postura transdisciplinar posto que inapreensível a partir dos esquemas conceituais disciplinares próprios do pensamento cartesiano moderno, seja sob a perspectiva de que o dilema ambiental ultrapassa em muito a lógica estruturante do Estado (Moderno) e de seu Direito, submetidos aos estritos limites de sua territorialidade e de suas fórmulas sancionatórias e, mesmo, premiais,[7] de regulação de condutas.

Como diz Maria del Carmen Carmona Lara:[8]

> Es aqui em donde surge el problema para que la regulación ecológica seja efectiva y llegue a los fines inmediatos que pueden ser la solución a un problema concreto, por ejemplo, bajar los niveles de contaminación, o a los fines mediatos para los que fue emitida, que pueden ser la protección del ambiente y el derecho de las futuras generaciones; esta regulación debe llegar a la conciencia de su aplicación, y entonces se convierte más que en un problema de aplicabilidad jurídica, en *un postulado ético*.

Tal circunstancia pode ser observada desde um compreensão mais aguda acerca da concepção à qual se conecta a regulação ambiental, como refere François Ost:

> Do local (a "minha" propriedade, a "minha" herança) conduz ao global (o patrimônio comum do grupo, da nação, da humanidade); do simples (tal espaço, tal indivíduo, tal facto físico), conduz ao complexo (o ecossistema, a espécie, o ciclo); de um regime jurídico ligado em direitos e obrigações individuais (direitos subjectivos de apropriação e obrigações correspondentes), conduz a um regime que toma em consideração os interesses difusos (os interesses de todos, incluindo os das gerações futuras) e as responsabilidades colectivas; de um estatuto centrado, principalmente, numa repartição-atribuição estática do espaço (regime monofuncional da propriedade), conduz ao reconhecimento da multiplicidade das utilizações de que os espaços e recursos são susceptíveis, o que relativiza, necessariamente, as partilhas de apropriação.[9]

Ou, ainda:

> É que o meio (justo ou injusto) é uma realidade paradoxal: o seu centro está em todo o lado, a sua circunferência em parte alguma. Por outras palavras, se nos engloba totalmente, ele é também aquilo que passa no âmago de cada um de nós. Totalmente dependentes dele, somos também por ele totalmente responsáveis.[10]

---

[7] A respeito ver: Bobbio, Norberto. *Dalla Strutura alla Funzione: nuovi studi di teoria del diritto*. Milano: Comunità, 1977.

[8] Ver, desta autora, El Derecho Ecológico en México. In: FERNÁNDEZ, José Luis Soberanes(comp.). *Tendencias Actuales del Derecho*. 2ª ed. México: FCE, 2001. p. 71

[9] Ver, deste autor, *A Natureza à margem da lei. Ecologia à prova do Direito*. p. 355

[10] Id Ibid, p. 395

Tal circunstância aponta para a dimensão global da questão ambiental, afetando profundamente as possibilidades de tratamento local – nacional – dos problemas a ela ligados, uma vez que o Estado Nacional se mostra limitado, embora possa fazê-lo, para o tratamento de tais problemas diante da repercussão global dos incidentes ambientais pois,

> Uma vez que o meio é uma realidade global, será necessário reconhecer, igualmente, que o consumo excessivo praticado no hemisfério Norte não apenas implicará conseqüências negativas no hemisfério Sul como tornará simplesmente impossível o acesso de todos a um modo de vida equiparável.[11]

Assim sendo, o tema ambiental impõe sob todas as suas facetas um tratamento inovador, o que repercute também sobre a perspectiva das políticas e práticas do Estado e para além do Estado.

Vê-se que o dilema ambiental impõe à interrogação não só os limites possíveis do Estado, como forma institucional da modernidade,[12] como também a todos os instrumentos até então postos à disposição da regulação jurídica do meio ambiente e de sua afetação.

De tudo o que foi exposto fica o sentimento de que, para darmos conta da questão ambiental tomada como um interesse cujas dimensões se agigantam tanto subjetivamente (envolvem interesses difusos) como espacialmente (territorialmente), bem como geracionalmente (envolvem interesses intergeracionais), mister se faz que não fiquemos presos aos esquemas conceituais e institucionais da modernidade tanto quanto aos mecanismos regulatórios utilizados pelo Direito Moderno, sobretudo aquele de caráter liberal-individualista cujas potencialidades limitam-se ao tratamento dos tradicionais interesses individuais e, mesmo assim, desde uma ótica privilegiadora do interesse de um indivíduo que exclui o de todos os demais, implicando numa potencial e reconhecida possibilidade de destruição do bem objeto do interesse e de sua "proteção" através de sua identificação patrimonial, ou seja, de sua transformação em um quantum financeiro.

A questão ambiental, dessa forma, não se submete aos limites territoriais da ordem jurídica moderna e a suas estratégias, provocando a incapacidade de ser tratada adequadamente em um ambiente jurídico que não se abra para a ultrapassagem de tais restrições.

Ou seja, é preciso um direito – ou melhor: uma forma regulatória – novo(a) para as circunstâncias que compõem esta nova questão ambiental em toda a sua extensão, sem deixar-se de lado a inevitabilidade de operar ainda com o tratamento da questão social irresolvida.

---

[11] Ibidem. p. 394.
[12] Para esta discussão remetemos a *Ciência Política e Teorial do Estado*, de nossa autoria em parceria com Lenio Luiz Streck, publicado pela Livraria do Advogado, em sua 5ª ed.

Mas não apenas isto. Há que se pensar em instâncias regulatórias apropriadas ao enfrentamento das carências, as quais mesmo que diferentemente localizadas – as nossas carências não são em qualidade e quantidade as mesmas dos outros – não mais se limitam espacialmente, nem podem ser controladas localmente, mesmo que esta dimensão também mereça consideração, uma vez que elas vêm marcadas por um modelo de economia que se transformou tanto em seus conteúdos – de um capitalismo de produção para um capitalismo financeiro – e em seus âmbitos de ação – de um capitalismo local ou multinacional para um capitalismo global.

Com isto, a perspectiva estadual parece não ser suficiente para suportar a necessidade de dar-se conta de riscos que não têm nas fronteiras nacionais os limites que delimitavam historicamente "pobreza" e "riqueza", símbolos das carências. A poluição, como exemplo, não se circunscreve a um espaço geográfico delimitado, a um território como aqueles que identificam os Estados Nacionais da modernidade.

Aqui faz sentido a advertência de François Ost:

E voltamos assim – ... – ao essencial: a prática renovada e aprofundada da *democracia*. O 'meio justo' não derivará nunca da planificação de especialistas, por mais bem intencionados que sejam e qualquer que seja o nível, mesmo mundial, das suas intervenções. É do debate democrático, agora interpelado pela urgência de desafios inéditos, que deverão proceder as decisões susceptíveis de inflectir a nossa forma de habitar a Terra.

(...)

Resta, portanto, inventar práticas concertadas, públicas, privadas ou associativas, para dar corpo a um outro modelo de desenvolvimento. Uma coisa é certa: a responsabilidade em relação às gerações futuras e a elaboração de um patrimônio natural comum, começam aqui e agora.[13] (grifei)

E mais, sendo a questão ambiental a repercussão de uma opção moderna de sociedade, de ciência, de economia (capitalista), de desenvolvimento, é preciso que se opere uma transformação profunda no modo de vida moderno e não apenas um arranjo pontual, limitado e circunstancial para a manutenção do *status quo* anterior.

Ou seja, uma política para a questão ambiental implica a opção, tal qual ocorrido nos estertores do século XIX, por um novo pacto social que repercuta uma cultura do/para o meio, cuja incidência nas fórmulas jurídicas até então conhecidas e praticadas não será menos drásticas, impondo um tratamento que não fique submetido aos espaços tradicionais da política, mas, ao mesmo tempo, responda às pretensões sociais sob fórmulas democráticas que também elas se vêem constrangidas pela superposição de carências e riscos.

Dito de outra forma, a questão ambiental – ainda mais que a questão social – implica em um novo arranjo social que, provavelmente, não dispensará nenhum dos âmbitos possíveis de tratamento (o local, o nacional, o supranacio-

---

[13] François Ost, op. cit., p. 395

nal, o mundial; o espaço público estatal, o espaço público não-estatal e o espaço privado) mas exigirá um conserto social que se constitua a partir de práticas e vínculos construídos sobre instrumentos de uma democracia sustentável.[14]

3. Concluindo

Podemos, assim, resumir o que foi até aqui apresentado sucintamente:

1 – Os interesses juridicamente hoje relevantes podem ser caracterizados como individuais e transindividuais – coletivos e difusos, além dos nomeados interesses individuais homogêneos;

2 – Esta composição da ordem jurídica contemporânea está a exigir a formulação de uma nova cultura jurídica que seja capaz de dar conta destes novos conteúdos;

3 – Estes interesses inauguram um momento novo nas formas, fórmulas e lugares de regulação social;

4 – Em paralelo à já tradicional "questão social" vimos emergir aquilo que nomeamos "questão ambiental";

5 – Esta convivência implica a passagem do tratamento das "carências" para os "riscos";

6 – A questão ambiental vem inserida no contexto dos chamados interesses difusos;

7 – O desafio ambiental não se resume a um tema de interesse intrageracional (geração presente) mas intergeracional (gerações presentes e futuras);

8 – A questão ambiental incorpora o risco como dimensão constitutiva das práticas jurídico-políticas, ao lado das carências tentadas tratar por intermédio do Estado Social;

9 – A questão ambiental, como aqui referida, propõe um novo arranjo social à semelhança, porém mais radical, daquele proposto pela questão social ao final do século XIX e ao longo do século XX. O que poderia ser traduzido como a transição de um Estado Social para um (Pós)Estado Ambiental ou um Estado Sócio-ambiental;

10 – Todavia, o tratamento da questão ambiental demanda a revalorização e revitalização de práticas democráticas e a construção de uma democracia sustentável desprendida dos vínculos estreitos dos limites territoriais das fórmulas do Estado (Moderno);

11 – Em conseqüência percebe-se uma insuficiência profunda em as fórmulas modernas serem suficientes para dar conta destas novidades, podendo-se

---

[14] Utilizamos este termo para conectá-lo à idéia de *desenvolvimento sustentável* e suas características. De alguma forma, neste sentido ver, de nossa autoria, *A Subjetividade do Tempo*, pela Livraria do Advogado.

supor que elas implicam a necessária construção de novos ambientes para além daqueles dos Estados Nação.

Tal sugere a passagem de *uma nova cultura jurídico-política* que transita de uma cultura da exclusão para outra, de inclusão dos destinos. Que se assume como uma cultura da *fraternidade*, marcada, ainda, pelo projeto civilizatório moderno de uma estrutura institucional – o Estado – que tem por finalidade promover não apenas o fim do *medo*,[15] mas também, veicular a *esperança* como marca do acordo fundante da Sociedade Civil que remonta ao contratualismo clássico.[16]

A substituição das carências pelos riscos, nesta perspectiva, conduziria a um novo arranjo cultural da própria política e, por conseqüência, da democracia para um âmbito e um ambiente que se desterritorializa e que rearticularia os laços conviviais.

Tal se concluiria em um *projeto comunitário*, cujas bases ainda não têm um desenho adequadamente constituído, sequer garantias suficientes, sem que isso implique necessariamente a ultrapassagem completa dos papéis e tarefas que incumbem e só podem ser realizadas no e pelo modelo de autoridade comum moderno sob a forma do Estado Nacional.

Todavia, nem tudo está resolvido, pois a passagem das carências para os riscos significa, também, muitas vezes, a substituição da decisão impositiva estatal, com a intermediação da política – como democracia – por "decisões" reflexivas – não necessariamente consensuais – tomadas em lugares distintos do Estado, promovendo um pluralismo muito distinto daquele que se apresentava como alternativa à regulação estatal no século passado.

Um pluralismo que desloca o lugar da decisão – do Estado para outras instâncias, não apenas as da macroeconomia, como também as da macro criminalidade –, assim como substitui a política pela economia e os atores públicos pelos privados. Mas também, há que se reconhecer que surgem novos espaços, estes de caráter disruptivos, expressos em ações identificadas como uma alternativa ao modelo hegemônico.[17]

Parece, assim, um tempo de contradições. Tempos sombrios em que, embora o *smog* (como risco) atinja todos, as carências ainda não foram resolvi-

---

[15] Uma discussão acerca deste aspecto pode ser lida em: BOLZAN DE MORAIS, Jose Luis. Estado, função social e (os obstáculos da) violência. Ou: do "mal-estar" na civilização à síndrome do medo na barbárie! In: BOLZAN DE MORAIS, Jose Luis e CALLEGARI, André. Política Criminal, Estado e Democracia. Rio de Janeiro: Lúmen Júris. 2007 (no prelo)

[16] Sobre os vínculos entre "medo" e "esperança", em particular na literatura hobbesiana, ver: RIBEIRO, Renato Janine. *Ao leitor sem medo. Hobbes escrevendo contra seu tempo*. 2. ed. Belo Horizonte: UFMG, 2004.

[17] É neste sentido, por ex., que Hardt e Negri sugerem o papel desempenhado pela *multidão* que se organiza em rede aberta e em expansão, onde as diferenças são reconhecidas e favorecidas. Ver: NEGRI, Antonio e HARDT, Michael. Multidão.Guerra e democracia na era do Império. Rio de Janeiro: Record. 2005, p. 12.

das. Enfim, poluição e fome convivem e, como no aquecimento global, quem "paga" a conta são aqueles que menos contribuíram. Sinal das diferenças não resolvidas e das tarefas que temos.

Assim, compactuo com a idéia e ideal acerca da nova revolução copernicana, marcada pela viragem hermenêutica filosófica, do papel do constitucionalismo, mesmo sendo, diante das circunstâncias contemporâneas, cético quanto às condições de possibilidade de e para a sua realização.

Isto porque, com o "fim" do projeto hobbesiano de criação de uma autoridade comum (Estado) – perde-se a referência à uma unidade cultural que hoje vem expressa pelo constitucionalismo e nas Constituições modernas.

Neste contexto, nesta transição das carências para os riscos, percebe-se que estes não são distribuídos igualmente, da mesma forma que as carências, apesar das intervenções sociais e dos projetos humanitários, nunca o foram, sobretudo se lembrarmos das diferenças norte-sul ou, para dizer de outra forma, países centrais (desenvolvidos) e países periféricos (subdesenvolvidos ou, como se queira, em desenvolvimento), países ricos e países pobres.

Estas reflexões iniciais, em conclusão, nos indicam a necessidade de fortalecermos o debate em torno das alternativas, tendo presente a imprescindibilidade de, sobretudo em países como o Brasil, saber que, nesta quadra da história, não *temos mais todo o tempo do mundo*... e que o tempo tem, agora, uma nova extensão – a da imediatidade e da instantaneidade.

Há que se reconhecer, assim, a imprescindibilidade de fazer conviver um novo Estado Social, comprometido com carências e riscos, com instâncias de regulação e realização de interesses que ultrapassam os espaços nacionais, bem como reconhecem o papel de novos atores, em especial aqueles que possam compor estratégias de autonomização diante das perspectivas expressas pelos novos riscos sociais.

Tudo isso implica, como sugerido ao início, a construção de uma nova cultura jurídico-políitca que não fique presa aos esquemas tradicionais do pensamento jurídico liberal-individualista.

— V —

Democracia e formas de inclusão – exclusão política nos sistemas políticos brasileiro, mexicano e italiano[1]

SANDRA REGINA MARTINI VIAL[2]

Sumário: Introdução; A função do sistema da política e do direito na democracia; Democracia: um valor universal; Considerações finais.

Introdução

> *Não pouparemos esforços para promover a democracia e fortalecer o Estado de direito, bem como o respeito por todos os direitos humanos e liberdades fundamentais internacionalmente reconhecidos.*
> Declaração do Milênio

O lema central da Declaração do Milênio vem demonstrando uma tendência em todo o mundo no sentido de consolidar a desejada inclusão social através da consolidação do modelo democrático nos mais diversos lugares onde ela possa ser viável e adequada.

De acordo com a Organização das Nações Unidas, a participação e a liberdade política são partes fundamentais do desenvolvimento humano. O mundo tem mais países democráticos e mais participação política do que nunca, com 140 países realizando eleições multipartidárias. Em 2000, dos 147 países que têm dados disponíveis sobre o assunto, 121 – representan-

---

[1] Esse artigo é parte da pesquisa intitulada "Democracia e Formas de Inclusão-Exclusão Política nos Sistemas Políticos Brasileiro, Mexicano e Italiano" da qual participam, além da autora, os professores: Raúl Zamorano Farias – (Universidade Estadual do México), Virginia Zambrano (Universidade de Salerno) e Ginacarlo Corsi (Universidade de Modena). Da mesma forma, os alunos da graduação da Unisinos: Fabrício Antônio da Silva (Bolsista PIBIC), Gisele Mabel Rodrigues Spessatto, Gabrielle Kölling e Fernanda Rita Pereira, todos bolsistas voluntários que muito contribuíram para a realização da pesquisa.

[2] Professora-Pesquisadora do Programa de Pós-graduação em Direito da UNISINOS, Professora da Università Degli Studi de Lecce, Salerno e Roma. Representante da Unversidade de Roma Tre no Brasil, Professora da Scula Dottorale Tullio Ascarelli. Professora convidada da Universidade de Napoli, Teramo. Salerno, Lecce. Doutora em Direito pela Università Degli Studi di Lecce, Pós-doutora pela Università di Roma Tre. Diretora da Escola de Saúde Pública do Rio Grande do Sul.

do 68% da população mundial – tinham alguns ou todos os elementos da democracia formal, porcentagem que pode ser comparada com os dados de 1980, quando só 54 países (46% da população mundial) apresentavam esse quadro. Desde então, 81 países deram passos importantes para a democratização, enquanto 6 regrediram. Dezenas de regimes autoritários foram substituídos por governos mais responsáveis perante as pessoas – uma verdadeira realização para o desenvolvimento humano. No entanto, a verdadeira democratização significa mais que a realização de eleições; exige a consolidação das instituições democráticas e o fortalecimento das práticas democráticas, com valores e normas democráticas incorporados em todas as partes da sociedade.[3]

A democracia tem sido tema de diferentes estudos na atualidade, sob os mais variados enfoques. A importância do tema é grande, e o campo de estudo é vasto, tanto que o Relatório do Desenvolvimento Humano de 2002, apresentado pela ONU, dedicou-se a um estudo sobre o aprofundamento da democracia num mundo fragmentado. Para as Nações Unidas, a democracia é um dos objetivos de desenvolvimento do milênio e deve ser vista como um valor universal.

Nesse sentido, Romano Orrù destaca que, recentemente, o modelo democrático baseado na representatividade dos governantes, na realização de eleições livres e periódicas, na igualdade do voto, no respeito às minorias, na divisão dos poderes, no reconhecimento das liberdades individual e coletiva e, a nível econômico, nas dinâmicas de livre mercado, relativamente ancoradas e limitadas pela persecução de objetivos de justiça social, tiveram, e têm, uma grande difusão em todas as partes do globo.[4]

Atendendo a importância atribuída à democracia, o presente artigo busca apresentar os primeiros resultados de uma pesquisa que vem sendo desenvolvida conjuntamente por IES do Brasil, México e Itália, que tem como objetivo o estudo da democracia como uma forma de inclusão/exclusão. A primeira etapa desse projeto consiste na constatação empírica do modo pelo qual as teorias podem ser aplicadas, modificadas e criadas. De acordo com Pedro Demo, a pesquisa empírica é, antes de tudo, parte da construção e da elaboração do conhecimento.[5]

A análise das diferentes realidades está sendo feita por cada um dos pesquisadores, para que, depois, sejam comparadas. As observações levantadas serão estudadas e poderão indicar novos horizontes, novas perspectivas e até mesmo a elaboração de propostas conjuntas para a solução

---

[3] PROGRAMA DAS NAÇÕES UNIDAS PARA DESENVOLVIMENTO. *Relatório do Desenvolvimento Humano 2002*: aprofundar a democracia num mundo fragmentado. Camarate (Portugal): SIG, 2002.

[4] ORRÙ, Romano. Considerazioni introdutive. In: ORRÙ, Romano; SCIANNELLA, Lucia. *Limitazioni di sovranità e processi di democratizzazione*. Turim: G. Giappichelli Editore, 2004. p. IX.

[5] DEMO, Pedro. *Metodologia do Conhecimento Científico*. São Paulo: Atlas, 2000. p. 20.

de antigos problemas relativos ao binômio inclusão/exclusão. Um ponto importante deste estudo é a busca de novos fundamentos para a elaboração de políticas públicas que procurem focalizar a atenção na inclusão, e não mais em uma inclusão que exclui, tal como temos até hoje.

A metodologia que embasa a pesquisa é a *Teoria dos Sistemas Sociais,* porque se pretende analisar a diferenciação funcional como um exercício de *observação de segunda ordem* para confrontar as teses clássicas da "verdade" como *correspondência* da perspectiva do mundo em construção. Nesse sentido, sustenta-se que toda interpretação constitui uma observação apoiada em certo tipo de distinção que fundamenta o enfoque pretendido sobre a realidade.

Para Luhmann, a reconstrução da forma de diferenciação do sistema político e do direito se desenvolve sobre a base de uma perspectiva de caráter diacrônico, estabelecendo alguns cortes temporais que poderiam estar orientados pelas Cartas Constitucionais e pelas transformações mais relevantes que foram suscitadas a partir delas em relação ao sistema político e às formas que assume a democracia como, por exemplo, pode-se deduzir que será através do prosseguimento e análise das funções e prestações entre os subsistemas político e jurídico que se reconstruirá o processo de *diferenciação* dos sistemas políticos em estudo.

Em termos metodológicos gerais, utiliza-se uma combinação de técnicas de recompilação e análise de dados advindos da História e da Ciência Política comparada, cujo objetivo é definir os indicadores políticos e normativos que inspiram o estudo do processo evolutivo e as formas que assumem a diferenciação (desdiferenciação dos sistemas políticos estudados). O presente estudo está fundado na postura transdisciplinar, pois somente dessa maneira pode-se promover o engajamento de todas as disciplinas.[6]

Utiliza-se, a partir da transdisciplinaridade, do seu *atravessar e ultrapassar,* o método comparativo. De acordo com Antônio Carlos Gil,[7] este método é útil para pesquisas que pretendam investigar realidades diferentes e grupamentos sociais, entre outros. Para o autor, é o melhor procedimento quando se tem por objetivo analisar sistemas políticos e culturais. Destaca-se que a própria arquitetura conceitual da Teoria Sistêmica propõe o constante exame comparativo, ou melhor, para a teoria, todos os eventos sociais estão conectados, o que não significa que não possamos identificar especificidades regionais ou locais.

---

[6] "A transdisciplinaridade é complementar à aproximação disciplinar: faz emergir da confrontação das disciplinas dados novos que se articulam entre si; oferecendo-nos uma visão da natureza e da realidade. A transdisciplinaridade não procura o domínio sobre as várias outras disciplinas, mas a abertura de todas elas àquilo que as atravessa e as ultrapassa". Encontro Catalisador do Projeto "A evolução Transdisciplinar na Educação". Guarujá, SP, 2000.

[7] GIL, Antonio Carlos. *Métodos e Técnicas de pesquisa social.* São Paulo: Editora Atlas, 1999.

A função do sistema da política e do direito na democracia

> *La storia gratta il fondo come una rete a strascico*
> *con qualche strappo e più di un pesce sfugge.*
> *Qualche volta s'incontra l'ectoplasma d'uno*
> *scampato e non sembra particolarmente felice.*
> *Ignora di essere fuori, nessuno glien'há parlato*
> *gli altri, nel sacco si credono piu liberi di lui.*
> Eugenio Montale, La Storia

É sabido que, desde as últimas décadas do século XX, estamos imersos em um intenso processo de múltiplas e simultâneas transformações de grande envergadura, que modificaram profundamente a natureza das expectativas, as relações e atitudes sócio-culturais e políticas na sociedade, entre seus subsistemas, assim como entre estes e seu ambiente. A onda de transformações que se observa é parte deste processo e está fortemente condicionada por ele. Entretanto, para se entender este processo, como diz Montale, *grattarei il fondo,* ou seja, é necessário reconhecer a importância das décadas anteriores para que hoje possamos falar na democracia como um valor, até mesmo nas sociedades periféricas.

Sem dúvida, no último século, foi fortemente debatido o tema da democracia, tanto a sua ausência com o desejo de tê-la. Boaventura de Sousa Santos aborda duas grandes questões a respeito da disputa pela democracia: a primeira, a desejabilidade da democracia e a segunda diz respeito às questões estruturais da democracia. Ambos os questionamentos acabam desembocando em outros problemas, como a forma da democracia e sua variação, conforme o define o autor:

> A variação na prática democrática é vista com maior interesse no debate democrático atual, rompendo com adjetivações próprias do debate político do período da guerra fria – democracias populares versus democracias liberais. Ao mesmo tempo e paradoxalmente, o processo de globalização suscita uma nova ênfase na democracia local e nas variações da forma democrática no interior do Estado nacional, permitindo a recuperação de tradições participativas em países como o Brasil, a Índia, Moçambique e a África do Sul.[8]

Além da variação da prática democrática, é preciso considerar posturas que abordam o fim da história o giro ideológico que isso implica. Os processos referidos são chamados de transições democráticas e mudanças políticas, e estas levam a uma ruptura de paradigmas, a uma incerteza crescente. Na América Latina, vê-se, por um lado, o problema global de sentido das ditas transformações sociais e, por outro, uma ruptura nas maneiras de fazer política. Note-se que esta observação só é possível porque não aceitamos mais a não-diferenciação funcional. Recorde-se que, nas décadas de 80 e 90, se transita do militarismo e do autoritarismo à reinstitucionalização democrática, ou mudanças políticas no

---

[8] SANTOS, Boaventura de Sousa (org..). *Democratizar a democracia: os caminhos de democracia participativa.* Rio de Janeiro: Civilização Brasileira, 2005. p. 42

resto do continente, processos de transformações[9] e conseqüentes crises do estadismo. Estes processos têm dado origem a dois enfoques interpretativos predominantes nas análises sociológicas e políticas, que são as ênfases analíticas que centram seus interesses nas coalizões protagonistas e a análise centrada no ajuste estrutural vinculado ao encolhimento do Estado e a expansão da lógica do mercado sobre as condutas sociais. O processo de encolhimento do Estado ou o Estado em crise, como observa Bolzan de Morais,[10] tem acarretado problemas das mais diversas ordens. No sistema da política, observamos uma corrupção crescente e refinada; no sistema do direito não é diferente: as relações de independência entre os sistemas são cada vez mais relações de dominação e, portanto, de corrupção entre os sistemas. É o que se classifica de judicialiazação da política ou monetarização do direito.

No sentido do primeiro enfoque mencionado, O'Donnell e Schimitter enfatizaram as condições precedentes aos regimes autoritários, as modalidades de transição e sua relação com a probabilidade de consolidar a democracia política. No segundo, prestaram atenção quase exclusivamente aos aspectos econômicos e à contração do setor público no processo de acumulação. No entanto, tem se deixado de lado a percepção da globalidade das mudanças ocorridas, fundamentalmente aquelas que têm relação com a desarticulação e o desmantelamento dos mecanismos de intervenção estatal e sua repercussão nas formas de coordenação social em uma sociedade cada vez mais complexa. Desde muito, os aspectos políticos também têm sido descuidados ou rebaixados no conjunturalismo dos transitólogos, para os quais o elemento definitivo dessa fórmula foi uma tensão não resolvida entre democracia e autoritarismo, na qual se privilegiaram as políticas explícitas de desmantelamento (promovidas pelo neoliberalismo, para alguns), negligenciando os aspectos não deliberados de desarticulação da matriz estatal, as transformações nas condutas e a sociabilidade dos atores sociais, de cujas causas foram independentes das políticas explícitas.

Dessa forma, a busca de respostas políticas das grandes questões do futuro parece ter ficado em segundo plano, já que frente à "desordem" e à despolitização geradas pela redução ou pulverização dos elementos básicos da coesão social, o indivíduo tem se inclinado a certa solidão ou, quando ainda está em condições de fazê-lo, toma medidas defensivas, que terminam por agravar essa tendência desagregadora, uma vez que, na atualidade, e à

---

[9] A transição política se refere a mudança de regime sem que isso implique numa mudança social. É o processo pelo qual se vai de um regime determinado a um regime político distinto. O anterior assinala a idéia de democracia política e não de sociedade democrática. Disso, por definição, nas transições à democracia, ficam pendentes os problemas de democratização. GARRETÓN, Manuel A. *Institucionalización y Oposición al Régimen Militar: 1973 1980*, FLACSO, Santiago, Chile 1983 y *Reconstruir la Política: Transición y Consolidación Democrática en Chile*, Editorial Andante, Santiago, Chile 1987.

[10] MORAIS, José Luis Bolzan de. *Crises do Estado e da Constituição*. Porto Alegre: Livraria do Advogado, 2002.

revelia do estado de compromisso, a agenda pública se elabora desde o espaço privado dominado pelas elites políticas que têm se apoderado do Estado. Em contrapartida, as sociedades estão profundamente desintegradas, produto do impacto das estratégias econômicas e políticas empreendidas pelos governos de turno das últimas duas décadas, que parecem ser cada vez mais indiferentes ao destino dos indivíduos e das organizações sociais.[11]

Tem-se, assim, o paradoxo de – por exemplo, os casos particulares, mas não únicos, do Brasil, Chile e México – processos políticos que promovem a ampliação da inclusão social (participação), fundamento da transição e democratização, conjuntamente com a aplicação de um modelo econômico cuja lógica é uma brutal exclusão de importantes setores sociais, tudo isso em um contexto onde o poder econômico tende a concentrar-se (feudalizar-se) cada vez mais, o que vem estreitando crescentemente os limites da ação política (coordenação de decisões coletivamente vinculantes). Nesse sentido, resulta sintomática a forma como alguns grupos políticos, vinculados fortemente aos setores econômicos crioulos ou estrangeiros, têm entendido que qualquer idéia de democracia e coordenação social pode ser reduzida à potencialidade dos mercados, chegando ao extremo de medir a democracia com o valor da ganância e da utilidade.[12] Entre os argumentos da moda que se esgrimem para justificar este estado de coisas, geralmente se apela a uma espécie de mutação sociocultural que iria de uma matriz social de caráter igualitário e holista a outra, que aponta para o liberalismo (democrático) e para o individualismo.

Além disso, é notável que, atualmente, o antagonismo simbiótico entre sociedade civil (como o universo da necessidade e o reino da individualidade, uma sorte da Ágora moderna: pública e privada ao mesmo tempo) e Estado, entendido como a sociedade política, impossibilita o surgimento real de uma ordem social diferenciada, situação que se torna crítica na periferia da sociedade moderna e em países como o México, onde o tipo de organização tende a uma lógica de integração rígida, ou seja, estratificada e sem uma correlativa civilização das expectativas que facilitem ou orientem os mecanismos de aprendizagem (ou não aprendizagem social) no plano normativo e não no cognitivo.

Outro aspecto a ser pesado, quando se trata dos diferentes processos de democratização na América Latina, é a tão falada participação da população, que revela a vulnerabilidade e a necessidade de formas efetivas de controle dos rumos das frágeis democracias no sul do mundo. As dificuldades vão desde a definição do que se entende por participação até a inclusão de movimentos sociais. Não há dúvidas que sem a efetiva pressão dos movimentos sociais não

---

[11] ZERMEÑO, Sergio. *El pensamiento social y los actores colectivos em el fin de siglo mexicano*. Perspectivas teóricas contemporáneas de las ciencias sociales. Cidade do México: UNAM – Faculdade de ciências políticas y sociais, 1999.

[12] A crise e a perda dos relatos emancipatórios e das intenções de superação do capitalismo que origina a asfixia dos indivíduos e a supressão da política, como assinala Cornélius Castoriadis. Ver CASTORIADIS, Cornélius. *Le Monde morcelè*. Paris: Seiul, 1990.

existiria a situação política que hoje se tem; porém, os movimentos sociais passaram a assumir funções que não são suas. Para isto, basta ver o que acontece com o MST (Movimento dos Trabalhadores Sem Terra no Brasil), um movimento legítimo que acaba assumindo, ao mesmo tempo, funções de Estado. Isso faz com que ele se desvie de suas lutas e tenha como resultado – entre outros – a constante criminalização do Movimento. Ou seja, as expectativas tanto do movimento quanto da própria sociedade são constantemente frustradas.

Fala-se de expectativas, seguindo a gramática de Luhmann, para se referir às estruturas seletivas que regulam a relação alter-ego. Existem dois mecanismos de adaptação das expectativas: o primeiro corresponde à necessidade de modificá-las, que são de caráter cognitivo (cultural) da desilusão, adaptando-as à decepção frente à realidade. O segundo, no qual as expectativas derivam da norma constitucional (direito),[13] implica na manutenção delas, não obstante a desilusão. Como é possível perceber, as normas sociais, especialmente as jurídicas, pertencem à segunda categoria de expectativas. Elas funcionam como estruturas que tornam possível prever e antecipar o comportamento dos outros. Ao mesmo tempo, permitem imputar ao outro o não cumprimento das expectativas, evitando a necessidade de reorientar constantemente as seleções para interagir (direito). Explicando de outra maneira, pode-se dizer que onde a segurança do comportamento social não se apóia mais sobre a base de uma íntima confiança em uma comunidade, ou na experiência de uma visão de mundo, existe uma confiança baseada em específicas garantias do sistema que asseguram, nos respectivos contextos, correspondentes motivos de comportamento.

A distinção entre cognitivo e normativo está definida por sua funcionalidade em relação aos problemas e se vincula particularmente com o manejo de desilusões, constituindo-se em uma significativa contribuição para o aspecto legal-constitucional. O comportamento social, em um mundo altamente complexo, requer a possibilidade de redução da contingência para o surgimento de expectativas de comportamento recíproco, tais expectativas serão guiadas toda vez que a expectativa esperada sobre a conduta dos outros se converta em um ganho da comunidade social. Assim, é possível conseguir sua extensão (civilização) para que os sistemas de expectativas sejam cada vez mais especializados.[14]

Historicamente, na formação do Estado Nação continental, o processo de civilização das expectativas tem se caracterizado por crescentes e desagregadores processos de diferenciação funcional que têm aumentado a complexidade da estrutura social, impactando diretamente sobre o sistema democrático. Imperou, por exemplo, o centralismo político e a história do constitucionalismo

---

[13] DE GIORGI, Raffaele. *Materiale per uma teoria sociologica del diritto*. Itália, 1999. p. 52-53 (manuscrito).

[14] *Aprender a aprender, processo estritamente ligado às expectativas em sua dimensão temporal, material e social*. Ver LUHMANN, Niklas. *A Sociological Theory of Law*. Londres: Routledge & Kegan Paul, 1985.

– de inumeráveis reformas – que têm servido mais para perpetuar o status quo que para mudá-lo e, nesse caso, as expectativas, em sua dimensão material, não têm conseguido permanecer, nem tampouco se tornarem resistentes à decepção ao longo do tempo (Loveman 1993, Langley 1996). Também, historicamente, se pode sustentar que o papel do Estado clássico na região, como criador de sociedade, foi caracterizado porque os atores se constituíram por e em referência ao Estado centralizado regulador e mediador. Fenômeno nada novo se for considerado que nossas 'sociedades civis', que não podem ser pensadas em termos de agrupamentos de cidadãos independentes e autônomos, se unem para formar um Estado que regule seus compromissos e os proteja, modelo típico dos EUA, o qual finalmente é de todo irreal, como assinala Castoriadis.

Recorda-se que a rapidez das estratégias de modernização implementadas na região, principalmente nos últimos 60 anos, ocorreram de forma tão acelerada que configuraram formas híbridas de organização estatal, desvanecendo as representações sociais com relação à ordem social, o que impossibilita a sedimentação ou estruturação das expectativas. Sendo assim, em nossos países, a civilização e a institucionalização das expectativas, em geral, têm ficado pela metade, quando não estagnadas, sem conseguirem constituir o correlato necessário de uma ordem social cada vez mais diferenciada, chegando a uma situação onde há processos de modernização, mas não modernidade. Ou seja, temos sistemas diferenciados funcionalmente, mas não em sua operação, em sua factualidade de operar. Este fator entranha uma diferença fundamental com relação aos países europeus e aos EUA, este último, local, onde houve e há uma tradição das formas democráticas, que constitui o ethos de sua cultura democrática (a institucionalização de expectativas como garantias fundamentais em um Estado de direito). Além disso, na atualidade, devido à perda da unidade do mundo social, a crise das representações sociais e a nova estruturação global fizeram com que a política perdesse a pertinaz centralidade que a caracterizou e, evidentemente, a frágil operatividade – ou não-operatividade do direito se torna logicamente mais crítica.

No entanto, ainda hoje, alguns políticos e cientistas sociais, confiando em uma suposta racionalidade e previsibilidade das decisões políticas, pensam que é plausível, a partir das operações do sistema político e do centralismo estatal, orientar a Economia, a Educação, a Ciência e o Direito, enfim, o conjunto da sociedade e do mundo. Na realidade, finalmente, de uma ou outra forma, segue-se o modelo dicotômico do contraste entre indivíduo e coletividade, sociedade contra Estado ou liberdade contra planificação em função do sistema dualista que está na base do problema. Isso se associa freqüentemente à convenção (quase aristotélica) de que o cidadão depende de modo crescente do Estado e o Estado sempre mais do cidadão, na medida em que este pode se organizar sob a forma de associações de interesse. Todavia, ambas as concepções são igualmente perigosas, talvez e simplesmente porque os sentidos da vida e dos modelos de pensamento ainda não se adaptam à crescente diferenciação e interdependência da moderna e complexa ordem social.

No México, no Brasil e na América Latina, como se tem indicado, essa situação se agrava, quando não se torna crítica, pelo baixo grau operativo das expectativas institucionalizadas (cognitivo-normativas) e pela especial forma histórica de fazer política e articular a ordem social: o movimentismo (neocaudilhismo, clientelismo), no qual todo o desenvolvimento e a consecução de objetivos político-sociais e econômicos têm se dado através da luta de movimentos (situação que constantemente tem sido interrompida pela ação de golpes militares).

Esses movimentos, que podem ser definidos como forma de ação coletiva que estabelece relações verticais entre um líder carismático e uma massa que segue a presença e a ideologia desse líder, têm características particularmente essencialistas (centralizadas em valores), e suas articulações geram uma forte identificação horizontal entre os sujeitos membros, que define a ação política em uma lógica: amigo (os movimentalistas) e inimigo[15] (os não movimentalistas), determinando, assim, o campo político.

A conjugação de ditos fatores, ainda que matizados, são centrais na constituição e na articulação da cultura política no fim do século e marcam a lógica orientadora das 'novas' democracias, já que essas continuam sendo um problema porque alguns de seus aspectos institucionais se mostram deficientes toda vez que se articulam e conservam as características típicas de movimentismo e de desdiferenciação corporativista e clientelar. Além disso, é problemática, pois mesmo que tenham se dado importantes avanços em relação à extensão do sufrágio universal e à recorrência dos processos eleitorais na região (pré-requisitos básicos para conceitualizar a democracia: O'Donnell), a democracia, a par de sua fragilidade institucional, tem assumido formas delegativas "baseadas na premissa de quem ganha a eleição presidencial fica facultado para fazer o que melhor convém limitado só pelas duras realidades de poder existentes e pelo fator temporal de exercício do governo" (O'Donnell). Precisamente, o problema é que a "democracia delegativa", como o próprio O'Donnell afirma, é a continuação da antiga forma de caudilhismo.

Ademais, ocorre que o sistema político, ao buscar a sua estabilidade na penetração de maiores espaços sociais, abre-se à conformação de redes de inclusão que tornam necessária a expansão permanente do mesmo sistema, o qual opera gradualmente mais em uma lógica expansiva e menos em uma lógica restritiva do mesmo. Isto acentua os problemas, já que ditas formas de auto-entendimento corporativo trazem para o sistema o risco de uma contínua hipertrofia, pela impossibilidade de controle que tem sobre elas.

---

[15] Sobre a *lógica* amigo-inimigo ver: SCHMITT, Carl. *Le categorie del politico*. Bologna, Il Mulino. SCHMITT, Carl. Il Nomos della Terra : nel Diritto Internazionale dello Jus Publicum Europaeum. 2. ed. Milão : Adelphi Edizioni, 1991.

Nas últimas décadas, frente a esses desafios e amparado nas crescentes insuficiências da coordenação política, o discurso monetarista (neoliberal) propôs fazer do mercado o princípio exclusivo de coordenação social, eliminando toda interferência política que modificasse suas "leis" (mecanismo automático de equilíbrio). O mercado tornou-se, desta forma, a grande força 'integradora', cujo anverso tem sido a precarização da vida social (desregularização da mão-de-obra assalariada, terceirização da economia, marginalização estrutural de ambos os setores da sociedade), o que tem gerado e promovido estratégias individualistas que debilitam as já frágeis expectativas históricas de reciprocidade, aumentando a incerteza ao desmoronar as garantias individuais que brindaram historicamente o Estado de compromisso.[16]

Contudo, esta forma de coordenação social não consegue dar conteúdo diferenciador à sua ação, pois termina geralmente por prevalecer o subsistema e as lógicas econômicas sobre o conjunto do Sistema Social. Tudo isso contribui para minar a credibilidade e a confiança entre as elites governantes e os cidadãos, ao mesmo tempo em que distorce e corrompe o código do Sistema Político, porquê, de maneira paralela às modificações assinaladas, ele ativa redes de exclusão e inclusão que não são apenas expressão da debilidade estrutural da Política e do Direito, mas também do atraso, ou da inexistência, de decisões vinculantes (políticas) eficazes ante os agudos problemas de pobreza que vivem diversos setores sociais e que, de alguma forma, são o caldo de cultivo para o desenvolvimento de múltiplas formas de exclusão e violência.

É sobre essa base que se vai configurando uma ordem social com uma série de ilhas ou tribos (cidadãos inseridos em uma sociedade pré-política) que dificultam a integração de interesses e possibilidades de uma real institucionalização das expectativas e das garantias individuais. Sem imagens nem imaginários – só o aqui, o agora e o mercado –, com o código da política corrompido pelos interesses econômicos e com o império do direito ofuscado pelos atores políticos e sociais significativos que tentam conseguir seus objetivos por meios ilegais, inconstitucionais ou antidemocráticos. O sistema da política carece de capacidade de coordenação vinculante, o que acaba por multiplicar as incertezas e os problemas de decisão política, ou seja, o problema de como acoplar a expectativa cidadã e a tomada de decisões políticas.[17]

Com isso, não se pretende sustentar que as estruturas e funções da atuação política devam ser agora substituídas pelo Direito (judicialização da política).

---

[16] LECHNER, Norbert. *Tres formas de coordinación social*. Revista de la CEPAL nº 61. Santiago, 1997. MOULIAN, Tomas. *Chile actual, anatomía de un mito*. Santiago: Editorial LOM, 1997.

[17] Qual seria o novo escopo do Estado, do direito e da chamada "sociedade civil" no manejo da incerteza, se vive-se o instante, sem imagem de futuro? Como fazer um cálculo racional ou "irracional", se temos diferentes temporalidades sociais, se a política tem um ritmo diferente ao da economia e o direito da ação política já não marca a hora para todos, pois a diferença espacial unida a temporal impossibilitam gerar uma agenda que canalize as expectativas e o jogo democrático o qual, paradoxalmente, *posibilita creer en la democracia sin que vivimos en democracia* (Bobbio 1986, Lechner 1997).

Na moderna sociedade, a Economia e o Direito[18] operam sobre a base de distinções claras entre elas, e embora resulte evidente a enorme relação (prestação) entre estes subsistemas, eles não podem atuar como lógicas intercambiais com o risco de corromper seus próprios códigos de operação (precisamente, na periferia onde o risco de colonização é mais alto), posto que um Estado legalmente constituído não pode depender da vontade do partido, dos militares, dos empresários e dos poderes de fato, senão das normas legais especificamente estipuladas que prevêem a colonização de seu aparato administrativo por parte de forças políticas ou sociais particulares. Por esse mesmo motivo, a pretendida transferência do antigo ideal da ordem da *res publica* para o moderno aparato decisório político-administrativo constitui não somente um erro de reflexão a-histórica, mas, sobretudo, comporta as mais perigosas conseqüências, uma vez que a especialização do sistema político na resolução dos problemas supõe, de uma parte, uma especificação funcional e uma conseqüente perda de funções com relação a uma ordem social mais antiga e menos diferenciada.

Como assinala Fernandes Campilongo, sem autonomia funcional, a representação política e o direito perdem sua capacidade de garantir procedimentos que mantenham abertas e acrescentem as possibilidades de eleição, variação e construção de alternativas.[19] Ao contrário, as formas de auto-entendimento, que estão na origem de uma frágil operatividade institucional, aprofundam o problema, posto que o baixo nível operativo está intimamente ligado às formas assumidas no processo histórico de autoconstrução das sociedades civis, especialmente na erosão dos acordos legais constitucionais, produto de práticas e formas corporativas de coordenação social. Esta excessiva integração tem por único resultado a não-diferenciação funcional nem operativa dos Sistemas Sociais, ou seja, a impossibilidade de um processamento de sentido diverso na sociedade (pluralidade de linguagens). Por ele, afirma-se que as expectativas normativas são pressupostos básicos, regras de partida que supõem uma ordem social diferenciada, pois, do contrário, se pode seguir apelando à metafísica dos valores, ao bem comum e à justiça, mas sem expectativas normativas operando funcionalmente e a dita apelação, ademais, termina sendo retórica, quando não demagógica.

A tese apresentada por este artigo assinala que a civilização das expectativas, através do Direito e do Estado de Direito, constitui muito mais que simples garantias individuais; são o marco que possibilita a moderna coordenação social a garantir mecanismos de generalização da auto-representação pessoal, de formação de expectativas atendíveis à satisfação das necessidades econômicas e da possibilidade de tomar decisões vinculantes (aprendizagem, confiança), que precisamente contrariam ou dificultam a corrupção do Sistema Político.

---

[18] Sobre a relação direito e economia, interessantes são as observações de Fabio Marcelli em: MARCELLI, Fabio. *Il debito estero dei paesi in via di sviluppo nel diritto internazionale.* (2004)
[19] CAMPILONGO, Celso. *O Direito na Sociedade Complexa.* 2000.

Quais são as dificuldades que, na periferia da sociedade moderna, e em países como o Brasil e o México, encontram-se nos temas da comunicação sobre o Direito e os mecanismos de generalização de expectativas?

De acordo com as ferramentas analíticas da Teoria Sistêmica, assume-se o conceito de Sistema Político primeiro, e num sentido amplo, como um sistema que está caracterizado pela função de produzir, de tomar decisões coletivamente vinculantes. Segundo, e num sentido mais específico, como o Sistema que inclui em seu interior o subsistema de partidos e o subsistema da administração pública (legislativo, executivo e judiciário).[20] Orientação que faz plausível analisar e desenvolver a investigação, possibilitando recuperar uma antiga discussão para instalá-la na complexidade da sociedade contemporânea.

Democracia: um valor universal

A democracia na sociedade contemporânea apresenta-se como uma forma universal de inclusão. Essa inclusão *democrática* tem algumas peculiaridades que precisam ser estudadas e aprofundadas, pois, se por um lado entendemos o modelo de democracia como sendo aquele que está fundado na representatividade de governos, no desenvolvimento de eleições multipartidárias e livres, na igualdade do voto, no direito das minorias, no reconhecimento de liberdades individuais e coletivas;[21] por outro lado, vemos que esta forma de inclusão democrática ainda não é plena, e sim um processo complexo. Assim tem razão Amartya Sen[22] quando afirma que herdamos do século anterior a democracia como valor universal, mas que a efetivação deste direito universal depende da nossa luta cotidiana.

Importante destacar que este artigo não pretende discutir os processos de "transição" política em si mesmos. Pelo contrário, tem como orientação observar – neste contexto – *como é possível a democracia*.

Vivemos hoje um processo de difusão com grande valor universal. Parece que o mundo ocidental tem a "fórmula" para a felicidade e para a justiça social, e esta fórmula se chama *democracia*. É o que se pode chamar de ocidentaliza-

---

[20] Como se sabe, nos países da América Latina, da mesma forma que no México, a administração pública não aparece separada do Estado, de maneira que, em nossa investigação, ao falar da administração, estaremos ao mesmo tempo fazendo referência ao Estado. Isto nos leva a assumir que, enquanto o subsistema da administração pública serve para produzir decisões vinculantes, o subsistema de partidos tem por função garantir a disponibilidade dos cidadãos para aceitar as decisões da administração.

[21] Neste sentido, também aponta a Declaração Universal sobre a Democracia, de 1997, ao considerar a democracia como "um ideal universalmente reconhecido, baseado em valores que são comuns às pessoas de todas as partes do mundo, independentemente das diferenças culturais, políticas e econômicas. Como ideal, a democracia visa a proteger e a promover a dignidade e os direitos fundamentais do indivíduo, inculcar a justiça social e incrementar os sistemas econômico e social. A democracia é um sistema político que habilita as pessoas a escolherem livremente um governo eficiente, honesto, transparente e responsável". PROGRAMA DAS NAÇÕES UNIDAS PARA DESENVOLVIMENTO. *Relatório do Desenvolvimento Humano 2002*: aprofundar a democracia num mundo fragmentado. Camarate (Portugal): SIG, 2002. p. 55.

[22] SEN, Amartya. *Desenvolvimento como Liberdade*. São Paulo: Companhia das Letras, 2000.

ção do mundo, movimento que pretende levar a todos os cantos a democracia a qualquer preço. O resultado, contudo, dessa forma "ocidentalizada" de levar a democracia para todos os lugares, tem significado muito mais guerras e violências de todos os gêneros. O problema não está logicamente na democracia, mas na forma não-democrática que ela é levada para realidades diferentes culturalmente, ou melhor, para culturas não preparadas para tal processo. Neste sentido, Renzo Guolo afirma:

> Il vuoto constitutivo d'autorità può, però, paradossalmente, facilitare un discorso musulmando sulla democrazia. Le idee camminano sempre sulle gambe degli uomini, e se una vasta schiera di essi legittima un certa interpretazione del rapporto tra religione e politica un simile sboco ne viene facilitato. Ma Islam e democrazia possono diventare compatibili se il primo resta solo fonte di inspirazione etica per l'azione di individui e gruppi nella società e non atto di sottomissione alla sovranità divina; se, dunque le sorti di politica e religione rimangono distinte; se la religione, in quanto dimensione istituzionale organizzata, lascia maggiore spazio alla religiosità, all'esperienza soggettiva di senso dell'individuo. Se, invece, l'Islam restasse, come nel suo mito fondativo, una concezione totale del mondo cui ispirarsi per dar evita a nuove forme di stato etico, allora la strada verso la democrazia tornerebbe a essere accidentata.[23]

Embora esta abordagem esteja vinculada à realidade ocidental, não se pode esquecer a dimensão da democracia na sociedade contemporânea, pois, seguindo o marco referencial da teoria sistêmica, não é possível olvidar que se vive em uma única sociedade e que os eventos que ocorrem em qualquer parte do mundo afetam toda ela. Por isso, é importante se ter presente a pluralidade social. Por outro lado, a mesma teoria mostra que, sem diferenciação funcional, é difícil a existência da democracia. Nas sociedades islâmicas, não existe a diferença entre religião e política; portanto, as possibilidades de democracia são limitadas, não apenas pelo mito fundante dessa religião, mas também por aspectos culturais.

A democracia, como forma universal de inclusão, é um regime que não resolve conflitos, é um regime que na constante redução da complexidade os aumenta, o que só é possível pela própria existência da democracia. François Ost aborda a democracia como "uma política da indeterminação", pois, para ele, com o advento da democracia, o indecidível entra no campo político da mesma forma que o tempo do requestionamento se instala no centro de todos os dispositivos do poder.

O centralismo estatal autoritário do sistema político tem gerado um sistema diferenciado que, embora pretenda a inclusão de toda a população na organização política da sociedade,[24] produz, simultaneamente, diversas formas de exclusão que constituem expressões alternativas de integração no interior das quais se organizam estruturas de inclusão que permitem que a população

---

[23] GUOLO, Renzo. L'Islam è compatibile con la democrazia? Bari: Editori Laterza, 2004. p. 2.
[24] PROGRAMA DAS NAÇÕES UNIDAS PARA DESENVOLVIMENTO. *Relatório do Desenvolvimento Humano 2002*: aprofundar a democracia num mundo fragmentado. Camarate (Portugal): SIG, 2002.

se inclua novamente no sistema por meio dos recursos alternativos de inclusão política, corrompendo os códigos do Direito e da Política.

O Relatório de Desenvolvimento Humano de 2002 ressalta que a idéia de política é tão importante quanto a economia para um desenvolvimento bem sucedido. A redução sustentada da pobreza exige um crescimento eqüitativo, mas também exige que os pobres tenham poder político. E a melhor maneira de alcançar tal objetivo consiste repensar nos objetivos do desenvolvimento humano, criando formas fortes e aprofundadas de governança democrática, em todos os níveis da sociedade.

Nosso dilema é distinguir e explicar as peculiaridades do processo de modernização democrática na sociedade contemporânea, identificando e analisando aqueles fatores pelos quais as instituições cognitivas e normativas e as instituições em geral fracassam em obter lugares duradouros e em orientar a mudança política e social na sociedade. Interessa, sobretudo, buscar, na perspectiva histórica, as raízes da baixa e difícil diferenciação operativa funcional do sistema político mundial.

Entende-se que as ferramentas da Teoria dos Sistemas Sociais tornam possível observar e analisar a democracia, no sentido do conjunto de procedimentos legítimos para redistribuir o poder na sociedade sem necessidade de prejulgar nada sobre os conteúdos das formas institucionais atuais e futuras, superando as esgotadas discussões de valor e metafísicas (tão caras à Sociologia e à Ciência Política), sobre o *dever ser* do sistema político e da democracia. Pretende-se, ainda, apresentar um desenho teórico-analítico para a análise de casos particulares como são, precisamente, os sistemas políticos em estudo.

Atualmente, entre os pré-juízos mais arraigados às Ciências Socais está o entendimento de que as ferramentas conceituais e metodológicas que fundamentam a Teoria dos Sistemas Sociais para a análise da complexidade da sociedade são tão abstratas e complexas que não se prestam para a elaboração empírica. O *lugar comum* é considerar que seus fundamentos estão dirigidos de maneira exclusiva à analise teórica das sociedades modernas e das particularidades e características das democracias ocidentais (plenamente desenvolvidas e avanças). Essa consideração, em geral, vem acompanhada de juízos de valor em torno do conservadorismo ou neofuncionalismo que levariam a teoria em frente e que já não resta muito para discutir e analisar.

Sem dúvida, ao levar em conta tão somente uma das razões – fundamentais – através das quais Luhmann aposta no conceito de comunicação, observou-se que é possível ir além das delimitações geopolíticas, ou seja: ao conceber a sociedade atual como o conjunto de todas as comunicações sociais possíveis, a sociedade moderna se torna sociedade de mundo e, em tal sentido, os países da periferia participam, também, da modernidade da sociedade moderna, inclusive e ainda quando conservam entraves e redes que, historicamente, como no caso latino-americano, tenderam, de forma mais acentuada, à diferenciação estratificada (mecânica na gramática durkheimiana).[25] Segundo o entendimento da Teoria dos Sistemas, a sociedade é a sociedade de mundo, como observa Raffaele De Giorgi:

> O limite da sociedade é o mundo e o mundo é o horizonte das possibilidades. Horizonte dentro do qual aquilo que é possível pode sempre ser atualizado. O mundo expande-se com a expansão da sociedade, ou seja, com a expansão da comunicação social. Como esta sociedade é a única que existe, podemos chamá-la de sociedade mundial.[26]

Nesse sentido, a Teoria dos Sistemas Sociais é uma ferramenta interessante para quem se aventura na empreitada de descrever e explicar as formas operativas dos complexos e intrincados sistemas políticos latino-americanos, seja em escala nacional ou local. A teoria, por isso, deve ser entendida em tal perspectiva, ferramenta para a observação explicativa, e não como uma ideologia ou dogma.

A investigação[27] aborda, entre outros, o problema de reconstruir a forma da diferenciação dos sistemas políticos em estudo e sua relação com a natureza da democracia. Interessa identificar as particularidades das formas de exclusão e das redes de inclusão, as quais deram lugar à estruturação de tais sistemas democráticos, durante as últimas décadas, e sua incidência no caráter e nas formas de coordenação e de ordem social.

O tema da diferenciação funcional nas sociedades modernas constitui um problema corrente e freqüente de investigação, especialmente nas reflexões sócio-políticas. Autores como Ferdinand Tönnies, Émile Durkheim ou Max Weber trataram o assunto em diferentes âmbitos e perspectivas de interpretação. Observadas as devidas distâncias entre elas, pode-se reconhecer, sem dúvida, uma constante: o aparecimento da sociedade industrial caminha irreversivelmente para uma diferenciação funcional e operativa cujos impacto e custos sociais devem ser compreendidos e enfrentados.

---

[25] Ver LUHMANN, Niklas. Causalità nel Sud. In CORSI, Giancarlo; DE GIORGI, Raffaele. *Ridescrivere la questione meridionale*. Lecce: Pensa Editore, 1998. LUHMANN, Niklas; DE GIORGI, Raffaele. *Teoria della società*. Milão: Franco Angeli Editore, 1996.

[26] (2006, p. 230)

[27] Projeto "Democracia e Formas de Inclusão-Exclusão Política nos Sistemas Políticos Brasileiro, Mexicano e Italiano" da qual participam, além da autora, os professores: Raúl Zamorano Farias (Universidade Estadual do México), Virginia Zambrano (Universidade de Salerno) e Ginacarlo Corsi (Universidade de Modena), bem como os respectivos grupos de estudo de cada país.

Considerações finais

Sobretudo, não concluir. Resistir à tentação da última palavra, esse traço feito no final das páginas acumuladas (...) Não, não é preciso concluir. É preciso pelo contrário, abrir o círculo; ei-lo tornado em espiral e turbilhão, circularidade em movimento como a própria vida e as idéias.

François Ost[28]

Seguindo as reflexões de Ost, não se pretende concluir, mas apontar novos questionamentos. De que modo analisar as particularidades da democracia na sociedade contemporânea, como estrutura de um sistema político que foi se diferenciando ao longo do processo evolutivo? E como esse processo pode ser descrito?

Evidente que estes questionamentos pressupõem um conjunto de relações que estão interligadas. Em primeiro lugar, supõe que o caráter de certos fenômenos se desenvolveu na sociedade (violência institucionalizada, clientelismo, exclusão, corrupção política), o que demonstra as dificuldades e as resistências à diferenciação funcional. Dificuldades e resistências que aludem ao fato de que a especificação dos distintos subsistemas funcionais (político, econômico, jurídico, cientifico, educativo, familiar, religioso), se diferenciando na sociedade contemporânea, encontra oposições por parte das estruturas hierarquizadas e estratificadas que permanecem sedimentadas na nossa sociedade. Por exemplo, os fenômenos de indiferenciação funcional potencializados por lógicas caudilhistas e clientelistas de organização social, ou a colonização dos sistemas como o da Política e do Direito pela violência institucional que anula e corrompe sua operatividade frente às contingências do ambiente, as quais vão gerando formas paralelas de exclusão/inclusão social.

As perguntas supõem, também, que dadas a crescente complexidade da sociedade contemporânea e a persistência dos fenômenos estruturais já assinalados, a função que cumpre o Sistema da Política se transformou em um problema. Em outras palavras, implica perguntar se em condições de crescente complexidade e aumento das exigências de diferenciação funcional, o sistema da política pode seguir sendo concebido como o lugar central na estratégia de reprodução social. Ou melhor, seria adequado – como indicam atualmente alguns autores (Beck, Campilongo, Corsi, Giddens, Luhmann, Lachener, Teubner) –, entendê-lo como um subsistema funcional do mesmo nível que os demais, que apresenta funções diferenciadas de outros Sistemas Primários como a Economia, o Direito, a Ciência, a Religião.

O questionamento supõe, enfim, que o Sistema Político, ao diferenciar-se como sistema de controle e guia da sociedade, viu-se obrigado a incluir ou integrar na organização política toda a sociedade. Entretanto, tal pretensão pro-

---

[28] OST, François. *A natureza à margem da lei – Ecologia à prova do direito.* Trad. Joana Chaves. Lisboa: Insituto Piaget, 1995. p. 389.

duziu, simultaneamente, formas de exclusão. Em tal exclusão construíram-se, por sua vez, formas alternativas de integração que, agrupadas através de formas clientelistas de organização – partidos políticos, movimentos sectários, violência política –, ativam mecanismos para reintroduzir-se no sistema.

Com a ênfase dada àquele que inclui ou que exclui, o Sistema Político nos permite observar as particularidades de nossas democracias. Estas se encontram estreitamente ligadas às próprias dificuldades de diferenciação interna do Sistema Político, ao desenvolvimento e à transformação dos partidos como organização, assim como esse lugar que ocupa o clientelismo/corporativismo e a corrupção na forma de operar da política, bem como a violência e as outras formas sociais alternativas de coordenação e auto-entendimento praticadas historicamente.

Para aquele que inclui ou exclui, orientados pela gramática da Teoria dos Sistemas Sociais, estudou-se criticamente os instrumentos teóricos empregados pelos cientistas sociais nas suas intenções de dar conta da análise dos processos de transição, das mudanças políticas e dos fenômenos de diferenciação social. A pergunta final que move a pesquisa, e que se desdobra como marco guia da investigação, refere-se às possibilidades da democracia na sociedade, ou seja, *qual é o espaço em que se (re) produz a democracia nesta sociedade central e periférica ao mesmo tempo?*

— VI —

Desconstruindo os modelos de juiz: a hermenêutica jurídica e a superação do esquema sujeito-objeto

LENIO LUIZ STRECK[1]

Sumário: 1. De Hermes às subtilatatae; 2. Filosofia hermenêutica e hermenêutica filosófica: a revolução copernicana na interpretação do direito; 3. Os "modelos" de juiz surgidos nas décadas pós-positivistas; 4. Da metáfora do juiz (Hércules) à metáfora da resposta (correta) ou de como a resposta correta deve ser compreendida como uma metáfora; Aportes finais: um decálogo hermenêutico.

1. De Hermes às subtilatatae

A palavra hermenêutica deriva do grego hermeneuein, adquirindo vários significados no curso da história. Por ela, busca-se traduzir para uma linguagem acessível aquilo que não é compreensível. Daí a idéia de Hermes, um mensageiro divino, que transmite – e, portanto, esclarece – o conteúdo da mensagem dos deuses aos mortais. Ao realizar a tarefa de hermeneus, Hermes tornou-se poderoso. Na verdade, nunca se soube o que os deuses disseram; só se soube o que Hermes disse acerca do que os deuses disseram. Trata-se, pois, de uma (inter)mediação. Desse modo, a menos que se acredite na possibilidade de acesso direto às coisas (enfim, à essência das coisas), é na metáfora de Hermes que se localiza toda a complexidade do problema hermenêutico. Trata-se de traduzir linguagens e coisas atribuindo-lhes um determinado sentido.

Na história moderna, tanto na hermenêutica teológica como na hermenêutica jurídica, a expressão tem sido entendida como arte ou técnica (método), com efeito diretivo sobre a lei divina e a lei humana. O ponto comum entre a hermenêutica jurídica e a hermenêutica teológica reside no fato de que, em ambas, sempre houve uma tensão entre o texto proposto e o sentido que alcança a sua aplicação na situação concreta, seja em um processo judicial ou em uma pregação religiosa. Essa tensão entre o texto e o sentido a ser atribuído ao texto

---
[1] Professor Titular da UNISINOS-RS. Professor Colaborador da UNESA-RJ. Doutor pela UFSC. Pós-Doutor em Direito pela Universidade de Lisboa-PT. Coordenador do Acordo Internacional CAPES-GRICES (Unisinos-Faculdade de Direito da Universidade de Coimbra).

coloca a hermenêutica diante de vários caminhos, todos ligados, no entanto, às condições de acesso do homem ao conhecimento acerca das coisas. Assim, ou se demonstra que é possível colocar regras que possam guiar o hermeneuta no ato interpretativo, mediante a criação, v.g., de uma teoria geral da interpretação; ou se reconhece que a pretensa cisão entre o ato do conhecimento do sentido de um texto e a sua aplicação a um determinado caso concreto não são de fato atos separados; ou se reconhece, finalmente, que as tentativas de colocar o problema hermenêutico a partir do predomínio da subjetividade do intérprete ou da objetividade do texto, não passaram de falsas contraposições fundadas no metafísico esquema sujeito-objeto.

A crise que atravessa a hermenêutica jurídica possui uma relação direta com a discussão acerca da crise do conhecimento e do problema da fundamentação, própria do início do século XX. Trata-se, pois, de um problema paradigmático. Veja-se que as várias tentativas de estabelecer regras ou cânones para o processo interpretativo, a partir do predomínio da objetividade ou da subjetividade ou, até mesmo, de conjugar a subjetividade do intérprete com a objetividade do texto, não resistiram à viragem lingüístico-ontológica (Heidegger-Gadamer), superadora do esquema sujeito-objeto, uma vez que compreendida a partir do caráter ontológico prévio do conceito de sujeito e da desobjetificação provocada pelo círculo hermenêutico e pela diferença ontológica.

A viragem hermenêutico-ontológica, provocada por Sein und Zeit (Martin Heidegger),[2] em 1927, e a publicação, anos depois, de Wahrheit und Methode (Hans-Georg Gadamer),[3] em 1960, foram fundamentais para um novo olhar sobre a hermenêutica jurídica. A partir dessa ontologische Wendung (giro ontológico), inicia-se o processo de superação dos paradigmas metafísicos objetivista aristotélico-tomista e subjetivista (filosofia da consciência), os quais, de um modo ou de outro, até hoje têm sustentado as teses exegético-dedutivistas-subsuntivas dominantes naquilo que vem sendo denominado de hermenêutica jurídica.

Na doutrina e na jurisprudência do direito, ainda domina a idéia da indispensabilidade do método ou do procedimento para alcançar a "vontade da norma", o "espírito do legislador", a correta interpretação do texto, etc. Acredita-se que o ato interpretativo é um ato cognitivo e que "interpretar a lei é retirar da norma tudo o que nela contém", circunstância que bem denuncia a problemática metafísica nesse campo de conhecimento.

A hermenêutica jurídica praticada no plano da cotidianidade do direito deita raízes na discussão que levou Gadamer a fazer a contundente crítica

---

[2] Cf. HEIDEGGER, Martin. Sein und Zeit. Siebzehnte Auflage. Tübingen, Max Niemayer, Verlag Tübingen, 1993.

[3] Cf. GADAMER, Hans-Georg. Wahrheit und Methode, Ergänzungen Register. Tübingen, J.C. B. Mohr (Paul Siebeck), 1993 (Verdade e Método I. 6. Ed. Petrópolis: Vozes, 2004); Wahrheit und Methode. Grundzüge einer philosophischen Hermeneutik. Tübingen, J.C.B. Mohr (Paul Siebeck), 1990. (Verdade e Método II. Petrópolis: Vozes, 2002).

ao processo interpretativo clássico, que entendia a interpretação como sendo produto de uma operação realizada em partes (subtilitas intelligendi, subtilitas explicandi, subtilitas applicandi, isto é, primeiro conheço/compreendo, depois interpreto, para só então aplicar).

A impossibilidade dessa cisão implica a impossibilidade do intérprete "retirar" do texto "algo que o texto possui-em-si-mesmo", numa espécie de Auslegung, como se fosse possível reproduzir sentidos. Para Gadamer, ao contrário, fundado na hermenêutica filosófica, o intérprete sempre atribui sentido (Sinngebung). O acontecer da interpretação ocorre a partir de uma fusão de horizontes (Horizontenverschmelzung), porque compreender é sempre o processo de fusão dos supostos horizontes para si mesmos.

2. Filosofia hermenêutica e hermenêutica filosófica: a revolução copernicana na interpretação do direito

Algumas posturas críticas sobre a hermenêutica jurídica – em especial a hermenêutica filosófica de Hans-Georg Gadamer – receberam uma nítida influência da ontologia fundamental de matriz heideggeriana, a partir de seus dois principais teoremas: o círculo hermenêutico (hermeneutische Zirkel) e a diferença ontológica (ontologische Differentz). Como tenho registrado em outros textos, o conjunto da obra de Heidegger constitui-se em base fundante de um novo olhar sobre a hermenêutica jurídica, embora – registre-se – o filósofo não tenha dedicado, em suas obras, espaço para o direito. Entretanto, a importância de Heidegger é facilmente perceptível pela viragem ontológica (ontologische Wendung) no campo da hermenêutica jurídica, proporcionada por seu discípulo Hans-Georg Gadamer, cujas idéias deitam profundas raízes nos teoremas fundamentais elaborados pelo filósofo da Floresta Negra.

A fenomenologia hermenêutica permite superar o esquema sujeito-objeto que tem tornado, historicamente, o pensamento jurídico refém dos paradigmas objetivista aristotélico-tomista e da subjetividade. O círculo hermenêutico atravessa a relação sujeito-objeto, a partir da antecipação de sentido, impedindo o objetivismo e o subjetivismo, próprios do pensamento metafísico. A compreensão (Verstehen) ocorre no interior desse virtuoso círculo hermenêutico. Qualquer interpretação que contribua para a compreensão deve já haver compreendido o que se deve interpretar, dirá Heidegger. Não se pode esquecer que o já-sempre-ter-estado e a historicidade do Dasein são as características de nossa faticidade. Essa pré-estrutura projeta nosso compreender e antecipa os sentidos que temos do mundo.

Isso não significa, entretanto, que sejamos prisioneiros dessa pré-estrutura. Compreender não é um modo de conhecer, mas um modo de ser. Por isso – e essa circunstância ficará bem explicitada na hermenêutica gadameriana desenvolvida em Wahrheit und Methode – compreender, e, portanto, interpretar (que é explicitar o que se compreendeu), não depende de um método, saltando-se, assim, da epistemologia da interpretação para a ontologia da compreensão. Quando Heidegger identifica um duplo nível na fenomenologia (o nível hermenêutico, de profundidade, que estrutura a compreensão, e o nível apofântico, de caráter lógico, meramente explicitativo, ornamental), abre as possibilidades para a desmi(s)tificação das teorias argumentativas de cariz procedimental. Na verdade, coloca em xeque os modos procedimentais de acesso ao conhecimento, questão que se torna absolutamente relevante para aquilo que tem dominado o pensamento dos juristas: o problema do método, considerado como supremo momento da subjetividade e garantia da "correção dos processos interpretativos".

Em síntese: para interpretar, necessitamos compreender; para compreender, temos que ter uma pré-compreensão, constituída de estrutura prévia do sentido – que se funda essencialmente em uma posição prévia (Vorhabe), visão prévia (Vorsicht) e concepção prévia (Vorgriff) – que já une todas as partes do "sistema".

Temos uma estrutura do nosso modo de ser no mundo, que é a interpretação. Estamos condenados a interpretar. O horizonte do sentido nos é dado pela compreensão que temos de algo. Compreender é um existencial, que é uma categoria pela qual o homem se constitui. A faticidade, a possibilidade e a compreensão são alguns desses existenciais. É no nosso modo da compreensão enquanto ser no mundo que exsurgirá a "norma" produto da "síntese hermenêutica", que se dá a partir da faticidade e historicidade do intérprete.

A superação da hermenêutica clássica – ou daquilo que tem sido denominado de hermenêutica jurídica, como técnica no seio da doutrina e da jurisprudência praticadas cotidianamente –, implica admitir que há uma diferença entre o texto jurídico e o sentido desse texto, isto é, que o texto não "carrega", de forma reificada, o seu sentido (a sua norma). Trata-se de entender que entre texto e norma não há uma equivalência e tampouco uma total autonomização (cisão).

Entre texto e norma (fiquemos, aqui, com as noções que vão de Friedrich Müller a Eros Grau) há, sim, uma diferença, que é ontológica, isso porque – e aqui a importância dos dois teoremas fundamentais da hermenêutica jurídica de cariz filosófico – o ser é sempre o ser de um ente e o ente só é no seu ser. O ser existe para dar sentido aos entes. Por isso há uma diferença ontológica (não ontológico-essencialista) entre ser e ente, tese que introduzi no plano da hermenêutica jurídica para superar, tanto o problema da equiparação entre vigência e validade, como o da total cisão entre texto e norma, resquícios de um positivismo jurídico que convive com uma total discricionariedade no ato interpretativo.

Dito de outro modo, na medida em que o ser é sempre o ser de um ente, isto é, o ser não flutua no ar (não pode ser visto), portanto, só ocorre nas coisas (entes), este não pode ser entificado. Portanto, não esqueçamos que sentido é aquilo dentro do qual o significado pode se dar, isto é, o significado é o conteúdo predicado de um enunciado. Na fenomenologia hermenêutica, opera-se com os conceitos de abertura (Erschlossenheit) e encobrimento (Verborgenheit), em que o sentido é possibilitado pela abertura e desaparece pelo encobrimento, mas sempre num horizonte de sentido que depende do modo de ser do Dasein. O sentido depende do horizonte no qual ele pode dar-se, graças à abertura ou o encobrimento próprio da existência. A fenomenologia hermenêutica será justamente o modo de descrever as coisas como elas acontecem.

Por isso, a afirmação de que o "intérprete sempre atribui sentido (Sinngebung) ao texto", nem de longe pode significar a possibilidade deste estar autorizado a atribuir sentidos de forma arbitrária aos textos, como se texto e norma estivessem separados (e, portanto, tivessem "existência" autônoma). Como bem diz Gadamer, quando o juiz pretende adequar a lei às necessidades do presente, tem claramente a intenção de resolver uma tarefa prática (veja-se, aqui, a importância que Gadamer dá ao programa aristotélico de uma praktische Wissenschaft). Isto não quer dizer, de modo algum, que sua interpretação da lei seja uma tradução arbitrária.

Portanto, ficam afastadas todas as formas de decisionismo e discricionariedade. [4] O fato de não existir um método que possa dar garantia a "correção"

---

[4] É possível perceber uma certa imbricação – consciente ou inconsciente – dos paradigmas metafísicos clássico e moderno no plano da doutrina brasileira (e estrangeira). Alguns autores colocam na consciência do sujeito-juiz o locus da atribuição de sentido (solipsista), como, por todos, Maria Helena Diniz (Compêndio de Introdução à Ciência do Direito. São Paulo: Saraiva, 1998, pp. 12 e segs.), para quem "conhecer é trazer para o sujeito algo que se põe como objeto", consistindo, assim, "em levar para a consciência do sujeito cognoscente algo que está fora dele (...) tornando-o presente à inteligência". Nesse contexto, "filosofia da consciência" e "discricionariedade judicial" são faces da mesma moeda, valendo citar, v.g., nessa linha, Ernane Fidélis dos Santos (Manual de Direito Processual Civi, v. 1. 5.ed. São Paulo: Saraiva, 1997), que sustenta que "não há nada que a ele [juiz] se sobreponha. Nem a própria lei (...). No direito constitucional, Uadi Bulos (Manual de Interpretação Constitucional. São Paulo: Saraiva, 1997) sustenta ser justificado "ao intérprete estimular as interpretações possíveis, de acordo com sua vontade e o seu conhecimento"; também Tourinho Filho (Prática de Processo Penal. 4. ed., p.243), para quem o juiz, através da sentença, "declara o que sente". Trilhando por outros caminhos, juristas ligados a diversas teorias críticas parecem incorrer no mesmo paradigma da subjetividade, valendo referir Rui Portanova, para quem "o que importa para o juiz é fazer justiça conforme sua convicção na apreciação da matéria de fato (fundada em prova) ou no acolhimento das questões de direito em debate". Embora rejeitem qualquer filiação à filosofia da consciência, Ana Paula Barcellos e Luis Roberto Barroso (O Começo da história. A nova interpretação constitucional e o papel dos princípios no direito brasileiro. Rio de Janeiro: Renovar, 2003, p. 315) aceitam a discricionariedade como componente indispensável para solucionar "casos difíceis". Rogério Gesta Leal, ainda que fundamente suas posições na teoria do discurso habermasiana, termina por defender a discricionariedade judicial, fazendo-o com apoio justamente em Herbert Hart (O Estado-Juiz na Democracia Contemporânea – uma perspectiva procedimentalista. Porto Alegre: Livraria do Advogado, 2007, p.96.). No direito alienígena, Alejandro Nieto faz uma profissão de fé no realismo jurídico em seu El arbítrio judicial (Barcelona: Ariel, 2000, pp. 28 e segs.), juntando os ingredientes da discricionariedade positivista com o paradigma subjetivista. Também Mauro Cappelletti atribui poderes discricionaristas ao juiz (Juízes legisladores? Porto Alegre: Fabris, 1993, p.33). Nem mesmo Mirreile Delmas-Marty consegue superar o paradigma representacional e suas conseqüências na teoria do direito, o que se pode perceber em seu Por um direito comum (São Paulo: Martins

do processo interpretativo – denúncia presente, aliás, já no oitavo capítulo da Teoria Pura do Direito de Hans Kelsen – não autoriza o intérprete a escolher o sentido que mais lhe convém, o que seria dar azo à discricionariedade típica do convencionalismo exegético-positivista. Sem textos, não há normas. A "vontade" e o "conhecimento" do intérprete não permitem a atribuição arbitrária de sentidos, e tampouco uma atribuição de sentidos arbitrária. Afinal, e a lição está expressa em Wahrheit und Methode, se queres dizer algo sobre um texto, deixa que o texto te diga algo (Wer einen Text verstehen will, ist vielmeher bereit, sich von im etwas zu sagen lassen.).

Para ser mais claro: a hermenêutica jamais permitiu qualquer forma de "decisionismo" ou "realismo" (subjetivismos de cariz pragmatista). Gadamer rejeita peremptoriamente qualquer acusação de relativismo à hermenêutica jurídica. Falar de relativismo é admitir verdades absolutas, problemática, aliás, jamais demonstrada. Essa questão também fica clara em um dos melhores intérpretes de Gadamer, Jean Grondin.[5] A hermenêutica afasta o fantasma do relativismo, porque este nega a finitude e seqüestra a temporalidade.

3. Os "modelos" de juiz surgidos nas décadas pós-positivistas

Para uma melhor compreensão acerca do papel do intérprete do direito nesta quadra da história, faz-se necessária a desconstrução de uma tese que vem servindo de base, de há muito, para a caracterização dos modelos de direito e de juiz nos diversos sistemas jurídicos contemporâneos, o que tem levado a diversos e diferentes equívocos na teoria do direito. Trata-se do texto intitulado Júpiter, Hércules, Hermes: três modelos de juiz, de François Ost,[6] em que o professor belga propõe uma espécie de juiz pós-moderno-sistêmico (Hermes) que atuaria em rede e superaria, com grande vantagem, os "modelos anterio-

---

Fontes, 2004). Outros juristas sustentam as antigas teses formalistas, como, por todos, Damásio de Jesus, Magalhães Noronha e Frederico Marques (frise-se que autores como Fernando Capez, na linha de J.F. Mirabette, sustentam ainda hoje que a interpretação deve buscar a vontade da lei, desconsiderando de quem a fez – sic – e que "a lei terminada independe de seu passado, importando apenas o que está contido em seus preceitos"). Já Caio Mário da Silva Pereira (Instituição de direito civil. 19. ed. Rio de Janeiro: Forense, 1988) parece fazer uma simbiose entre objetivismo e subjetivismo, embora tenda para a primeira tese, ao sustentar que o legislador exprime-se por palavras, e é no entendimento real destas que o intérprete investiga a sua vontade. De todo modo, mesmo hoje, em plena era do tão festejado linguistic turn, de um modo ou de outro, continua-se a reproduzir o velho debate "formalismo-realismo". Mais ainda, e na medida em que o direito trata de relações de poder, tem-se, na verdade, em muitos casos, uma mixagem entre posturas "formalistas" e "realistas", isto é, por vezes, a "vontade da lei" e a "essência" da lei devem ser buscadas com todo o vigor; em outras, há uma ferrenha procura pela solipsista "vontade do legislador"; finalmente, quando nenhuma das duas orientações é "suficiente", põe-se no topo a "vontade do intérprete", colocando-se em segundo plano os limites semânticos do texto, inclusive a Constituição. O resultado disso é que aquilo que começa com a subjetividade "criadora" de sentidos (afinal, quem pode controlar a "vontade do intérprete"?, perguntariam os juristas), termina em decisionismos e arbitrariedades interpretativas, isto é, um "mundo jurídico" em que cada um interpreta como (mais) lhe convém (...)!

[5] Cf. GRONDIN, Jean. Einführung zu Gadamer. Tübingen, J,C.B. Mohr (Paul Siebeck), 2000.

[6] Cf. OST, François. Júpiter, Hércules, Hermes: tres modelos de juez. In: Doxa, Cuadernos de Filosofia del Derecho, n. 14, Alicante, 1993, pp. 170-194.

res". Com efeito, para Ost, basicamente a teoria do direito trabalha com dois modelos de juiz, que também simboliza(ria)m "modelos de direito" (Júpiter e Hércules). O primeiro representaria o modelo liberal-legal, de feição piramidal-dedutivo, isto é, sempre dito a partir do alto, de algum "monte Sinai"; esse direito adota a forma de lei e se expressa em forma de imperativo, vindo a ser representado pelas tábuas da lei ou códigos e as Constituições modernas, sendo que dessa parametricidade é que são deduzidas as decisões particulares.

Já o modelo herculeano está sustentado na figura do juiz, que seria a única fonte do direito válido. Trata-se de uma pirâmide invertida, no dizer de Ost. É Dworkin quem, no dizer do autor, ao revalorizar até o extremo a figura do juiz moderno, atribui-lhe as características de Hércules. Embora diga que não pretende "equiparar" a tese de Dworkin aos realistas ou pragmatistas, Ost termina por colocar no Hércules dworkiano os "defeitos" que caracterizariam o juiz "monopolizador da jurisdição" no modelo de direito do Estado Social, em que o direito "se reduz ao fato", enfim, à indiscutível materialidade da decisão. Esse juiz propiciaria um deciosionismo, a partir da proliferação de decisões particulares.

Como contraponto, Ost apresenta um *tertius genus*, o juiz Hermes, que adota a forma de rede; nem um pólo, nem dois, isto é, nem a pirâmide e nem um funil, e tampouco a superposição dos dois, senão uma multiplicidade de pontos de inter-relação; um campo jurídico que analisa como uma combinação infinita de poderes, tanto separados como confundidos, amiúde intercambiados; uma multiplicação dos atores, uma diversificação de regras, uma inversão de réplicas; tal circulação de significados e informações não se deixa aprisionar em um código ou em uma decisão: expressa-se sob a forma de um banco de dados. Assim, segundo Ost, o direito pós-moderno, o direito de Hermes, é uma estrutura em rede que traduz em infinitas informações disponíveis instantaneamente e, ao mesmo tempo, dificilmente matizáveis. Trata-se, em síntese, de uma teoria lúdica do direito. O juiz Hermes não é nem transcendência nem imanência; encontra-se em uma e outra dialética ou paradoxalmente (uma e outra).

Penso que, examinada à luz da hermenêutica filosófica e do neoconstitucionalismo, assim como a partir das diversas teorias do direito surgidas no século XX, a tese de Ost merece uma série de objeções, não tanto na parte em propõe o Hermes como solução (que, a toda evidência, apresenta aspectos de grande relevância), mas, fundamentalmente, em relação às críticas ao "modelo herculeano".

Assim, em primeiro lugar, a objeção decorre do fato de haver um excessivo esforço em enquadrar o "modelo herculeano" no modelo de direito do Estado Social, colocando-o como uma antítese do juiz que caracterizaria o modelo de Estado Liberal (o modelo jupiteriano).

A objeção seguinte decorre do fato de Ost não levar em conta que o juiz Hércules é uma metáfora e que representa exatamente o contrário do que sua tese pretende denunciar, isto é, Hércules definitivamente não é a encarnação do "juiz/sujeito-solipsista", mas sim, é a antítese do juiz discricionário, este sim refém da filosofia da consciência (essa discussão, lamentavelmente, não aparece no texto, talvez porque a atuação de Hermes "em rede" supere, na tese de Ost, o "sujeito da relação").[7]

Como terceira objeção, a tese peca também porque tudo aquilo que Ost aponta como missões do Hércules "assistencialista" (v.g., "conciliar as economias familiares em crises; dirigir as empresas em dificuldades evitando, se possível, a quebra; julgar se corresponde ao interesse da criança ser reconhecido pelo seu pai natural, quando a mãe se opõe – art. 319.3 do Código Civil da Bélgica; apreciar se a interrupção voluntária da gravidez pode ser justificada pelo "estado de angústia" da mulher grávida – art. 348 e seguintes do Código Penal belga; intervir efetivamente em conflitos coletivos de trabalho e decidir, em procedimentos de urgência, se a greve dos pilotos da companhia de aviação nacional, prevista para o dia seguinte às seis horas, é lícita ou não; julgar se o aumento de capital decidido com o objetivo de opor-se a uma oferta pública de compra de uma holding, cuja carteira de ações representa um terço da economia do país, está em conformidade com a lei; ou, ainda, impor sanções a trabalhadores e empresas que ameaçam o equilíbrio ecológico") também pode ser feito sem que o juiz ou o tribunal pratique decisionismos ou arbitrariedades (ou assistencialismos), ou seja, Ost esquece que a coerência e a integridade – própria do modelo dworkiano – constituem-se em blindagem contra aquilo que Ost acredita ser característica do modelo herculeano. Na seqüência, em quarto lugar, Ost não comenta os efeitos colaterais e as conseqüências para o próprio constitucionalismo de um "não intervencionismo" do judiciário (ou justiça constitucional) para atender os pleitos sobre direitos fundamentais (e os exemplos tratam das mais variadas formas de violação de direitos).

Em quinto lugar, ao dizer que, "na gestão do juiz Hércules", a generalidade e a abstração da lei dão lugar à singularidade e à concretude do juízo, o professor belga passa a impressão de que, mesmo nesta quadra do tempo, ainda vivemos sob a égide do velho modelo de regras, como se não tivesse ocorrido a revolução copernicana do neoconstitucionalismo (ou, se houve alguma ruptura, essa fica, na opinião de Ost, reduzida ao modelo de direito do estado Social). Ao que tudo indica, para ele, os princípios não são "os princípios" que institucionalizaram stricto sensu a moral no direito (o ideal de vida boa, o "bom direito") a partir da produção democrática (Constituições compromissórias e

---

[7] Essa questão é extremamente relevante, porque a perspectiva sistêmica, ao decretar a "morte" do sujeito", aproxima-a dos modelos desconstrutivistas, isto é, a superação do esquema sujeito-objeto acaba anulando o próprio sujeito. Por isso, é necessário insistir, a partir, evidentemente, de um olhar heideggero-gadameriano, que a invasão da filosofia pela linguagem e o resgate do mundo prático não representou a morte do sujeito, e, sim, apenas a morte da subjetivisdade assujeitadora (certeza de si do pensamento pensante).

dirigentes), não havendo sinais, na aludida tese, sobre o papel da moral no Estado Democrático de Direito. Ao contrário, as indicações da tese de Ost, no particular, são de que os princípios são aqueles "gerais do direito", que têm a função de otimizar a interpretação, fechando e abrindo, autopoieticamente, o sistema jurídico.

Isso leva à sexta objeção, representada pelo reducionismo que o autor pretende fazer dos modelos de direito e de juiz. Com efeito, o que fazer com o juiz "ponderador" de Alexy, que, nos "casos difíceis" – não solucionáveis por subsunção – apela para um sopesamento (sic) entre os princípios que estão em colisão? E os juízes analíticos, característicos de modelos metodológicos apresentados por Áurnio e MacCormick, para citar apenas estes? E qual o papel do juiz exsurgente da teoria do discurso desenvolvido por Habermas?[8]

O sétimo ponto de discórdia diz com o fato de que a tese de Ost ignora (passa ao largo) (d)o paradigma do Estado Democrático de Direito, entendido como um plus normativo e qualitativo superador dos modelos de direito liberal e social, circunstância que faz com que não leve em conta o papel do constitucionalismo enquanto rompimento com o positivismo e o modelo de regras; prova disso é a observação que faz, baseado em texto de 1990, de André Jean Arnaud (Le courrier du CNRS. Les sciences du droit, abril de 1990, p. 81), de que "filósofos, teóricos e sociólogos se esforçam atualmente para substituir o direito rígido, fundado sobre a toda poderosa lei, por um direito flexível que toma em conta o relativismo, o pluralismo e o pragmatismo característicos da época pós-moderna", como se a teoria do direito não tivesse avançado para (muito) além desse debate acerca da superação do "modelo do direito rígido fundado na toda poderosa lei" e a dicotomia "monismo-pluralismo". Veja-se que o próprio Ost diz que "ao monismo haveria-se de opor, não a dispersão, mas sim, o pluralismo, o absolutismo binário permissão-proibição, válido-não válido, haveria que substituir pelo relativismo e o gradualismo, que não se transforma, por isso, em ceticismo".

A oitava divergência se instaura porque a tese de Ost passa ao largo do enfrentamento entre positivismo e constitucionalismo e, conseqüentemente, da superação do modelo subsuntivo e da distinção (não lógico-estrutural, é claro) entre regra e princípio. E tal circunstância não pode escapar de qualquer discussão acerca do direito nesta quadra da história.

Nono, porque, ao propor o modelo de Hermes como um avanço em relação ao convencionalismo de Júpiter e ao "invencionismo" de Hércules, isto é, ao afirmar que o seu juiz Hermes respeita o caráter hermenêutico ou reflexivo do raciocínio jurídico, que, portanto, não se reduz nem à imposição e nem à simples determinação anterior, o Hermes de Ost acaba sendo, paradoxalmente, o Hércules de Dworkin (obviamente na leitura que Ost faz do Hércules

---

[8] Cf. HABERMAS, Jürgen. Faktizität und Geltung. Beiträge zur Diskurstheorie des Rechts und des demokratischen Rechsstaats. Frankfurt am Main, Suhrkamp, 1992.

dworkiano). Do mesmo modo, ao dizer que as fronteiras que separam o sistema e seu meio ambiente não deixam de ser móveis e paradoxais, como se os limites do direito e do não direito fossem reversíveis, Ost faz concessões ao Hércules que ele mesmo critica (afinal, como ele mesmo diz, um jogo, como o direito, é sempre, ao mesmo tempo, algo mais que ele mesmo, apesar dos esforços desenvolvidos para uniformizar seu funcionamento e pormenorizar seus dados).

Por fim, em décimo lugar, em relação à crítica de Ost de que, afora o fato de que tanto o modelo jupiteriano como o modelo herculeano estão em crise, "eles apenas oferecem representações empobrecidas da situação que pretendiam descrever em sua época", lembro que não se pode cair em idealizações ou idealismos, como se fosse possível ignorar que o paradigma do Estado Democrático de Direito e o tipo de constitucionalismo instituído em grande parte dos países após o segundo pós-guerra aumentou sobremodo a demanda pela intervenção do poder judiciário (ou da justiça constitucional, na forma de Tribunais Constitucionais). Ora, isso apenas implica reconhecer que é inexorável que "alguém decida", até para não transformar a Constituição em uma "mera folha de papel".

Assim, em síntese, contrapor o modelo de Hermes aos modelos de Júpiter (Estado Liberal) e Hércules (Estado Social) apenas comprova o grande dilema que atravessa a metodologia contemporânea: como se interpreta e como se aplica, isto é, quais as condições que tem, o juiz ou tribunal (porque, permito-me insistir no óbvio, alguém tem que dizer por último o sentido da Constituição), para proferir as respostas aos casos em julgamento.

Não parece adequada, portanto, a tese da contraposição do modelo de direito do Estado Social ao modelo de direito do Estado Liberal. Isso seria ignorar os dois pilares sobre as quais está assentado um terceiro modelo, o do Estado Democrático de Direito: a proteção dos direitos sociais-fundamentais e o respeito à democracia.

Em outras palavras, se é inexorável que, a partir do segundo pós-guerra, diminui o espaço de liberdade de conformação do legislador em favor do controle contramajoritário feito a partir da jurisdição constitucional, é exatamente por isso que devem ser construídas as condições de possibilidade para evitar discricionariedades, arbitrariedades e decisionismos, ou seja, o constitucionalismo destes tempos pós-positivistas assenta seus pilares no novo paradigma lingüístico-filosófico, superando quaisquer possibilidades de modelos interpretativos (se se quiser, hermenêuticos) sustentados no esquema sujeito-objeto.

É, portanto, desse modo que se busca a superação do velho positivismo. E é por isso mesmo que o Hércules de Dworkin não pode ser epitetado de "invencionista" ou "solipsista" (ou qualquer variação realista ou pragmatista). Do mesmo modo – embora essa questão não esteja abarcada pelo texto de Ost – a busca de respostas corretas em direito não pode sofrer críticas porque estaria assentado em um juiz que "carregaria o mundo nas costas". Ao contrário, pela simples razão de que a busca de respostas corretas é um remédio contra o cerne do modelo que, dialeticamente, engendrou-o: o positivismo e sua característica mais forte, a discricionariedade.

Não há um Hércules no modelo da hermenêutica aqui trabalhado (não podemos esquecer que o Hércules de Dworkin instala-se na teoria do direito para demonstrar que a discricionariedade é antidemocrática e que, ao rejeitar qualquer posição pessoal do juiz e colocar ênfase na sua responsabilidade política, superou o esquema sujeito-objeto). Na hermenêutica filosófica aqui professada, o círculo hermenêutico "atravessa" a compreensão antes que o sujeito pense que se assenhora da interpretação e dos sentidos. Por isso, a resposta correta que sempre pode e deve ser encontrada não reside no juiz/intérprete enquanto sujeito do "esquema sujeito-objeto", mas sim, no juiz/intérprete da relação de compreensão baseada na intersubjetividade (sujeito-sujeito). Assim, o ponto fulcral não é quem dá a resposta correta, mas como esta se dá.

4. Da metáfora do juiz (Hércules) à metáfora da resposta (correta) ou de como a resposta correta deve ser compreendida como uma metáfora

Frente ao estado da arte representado pelo predomínio do positivismo, que sobrevive a partir das mais diversas posturas e teorias sustentadas, de um modo ou de outro, no predomínio do esquema sujeito-objeto – problemática que se agrava com uma espécie de protagonismo do sujeito-intérprete (especialmente, juízes e tribunais) em pleno paradigma da intersubjetividade –, penso que, mais do que possibilidade, a busca de respostas corretas em direito é uma necessidade.

Por isso, a resposta correta que venho propondo,[9] a partir de uma simbiose entre a teoria integrativa de Dworkin[10] e a fenomenologia hermenêutica (que abarca a hermenêutica filosófica), deve ser entendida como uma metáfora.[11] Afinal, metáforas servem para explicar coisas. Isso, à evidência, implica pensar esse modelo dentro de suas possibilidades. Com efeito, metáforas são criadas porque se acredita que um determinado fenômeno poderá ser melhor explicado a partir da explicação já consolidada de um outro fenômeno, ou seja, a "opera-

---

[9] Ver, na especificidade, STRECK, Lenio Luiz. *Verdade e Consenso. Constituição, Hermenêutica e Teorias Discursivas. Da possibilidade à necessidade* de respostas corretas em direito. 2. ed. Rio de Janeiro: Lumen Juris, 2007.

[10] Por todos, veja-se: DWORKIN, Ronald. Law's Empire. London: Fontana Press, 1986; Taking Rights Seriously. Cambridge, Massachussets: Harvard University Press, 1977.

[11] Parece despiciendo referir que a resposta correta não é, jamais, uma resposta definitiva. Do mesmo modo, a pretensão de se buscar a resposta correta não possui condições de garanti-la. Corre-se o risco de se produzir uma resposta incorreta. Mas o fato de se obedecer a coerência e a integridade do direito, a partir de uma adequada suspensão de pré-juízos advindos da tradição, já representa o primeiro passo no cumprimento do direito fundamental que cada cidadão tem de obter uma resposta adequada a Constituição.

ção com que transferimos significados não-sensíveis para imagens ou remetemos elementos sensíveis a esferas não-sensíveis".[12] Portanto, se considerarmos que essa distinção fundamental entre sensível e não-sensível não existe, a colocação da metáfora representa uma atitude tipicamente metafísica, induzindo o agente a compreendê-la como um ponto de partida universal.

Contudo – e essa advertência reveste-se de fundamental relevância, para não gerar mal-entendidos –, se a metáfora for pensada dentro das limitações de uma linguagem apofântica, que terá sempre como pressuposto a dimensão hermenêutica da linguagem, ela permitirá, a exemplo do neologismo, uma aproximação entre o dito e o fenômeno já compreendido, uma vez que nela encerra, como já foi visto, um grau de objetivação minimamente necessário. A metáfora é entendida, assim, como a possibilidade, a partir da diferença ontológica, de "ligar" significantes e significados. A metáfora significa a impossibilidade de sinonímias "perfeitas".

A metáfora da resposta correta será, desse modo, a explicitação de que é possível atravessar o "estado de natureza hermenêutica" instalado no direito. A metáfora nos mostra que, ao nos situarmos no mundo, isso não implica um genesis a cada enunciação. Dito de outro modo, pela metáfora da resposta correta – compreendida nos moldes aqui delimitados – estabelece-se a convicção (hermenêutica) de que há um desde-já-sempre (existencial) que conforma o meu compromisso minimamente objetivado(r), uma vez que, em todo processo compreensivo, o desafio é levar os fenômenos à representação ou à sua expressão na linguagem, chegando, assim, ao que chamamos de objetivação, como sempre nos lembra Ernildo Stein.

A construção da metáfora da resposta correta deita raízes em outra metáfora. Com efeito, Hobbes criou a metáfora do contrato social para explicar a necessidade de superar a barbárie representada pela fragmentação do medievo. Mas, mais do que isso, fê-lo para demonstrar que o Estado é produto da razão humana. Para tanto, contrapôs a soberania "do um" para superar a soberania fragmentada/dilacerada "de todos", isto é, contra a barbárie representada pelo Estado de Natureza, contrapôs a civilização. E isso somente seria possível através de um contrato. Não um contrato stricto sensu, mas um "contrato metafórico".

Penso que, de algum modo, é necessário enfrentar o "estado de natureza hermenêutica" em que se transformou o sistema jurídico. A "liberdade" na interpretação dos textos jurídicos proporcionada pelo império das correntes (teses, teorias) ainda arraigadas/prisioneiras do esquema sujeito-objeto tem ge-

---

[12] Cf. STEIN, Ernildo. Pensar é pensar a diferença. Ijuí: UNIJUÍ, 2002, p. 69 e segs. O conceito "tradicional" de metáfora pode ser aplicado, v.g., às súmulas vinculantes e aos enunciados *prêt-à-porter* proto-sumulares que conformam a cultura jurídica dominante, porque pretendem estabelecer explicações prévias de outros fenômenos a partir da explicação consolidada de um, isoladamente, como se o problema do direito se resumisse à validade (prévia) dos discursos.

rado esse "estado de natureza interpretativo", representado por uma "guerra de todos os intérpretes contra todos os intérpretes", como que repristinando a fragmentação detectada tão bem por Hobbes. Cada intérprete parte de um "grau zero" de sentido. Cada intérprete reina nos seus "domínios de sentido", com seus próprios métodos, metáforas, metonímias, justificativas, etc. Os sentidos "lhe pertencem", como se estes estivessem a sua disposição, em uma espécie de reedição da "relação de propriedade" (neo)feudal. Nessa "guerra" entre os intérpretes – afinal, cada um impera solipsisticamente nos seus "domínios de sentido" – reside a morte do próprio sistema jurídico.

Por tais razões é que a tese da resposta correta em um sistema "não avançado" (lembremos a observação de Dworkin sobre a temática, com a qual não é possível concordar) não é uma possibilidade, e sim, uma necessidade. Como já explicitado anteriormente, isso implica a superação do esquema sujeito-objeto, a partir dos dois teoremas fundamentais da hermenêutica: o círculo hermenêutico e a diferença ontológica. Com isso, ultrapassa-se qualquer possibilidade da existência de grau(s) zero(s) de sentido – que se sustentam naquilo que venho denominando de "ideologia do caso concreto" –, resgatando a tradição autêntica (sentido da Constituição compreendido como o resgate das promessas da modernidade) e reconstruindo, a partir dessas "premissas", em cada caso, a integridade e a coerência interpretativa do direito.

A resposta correta é uma metáfora, como o juiz Hércules de Dworkin também o é. Para tanto – e aqui vai uma advertência indispensável –, a ruptura com o "estado de natureza hermenêutica" não se dará através de uma delegação em favor de uma instância última, isto é, um "abrir mão do poder de atribuir sentidos em favor de uma espécie de Leviatã hermenêutico", como parece ser o caso da institucionalização da simplista idéia das súmulas vinculantes ou de outros mecanismos vinculatórios (v.g., Leis 8.038, 9.756 e 11.277, para falar apenas destas).

Dito de outro modo, se a resposta para a fragmentação do estado de natureza medieval foi a delegação de todos os direitos em favor do Leviatã representado pela soberania absoluta do Estado (o Estado Moderno absolutista superou, desse modo, a forma estatal medieval), na hermenêutica jurídica de cariz positivista, a resposta para o império dos subjetivismos, axiologismos, realismos ou o nome que se dê a tais posturas – que colocam no intérprete (juiz, tribunal) o poder discricionário de atribuir sentidos – não pode ser, sob hipótese alguma, a instauração de uma supra-hermeneuticidade ou a delegação dessa função para uma super-norma que possa "prever todas as hipóteses de aplicação", que, *mutatis*, *mutandis*, é a pretensão última das súmulas vinculantes. Assim, contra o caos representado pelos decisionismos e arbitrariedades, o establishment propõe um "neo-absolutismo hermenêutico".

Sendo mais claro, as súmulas vinculantes – do modo como são compreendidas pela dogmática jurídica (senso comum teórico) – encarnam essa instância controladora de sentidos metafisicamente, isto é, através delas, acredita-se que é possível lidar com conceitos sem as coisas, sem as peculiaridades dos casos concretos (o inusitado nisso é que, paradoxalmente, o império das múltiplas respostas se instaurou, exatamente, a partir de uma analítica de textos em abstrato).

As súmulas são decisões de caráter aditivo/manipulativo. Afinal, não existe súmula que refira, por exemplo, que determinado dispositivo é inconstitucional, pela simples razão de que, se tal dispositivo efetivamente fosse inconstitucional, teria sido assim declarado (ou isso ou teremos que aceitar uma certa esquizofrenia em nosso sistema jurídico).[13] Vale lembrar que sempre houve no sistema um considerável número de súmulas enquadráveis como contra legem/inconstitucionais e extra legem. Os tribunais, quotidianamente, constroem normas jurídicas, através de novos textos (além da construção stricto sensu de novos textos legais, os tribunais efetuam forte atividade corretiva, o que se pode ver, v.g., no julgamento do HC nº 72862-6),[14] que sequer necessitam ser transformadas em súmulas, alterando o ordenamento jurídico, sem que isto cause perplexidade no imaginário dos juristas. Veja-se, por exemplo, a transformação dos embargos declaratórios em embargos declaratórios com efeitos infringentes.[15] Não há qualquer previsão desse recurso no Código de Processo Civil. No entanto, os tribunais, a partir de uma construção jurisprudencial de nítido conteúdo discricionário, já que, à revelia de qualquer indicação formal-textual, criaram esse recurso. Tal procedimento faz parte do processo de atribuição de sentido (Sinngebung), próprio de todo processo hermenêutico. Na realidade, somente causam perplexidade – e só então a questão é trazida para a discussão da dicotomia jurisdição-legislação e suas conseqüências – quando determinadas decisões interpretativas (seja a classificação que se dê) mostram-se em desconformidade com o teto hermenêutico preestabelecido pela doutrina e pela jurisprudência. Ou seja, o limite do sentido e o sentido do limite ficam adstritos àquilo que o sentido comum aceita como possibilidade construtiva.

Da maneira como são compreendidas as súmulas vinculantes no interior do imaginário metafísico-positivista, estas se colocam como sucedâneos dos conceitos universais próprios da metafísica clássica-essencialista, justamente combatida por Hobbes (para não perder o valor da metáfora que fundamentou a superação da forma de dominação medieval), com a agravante, aqui, de que elas são criadas a partir de uma institucionalização de subjetivismos, axiologismos e realismos (todas variantes do esquema sujeito-objeto).

Forma-se, desse modo, um círculo vicioso: primeiro, admite-se discricionarismos e arbitrariedades em nome da "ideologia do caso concreto", circuns-

---

[13] Mesmo se o dispositivo for anterior a Constituição, pode ser declarado inconstitucional (não válido) mediante a utilização adequada da ADPF.

[14] Cf. Jurisprudência do STF, segunda turma, DJ 25.10.96.

[15] V.g., ver processos ns. 70000171520, 70000179929 e 70000487132, do TJRS.

tância que, pela multiplicidade de respostas, acarreta um sistema desgovernado, fragmentado; na seqüência, para controlar esse caos, busca-se construir conceitos abstratos com pretensões de universalização, como se fosse possível uma norma jurídica abarcar todas as hipóteses (futuras) de aplicação.

Isso permite afirmar que, na verdade, o combate ao "estado de natureza hermenêutica" originário da discricionariedade/arbitrariedade positivista acaba não sendo um combate ao positivismo. Ao contrário, destituído de uma adequada compreensão hermenêutica, a partir dos seus dois teoremas fundamentais, qualquer forma de vinculação sumular, por mais paradoxal que possa parecer, somente reforçará o positivismo, com a conseqüente continuidade do caos decisionista. Ou seja, na medida em que súmulas são textos e como o *positivismo interpreta textos sem coisas,* qualquer tentativa de vinculação jurisprudencial/conceitual receberá uma adaptação darwiniana do senso comum teórico dos juristas.

Neste ponto, cabe outra advertência: a afirmação de que a súmula é (também) um texto deve ser compreendida a partir de um olhar hermenêutico. Uma súmula é um texto que possui peculiaridades, até porque, se assim não fosse, não haveria diferença entre lei "abstrata" e súmula. A súmula – e por isso a responsabilidade político-hermenêutica aumenta, consideravelmente, em um país de sistema romano-germânico – é um texto que, na sua pré-compreensão, traz algo mais (ou extremamente diferenciado) que qualquer outro texto legal.

Pensar que a súmula é (apenas) um texto é pensá-la na possibilidade de estar entificada (aliás, nisso reside um dos maiores problemas na sua compreensão pela dogmática jurídica). A súmula é produto de um conjunto de outros textos (lembremos, mais uma vez, que texto é evento, que tratam de "coisas", isto é, situações concretas). É por essa razão que, em um determinado momento, o Supremo Tribunal Federal institui um enunciado assertórico que, ao invés de resolver um determinado caso concreto, pretende ter a função de "resolver todos os demais casos que podem ser abarcados pelo (novo) texto (o da súmula)", o que se constitui em um arrematado retorno à metafísica. A súmula não exsurge, desse modo, para resolver um caso, mas, sim, para resolver "todos os casos futuros". Ora, na medida em que é impossível um texto (e a norma que dele se extrai) abarcar/prever múltiplas hipóteses de aplicação, o prejuízo é a singularidade de cada um dessas múltiplas hipóteses, que fica "subsumida". No fundo, é a isso que chamamos "metafísica jurídica".

Portanto, uma súmula, mais do que pretende qualquer outro texto jurídico, traz um "em si" decorrente das inúmeras situações concretas que a ensejaram e que conformarão a compreensão do intérprete. Entretanto, isto que poderia ser um argumento a favor da súmula, acaba sendo o seu principal problema: a pré-compreensão decorrente da faticidade das singularidades das situações concretas é eliminada pelo esquema sujeito-obeto a partir da hipostasiação de uma super-norma, que passa a "sobreviver"[16] à revelia das próprias situações concretas que a ensejaram (de qualquer modo, na medida em que as situações concretas também ficaram escondidas nos julgamentos que engendraram o enunciado sumular, a possibilidade de se levar em conta as próximas singularidades diminui sobremodo). A súmula parte, assim, de um grau zero de significação, o que é anti-hermenêutico. Por isso, a soma de várias situações de "grau zero" redundará no estado de natureza hermenêutica.

Destarte, quando afirmo que a súmula é um texto, quero dizer que esse texto, ao ser interpretado, deverá ensejar uma norma (sentido) que respeite, de forma radical, a coerência e integridade do direito. Caso contrário, ela será aplicada de forma objetificada, entificadamente, isto é, será uma categoria a partir da qual se fará deduções e subsunções. Ora, na medida em que a súmula é feita para resolver casos futuros – e nisso reside um equívoco hermenêutico de fundamental importância, em uma simples comparação com os precedentes norte-americanos –, transformando "casos difíceis" em (futuros) "casos simples" (parece ser essa a sua razão maior), a tarefa do intérprete estará "facilitada": de um lado, decidir-se-á casos dedutivamente; de outro, será possível decidir milhares de processos de uma só vez. Em ambas as hipóteses, soçobra a situação concreta. Afinal, como se diz na teoria da argumentação jurídica (para ficar nessa importante postura que pretende dar respostas ao problema da indeterminabilidade do direito nesta quadra da história), para "casos simples" basta a subsunção (sic). Esse é o objetivo e o destino da súmula no interior da dogmática jurídica, isto é, naquilo que se entende como establishment jurídico de *terrae brasilis*. E tudo começa(rá) de novo...! Por isso, a necessidade – e não a mera possibilidade – de alcançar respostas corretas em direito.

Aportes finais: um decálogo hermenêutico

Uma reflexão crítica sobre a aplicação do direito não pode, pois, prescindir dos pressupostos hermenêuticos que apontam para a superação do esquema sujeito-objeto, dos "modelos" (solipsistas) de juiz "criados" para "enfrentar" as agruras da indeterminabilidade dos textos jurídicos na era dos princípios (neoconstitucionalismo), assim como dos diversos dualismos próprios dos paradigmas metafísicos objetificantes (clássico e da filosofia da consciência). É preciso insistir nisso: consciência e mundo, linguagem e objeto, sentido e percepção, teoria e prática, texto e norma, vigência e validade, regra e princípio, casos simples e casos difíceis, discursos de justificação e discursos de aplicação, são dualismos que se instalaram no nosso imaginário sustentados pelo esquema sujeito-objeto.

Não se quer dizer, entretanto, que as diversas teorias do direito não estejam preocupadas em buscar respostas ao problema da crise paradigmática que

---

[16] Afinal, enquanto enunciado assertórico, é um "conceito sem coisa".

atravessa o direito. Mas, nessa busca de soluções para os problemas da metodologia do direito, o que não se pode fazer é "mixar" teorias, principalmente entre posturas procedimentais-argumentativas e perspectivas conteudísticas-ontológicas, para citar apenas estas. Permito-me, nesse sentido, lançar dez pontos que deixam nítida essa impossibilidade de mixagens metodológicas:

> Primeiro, não se pode confundir hermenêutica com teoria da argumentação jurídica, isto é, hermenêutica (filosófica) não é similar a nenhuma teoria da argumentação[17] (portanto, não é possível com ela fundir – *por mais sofisticadas e importantes que sejam* – as teses de Alexy,[18] Atienza,[19] e Günther,[20] para falar apenas destes);

---

[17] Tenho sustentado que as teorias da argumentação não superaram o paradigma representacional (sujeito-objeto) e que a ponderação de que fala Alexy (em especial, ele) é um modo de repristinação da (velha) discricionariedade positivista, tese que, aliás, as teorias da argumentação afirmam combater. Os sintomas desses problemas podem ser percebidos, v.g., a partir da – para mim, indevida – cisão entre casos fáceis e casos difíceis, quando Alexy (e seus seguidores, especialmente no Brasil) dizem que os easy cases são resolvidos por subsunção (ou dedução) e os hard cases através da ponderação, momento em que os princípios são chamados à colação. Essa "colisão de princípios" que caracteriza um hard case é resolvido, na Teoria da Argumentação Jurídica (TAJ), com o recurso à proporcionalidade. É nesse ponto que a TAJ se fragiliza e enfraquece a força normativa da Constituição, porque pretende ponderar princípios como valores, sob condições de prioridade e à luz de um super-princípio (da proporcionalidade), o que, segundo a aguda crítica de Marcelo Cattoni, "submete a aplicação das normas a um cálculo de tipo custo\benecífficio" (Direito, política e filosofia. Rio de Janeiro: Lumen Juris, 2007, p.120). Para melhor ilustrar o problema, nem é necessário recorrer ao famoso caso Lütt, tão propalado pelas TAJ's ou ao caso Elwanger (Supremo Tribunal brasileiro). Com efeito, um exemplo tem sido utilizado cotidianamente no Brasil, através do qual adeptos da TAJ pretendem demonstrar a importância da ponderação e do uso da proporcionalidade. Pelo exemplo, um cidadão constrói sua casa em uma cidade; posteriormente, instala-se, ali perto, uma Igreja, destas em que o pastor clama a Deus utilizando alguns (vários) decibéis acima do permitido. Estar-se-ia em face de uma colisão de princípios (portanto, um hard case): de um lado, a liberdade religiosa (lato sensu); de outro, o direito à privacidade (no sentido de ter direito ao sossego), etc ou, ainda, a tutela ao meio-ambiente (no sentido da poluição sonora). Como resolver o problema? Penso que, antes de tudo, seria conveniente que se tivesse todas as circunstâncias do caso concreto, para não cairmos em discussões metafísicas. De todo modo, enfrentemos a discussão: os adeptos da TAJ propugnam que uma resposta ao problema somente seria possível se se fizesse uma ponderação de valores/interesses em jogo, sopesando-se fins e meios, etc. Pelo lado da hermenêutica, tenho que esse (o) recurso à ponderação nada mais será do que delegar ao juiz a resolução desse "caso difícil" (sic), a partir de sua "discricionariedade", que será utilizada de forma "velada", já que a TAJ tem um caráter teleológico, adjudicador. A solução parece bem mais simples, a partir da busca no ordenamento jurídico (produção democrática de direito – lembremos, aqui, Habermas) da solução: por exemplo, o que diz o Código de Posturas do município? Ou seja, antes de recorrer à "ponderação" de algo metafísico, abstrato, provavelmente o Código de Posturas terá a solução (evidentemente, se este estiver em consonância com a Constituição). Uma conduta não pode, ao mesmo tempo, ser lícita e ilícita, permitida e proibida (Tertium nos datur). Trata-se, *mutatis mutandis*, de algo semelhante ao ocorrido no caso Elwanger (HC 82.424-2-RS), onde, de forma equivocada, foram feitos "sopesamentos" pelo STF (pelo menos em dois votos). Como bem assinala Cattoni (op.cit), ao analisar o histórico julgamento, "a questão não deveria ter sido compreendida como uma colisão entre valores, em que se julga se a liberdade de expressão é melhor ou pior do que, ou para, a promoção da dignidade humana; mas sim julgar se houve, afinal, em face do caso concreto, crime de racismo ou não, à luz das pretensões normativas, defendidas na argumentação sustentada pelos envolvidos, que poderiam ser reputadas abusivas ou não. E, assim, é possível chegar à conclusão (no caso Elwanger) de que houve racismo sim, sem que para isso tenhamos de renunciar ao caráter normativo, deontológico do direito". Como no exemplo da Igreja: não há que discutir, abstratamente, quais os "valores" mais relevantes em jogo e que poderiam estar em "colisão". Ou há uma norma aplicável (e normas significam regras e princípios) ou não há.

[18] Cf. ALEXY, Robert. Teoria da argumentação jurídica. São Paulo: Landy, 2001.

[19] Cf. ATIENZA, Manoel. As Razões do Direito. 3.ed. São Paulo: Landy, 2003.

[20] Cf. GÜNTHER, Klaus. Teoria da Argumentação no Direito e na Moral: justificação e aplicação. São Paulo: Landy, 2004.

segundo, quando se diz que a Constituição e as leis são constituídas de plurivocidades sígnicas (textos "abertos", palavras vagas e ambíguas, etc.), tal afirmativa não pode dar azo a que se diga que sempre há várias interpretações e, portanto, que o direito permite múltiplas respostas, circunstância que, paradoxalmente, apenas denuncia – e aqui chamo à colação as críticas de Dworkin à Hart – as posturas positivistas que estão por trás de tais afirmativas;

terceiro, quando, por exemplo, Gadamer confronta o método, com o seu *Verdade e Método*, não significa que a hermenêutica seja relativista e permita interpretações discricionárias/arbitrárias;

quarto, quando se fala na invasão da filosofia pela linguagem, mais do que a morte do esquema sujeito-objeto, isso quer dizer que não há mais um sujeito que assujeita o objeto (subjetivismos/ axiologismos que ainda vicejam no campo jurídico) e tampouco objetivismos;

quinto, quando se popularizou a máxima de que "interpretar é aplicar" e que "interpretar é confrontar o texto com a realidade", não significa que texto e realidade sejam coisas que subsistam por si só ou que sejam "apreensíveis" isoladamente, sendo equivocado pensar, portanto, que interpretar é algo similar a "fazer acoplamentos entre um texto jurídico e os fatos" ou, como numa metáfora que circula nas salas de aula, "entre um parafuso e uma porca", em que o parafuso seria o texto e, a porca, a realidade, sendo a aplicação, *ipso facto*, o resultado dessa "junção";

sexto, de igual maneira, quando se popularizou a assertiva de que texto não é igual à norma e que a norma é o produto da interpretação do texto, nem de longe quer dizer que o texto não vale nada ou que norma e texto sejam "coisas à disposição do intérprete", ou, ainda, que depende do intérprete a "fixação da norma";

sétimo, se texto e norma não são a mesma coisa, tal circunstância não implica a afirmação de que estejam separados (cindidos) ou que o texto contenha a própria norma, mas sim, que apenas há uma diferença (ontológica) entre os mesmos; é preciso compreender que a norma é o texto em forma de enunciados, em que o conteúdo veritativo não é nada mais do que a dimensão predicativa, isto é, *aquilo que se diz sobre ele;*

oitavo, é um equívoco pregar que o texto jurídico é apenas "a ponta do iceberg", e que a tarefa do intérprete é a de revelar o que está "submerso", porque pensar assim é dar azo à discricionariedade e ao decisionismo, características do positivismo;

nono, a fundamentação de decisões (pareceres, acórdãos, etc.), a partir de ementas jurisprudenciais sem contexto e verbetes protolexicográficos, apenas reafirma o caráter positivista da interpretação jurídica, pois escondem a singularidade dos "casos concretos";

décimo, é preciso ter em mente que a reprodução de ementas e verbetes sem contexto apenas reatroalimenta e reforça a cultura manualesca e estandardizada, enfraquecendo a reflexão crítica.

Em outras palavras, não é possível servir a vários senhores da ciência ao mesmo tempo. Trata-se de uma opção paradigmática, o que acarreta uma impossibilidade de misturar, por exemplo, posturas ainda assentadas no esquema sujeito-objeto (em menor ou maior grau) e posturas antiepistemológicas. Definitivamente, hermenêutica não é teoria da argumentação, do mesmo modo que verdade não é consenso. Não é possível lançar mão tão-somente das "partes nobres" de cada teoria (ou paradigma), descartando as insuficiências.

Mas, atenção: a hermenêutica não afasta a epistemologia. Entretanto, o que não é possível fazer é confundir os níveis em que nos movemos. *A separação entre o epistemológico e o nível concreto não é o mesmo que dividir o transcendental e o empírico.* Em muitos momentos, a hermenêutica introduz o elemento epistemológico, se assim se quiser dizer. A posição hermenêutica não pretende eliminar procedimentos. Ela já sempre compreende essa circunstância, porque é capaz de analisar filosoficamente os elementos da pré-compreensão. Ou seja, quando explicito o (já) compreendido, esse processo se dá no nível lógico-argumentativo, e não filosófico. E, insista-se: filosofia não é lógica. Esse "proceder epistemológico" é antecipado; *não se confunde com o próprio conhecimento*. Pela hermenêutica, fazemos uma fenomenologia do conhecimento. Não é uma coisa concreta. É, sim, a descrição da autocompreensão que opera na compreensão concreta. Na explicitação é que haverá o espaço de uma teoria do conhecimento.

Na era das Constituições compromissórias e sociais (e dirigentes), enfim, em pleno pós-positivismo, uma hermenêutica jurídica capaz de intermediar a tensão inexorável entre o texto e o sentido do texto não pode continuar a ser entendida como uma teoria ornamental do direito, que sirva tão-somente para colocar "capas de sentido" aos textos jurídicos. No interior da virtuosidade do círculo hermenêutico, o compreender não ocorre por dedução. Conseqüentemente, o método (o procedimento discursivo) sempre chega tarde, porque pressupõe saberes teóricos separados da "realidade". Antes de argumentar, o intérprete já compreendeu.

Visando à realização das promessas incumpridas da modernidade, as diversas teorias críticas (teoria do discurso habermasiana, as diversas teorias da argumentação, a hermenêutica filosófica, a metódica estruturante, etc.), todas perfeitamente inseridas no paradigma do Estado Democrático de Direito, têm, inequivocamente, um objetivo comum: a superação do positivismo jurídico e do dogmatismo que se enraizou na doutrina e na jurisprudência, responsáveis em grande medida pela inefetividade da Constituição (circunstância que assume foros de dramaticidade em países de modernidade tardia como o Brasil). Cada uma das correntes filosóficas ou teorias, a seu modo, apontam as possíveis saídas para a superação da crise do direito brasileiro, cada vez mais aguda. Nessa intensa procura, há algo que é inacessível e isto parece incontornável. Ou algo que é incontornável e, por isso, inacessível. Conteudística ou procedimentalmente, é essa incerteza que parece mover os juristas rumo a essa longa travessia. E essa travessia somente é possível na e pela linguagem. Afinal, como bem disse Heidegger, *Die Sprache ist das Haus des Seins; in das Hause wohnt der Mann*. Não há um objeto do outro lado do abismo gnosiológico que nos separa das "coisas". E tampouco há um sujeito – assujeitante – capaz de fazê-lo. Por isso, Stephan Georg é definitivo, ao bradar: *kein Ding sei, wo das Wort gebricht*. Que nenhuma coisa seja onde fracassa a palavra, ele diz. Onde falta a palavra, nenhuma coisa! A coisa é o que tem a necessidade da palavra para ser o que é. E é Domin que encerra o butim das palavras: *Wort und Ding legen eng aufeinander; die gleiche Körperwärme bei Ding und Wort*. Sim a palavra e a coisa jaziam juntas; tinham a mesma temperatura a coisa e a palavra...! Mas, acrescento, depois se separaram. Daí o trabalho que temos para desvelar esse mistério que existe desde a aurora da civilização. Talvez fazendo uma caminhada antimetafísica: diferenciando (e não cindindo) texto e norma, palavras e coisas, fato e direito...

Numa palavra: talvez tenhamos recebido o castigo de Sísifo; rolamos a pedra até o limite do *logos* apofântico e imediatamente somos jogados de volta à nossa condição de possibilidade: o *logos* hermenêutico. Eis o castigo ou a glória: a de estarmos condenados a interpretar! Se um texto legal conseguisse abarcar todas as hipóteses de aplicação, seria uma lei perfeita. É como se conseguíssemos fazer um mapa que se configurasse perfeitamente com o globo terrestre. Mas, que vantagens teríamos nisso? Dito de outro modo: se a realidade pudesse ser transmitida como ela é, estaríamos diante de um paradoxo. E paradoxos são coisas sobre as quais não podemos decidir. Daí o enigma provocado pela figura de Hermes. Sem ele, não saberíamos o que os deuses disseram. Sabemos do problema decorrente da "subjetividade" de Hermes e da complexidade que isso representa (por exemplo, qual é o limite do "nível de abstração da generalidade" das "sentenças de Hermes"?). Mas também sabemos, na metáfora, que o acesso à linguagem dos deuses, diretamente, é impossível. Daí a pergunta inevitável: se fosse possível esse "acesso direto", que utilidade isso teria para os homens, que, definitivamente, não são deuses?

— VII —

O discurso decisório do STF à luz das tradições individualista e coletivista. O caso da contribuição previdenciária dos inativos.

ANDRÉ LEONARDO COPETTI SANTOS

Sumário: 1. Notas iniciais; 2. A relevância da atuação política do STF para o acontecimento do Estado Democrático de Direito; 3. Os ciclos constitucionais e a plasticidade das Constituições como resultado de projeções de racionalidades práticas individualistas e coletivistas; 4. O discurso decisório do supremo e o sentido contitucional de sistema de seguridade social; 4.1. Argumento formal-positivista; 4.1.1. A Constituição da República não admite a instituição da contribuição de seguridade social sobre inativos e pensionistas da União; 4.2. Argumento histórico; 4.2.1. Os debates parlamentares e a interpretação da Constituição; 4.3. Argumentos individualistas; 4.3.1. O regime contributivo é, por essência, um regime de caráter eminentemente retributivo. A questão do equilíbrio atuarial (CF, art. 195, § 5º). Ausência de causa suficiente; 4.3.2. A tributação confiscatória é vedada pela Constituição da República; 4.3.3. A contribuição de seguridade social possui destinação constitucional específica; 4.3.4. Razões de estado não podem ser invocadas para legitimar o desrespeito à supremacia da Constituição da República; 4.3.5. A defesa da Constituição da República representa o encargo mais relevante do Supremo Tribunal Federal; 4.4. Argumentos coletivistas; 4.4.1. Inexistência de ofensa a outros direitos e garantias individuais; 4.4.2. Exigência patrimonial de natureza tributária. Inexistência de norma de imunidade tributária absoluta; 4.4.3. Instrumento de atuação do Estado na área da previdência social; 4.4.4. Obediência aos princípios da solidariedade e do equilíbrio financeiro e atuarial. Obediência aos objetivos constitucionais de universalidade, eqüidade na forma de participação no custeio e diversidade da base de financiamento; 5. Considerações finais.

1. Notas iniciais

O presente trabalho surge como uma conseqüência investigativa natural de dois outros momentos acontecidos em minha trajetória de pesquisa. Um primeiro, no qual debrucei-me sobre alguns aspectos da complexidade da reconstrução jurisprudencial da Constituição pelo STF, mais particularmente em relação a aspectos da legitimidade institucional e democrática de tal atividade;[1] um segundo, no qual minha preocupação voltou-se para a estruturação do constitucionalismo contemporâneo a partir da evolução histórica de duas tradições

---
[1] Ver a respeito COPETTI, André; MORAIS, José Luis Bolzan de e outros. *A Jurisprudencialização da Constituição. A construção jurisdicional do Estado Democrático de Direito.* In: Anuário do PPGD/UNISINOS. São Leopoldo, 2002, pp. 297-350.

de pesquisa no campo da filosofia política e, colateralmente, de suas projeções no âmbito do direito constitucional, a saber: o individualismo e o coletivismo.

Da simbiose reflexiva desses dois momentos resultou um novo projeto de pesquisa, cujo objetivo central é a investigação do sentido de Estado Democrático de Direito construído pelo STF, em julgamentos proferidos em ADIns, nas quais os objetos da controvérsia constitucional encerrem um potencial conflito entre razões individuais e razões coletivas.

Como primeiro ensaio da investigação elegi dois fenômenos paradigmáticos na vida política e jurídica brasileira, consistente em duas tentativas, por parte de governos federais, de instituição da incidência da contribuição de seguridade social sobre servidores inativos e pensionistas da União Federal. A primeira, durante o mandato do presidente Fernando Henrique Cardoso, deu-se através da Lei n. 9.783/99; a segunda, já no governo Lula, pela Emenda Constitucional n. 41/2003. Em ambas situações ocorreu a argüição de inconstitucionalidade de alguns dispositivos dos referidos documentos normativos através, respectivamente, das ADIns 2.010-2 e 3.105-8. A primeira, julgada procedente, obstruiu a incidência da contribuição a inativos e pensionistas; a segunda, em sentido contrário, julgada improcedente, possibilitou tal instituição no regime previdenciário nacional.

Para os fins do presente trabalho, duas questões são relevantes: a) quais foram os argumentos que constituíram o sentido constitucional do sistema de previdência social, dentro dos limites de um paradigma de Estado Democrático e Social de Direito, onde o STF, pelas atribuições que lhe são conferidas na Magna Carta, tem o poder de definir historicamente os sentidos da Constituição? b) quais foram os fatores determinantes de provimentos jurisdicionais constitucionais totalmente opostos, em tão curto espaço de tempo, sobre uma demanda social tão relevante?

2. A relevância da atuação política do STF para o acontecimento do Estado Democrático de Direito

No primeiro dos trabalhos mencionados nas Notas Iniciais supra, como sendo um dos vetores determinantes do projeto que ora apresento um ensaio preliminar, entendi, a partir da reconstrução teórica realizada, que o papel do Poder Judiciário, especialmente do STF, após a promulgação da Carta Constitucional de 1988, na qual positivou-se um novo projeto estatal e social, cristalizado no paradigma de Estado Democrático de Direito, alterou-se significativamente em relação às tradicionais atribuições e competências que lhe eram delegadas nos modelos constitucionais anteriores, de matriz eminentemente liberal-individualista. Passou o Judiciário de uma posição passiva, de mero aplicador da lei e, quando muito, em relação à jurisdição constitucional, de contralegislador, para uma posição ativa, da qual decorrem exigências de posturas muito mais políticas de nossa Suprema Corte, especialmente em litígios que envolvam a realização de direitos sociais dos quais nossa sociedade ainda permanece bastante carente.

A nova posição institucional em que foi colocado o STF, pelo menos hipoteticamente, rendeu, em tese, uma nova situação de tensionamento entre os poderes públicos, uma vez que, pela possibilidade de concretização judicial dos direitos sociais constitucionalizados, as posições tradicionais dos demais poderes, no quadro clássico de divisão de atribuições, ficou passível de uma constante vulneração pela atuação jurisprudencial construtiva do Poder Judiciário. Mas essa situação, que não creio possa ser elevada à condição de problema, nada mais é que um consectário natural do novo paradigma estatal e social constitucionalizado. O Estado Democrático de Direito impõe, sem dúvida alguma, uma reengenharia institucional no Brasil, sob pena de não a fazendo, vermos sucumbir, pela não realização, todo uma perspectiva constitucional em termos sociais que, tranqüilamente, pode ser inserida no rol das mais avançadas dentre todas as existentes atualmente no mundo.

Entendi, também, que essa necessidade de reconstrução de nosso modelo institucional, com a redefinição das atribuições e competências clássicas, decorre também da alteração das concepções de democracia e garantia forjadas a partir do paradigma constitucional. De noções liberais-individualistas, assentadas em fundamentos basicamente formais, passamos para concepções democráticas e garantistas substanciais, nas quais os conteúdos éticos normatizados passam a ser preponderantes sobre formas e procedimentos que sempre lastrearam a legitimidade das atuações e produtos decisórios dos poderes públicos.

Nesse sentido, enquanto nos modelos liberais havia um sentido que levava as decisões públicas a uma constante tentativa de normatização do político, numa busca constante de certeza e determinação institucional, nos modelos democráticos de direito, este sentido inverteu-se, estando agora, num fluxo contrário que determina muito mais, a politização do jurídico. E, nesta perspectiva, o Poder Judiciário tem que assumir uma nova postura, um tanto quanto mais política, uma vez que a ele também cabe, ao lado dos demais poderes, dar uma nova dimensão concreta às normas e princípios constitucionais, antes tratados como meros programas futuros, dependentes especialmente de ações do Poder Executivo para a sua realização.

O caso específico tratado no presente ensaio reflete, de forma clara, toda a problemática anteriormente por mim tratada, ao discutir a legitimidade e a extensão qualitativa da atuação do STF no exercício da jurisdição constitucional. Ao problematizar uma decisão política do Executivo que se juridicizou, como a do caso da contribuição dos inativos, o STF demonstrou incontornavelmente as demandas institucionais democráticas e sociais por um novo tipo de atuação da Corte Constitucional brasileira.

Os temas a serem tratados nesta fase de incipiente democracia da história brasileira, com indicativos constitucionais de um novo projeto de sociedade, Estado e Direito, passaram a requerer um tratamento muito mais político do STF, como jamais houvera ocorrido em toda nossa história constitucional.

Por outro lado, a complexidade axiológica de nossa Constituição, com a incorporação de uma série de novos direitos, resultantes de projeções de racionalidades práticas individualistas e coletivistas, lançaram a Corte Suprema numa nova complexidade argumentativa, uma vez que ampliaram os conflitos valorativos e, conseqüentemente, as possibilidades de confrontações e ponderações de bens jurídicos constitucionalizados com diferentes funções sociais e com diversas repercussões no âmbito das proteções individuais e das possibilidades de intervenções estatais.

Assim, as grandes decisões políticas nacionais, tendo como pano de fundo esta nova complexidade constitucional, passaram a ser vistas, também, sob as perspectivas temáticas desenvolvidas por duas grandes tradições que marcaram o pensamento filosófico-político ocidental e, naturalmente, influenciaram fortemente a estruturação material do direito constitucional contemporâneo.

3. Os ciclos constitucionais e a plasticidade das Constituições como resultado de projeções de racionalidades práticas individualistas e coletivistas

Nesse sentido é que o percurso do constitucionalismo moderno pode e deve ser compreendido, dentre outras formas, como um amplo debate, entre individualistas e coletivistas. Este embate emergiu, com mais intensidade, a partir da positivação constitucional de modelos de sociedade, Estado e Direito, consistentes em Estados Democráticos de Direito, os quais, pela complexidade axiológica que encerram, guardam, em suas estruturas normativas, um enorme potencial de controvérsias, discussões e disputas teóricas, cujas perspectivas de reflexo no mundo da vida são enormes.

Na medida em que convivem simultaneamente nos textos constitucionais contemporâneos, nas partes relativas à concessão de liberdades, direitos individuais e não-individuais de diferentes gerações, destinados a atenderem demandas totalmente diversas, disto decorre uma enorme potencialidade de conflitos axiológicos polarizados por essas tradições de pensamento.

Esse choque de concepções, cujos primórdios na modernidade estão situados na emergência do socialismo, como alternativa política ao Liberalismo, colocou uma série de interrogações sobre certezas liberais-individualistas até então inquestionáveis para os juristas. A passagem de certezas liberais-individualistas a incertezas sociais e democráticas serviu de argumento até mesmo para colocar-se em debate a própria derrocada da democracia, o que, com o passar do tempo, se constituiu em absoluta inverdade, pois, lançando mão da lição de Przeworski, *una de las primeras cuestinoes que deben resaltarse en torno a la democracia es la existencia de una incertidumbre condicionada, y en la democratización dicha incertidumbre se manifiesta de manera referencial.*[2]

Nesse aspecto, a complexidade axiológica do texto constitucional e as potencialidades a ele intrínsecas revelam uma única convicção: a de que ninguém pode estar seguro de que seus interesses terão a certeza do triunfo. Há uma série de condicionamentos constitucionais que podem, inclusive, levar a novas configurações institucionais que possibilitam o atendimento de demandas e interesses até então não atendidos, criando condições concretas de redistribuição do poder político e econômico, dentro dos marcos do Estado de Direito, como nunca fora potencializado em nenhum dos projetos constitucionais normatizados anteriormente.

Todo esse debate, imanente ao constitucionalismo contemporâneo, traduz, pelas potencialidades de modificações institucionais que encerra, um processo de democratização em andamento,[3] em função de um enfrentamento que remete a duas grandes situações hermenêuticas de compreensão e interpretação do mundo: o atomismo, segundo o qual indivíduos isolados constituem o valor supremo, ou o holismo, em que o valor está na sociedade como um todo. Estes universos antitéticos têm marcado a construção do pensamento ocidental através da estruturação de tradições de pesquisa[4] e, por via de conseqüência, do Direito.

No âmbito do presente trabalho – o sistema constitucional de seguridade social –, esse embate se faz sentir de modo bastante contundente, uma vez que nele se refletem, de modo mais intenso, as interseções entre o campo das liberdades e garantias individuais – como a propriedade, os direitos adquiridos, a certeza jurídica, a segurança social pela manutenção do *status quo* etc. – e os

---

[2] Cfe. PRZEWORSKI, Adam. La democracia como resultado contingente de conflictos. In: ELSTER Jon; SLAGSTAD (org.). *Constitucionalismo y Democracia*. México: Fondo de Cultura Económica, 1999, p. 91.

[3] A partir da concepção de Przeworski de que a democracia possui um incerteza referencial, consistente numa incerteza eleitoral, mas não institucional, de modo que para ele a democracia é um sistema de alta incerteza no sentido de quem vá encarregar-se do governo, mas não no que tange às instituições, é possível construir a idéia de que em países em que a democracia ainda não está institucionalmente consolidada, o processo de democratização apresenta incertezas institucionais. Assim, as possibilidades hermenêuticas de construção de um modelo de Direito e a potencialidade de alteração institucional nelas presente, a partir de um complexidade constitucional estruturada sobre direitos individuais e não-individuais, indicam a ocorrência de um processo de democratização que se manifesta nos mais diferentes ramos do Direito. O que dizer dos debates em torno do modelo de direito tributário, acontecidos por ocasião das ADIns 1.571 e 3.002, senão que está a guardar um embate sobre um modelo de democracia que se pretende consolidar desde a Carta de 1988, e cujo embate principal versa sobre individualismo e coletivismo?

[4] No presente trabalho, uma das acepções de tradição utilizada é a que está presente na obra de MacIntyre, para quem "uma tradição é uma argumentação, desenvolvida ao longo do tempo, na qual certos acordos fundamentais são definidos e redefinidos em termos de dois tipos de conflito: os conflitos com críticos e inimigos externos à tradição que rejeitam todos ou pelo menos partes essenciais dos acordos fundamentais, e os debates internos, interpretativos, através dos quais o significado e a razão dos acordos fundamentais são expressos e através de cujo progresso uma tradição é constituída". Ver a respeito MACINTYRE, Alasdair. *Justiça de Quem? Qual racionalidade?* 2. ed. São Paulo: Loyola, 1991, p. 23.

limites e necessidades de intervenção da autoridade estatal, através de mecanismos de equalização social para garantir a redistribuição de renda mediante a realização de políticas públicas para a implementação de direitos não-individuais.

Nesse contexto de um evidente e inafastável paroxismo ôntico-axiológico, que precisa ser enfrentado por via de um processo hermenêutico de construção de sentido, histórica e contextualmente situado, há uma questão fundamental que necessita ser permanentemente destacada: a focalização dos argumentos e ações, por diferentes tradições de pesquisa, ora no indivíduo, ora na coletividade e, conseqüentemente, a compreensão dos desdobramentos e efeitos históricos, no âmbito constitucional, deste embate travado no plano filosófico-político. Razões históricas atomistas e holistas estão constantemente interpelando os juristas em suas práticas diárias e, a partir dessas interpelações, engendram-se sentidos e racionalidades práticas que direcionam as ações político-jurídicas num ou noutro sentido.

O acontecimento do constitucionalismo, em temas fulcrais como o objeto deste trabalho, é também o resultado de um processo de compreensão e aceitação de referenciais teóricos de uma tradição por outra, como forma de estabelecer diálogos e simbioses hermenêuticas que permitam respeitar a liberdade dos indivíduos sem descurar do atendimento das demandas e responsabilidades igualitárias que tocam ao Estado.

O conflito entre indivíduo e coletividade foi construído através de argumentações que se desenvolveram, no modo de ser ocidental, ao longo de aproximadamente dois mil e quinhentos anos, nos quais certos acordos e dissensos fundamentais foram definidos e redefinidos, constituindo, assim, partes importantes do processo histórico, em que tradições de pesquisa foram forjadas no mundo ocidental, com reflexos, em não raros momentos, diretamente incidentes sobre ações sociais.

A compreensão dos efeitos e incrementos históricos, processualizados por essas tradições de pensamento, em torno de inferências e refutações que constituíram o debate que envolveu e continua a envolver indivíduo e coletividade, manifesta-se como ponto fundamental para qualquer aproximação hermenêutica que se pretenda fazer sobre o sistema previdenciário brasileiro, a partir das relações entre ele e o paradigma constitucional de Estado Democrático de Direito. É exatamente sobre esses dois extremos argumentativos que se situa o principal conflito presente nas indicações axiológico-normativas constitucionais.

A opção teórica aqui esboçada tem como ponto de partida o fato de que, como bem já observara Bobbio, toda a história do pensamento político, ao que por ora se agrega também o pensamento jurídico, está dominada por uma grande dicotomia: organicismo (holismo) e individualismo (atomismo).[5] Mesmo que esse movimento dicotômico não seja retilíneo e permanente, havendo até mesmo momentos históricos em que ele encontra lapsos de arrefecimento, é possível dizer que, em encruzilhadas marcantes da vida social e institucional do ocidente, ela se fez notar de forma marcante.

Essa dualidade holismo/atomismo compõe um conflito de tradições de pesquisa intelectual com reflexos nas mais variadas construções culturais do Ocidente. Cada uma delas foi e continua sendo parte da elaboração de um modo de vida social e moral do qual a própria pesquisa intelectual foi e continua sendo parte integrante. Em cada uma delas, as formas dessa vida permanecem incorporadas às instituições sociais, econômicas, políticas e jurídicas. Assim, emerge a tradição atomista das rupturas institucionais e lingüísticas propostas pelos sofistas a partir de uma postura desconstrutivista e constestadora da ordem da *polis*. Dentro dessa mesma lógica oferecida pelas pesquisas das e nas tradições, surgiu, como contraponto ao individualismo sofístico, o holismo platônico-aristotélico, carregando, consigo e em todos os seus produtos culturais, a organicidade da *polis* como o lugar vital para o desvelamento do ser.

Nesse panorama das tradições, reedita-se a tradição atomista-sofista no individualismo liberal que, inicialmente repudiando a tradição em nome dos princípios universais e abstratos da razão, se tornou um poder politicamente incorporado, cuja inabilidade em concluir debates sobre a natureza e o contexto desses princípios universais, teve o efeito não intencional de transformar o Liberalismo em tradição. Da mesma forma, surge, na esteira do holismo aristotélico ou do organicismo hegeliano, as pesquisas socialistas que, contrapondo-se ao Liberalismo em suas mais diversas acepções, constituem, juntamente com ele, uma reedição do conflito de tradições de pesquisa e pensamento iniciado com sofistas e aristotélicos.

Essas tradições, utilizando o pensamento de MacIntyre, diferem entre si muito mais do que suas concepções conflitantes de racionalidade prática e justiça: elas diferem nos catálogos de virtudes, nas concepções do eu e nas cosmologias metafísicas; diferem também no modo como, em cada uma delas, se chegou às concepções de racionalidade prática e justiça.[6]

A partir de debates, conflitos e pesquisas, realizados desde tradições de pesquisa que privilegiam ou o indivíduo ou a coletividade, socialmente materializadas e historicamente contingentes, as disputas referentes à racionalidade prática e à justiça são propostas, modificadas, abandonadas ou substituídas. Essas tradições de pesquisa, nesse sentido, surgem como base de justificação racional e de crítica de concepções de racionalidade prática e justiça.

---

[5] Cfe. BOBBIO, Norberto. *Liberalismo e Democracia*. São Paulo: Brasiliense, 1999, p. 45.
[6] Cfe. MACINTYRE, Alasdair. *Justiça de Quem? Qual racionalidade?*, p. 375-6.

Tais tradições diferem radicalmente em relação a uma gama numerosa de assuntos, que se constituem como categorias fundamentais de cada uma delas. Divergem, por exemplo, atomistas e holistas, visceralmente quanto às questões que dizem respeito ao grau de permissividade para a intervenção estatal na sociedade civil, quanto à propriedade, quanto às matérias tributárias, em relação à amplitude e forma do sistema de seguridade social etc. Por outro lado, convergem harmoniosamente para a solução de outros problemas, pois não resta qualquer dúvida de que individualistas e coletivistas concordam que o homicídio, as violações sexuais, as fraudes contra o erário público são condutas que merecem ser reprimidas mediante, até mesmo, a imposição de sanções penais. Nessas áreas, em que há questões ou assuntos comuns a mais de uma tradição, uma delas pode estruturar suas teses através de conceitos tais que impliquem necessariamente a falsidade das teses sustentadas por uma ou mais tradições, embora, ao mesmo tempo, não exista nenhum padrão comum, ou só existam padrões insuficientes, para que se possa julgar os pontos de vista adversários.

Muitas vezes, considerações exigidas no interior da tradição atomista só podem ser ignoradas pelos que conduzem a pesquisa ou o debate na tradição holista, à custa de, segundo seus próprios padrões, excluir boas razões para crer ou descrer em algo, ou para agir de uma forma, e não de outra. Inobstante, não raro acontece que, em outras áreas, o que é afirmado por coletivistas pode, aprioristicamente, não encontrar nenhuma equivalência entre individualistas, ou vice-versa. Esta última situação surge de forma bastante clara, por exemplo, em relação à concretização dos direitos fundamentais da segunda geração em diante, dentro de uma estrutura normativa e institucional predominantemente especializada para a efetivação de direitos individuais. A forma de construção do Direito liberal-individualista e, particularmente, no âmbito do tema aqui tratado, faz com que surja uma série de obstáculos quase intransponível quando se pensa na efetivação da função de um sistema de seguridade social num projeto constitucional com vertente social-democrática, fundada em direitos fundamentais de segunda e terceira geração, pois estes têm uma gama de idiossincrasias, que exige um outro modelo normativo, uma outra forma jurídica que se distancia, em vários pontos, da liberal-individualista.

Assim, é inexorável admitir que a controvérsia constitucional estabelecida no caso das contribuições previdenciárias por parte dos inativos é um dos temas onde os argumentos expendidos para a consagração de uma ou outra alternativa de estruturação do sistema reflete fortemente este tensionamento histórico entre estas tradições fundamentais na materialização do constitucionalismo.

Resta-me, nos limites aqui propostos, desvelar em que medida estes embates entre individualistas e coletivistas manifestam-se significativamente no processo histórico de construção de sentido da nossa Constituição pelo STF.

4. O discurso decisório do supremo e o sentido contitucional de sistema de seguridade social

4.1. Argumento formal-positivista

4.1.1. A Constituição da República não admite a instituição da contribuição de seguridade social sobre inativos e pensionistas da União

O argumento positivista constitucional, utilizado para rechaçar a instituição da contribuição pelos inativos, por ocasião do julgamento da ADIn 2010-2, consistiu na construção de que a Lei nº 9.783/99, ao dispor sobre a contribuição de seguridade social relativamente a pensionistas e a servidores inativos da União, regulou, indevidamente, matéria não autorizada pelo texto da Carta Política, eis que, não obstante as substanciais modificações introduzidas pela EC nº 20/98 no regime de previdência dos servidores públicos, o Congresso Nacional absteve-se, conscientemente, no contexto da reforma do modelo previdenciário, de fixar a necessária matriz constitucional, cuja instituição se revelava indispensável para legitimar, em bases válidas, a criação e a incidência dessa exação tributária sobre o valor das aposentadorias e das pensões.

Neste raciocínio, o regime de previdência de caráter contributivo, a que se refere o art. 40, caput, da Constituição, na redação dada pela EC nº 20/98, foi instituído, unicamente, em relação "Aos servidores titulares de cargos efetivos..", inexistindo, desse modo, qualquer possibilidade jurídico-constitucional de se atribuir, a inativos e a pensionistas da União, a condição de contribuintes da exação prevista na Lei nº 9.783/99. Interpretação do art. 40, §§ 8º e 12, c/c o art. 195, II, da Constituição, todos com a redação que lhes deu a EC nº 20/98.

Este foi um dos elementos argumentativos fundamentais para o julgamento de procedência da ADIN 2010-2 e, posteriormente, quando houve nova tentativa de reeditar-se a institucionalização da contribuição de inativos, o Governo Lula estrategicamente, ao invés de tentar regulamentar a matéria através de lei, utilizou-se de uma PEC, o que evitou a argumentação da inexistência de positivação constitucional, uma vez que a emenda constitucional 41/2003 cumpriu exatamente o papel de modificar a matriz constitucional previdenciária.

4.2. Argumento histórico

4.2.1. Os debates parlamentares e a interpretação da Constituição

O STF, face à relevância da matéria objeto de análise pela ADIn 2012-2, socorreu-se até mesmo do conteúdo dos debates parlamentares em torno do tema, como elemento de referência interpretativa. Neste aspecto, considerou que o argumento histórico, no processo de interpretação constitucional, não se reveste de caráter absoluto. Qualifica-se, no entanto, como expressivo elemento de útil indagação das circunstâncias que motivaram a elaboração de determinada norma inscrita na Constituição, permitindo o conhecimento das razões que levaram o constituinte a acolher ou a rejeitar as propostas que lhe foram submetidas.

A partir disso, o registro histórico dos debates parlamentares, em torno da proposta que resultou na Emenda Constitucional nº 20/98 (PEC nº 33/95), revelou-se extremamente importante na constatação de que a única base constitucional – que poderia viabilizar a cobrança, relativamente aos inativos e aos pensionistas da União, da contribuição de seguridade social – foi conscientemente excluída do texto, por iniciativa dos próprios Líderes dos Partidos Políticos de sustentação parlamentar ao Governo, na Câmara dos Deputados, fato expresso no Comunicado Parlamentar publicado no Diário da Câmara dos Deputados, p. 04110, edição de 12/2/98).

O destaque supressivo, patrocinado por esses Líderes partidários, excluiu, do Substitutivo aprovado pelo Senado Federal (PEC nº 33/95), a cláusula destinada a introduzir, no texto da Constituição, a necessária previsão de cobrança, aos pensionistas e aos servidores inativos, da contribuição de seguridade social.

Ainda que de caráter histórico, este argumento tinha uma finalidade positivista-normativista, eis que buscou uma justificativa para a procedência da ADIN 2012-2 na inexistência de previsão constitucional acerca do instituto que se pretendia implantar para modificar significativamente a matriz constitucional previdenciária.

4.3. Argumentos individualistas

4.3.1. O regime contributivo é, por essência, um regime de caráter eminentemente retributivo. A questão do equilíbrio atuarial (CF, art. 195, § 5º). Ausência de causa suficiente

Este, com certeza, é um dos mais fortes argumentos liberais-individualistas sobre os quais se embasou a construção de sentido constitucional na direção da não instituição da contribuição previdenciária para inativos no ano de 1999. A idéia central é de que, sem causa suficiente, não se justifica a instituição (ou a majoração) da contribuição de seguridade social, pois, no regime de previdência de caráter contributivo, deve haver, necessariamente, correlação entre custo e benefício.

Neste argumento imperou a tese do equilíbrio atuarial numa perspectiva individualista, construção que parece distanciar-se um pouco da concepção social e democrática presente no § 5º do art. 195, que, pelo seu enunciado, manifesta a indicação de ser um dispositivo de proteção mais do sistema previdenciário do que propriamente dos contribuintes, pois prevê que nenhum benefício ou serviço da seguridade social poderá ser criado, majorado ou estendido sem a correspondente fonte de custeio total. A doutrina, bem como precedentes do STF estenderam esta idéia do equilíbrio atuarial. Assim, a existência de estrita vinculação causal entre contribuição e benefício põe em evidência a correção da fórmula segundo a qual não pode haver contribuição sem benefício, nem benefício sem contribuição.

4.3.2. A tributação confiscatória é vedada pela Constituição da República

Juntamente com o argumento do caráter retributivo do regime previdenciário e a conseqüente falta de causa suficiente, a vedação da tributação confiscatória constitui o núcleo forte de uma concepção de regime previdenciário liberal-individualista, presente no sentido constitucional instituído pelo STF ao apreciar a ADIn 2010-2. A vedação da tributação confiscatória é um dos primeiros e mais relevantes movimentos dos primórdios do liberalismo, tendo sido já positivado na Magna Carta inglesa de 1215, como restrição ao poder do rei João sem Terra.

Seguindo uma tradição liberal de proteção das liberdades individuais, a jurisprudência do STF tem entendido como cabível, em sede de controle normativo abstrato, a possibilidade de a Corte examinar se determinado tributo ofende, ou não, o princípio constitucional da não-confiscatoriedade consagrado no art. 150, IV, da Constituição.[7]

A proibição constitucional do confisco em matéria tributária revela-se como uma das instituições jurídicas mais significativas decorrentes da projeção de razões práticas filosófico-política individualistas. Representa senão a interdição, pela Carta Política, de qualquer pretensão governamental que possa conduzir, no campo da fiscalidade, à injusta apropriação estatal, no todo ou em parte, do patrimônio ou dos rendimentos dos contribuintes, comprometendo-lhes, pela insuportabilidade da carga tributária, o exercício do direito a uma existência digna, ou a prática de atividade profissional lícita ou, ainda, a regular satisfação de suas necessidades vitais (educação, saúde e habitação, por exemplo).

A identificação do efeito confiscatório deve ser feita em função da totalidade de carga tributária, mediante verificação da capacidade de que dispõe o contribuinte – considerando o montante de sua riqueza (renda e capital) – para suportar e sofrer a incidência de todos os tributos que ele deverá pagar, dentro de determinado período, à mesma pessoa política que os houver instituído (a União Federal, no caso), condicionando-se, ainda, a aferição do grau de insu-

---

[7] Precedente: ADI 1.075-DF, Rel. Min. CELSO DE MELLO (o relator ficou vencido, no precedente mencionado, por entender que o exame de efeito confiscatório do tributo depende da apreciação individual de cada caso concreto).

portabilidade econômico-financeira, a observânciapelo legislador, de padrões de razoabilidade praticados pelo Poder Público.

Resulta configurado o caráter confiscatório de determinado tributo, sempre que o efeito cumulativo – resultante das múltiplas incidências tributárias estabelecidas pela mesma entidade estatal – afetar, substancialmente, de maneira irrazoável, o patrimônio e/ou os rendimentos do contribuinte.

O Poder Público, especialmente em sede de tributação (as contribuições de seguridade social revestem-se de caráter tributário), não pode agir imoderadamente, pois a atividade estatal acha-se essencialmente condicionada pelo princípio da razoabilidade.

4.3.3. A contribuição de seguridade social possui destinação constitucional específica

A contribuição de seguridade social não só se qualifica como modalidade autônoma de tributo,[8] como também representa espécie de tributária essencialmente vinculada ao financiamento da seguridade social, em função de específica destinação constitucional.

A vigência temporária das alíquotas progressivas prevista no art. 2º da Lei nº 9.783/99, além de não implicar concessão adicional de outras vantagens, benefícios ou serviços – rompendo, em conseqüência, a necessária vinculação causal que deve existir entre contribuições e benefícios[9] –, constitui expressiva evidência de que se buscou, unicamente, com a arrecadação desse plus, o aumento da receita da União, em ordem a viabilizar o pagamento de encargos (despesas de pessoal) cuja satisfação deve resultar, ordinariamente, da arrecadação de impostos.

Esta linha de argumentação, que integrou parte das linhas de raciocínio dos votos vencedores na ADIn 2010-2, está diretamente conectada com um outro tópico argumentativo vinculado à tradição individualista, qual seja, o caráter retributivo do sistema previdenciário. Sua consagração destinou-se a enfrentar, como contraponto, a justificação coletivista de que o Estado pudesse lançar mão de uma extensão da contribuição até os inativos como alternativa de equilíbrio das contas atuariais do sistema público de previdência.

4.3.4. Razões de estado não podem ser invocadas para legitimar o desrespeito à supremacia da Constituição da República

Da mesma forma como o argumento anteriormente exposto, o rechaço a razões de Estado, como por exemplo, a necessidade de equalização das contas

---
[8] RJT 143/684.
[9] RJT 147/921.

do sistema previdenciário, constitui-se em forte concepção individualista. A invocação das razões de Estado – além de deslegitimar-se como fundamento idôneo de justificação de medidas legislativas – representa, por efeito das gravíssimas conseqüências provocadas por seu eventual acolhimento, uma ameaça inadmissível às liberdades públicas, à supremacia da ordem constitucional e aos valores de direito positivo, um importante fator de ruptura e de desestabilização político-jurídica.

Neste aspecto, entendeu o STF que nada compensa a ruptura da ordem constitucional. Nada recompõe os gravíssimos efeitos que derivam do gesto de infidelidade ao texto da Lei Fundamental.

A defesa da Constituição não se expõe, nem deve submeter-se, a qualquer juízo de oportunidade ou de conveniência, muito menos a avaliações discricionárias fundadas em razões de pragmatismo governamental. A relação do Poder, e de seus agentes, com a Constituição, há de ser, necessariamente, uma relação de respeito.

Se, em determinado momento histórico, circunstâncias de fato ou de direito reclamarem a alteração da Constituição, em ordem a conferir-lhe um sentido de maior contemporaneidade, para ajustá-la, desse modo, às novas exigências ditadas por necessidades políticas, sociais ou econômicas, impor-se-á a prévia modificação do texto da Lei Fundamental, com estrita observância das limitações e do processo de reforma estabelecidos na própria Carta Política.

4.3.5. *A defesa da Constituição da República representa o encargo mais relevante do Supremo Tribunal Federal*

O STF – que é o guardião da Constituição, por expressa delegação do Poder Constituinte – não pode renunciar ao exercício desse encargo, pois, se a Suprema Corte falhar no desempenho da gravíssima atribuição que lhe foi outorgada, a integridade do sistema político, a proteção das liberdades públicas, a estabilidade do ordenamento normativo do Estado, a segurança das relações jurídicas e a legitimidade das instituições da República restarão profundamente comprometidas.

O inaceitável desprezo pelo Constituição não pode converter-se em prática governamental consentida. Ao menos, enquanto houver um Poder Judiciário independente e consciente de sua alta responsabilidade política, social e jurídico-institucional.

Este raciocínio possui, também, uma forte influência positivista, deixando de lado qualquer perspectiva hermenêutica mais sofisticada, uma vez que restringe a compreensão do sentido constitucional de sistema previdenciário ao que está meramente posto de forma expressa no capítulo referente a este bem jurídico constitucionalizado. A defesa da Constituição implica um processo hermenêutico que priorize uma compreensão da totalidade do projeto constitucional, considerado como um projeto de sociedade pautado por todos os princípios e postulados que integram as parcelas diretivas e prospectivas do texto constitucional, a partir de um pano de fundo que é o paradigma de Estado Democrático de Direito.

4.4. Argumentos coletivistas
4.4.1. Inexistência de ofensa a outros direitos e garantias individuais

Um outro ângulo sobre o qual foi abordado o problema da imposição de contribuição previdenciária aos inativos, porém dando margem ao surgimento de um outro repertório argumentativo vinculado a uma tradição oposta ao individualismo, foi o da violação de cláusulas pétreas, especialmente em relação a uma suposta abolição de direitos e garantias individuais. O sentido atribuído historicamente, neste aspecto, foi totalmente social e democrático, tendo prevalecido, parcialmente, a tese, por ocasião da ADIn 3.105-8, de que a teoria das cláusulas pétreas e a sua aplicação de forma absoluta e inquestionável reveste-se de caráter conservador, antidemocrático, não-razoável, como uma propensão oportunista e utilitarista a fazer abstração de vários outros valores igualmente protegidos pelo nosso sistema constitucional.

Conservadora porque uma vez acolhida em caráter absoluto, sem qualquer possibilidade de limitação ou ponderação com outros valores igualmente importantes, tais como os que proclamam o caráter social do nosso pacto político, a teoria das cláusulas pétreas terá como conseqüência a perpetuação da nossa desigualdade. Constituiria, em outras palavras, um formidável instrumento de perenização de certos traços da nossa organização social, o que estaria em franco conflito com uma das metas fundamentais da nossa Constituição, insculpida no art. 3°, incisos III e IV, qual seja, a de possibilitar a operação de transformações sócias, visando uma sociedade mais justa e solidária.

Sobre o aspecto democrático, com a improcedência da ADIn 3.105-8, atribuiu o STF o sentido de que a teoria das cláusulas pétreas, observada absolutamente em sua perspectiva liberal, é amplamente antidemocrática pois visa, em última análise, a impedir que o poço, por intermédio de seus representantes legitimamente eleitos, promova de tempos em tempos as correções de rumo necessárias à eliminação paulatina das distorções, dos incríveis e inaceitáveis privilégios que todos conhecemos.

Toda esta construção teve a finalidade de atacar a tese da exacerbação do direito adquirido protegido por cláusulas pétreas. Três motivos fundamentam tal perspectiva significativa consolidada historicamente pela Corte Suprema do País:

a) primeiro, porque não faz mais sentido sustentar, em um Estado Democrático e Social de Direito, que determinadas pessoas possam adquirir o direito de não pagar tributos;

b) por segundo, porque trata-se de uma concepção não razoável querer isentar de contribuição previdenciária solidária milhares de pessoas que se aproveitam de um sistema iníquo de privilégios, de normas frouxas e excessivamente generosas que permitiram a jubilação precoce de pessoas no ápice da sua capacidade produtiva;

c) por último, porque a tese de proteção a direitos adquiridos omite o fato de que tal princípio, fundamental num modelo estritamente liberal, do mesmo modo que outros princípios constitucionais, admite, no paradigma democrático e social de direito, ponderação ou confrontação com outros valores igualmente protegidos pela nossa Constituição. Enfim, as cláusulas pétreas são também princípios relativos.

Entretanto, é preciso frisar que esta tese, mesmo para a maioria dos integrantes da Suprema Corte que entenderam ser constitucional a instituição da contribuição dos inativos, não teve boa recepção, tendo sido afastada com a consideração de que, por ser a contribuição previdenciária de natureza tributária, não atingia qualquer resquício de direito adquirido, uma vez que não há qualquer cláusula de imunidade tributária absoluta em relação aos inativos.

4.4.2. Exigência patrimonial de natureza tributária. Inexistência de norma de imunidade tributária absoluta

Também em oposição à idéia individualista de que a exigência de contribuições de inativos violaria direitos adquiridos, construiu-se a seguinte tese. As contribuições previdenciárias pertencem à classe das contribuições para a seguridade social, as quais têm natureza tributária incontroversa, não obstante submissas a particular regime jurídico-constitucional. Como tributos que são, não há como nem por onde opor-lhes a garantia constitucional outorgada ao direito adquirido, para fundar pretensão de se eximir ao pagamento devido por incidência da norma sobre fatos posteriores ao início da sua vigência.

Se por um lado, a condição de aposentadoria, ou inatividade, representa uma situação jurídico-subjetiva sedimentada, regulada por normas jurídicas vigentes à data de sua perfeição, que não pode ser atingida, no núcleo substantivo desse direito pessoal, por lei superveniente, incapaz de prejudicar os correspondentes direitos adquiridos, por outro, não menos óbvio é que no rol dos direitos subjetivos inerentes à situação de servidor inativos não consta o de imunidade tributária absoluta dos proventos correlatos.

Este argumento representa a mais clara manifestação de uma projeção da tradição coletivista em termos de regulação jurídica da atuação estatal. O sistema tributário tem sido objeto de profundas reflexões no campo da filosofia política pelas mais diferentes tradições. Até mesmo liberais-igualitários como Rawls, por exemplo, refletem acerca do sistema tributário como alternativa de compensação de desvantagens naturais. Dworkin, dentro de uma perspectiva americana, fala de um esquema de seguros. Entretanto, o que é preciso destacar, é que a exigência de contribuição tributária tem se constituído no mais civilizado instrumento estatal de divisão da riqueza e realização de políticas sociais.

4.4.3. Instrumento de atuação do Estado na área da previdência social

A realização de políticas de seguridade social pressupõe a realização de ações tanto pelo Estado quanto pela sociedade. No que se refere às ações estatais, consideradas como obrigações fundamentais impostas constitucionalmente, dependem de fontes de financiamento pelo seu alto custo. Esta linha de pensamento traduz a consciência da mudança das funções do Estado em relação à concretização de direitos fundamentais, a partir da percepção da diferença funcional das diferentes gerações desses direitos.

Assim, ficou claro e consolidado, na ADIn 3105-8, por este posicionamento do STF, que o Estado brasileiro não pode ser compreendido dentro dos cânones de um Estado Liberal de Direito, onde suas funções seriam reduzidas ao mínimo. Mas, noutro sentido, consolidou o sentido de que o Estado, a partir das indicações constitucionais, deve ser entendido como um agente interventor e realizador de políticas sociais, necessitando, para tanto, de contribuições tributárias de diferentes estratos sociais.

4.4.4. Obediência aos princípios da solidariedade e do equilíbrio financeiro e atuarial. Obediência aos objetivos constitucionais de universalidade, eqüidade na forma de participação no custeio e diversidade da base de financiamento

O sistema previdenciário público, antes de ser retributivo, é solidário. Aliás, a idéia de solidariedade é uma diretriz marcante dos Estados Sociais e Democráticos de Direito. Em alguns campos de decisão política, a idéia de solidariedade aparece de uma forma mais marcante que em outros. Assim, pouca demanda há em termos de solidariedade para a concretização de alguns direitos individuais. Mas quando falamos de direitos não-individuais, a harmonização das demandas sociais pressupõe sermos solidários.

Tentar compreender um sistema de seguridade social, dentro dos marcos de um Estado Democrático e Social de Direito, sem a observância de uma projeção social de solidariedade, é não compreender a própria matriz democrática a ele arraigada. Se democracia tinha o sentido participação política e garantias individuais num primeiro momento, significando abstenções erga omnes e do Estado, sem qualquer atenção à demandas de solidariedade, nos momentos que se sucederam ao longo do século passado, na consolidação dos modelos de

Estado Constitucional de Direito, democracia também passou a significar, num ângulo substancial-materialista, solidariedade social.

Sob outro viés, esta solidariedade deve ser traduzida num compromisso de todos os cidadãos brasileiros com a sanidade atuarial de um sistema que, por vários fatores, apresenta-se em processo de degeneração. O comprometimento com um sistema público de seguridade não é somente dos que dele irão beneficiar-se, mas também dos que dele já se beneficiam, sob pena de assim não sendo, num futuro próxima não haver beneficiados concretos nem potenciais.

5. Considerações finais

A título de considerações finais deste ensaio seguem as seguintes colocações:

a) não resta dúvidas de que o STF, nesta nova quadra institucional brasileira, tem assumido, paulatinamente, um papel mais político do que jamais assumira anteriormente. E disto tem decorrido que grandes temas da vida política nacional, com graves repercussões no futuro de nossa sociedade e de nossas instituições democráticas, têm passado pelo crivo político-jurídico deste tribunal. Tal atuação, ainda que perdurem discussões quanto ao procedimento de sua composição e da acumulação de funções jurisdicionais ordinárias com funções jurisdicionais constitucionais, é legítima e cada vez mais necessária, onde as instituições políticas ainda têm sofrido reveses antidemocráticos, de constitucionalidade e de legalidade constantes;

b) também não há qualquer hesitação em afirmarmos que o constitucionalismo contemporâneo possui uma estreita ligação com o seguimento histórico de duas tradições de pesquisa no campo da filosofia política, o atomismo e o coletivismo, sendo os temas do direito constitucional recorrentemente abordados por diferentes autores desses dois mananciais reflexivos;

c) inúmeras controvérsias sobre a constitucionalidade de determinados institutos que compõem o arquétipo político-jurídico brasileiro são projeções de embates temáticos travados por individualistas e coletivistas;

d) tais percussões manifestam-se intensamente nos debates jurisdicionais acerca de um significativo número de temas objetos de decisões políticas, cuja constitucionalidade reveste-se de uma complexidade axiológica tal, que a emergência do debate indivíduo/coletividade constitui um enredo interpretativo paradigmático num determinado momento histórico. Este é o caso, por exemplo, como antes demonstrado, do problema envolvendo a contribuição previdenciária de inativos, cuja decisão do STF, por ocasião da ADIn n. 3105-8, que reconheceu a constitucionalidade de tal instituto, contrariando o posicionamento anterior do STF, prolatado na ADIn n. 2010-2, encerrou um amplo debate entre racionalidades individuais e coletivas, fixando uma série de fundamentos coletivistas que redefiniram todos os parâmetros do sistema público de seguridade social;

e) impõe-se destacar que, inobstante a estruturação argumentativa do STF no plano conteudístico, pender para uma racionalidade coletivista, de extrema relevância para a consolidação da tese da constitucionalidade da contribuição previdenciária dos inativos, foi uma postura positivista de alguns de seus membros. Explico melhor. Quando do julgamento da ADIn 2010-2, um dos argumentos preponderantes para rechaçar a constitucionalidade de tal instituto foi a inexistência de uma positivação constitucional que mencionasse explicitamente essa possibilidade de instituição feita através da Lei n. 9.783/99. Provavelmente, percebendo esta postura da Corte, o Executivo, ao retomar esta empreitada em 2003, para tentar sanar a previdência social, o fez mediante a propositura de uma PEC que resultou na Emenda Constitucional n. 41, a qual modificou o art. 40 da Constituição. A positivação desta Emenda, sem sombra de dúvidas, dói fator determinante para a consideração da constitucionalidade da contribuição aqui tratada, na ocasião do julgamento da ADIn 3105-8;

f) por fim, cumpre ressaltar que a alteração significativa da composição da Corte, com membros mais afinados com uma cultura social e democrática, constituiu-se em fator determinante para a prosperidade da proposta de saneamento da previdência com a inclusão de pensionistas e aposentados no rol de contribuintes.

— VIII —

Judiciário, mídia e cidadania[1]

ÁLVARO FILIPE OXLEY DA ROCHA[2]

Sumário: Introdução; 1. Uma abordagem sociológica; 2. Constituição e cidadania; 3. Cidadania e mídia; 4. Judiciário e mídia; Conclusão.

Introdução

O presente artigo, relacionado ao tema que se vem desenvolvendo em pesquisa,[3] propõe-se a explicitar as relações entre o Poder Judiciário e a mídia, e as conseqüências dessa interação para a realização da cidadania[4] no Brasil.[5] O artigo constitui-se também em um primeiro levantamento da literatura e dos conceitos fundamentais para o estudo do tema proposto.[6] Partindo da compreensão do Judiciário não apenas como guardião da norma constitucional,[7] mas como ator social e político encarregado de sua efetivação, e portanto como *agente de transformação social*, procura-se estabelecer as referências de análise capazes de esclarecer o nível de comprometimento de seus agentes com a efetivação dos direitos básicos de cidadania,[8] incluindo os chamados "novos" direitos.[9] As relações da mídia com o Judiciário, instáveis por diversas

---
[1] Esse trabalho é apresentado como parte integrante dos resultados parciais decorrentes do projeto de pesquisa que vem sendo desenvolvido pelo autor, no Programa de Pós-graduação em Direito da UNISINOS.

[2] Doutor em Direito do Estado (UFPR), Mestre em Ciência Política (UFRGS). Professor e pesquisador no Programa de Pós-graduação e na graduação em Direito da UNISINOS.

[3] Ver ROCHA, Álvaro Filipe Oxley da. Judiciário: cidadania e reforma. In *Constituição, Sistemas Sociais e Hermenêutica*. André Leonardo Copetti Santos, Lenio Luiz Streck, Leonel Severo Rocha (Orgs.) Porto Alegre: Livraria do Advogado, Ed. São Leopoldo: UNISINOS, 2007.

[4] Ver MARSHALL, T. H. *Cidadania, Classe Social e Status*. Rio de janeiro, Zahar, 1967.

[5] CARVALHO, José Murilo de. *Cidadania no Brasil: o longo caminho*. Rio de janeiro: Civilização Brasileira, 2002.

[6] Ver TEIXEIRA, Elisabeth. *As três metodologias: acadêmica, da ciência e da pesquisa*. Petrópolis, RJ: Vozes, 2005.

[7] Ver MAUS, Ingeborg. Judiciário como superego da sociedade: o papel da atividade jurisprudencial na sociedade órfã. In: *Novos Estudos*, CEBRAP, n°58, nov. 2000.

[8] Ver CARVALHO, José Murilo de. *Cidadania no Brasil: o longo caminho*. Rio de janeiro: Civilização Brasileira, 2002.

[9] Pode-se apontar como os principais, entre os "novos" direitos, os direitos da criança e do adolescente, os direitos das mulheres, os direitos indígenas, os que se destinam a combater o racismo, os direitos

razões, tem facetas contraditórias, pois as linguagens desses atores sociais não são compatíveis,[10] ao mesmo tempo em que alegam os mesmos fundamentos de legitimação em seus discurso, ou seja, trabalhar no interesse da democracia,[11] em nome dos interesses dos cidadãos e da realização de seus direitos. Diante dessa contradição, é necessário questionar as formas de legitimação criadas pela mídia e seus efeitos sobre os agentes do Judiciário, esclarecendo quem são e o que norteia a luta dos agentes dos campos jornalístico e jurídico, e os resultados dessa interação na realização dos direitos de cidadania. Para tanto, por um prisma sociológico,[12] e evitando o senso comum judicial[13] e jornalístico,[14] busca-se estabelecer uma base conceitual de análise, apresentando os conceitos de "habitus" e de campo social, da obra de Pierre Bourdieu,[15] que também fornece a principal referência teórica para este artigo e para a pesquisa no qual o mesmo se integra, inserida na linha de pesquisa "Sociedade, novos direitos e transnacionalização", e na linha de interesse social da Universidade intitulada "Cidadania e efetivação social do Direito". A partir disso, é possível levantar questões relevantes, como a disparidade entre as linguagens próprias de cada campo, e as respectivas noções contraditórias de tempo e do seu uso. Finalmente, procura-se compreender a extensão do efeito de deslegitimação dos espaços estatais de debate e decisão diante do avanço da mídia, com fim de esclarecer até que ponto sua ação, nada neutra, por exemplo, ao ditar a agenda pública[16] e na criação ou ampliação interessada de escândalo, é benéfica à democracia e à realização dos direitos de cidadania.[17] Por essa razão, há que dedicar especial atenção às questões relacionadas ao papéis sociais ocupados pela mídia,[18] em especial a televisão,[19] pois no contexto de uma democracia moderna os interesses da mídia privada,[20] legitimados na argumentação de defesa

---

dos idosos, o direito do consumidor, o direito ambiental, o biodireito e os que decorrem da difusão da informática (internet).

[10] Ver BOURDIEU, Pierre. *Sobre a Televisão*. Rio de Janeiro: Jorge Zahar Ed., 1997.

[11] Ver BOBBIO, Norberto, *Liberalismo e Democracia*. São Paulo, Brasiliense, 1988.

[12] Ver MAROCCO, Beatriz e BERGER, Christa. *A era glacial do jornalismo: teorias sociais da imprensa.* Porto Alegre: Sulina, 2006.

[13] Ver, por exemplo, MACCALÓZ, Salete. *O Poder Judiciário, os meios de comunicação e a opinião pública*. Rio de Janeiro, Lumen Juris, 2002.

[14] Ver, por exemplo, OSTERMANN, Ruy C. et al. Poder judiciário, meios de comunicação, poder e democracia. In *A Constituição democrática brasileira e o Poder Judiciário*. São Paulo: Centro de Estudos Fundação Konrad-Adenauer Stiftung, 1999.

[15] Sociólogo e filósofo francês, um dos mais competentes e controvertidos e citados intelectuais do século XX. Para uma aproximação de sua obra, sugerem-se os livros de entrevistas "Coisas ditas", e "Questões de Sociologia", adiante referidos.

[16] Ver COUTO, Cláudio Gonçalves. *A agenda constituinte e a difícil governabilidade*. São Paulo: Lua Nova: revista de cultura e política. Nº39, 1997.

[17] Ver MEKSENAS, Paulo. *Cidadania, Poder e Comunicação*. São Paulo, Cortez, 2002.

[18] Ver BRIGGS, Asa e BURKE, Peter. *Uma história social da mídia: de Gutenberg à internet*. [Trad. Maria Carmelita Pádua Dias] Rio de janeiro: Jorge Zahar Ed., 2004.

[19] Ver BOURDIEU, Pierre. *Sobre a Televisão*. Rio de janeiro: Jorge Zahar Ed., 1997.

[20] Ver THOMPSON, J. B. *O escândalo político*: poder e visibilidade na era da mídia. Petrópolis, Vozes, 2002.

de uma suposta "opinião pública",[21] não podem ser priorizados em detrimento do interesse social (público), em acordo com o art. 3°, inciso IV, 1ª parte, da Constituição Federal Brasileira. A temática já foi objeto de nossa atenção, por prisma diferente, em outra pesquisa.[22] Entretanto, seu interesse segue crescente, pois, dada a constatação de que a mídia, por todos os seus meios (televisão, internet, jornais e rádio), é a mais significativa fonte de informações dos cidadãos, e a disponibilidade de informação ser, portanto, um dos fatores determinantes para o exercício da democrático da cidadania, a compreensão dos mecanismos pelos quais a mídia se move torna-se fundamental. É consenso que cidadãos bem informados expressam melhor seus pensamentos e vontades, inclusive no que se refere à escolha de seus representantes, pelo voto. Ao mesmo tempo, entretanto, ainda que a mídia divulgue as questões políticas em grande volume, constata-se um alto nível de desinformação, no que se refere a política, pelo cidadão.[23] Temos consciência de que, nas condições do senso comum, é muito difícil, para muitos agentes, libertar-se da cadeia de categorias de associações mentais, conceitos, preconceitos e subentendidos legitimatórios impostos pelos discursos midiáticos. Deve-se ainda destacar que esse empecilho também atinge os grupos mais intelectualizados, mas pouco afeitos a resistir e analisar de modo neutro a ação nada neutra da mídia. Importa, entretanto, como aconselha Bourdieu,[24] pensar o objeto "discurso da mídia" *sem usar* as categorias criadas, difundidas e controladas pela mídia: é nesse sentido que o debate das relações de poder, especialmente, a relação da mídia com o Estado[25] (com destaque para o Judiciário) e as conseqüências dessa interação para a realização cidadania assumem grande relevância.

1. Uma abordagem sociológica

A relação entre Judiciário e mídia preocupa muitos agentes, que procuram se aproximar do problema.[26] Entretanto, para uma abordagem produtiva do mesmo, alguns conceitos sociológicos são fundamentais para a abordagem proposta no presente artigo. A descrição da dinâmica social na qual se dá a interação entre os campos jurídico e jornalístico é complexa, e sua apreensão é facilmente levada à argumentação de senso comum e, mais gravemente ainda, para o senso comum conduzido pelas categorias midiáticas. Por essa razão,

---

[21] Ver BOURDIEU, Pierre. A opinião pública não existe. In *Questões de sociologia*. Rio de Janeiro: Marco Zero, 1983, p. 173.

[22] Ver ROCHA, Alvaro Filipe Oxley da. Direito e jornalismo: uma convivência difícil. In *Revista da AJURIS/ Associação dos Juízes do Rio Grande do Sul* – v.31, n°93. Porto Alegre: AJURIS, março, 2004.

[23] Ver PORTO, Mauro. Muito além da informação: mídia, cidadania e o dilema democrático. In *São Paulo em perspectiva*, São Paulo, v. 12, n.4, out./dez. 1998.

[24] Ver BOURDIEU, Pierre. *A profissão de sociólogo: preliminares epistemológicas*. Petrópolis: Vozes, 1999.

[25] MORAIS, José Luis Bolzan. *As crises do Estado e da Constituição e a transformação espacial dos Direitos Humanos*. Porto Alegre, Livraria do Advogado, 2002.

[26] Ver RODRIGUES, Cunha. *Comunicar e julgar*. Coimbra: Edições Minerva, 1999.

preliminarmente, cumpre elucidar, ainda que muito sucintamente, os principais elementos que permitem situar essa interação pelo prisma sociológico, os conceitos de "habitus" e de campo social.[27] Assim, conforme Bourdieu, a noção de "habitus"[28] nasce da necessidade de romper com o paradigma estruturalista[29] sem recair na velha filosofia do sujeito ou da consciência, ligada à economia clássica e seu conceito de *homo economicus*. O autor retoma a noção de "hexis" aristotélica, como revista pela antiga escolástica, e então rebatizada de "habitus"; procura desse modo reagir contra a idéia do indivíduo como mero suporte da estrutura. Desse modo seria possível evidenciar as características criadoras, ativas e inventivas do "habitus" individual, as quais não são descritas pelo sentido tradicional da palavra "hábito". A noção de "habitus", então, procura induzir não a idéia de um "espírito universal", de uma natureza ou razão humanas, mas um *conhecimento adquirido* e um *bem*, um capital havido pelo indivíduo, tornado desse modo *um agente em ação*. É desse modo que surge o primado da razão prática, no sentido estabelecido por Kant.[30] O autor procura resgatar, desse modo, o "lado ativo" do conhecimento prático, que a tradição materialista marxista tinha abandonado. A utilização original do conceito de "habitus" aproxima-se assim da presente, pois contém a intenção teórica de sair da filosofia da consciência sem anular o agente em sua realidade de operador prático na construção de objetos. Instrumentaliza-se com esse termo a dimensão corporal contida numa postura social, inserida no funcionamento sistemático do agente como corpo socializado. Nesse sentido, o conceito de "habitus" é assim descrito:

> (...) O *habitus*, como diz a palavra, é aquilo que se adquiriu, que se encarnou no corpo de forma durável, sob a forma de disposições[31] permanentes. (...) ...o habitus é um produto dos condicionamentos que tende a reproduzir a lógica objetiva dos condicionamentos, mas introduzindo neles uma transformação: é uma espécie de máquina transformadora que faz com que nós "reproduzamos" as condições sociais de nossa própria produção, mas de uma maneira relativamente imprevisível, de uma maneira tal que não se pode passar simplesmente e mecanicamente do conhecimento das condições de produção ao conhecimento dos produtos.[32]

A dinâmica do habitus permite a "naturalização dos comportamentos e, desse modo, a aceitação do convencionado como se fosse o único comportamento e ponto de vista possíveis. No entanto, dentro dessa dinâmica, deve existir espaço para alguma imprevisibilidade nos comportamentos dos agentes,

---

[27] Ver BORDIEU, Pierre. *O Poder Simbólico*. Rio de Janeiro: Bertrand Brasil, 1998.

[28] Ver também BARROS FILHO, Clóvis de, e SÁ MARTINO, Luis Mauro. *O habitus na comunicação*. São Paulo: Paulus, 2003.

[29] Designação genérica de diversas correntes de pensamento sociológico que se fundam sobre o conceito teórico marxista de "estrutura", e no pressuposto metodológico de que a análise dessas estruturas é mais importante do que a descrição ou a interpretação dos fenômenos, em termos funcionais.

[30] Ver KANT, Immanuel, *Crítica da Razão Prática*. Trad. Artur Morão. Lisboa-Rio de Janeiro: Edições 70, 1989.

[31] O termo francês "disposition", no original, pode também ser traduzido por "atitude".

[32] Ver BOURDIEU, Pierre. *Questões de Sociologia*, 1983.

cuja aceitação posterior possa justificar que esses agentes venham a ocupar espaços no campo sem produzir modificações que possam comprometer a manutenção do campo, as posições ocupadas por agentes mais antigos e o sistema de distribuição das compensações advindas da aceitação no campo. O "habitus" é historicamente construído, e não se mantém inativo, renovando-se pelas práticas dos agentes, e sempre encontrando novas formas de reforço à suas convicções, referidas ao grupo. O "habitus", portanto, dispõe de uma grande capacidade de adaptação, sem que seu princípios fundamentais sejam de fato atingidos. Entretanto, o exercício do "habitus" produz resistência, conduzindo a forte carga de ressentimento nos agentes que são impedidos por qualquer razão de assumi-lo na realidade objetiva, o que pode levá-los a buscar recursos externos ao seu campo, como os recursos da mídia, (denúncias, debates, etc.) que surgem como ações pensadas de modo a atingir o campo, ou produzir internamente efeitos que, pelos canais oficiais, não são possíveis.[33]

A noção de campo[34] é complementar à de "habitus" na análise das interações em foco. Preliminarmente, deve-se esclarecer que, ao se tratar dessa noção, é necessário separá-la de acepções tradicionais, como as da física, segundo a qual campo é uma região do espaço onde se exerce um força determinada, ou da psicologia social, onde campo é um conjunto de processos psíquicos que constituem um sistema dinâmico, para chegar à noção de campo em Sociologia. Para esta última ciência, entretanto, deve-se ter presente que esse termo adquire um significado muito extenso, e deixa assim de ser preciso; costuma ser associado aos sentidos de "domínio" e de "sistema". Para a maioria dos sociólogos, mantém-se uma idéia básica de dinâmica das forças sociais, relacionadas com um aspecto de disputa entre os agentes. Touraine[35] apresenta sua noção de campo de historicidade como um conjunto formado pelo sistema de ação histórica e as relações de classes pelas quais a historicidade se transforma em orientações da atividade social, estabelecendo assim seu domínio sobre a produção da sociedade. Desse modo, o autor assimila, por exemplo, "campo político" à noção de "sistema político", o que não contribui para maior clareza. Pierre Bourdieu, entretanto, elabora ao longo de sua obra[36] uma consistente teoria dos campos sociais, que busca expor os mecanismos que geram tais campos, descrevendo sua estrutura e suas propriedades. Evitando o tratamento residual e pouco objetivo dado a essa noção pela maioria de seus antecessores, o autor procura explicitá-la de maneira mais precisa, como segue:

> (...) Um campo, e também o campo científico, se define entre outras coisas através da definição dos objetos de disputas e dos interesses específicos que são irredutíveis aos objetos de disputas e aos

---

[33] Ver ROCHA, A. F. O. O Judiciário e o nepotismo. In *Sociologia do Direito: a magistratura no espelho*. São Leopoldo, Ed. UNISINOS, 2002.

[34] A noção de campo aqui utilizada é a desenvolvida por Pierre Bourdieu, a qual *em nada* se assemelha à de Niklas Luhman, em sua Teoria dos Sistemas.

[35] Ver TOURAINE, Alan. *Production de La Societé*. Paris: PUF, 1973.

[36] Ver PINTO, Louis, *Pierre Bourdieu e a Teoria do Mundo Social*. Rio de Janeiro, Ed. FGV, 2000.

interesses próprios de outros campos (não se poderia motivar um filósofo com as questões próprias dos geógrafos) e que não são percebidos por quem não foi formado para entrar nesse campo (cada categoria de interesses implica na indiferença em relação a outros interesses, a outros investimentos, destinados assim a serem percebidos como absurdos, insensatos, ou nobres, desinteressados). Para que um campo funcione, é preciso que haja objetos de disputas, e pessoas prontas para disputar o jogo, dotadas de *habitus* que impliquem no conhecimento e no reconhecimento das leis imanentes do jogo, dos objetos de disputas, etc.[37]

    A estrutura interna de cada campo estabelece os valores e metas a serem considerados como objeto de disputa entre os agentes, pelos padrões de pensamento e formação desses agentes, e não há como reduzir os valores de um campo pelos de outro campo, em função do treinamento recebido pelos agentes para que possam encontrar orientação dentro do campo, conhecer e reconhecer os agentes acima e abaixo de si na hierarquia, e dominar os mecanismos de mobilidade internos ao campo. Bourdieu esclarece que os investimentos para a inserção no campo com freqüência independem do agente, sendo definidos muitas vezes na origem, pela família. O autor aponta a situação específica de cada campo social, identificando-a com a orientação dos agentes que ocupam as posições mais altas na hierarquia do campo, e que surge claramente ao se indicar as instituições envolvidas. Mas há que se destacar também as estratégias adotadas por esses agentes para a realização de seus objetivos, ligados aos objetivos oficiais do campo. A adoção de estratégias mais ou menos rígidas, ou flexíveis em relação às demais instituições e seus agentes, relacionada à identidade entre os mesmos, em geral forjada em lutas anteriores, possibilita o estabelecimento ou não de novas estratégias, visando a manutenção do campo com o equilíbrio dos interesses dos agentes, o que pode determinar ações e lutas abertas ou silenciosas entre os grupos de agentes. No caso do campo jurídico, a intromissão de pressões externas do campo político, freqüentemente veiculadas via mídia, por exemplo, tende a ser, em princípio, ignorada por seus agentes, pois o acesso ao campo não está disponível para agentes que não disponham das condições exigidas pela lógica interna para reconhecimento e interação, o que significa dever o mesmo submeter-se aos interesses e à avaliação pelos integrantes do campo. Tal não ocorre desse modo no campo político, no qual as pressões mediáticas são consideradas legítimas, pois representaria esta uma "opinião pública", e a conservação dos agentes em suas posições depende da legitimação externa, submetida à lógica eleitoral, fortemente influenciada pelo campo jornalístico.[38]

    Centrando essa noção no campo jornalístico, podemos afirmar que o mesmo ocupa uma posição peculiar em relação aos demais, dado o domínio dos instrumentos de produção do seu discurso, em especial no caso da televisão. Sua estruturação lógica se dá em torno de uma oposição formada basicamente pelo reconhecimento interno dos pares jornalistas num pólo, e o reconhecimen-

---

[37] Ver BOURDIEU, Pierre. *Questões de Sociologia*, 1983.
[38] Ver BOURDIEU, Pierre. *Sobre a Televisão*. Rio de Janeiro: Jorge Zahar Ed., 1997.

to externo no outro, representado pelo número apurado de leitores, ouvintes ou telespectadores, que está condicionado necessariamente a uma resposta de mercado típica de atividade comercial, o lucro financeiro.[39] No passado anterior ao rádio e à televisão, esta oposição se dava entre os jornais ditos "sensacionalistas" e os jornais dedicados aos comentários, legitimados na noção de "objetividade", durante o séc. XIX, onde se originou o campo como hoje conhecemos.[40] Esse campo supõe, internamente, uma oposição entre um pólo dito "cultural", cujos padrões são formados e impostos pelos jornalistas mais experientes, e um pólo "comercial", formado por novatos inexperientes e dispostos a assumir riscos, o qual na verdade é visto, dentro do campo, como mais importante que o primeiro, dados os interesses financeiros das empresas de mídia. Como representa este a legitimação externa, e a sustentação financeira pelos patrocinadores, que se move através do reconhecimento indireto da pontuação das pesquisas de audiência, a tendência é que o primeiro se curve às exigências do segundo. Deste modo, os jornalistas mais experientes, em cargos de decisão, acabam adotando, muitas vezes contrariamente aos seus colegas novatos, os critérios que levam a uma melhor resposta nos referidos índices, de modo a manter ou aumentar os lucros. Daí sua preocupação em "nivelar por baixo" os textos que serão divulgados na imprensa escrita, radiofônica ou televisiva, simplificando e encurtando as mensagens, agregando imagens de apelo fácil, e outros recursos do gênero. Em razão da perseguição de bons índices de audiência, a atividade jornalística é em grande parte impulsionada por uma "pressão" criada e mantida pelos próprios jornalistas, que se traduz na busca da prioridade da notícia, que será divulgada em primeira mão por este ou por aquele órgão específico. Na linguagem interna do campo jornalístico, o fenômeno se chama "furo". Esta característica parece estar inscrita também na lógica da "credibilidade" jornalística, com a qual se busca conquistar a confiança e a fidelidade dos receptores, mas a tendência é que seja realmente importante apenas internamente ao campo, permitindo reconhecimento e premiação, embora não represente um dado importante para os destinatários, externamente. Externamente, entretanto, aparece a lógica da busca do novo como fator de controle: a velocidade na obtenção da notícia seria a preliminar para ser "atualizado", para "não ficar para trás", o que leva antes de tudo à superficialidade na avaliação dos fatos e do conhecimento, com permanente esquecimento do fato "velho", em troca da idolatria do desconhecido ou mesmo do chocante, pelo critério único de ser o mesmo "novidade". Em razão disso, também surge a disputa em torno da busca de renovação, ou "variedade", contribui antes de tudo para que uniformizem as opções oferecidas ao consumidor pela imitação mútua das fórmulas "de sucesso", em termos de peças de mídia (formato de programas de TV e rádio, assunto e destaques em jornais e revistas). No que se refere ao caso brasileiro, deve-se relembrar que muitas das características da conceituação acima não foram devidamente trabalhadas científi-

---

[39] Ver BOURDIEU, Pierre. *Sobre a Televisão*. Rio de Janeiro: Jorge Zahar Ed., 1997.
[40] Ver BRIGGS, Asa e BURKE, Peter. *Uma história social da mídia: de Gutenberg à internet*. [Trad. Maria Carmelita Pádua Dias] Rio de Janeiro: Jorge Zahar Ed., 2004.

camente no país, não se devendo tomar como definitiva tal apropriação. Os temas relativos aos novos direitos também refletem a tendência de divulgar a novidade, e acaba por impor a pauta da discussão na política e especialmente no Judiciário, o que implica no problema de serem os mesmos esquecidos, substituídos na pauta por outra novidade, refletindo-se esse esquecimento entre os juízes. Esse aspecto da relação entre mídia e judiciário, entretanto, será objeto de estudo posterior. Cumpre agora esclarecer a noção de cidadania com a qual se pretende trabalhar na pesquisa, como parte do discurso dos campos jurídico e jornalístico, vistos até aqui.

2. Constituição e cidadania

Para se ter uma noção mais clara do conceito de cidadania, deve-se ter presente que, do ponto de vista jurídico tradicional, "cidadão" remete, em primeiro lugar, à condição de morador da cidade e, por extensão, do país, demonstrando a efetividade de residência. Desse modo, possui cidadania natural o indivíduo nascido em território nacional, que pode participar da vida política do país, em oposição ao indivíduo estrangeiro, em situação especial no território, mas também detentor de direitos embora mais limitados, inclusive o de obter a cidadania brasileira, denominada, então, cidadania legal, embora muitos cargos e direitos permaneçam reservados aos chamados cidadãos natos. Esse sentido da palavra cidadania está, pois, ligado ao exercício de direitos políticos, como votar e ser votado.[41] Nesse sentido, bastante limitado, costuma-se citar o caso dos analfabetos, que se tornariam cidadãos ativos quando inscritos como eleitores, mas não podendo se tornar cidadãos passivos por não possuírem elegibilidade, quer dizer, por não poderem os mesmos se candidatar a mandatos políticos eletivos. Muitas conceituações jurídicas encerram estritamente nesse ponto o debate, deixando a desejar uma discussão mais ampla do conceito. Não é fácil, entretanto, chegar a um conceito amplo de cidadania. Hoje é voz corrente o uso dessa expressão quando se fala da participação nos processos de tomada de decisões que se refletem na coletividade, em especial diante das grandes mobilizações populares. Parece estar se difundindo, especialmente via mídia,[42] a noção de que a cidadania é uma espécie de direito de imunidade contra as ações autoritárias. Ao mesmo tempo, esse conceito remete ao problema da distribuição de renda, estabelecendo por critério meramente econômico uma idéia de "classes" sociais hierarquizadas, na verdade apenas duas, uma detentora da renda, do poder político, e da vida boa ligada a essas condições, e outra "classe", alienada de não apenas a esse dois fatores, mas também tudo o que está afeto à posse de recursos financeiros, como moradia, saúde, etc., mas

---

[41] Ver FERREIRA FILHO, Manoel Gonçalves. *Curso de Direito Constitucional*. 22 ed. Atual. São Paulo: Saraiva, 1995.

[42] O papel social e político da mídia é, entretanto, bastante questionável. Ver ROCHA, Álvaro F. O. Direito e Mídia: uma convivência difícil. In: *Revista da AJURIS* – Associação dos Juízes do Rio Grande do Sul. N°93, março de 2004, p.25.

fundamentalmente, sem acesso a uma educação adequada e, pois, sem acesso à vida social como cidadão.[43]

Mantidas as devidas proporções, a discussão desse conceito está presente desde a formação das raízes do pensamento ocidental. Lembrando que o sentido da democracia grega não era da mesma natureza do que hoje atribuímos a essa palavra,[44] podemos citar a obra de Aristóteles,[45] na qual o mesmo questiona quem vem a ser o cidadão, e afirmando que "cidadão é aquele que tem uma parte legal na autoridade deliberativa e na autoridade judiciária da cidade", visto que a Assembléia da qual o cidadão participava tinha poderes tanto para decidir, como para legislar e julgar. Participar da assembléia significava ser visto pelos demais como um entre iguais, podendo o participante fazer uso da palavra para criticar, propor, opinar, externando por todos os meios o seu interesse pelo presente e pelo futuro da cidade. Poderia também, nesse sentido, assumir cargos na administração pública, como parte de sua condição de participante, não significando, na verdade, que o mesmo dispusesse de direitos que limitassem o poder da Assembléia, mas apenas que, ao aceitar participar, também aceitaria o dever de submissão às decisões, em qualquer sentido, que viesse a ser tomadas pela coletividade.[46] Entre os romanos, o conceito de cidadania (civitas) será bastante ampliado, partindo do reconhecimento pelos pares e todos os demais direitos da vida civil, incluindo, na esfera privada, os direitos de propriedade, família, contratos e, na esfera pública, o direito de participação política.[47] A definição de uma cidadania passa novamente a se tornar importante a partir do século XVIII, pois, como frutos do Iluminismo, a Revolução Francesa e a Declaração de Independência dos Estados Unidos da América reconhecem a igualdade de direitos a todos os homens, estabelecendo o ideal de liberdade como o conceito básico sobre o qual se estabelecem os demais direitos, como mais tarde vem a expressar Kant[48] em sua obra. Esse autor procura fundamentar o Direito sobre a liberdade, propondo o problema da harmonização entre a liberdade individual e a dos demais, que continua, porém, em discussão. Habermas[49] retoma a discussão, ao afirmar que não é possível realizar os direitos de cidadania sem uma esfera de liberdade, objetando, porém, que esta só se pode objetivar a partir da existência de uma comunidade que detenha mecanismos de participação políti-

---

[43] BENEVIDES, Maria Victória M. *Reforma Política e Cidadania*. São Paulo: Ed. Perseu Abramo, 2003, p. 91.

[44] FINLEY, Moses I. *Democracia antiga e moderna*. Rio de Janeiro: Graal, 1988.

[45] ARISTÓTELES. *A Política*. [Trad. Roberto Leal Ferreira]. São Paulo: Livraria Martins Fontes Editora, 1991.

[46] Cfe. HABERMAS, Jürgen. *A Inclusão do Outro*. São Paulo, Edições Loyola, 2002, p. 272.

[47] Ver GILISSEN, John. *Introdução Histórica ao Direito*. Lisboa: Calouste Gulbenkian, 1995, p. 82.

[48] Ver KANT, Immanuel. *Fundamentação da Metafísica dos Costumes*. Lisboa: edições 70, 1995.

[49] Ver HABERMAS, Jürgen. *Direito e Democracia: entre faticidade e validade*. Rio de Janeiro: Tempo Brasileiro, 1997. p. 124.

ca, o que inclui os meios de comunicação social.[50] Somente a partir do estabelecimento de um novo paradigma, o conceito amplo de cidadania vem a adquirir os contornos que hoje conhecemos: é a idéia de que há um elemento social[51] inserido nesse conceito, que se origina da transição do modelo de Estado liberal para o Estado Social, ocorrida na Europa do século XIX e início do século XX. Esse elemento inclui desde o bem-estar econômico mínimo até a participação na herança social, e especialmente a ter a vida de um ser civilizado, em acordo com os padrões da sociedade atual; e aponta as instituições mais ligadas a esse elemento como sendo o sistema de ensino e o serviço social. O efeito dessa noção sobre o pensamento social foi tornar evidente que não há cidadania em sentido amplo sem que exista um conjunto de mecanismos democráticos, amparados num sólido ordenamento jurídico, que permita ao indivíduo, ou sujeito, ser incluído em todas as esferas da vida social.

O direito brasileiro, entretanto, em razão da fraca tradição do debate teórico, ainda sustenta formalmente sua tradicional conceituação estrita, e, embora muitos juristas reconheçam a possibilidade de uma maior amplitude na interpretação dos direitos de cidadania,[52] fica evidente que a discussão do conceito amplo não os sensibiliza porque o mesmo não entrou, até aqui, nos textos de lei, sem o que esse grupo nada costuma levar em consideração. Por essa razão, seguem os mesmos associando o termo cidadania principalmente aos direitos de nacionalidade e participação política. Essas limitações de natureza cultural e terminológica, entretanto, não têm o poder de encerrar a discussão. Ao contrário, uma abordagem sociológica[53] permite observar que, generalizando-se o debate conceito amplo, é muito provável que os texto de lei, e até mesmo a norma constitucional, venham a se adaptar, no futuro, já que a resistência é muito mais devida às particularidades do "campo jurídico"[54] brasileiro, que até para fins de manutenção de sua legitimidade encontrará formas de se adaptar, quando então apropriar-se-á dos resultados dessa dinâmica social em seu discurso,[55] passando assim a impô-los, "normalizando-os" e fazendo-os compreender implicitamente como tendo sido seus, desde sempre.[56]

Na dinâmica do processo social de divulgação desse debate, a cidadania, direta ou indiretamente, encontra espaço na pauta do discurso midiático, inte-

---

[50] Ver MAIA, Rousiley e CASTRO, Maria Céres P. S. (orgs.) *Mídia, esfera pública e identidades coletivas*. Belo Horizonte, UFMG, 2006.

[51] Ver MARSHALL, T.H. *Cidadania, Classe Social e "Status"*. Rio de janeiro, Zahar, 1969, p. 64.

[52] Ver, por exemplo, VIEIRA, Oscar Vilhena. *Direitos Fundamentais: uma leitura da jurisprudência do STF*. São Paulo: Malheiros, 2006.

[53] Ver ROCHA, Álvaro F. O. O Direito na obra de Pierre Bourdieu: os campos jurídico e político. In: *Revista Estudos Jurídicos* – UNISINOS. V. 38, n° 1, janeiro-abril 2005, p.46.

[54] Ver ROCHA, Álvaro F. O. A linguagem jurídica. In: *Sociologia do Direito: a magistratura no espelho*. São Leopoldo, Ed. UNISINOS, 2002, p. 42.

[55] BOURDIEU, Pierre. O que falar quer dizer. In: *A Economia das Trocas Lingüísticas*. São Paulo: Edusp, 1998.

[56] BOURDIEU, Pierre. A força do Direito. In: *O Poder Simbólico*. Lisboa: DIFEL, 1983.

ressando-nos, portanto, explorar o modo como é a mesma tratada pelos agentes do campo jornalístico.

3. Cidadania e mídia

A função social dos agentes da mídia precisa ser questionada, nesse contexto, de modo a que se possa compreender a relação que se estabelece entre os mesmos e a sociedade.[57] Para os fins desse trabalho, devemos nos interessar também em questionar o papel que os meios de comunicação de massa exercem nas democracias contemporâneas,[58] de modo a vislumbrar com mais clareza como se dá esse processo social no Brasil. Os agentes de mídia são aqui designados como os jornalistas, publicitários, relações públicas e demais pessoas que trabalham com a comunicação social. O discurso de fundo para a justificativa dessa atividade é estar fornecendo aos cidadãos elementos para a tomada de decisões, em bases consistentes e racionais, o que se estende logicamente à decisão política do voto, nas eleições. A ruptura do senso comum em torno dessas relações, entretanto, leva a questionar outras perspectivas, quando se trata das relações entre a teoria democrática e o desempenho real dos cidadãos. Assim, o postulado inicial em termos de democracia seria a afirmação de que cidadãos que dispõem de boas informações, ao mesmo tempo em que reúnem condições para a expressão clara, "livre", de suas vontades, certamente irão votar bem, o que resultará positiva e efetivamente na condução política do Estado (governo). Entretanto, é notório que existe um alto grau de desinformação sobre as questões políticas. E esse dado está presente tanto em países centrais como periféricos e semi-periféricos. Por conta disso, se constitui no senso comum a idéia de um dilema das democracias modernas, visto que há hoje um grande volume de informação circulando na mídia, em especial em televisão e internet. Essa circulação de informações, entretanto, não se reflete em maior participação política. Sobre esse problema, pode-se identificar duas correntes de pensamento teórico, estabelecendo um "paradoxo" no que se refere à dinâmica de massas populacionais. Primeiro, há os que defendem a constatação de que cidadãos desinformados, em conseqüência de estarem conscientes de suas limitações para contribuir efetivamente no debate, permanecem distanciados da ação política. Segundo, outros autores defendem que a desinformação não se constitui em empecilho para participar e influir nas decisões da vida pública. A sistematização das pesquisas nas ciências sociais torna consistente o primeiro argumento, segundo o qual a desinformação inviabiliza a dinâmica democrática. Pode-se citar a pesquisa de Converse,[59] que constata na população americana níveis muito baixos de informação sobre a condução da política em seu país. Em Porto

---

[57] Ver Bourdieu, *Sobre a Televisão*. Rio de Janeiro: Jorge Zahar Ed., 1997.
[58] Ver PORTO, Mauro. Muito além da informação: mídia, cidadania e o dilema democrático. In *São Paulo em prespectiva*. São Paulo, v.12 n°4 out/dez 1998.
[59] Ver *CONVERSE*, Philip. The Nature of Belief System in Mass Publics in *APTER*, David (org) *Ideology and Discontent*, Free Press, New York, 1964.

Alegre, Baquero[60] observa em pesquisa que sessenta por cento dos eleitores pesquisados tem pouca informação e são descomprometidos ideologicamente. Esses dados levam a reconhecer que, a serem tomados como verdadeiros, o desinformação torna de fato inviável o sistema de representação política democrática. Pode-se, entretanto, em contrário, citar autores como Key,[61] o qual afirma que, mesmo que não estejam comprometidos, os eleitores formam opiniões sobre a condução da política e estabelecem suas preferências. Lane[62] demonstrou que pessoas sem informação ou preparo podem ainda assim desenvolver argumentos consistentes, baseando-se em suas experiências de vida. Ainda segundo Popkin,[63] o processo de decisão reflete a experiência pessoal dos eleitores e sua exposição aos meios de comunicação.

É preciso destacar que o problema da ignorância ou desinformação dos cidadãos reflete-se com todo seu potencial devastador, na crença que alicerça o sistema de representação política, um mito, na concepção de outros autores.[64] Entretanto, não faltam especialistas, reais ou auto-proclamados, para ocupar o espaço não ocupado da condução política. A necessidade de racionalização engendra um falso argumento de cientificidade objetiva para justificar o surgimento de elites políticas concentradoras de poder, estabelecendo-se uma ditadura de especialistas. Já o modelo de cidadãos racionais, embora alardeie representar o pensamento dos eleitores, esvazia-se de propostas consistentes, pois se desconecta das demandas objetivas da maioria da população, pois se engessa na excessiva jurisdicização de seus procedimentos. Popkins,[65] entretanto, traz o argumento de que as preferências dos indivíduos, especialmente em política, não são dados fixos, mas são parte de uma dinâmica social, que se constrói durante o processo de tomada de decisão. A influência de fatores externos, como as informações dos meios de comunicação é filtrados pela sua experiência individual, expectativas e poder de raciocínio. Desse modo, a solução para o dilema antes citado parece passar pela confiança na capacidade de os cidadãos processarem internamente suas demandas, mas, evidentemente, sobre uma base cultural formada em parâmetros razoáveis. O ambiente cultural de cada povo parece ser fator decisivo, pois estimula-se ou não o desenvolvimento da consciência

---

[60] Ver BAQUERO, Marcello e PRÁ, Jussara Reis. Matriz histórico-cultural da cultura política no Rio grande do Sul e padrões de participação política. In *Cadernos de Ciência Política*, n°3. porto Alegre, PPG em Ciência Política/Ed. UFRGS, 1995.

[61] Ver KEY, V. O. *The responsible electorate: rationality in presidencial voting*, 1936-1966. Cambridge, Belknap Press, 1966.

[62] Ver LANE, Robert. *Political ideology: why the american common man believes what he does*. New York: Free Press, 1968.

[63] Ver POPKINS, Samuel. *The reasoning voter: comunication and persuation in presidential campaigns*. Chicago: Chicago University Press, 1994.

[64] Ver BOURDIEU, Pierre. A opinião pública não existe. In *Questões de sociologia*. Rio de Janeiro: Marco Zero, 1983.

[65] Ver POPKINS, Samuel. *The reasoning voter: comunication and persuation in presidential campaigns*. Chicago: Chicago University Press, 1994.

de comunidade, e a noção de cada soma das felicidades individuais não produz felicidade coletiva, contrariando-se a corrente individualista. Uma noção produtiva do desenvolvimento de uma cidadania ampla passa, necessariamente, por essa discussão. A mídia, na verdade, não possui o poder de condução de massas que trata de fazer acreditar,[66] mas sua ação é importante, na medida em que, ao refletir as demandas por informação, colabora para o amadurecimento das questões mais relevantes para o cidadão. No caso brasileiro, é importante pesquisar a influência objetiva que a mídia produz sobre os principais temas da demanda por cidadania, os chamados "novos direitos", já citados em outro trabalho.[67] Essa influência recai também, objetivamente, sobre os agentes do Judiciário, mas há relação entre a pauta da mídia, no que se refere aos novos direitos, e a ação do Judiciário? Esse aspecto, por sua amplidão, será objeto de pesquisa de maior vulto, excedendo os limites desse trabalho. Mas pode-se adiantar que nos parece que os "novos" direitos que se desenvolvem, e são mais amadurecidos entre os juristas, advogados, promotores, magistrados, são aqueles mais trabalhados pela mídia, a começar pelo Direito do Consumidor. A função social da mídia é, portanto, complexa, na medida em que ainda não está bem delineada socialmente, e oferece, portanto, o risco de produzir efeitos indesejáveis,[68] como a instabilidade política, e a troca de prioridades sociais reais pelas ilusões que interessam aos patrocinadores. É preciso, preliminarmente, reconhecer, apontar e desmontar os mitos em torno da mídia privada, o discurso de legitimação do campo jornalístico, que inclui, por exemplo, erigir-se em ator político, com um papel "necessário" e conseqüente "interesse" na democracia, e revelar sua incapacidade de contrariar o discurso dos patrocinadores, por mais antiético que o mesmo seja. Pode-se citar o lado negativo da interação mídia-judiciário, por exemplo, na transformação de júris populares ou julgamentos em espetáculo de televisão.[69] A principal ameaça à democracia, entretanto, é o indevido deslocamento do espaço legítimo de debate político dos parlamentos para os estúdios de televisão, com seu tempo curto e, pois, incapaz de dar mais do que uma curta notícia sobre qualquer tema. Observe-se, porém, que os meios de comunicação de massa estão entre nós para ficar, não se trata de processo reversível, o que, aliás, nem é desejável. Entretanto, sob o escudo da "liberdade de imprensa",[70] o "habitus" jornalístico em obsessiva busca por escândalo produz muitas ações de irresponsabilidade coletiva e individual extremamente prejudiciais à cidadania. Somente ações decorrentes do bom nível educacional

---

[66] Ver BOURDIEU, Pierre. *Sobre a Televisão*. Rio de Janeiro: Jorge Zahar Ed., 1997.

[67] Ver ROCHA, Álvaro F. O. Judiciário: cidadania e reforma. In *Constituição, Sistemas Sociais e Hermenêutica*. André Leonardo Copetti Santos, Lenio Luiz Streck, Leonel Severo Rocha (Orgs.) Porto Alegre: Livraria do Advogado, Ed. São Leopoldo: UNISINOS, 2007.

[68] Ver THOMPSON, J. B. *O escândalo político: poder e visibilidade na era da mídia*. Petrópolis, Vozes, 2002.

[69] Como ocorreu nos júris dos casos Daudt e Sanfelice no Rio Grande do Sul, ou da família Richthoffen (SP) e Daniela Perez (RJ) em nível nacional.

[70] Ver LIMA, Venicio A. *Mídia: crise política e poder no Brasil*. São Paulo: Ed. Fundação Perseu Abramo, 2006.

dos cidadãos pode colocar um freio legítimo, real e incontestável nos excessos midiáticos. Não é necessário desenterrar a antipática censura oficial, visto que a mídia apenas oferece o que o cidadão quer,[71] o que significa que elevar o nível educacional da população e, pois, de suas demandas, provoca necessariamente a adaptação (autocensura) da mídia privada, que não pode perder os espectadores-clientes de seus patrocinadores.

4. Judiciário e mídia

É preciso destacar, objetivamente, as diferenças entre o Judiciário e a mídia: no primeiro caso, trata-se de um órgão de Estado, oriundo da tradicional divisão do poder político em três partes, culturalmente aceita e socialmente sedimentada. No segundo caso, trata-se de empresas privadas, que naturalmente oferecem produtos para obtenção de lucro financeiro.[72] Existe, entretanto, a mídia pública, não apenas representada pelos canais de televisão educativos, mas também pelos canais de televisão do Senado Federal, da Câmara Federal, do Supremo Tribunal Federal, das Assembléias Legislativas do Estados e das Câmaras Municipais de muitas cidades do país, surgidas da necessidade de controlar internamente, em especial, as imagens das atividades parlamentares, antes monopolizadas pela mídia privada, que freqüentemente as podia editar e usar para, negociar, criar ou destruir a imagem de políticos, erigindo-se, assim, em verdadeiro ator político. O papel desses canais de televisão oficiais pode facilmente ser questionado, pois alguns deles foram recentemente utilizados como apoio para o uso pseudo-democrático (em realidade, eleitoreiro) de instituições democráticas legítimas, como as Comissões Parlamentares de Inquérito, erigindo essas sessões em verdadeiros tribunais de exceção, produtoras do resgate democraticamente inconcebível da brutal "justiça" pública e imediata, como a realizada no passado nas praças das cidades medievais. O espetáculo assim produzido (é disso que se trata) nas CPIs[73] é o sonho das em-

---

[71] Nunca é demais lembrar o observado por George Bernard Shaw, segundo qual o único efeito do fim do analfabetismo por decreto, na Inglaterra vitoriana (quem não se alfabetizasse era preso) vinte anos depois, foi o surgimento da imprensa marrom.

[72] Ver ROCHA, Alvaro Filipe Oxley da. Direito e jornalismo: uma convivência difícil. In *Revista da AJURIS/ Associação dos Juízes do Rio Grande do Sul* – v.31, n°93. Porto Alegre: AJURIS, março, 2004.

[73] Ver LIMA, Venicio A. "Presunção de culpa": a cobertura da crise política de 2005 – 2006. In *Mídia: crise política e poder no Brasil*. São Paulo: Ed. Perseu Abramo, 2006. Refere-se o longo escândalo nacional do "mensalão", ocorrido *casualmente* em 2006, ano de eleição presidencial. Disputava-se no Judiciário o direito de algemar ou não os acusados, durante as sessões da CPI, ao vivo, diante das câmeras de televisão; o direito de mostrar ou não na televisão dinheiro apreendido pela Polícia Federal, etc., mas, principalmente, lutava-se para aparecer na televisão como "acusador implacável", em nome do bem da nação, para fins eleitorais. Esse escândalo, muito claramente, procurou mascarar, pela denúncia da presença de supostos corruptos no governo federal, o real interesse de um grupo de parlamentares de oposição em vencer antecipadamente as eleições presidenciais, que reputavam perdida, como de fato ocorreu. A mídia pública gerou as imagens, e a mídia privada foi utilizada como amplificador do escândalo, com os interesses nada neutros de alguns órgãos claramente definidos. Seus agentes tiveram a oportunidade, em diversos momentos, de exibir despreparo e desrespeito pela democracia e, principalmente, pela inteligência do público.

presas de comunicação de massa, por seus elementos com sabor de novela de televisão: a expectativa por lances dramáticos, acusações com ou sem provas, desespero, gritos, supostos desmascaramentos, prisões imediatas com humilhação pública por algemas. É uma programação que sem dúvida atende muito ao gosto do público espectador e os lucros da mídia privada, pelo aumento do preço das inserções de anúncios, mas antes de mais nada, é a materialização de um efeito usurpador, exercido pela mídia, do papel democrática e constitucional atribuído ao Judiciário,[74] na tradição ocidental européia, em todos os sentidos, em especial o direito à ampla defesa e ao julgamento justo por profissional capacitado (um juiz). Esse ponto também merecerá desenvolvimento posterior, na pesquisa em que se insere o presente artigo. É preciso destacar que o tempo da mídia[75] em nada corresponde ao tempo judicial.[76] O resultado justo depende necessariamente do amadurecimento da decisão, da concessão de oportunidades iguais para ambas as partes, do preenchimento das condições processuais para um julgamento técnica e moralmente acertado. Mas por sua natureza comercial, essas condições democráticas não importam às empresas privadas de mídia, e sim a aprovação fácil e superficial dos espectadores e, sua satisfação imediata para fins de lucro financeiro e/ou político, o que força seus agentes a reduzir o objeto a algo compreensível e, especialmente, consumível na televisão. O Judiciário não se encaixa, verdadeiramente, nessas categorias. Trata-se de uma instituição antiga, carregada de experiência e prudência e, pois, pesada e lenta, fruto de séculos de história de amadurecimento político e, pois, incompatível[77] com a rapidez dos processadores de computador e dos canais de internet. Entretanto, o deslocamento dos espaços legítimos de discussão política, os parlamentos, para os estúdios de televisão (eventualmente rádio) evidencia a lenta mas evidente perda da tradição de assembléia da política tradicional. Muda a dinâmica: vão-se os longos discursos, a argumentação pessoal e direta, a participação de muitos agentes. Entra em cena a nunca assumida censura midiática:[78] a exclusão de muitos interessados ou implicados no tema, censura que se impõe pela impossibilidade de maquiar e colocar todos os interessados legítimos no mesmo estúdio, dar tempo igual e suficiente a todos e, ainda, colocar no ar os anúncios dos patrocinadores. Mas também deixa-se de convidar, propositalmente, o agente inconveniente por razões políticas ou econômicas ou, ainda, o que desagrada à audiência. Muda o perfil dos candidatos à representação política: é preciso ter bom desempenho diante das câmeras, sabendo produzir rapidamente respostas curtas e compreensíveis para o jor-

---

[74] Ver STRECK, Lenio. *Jurisdição Constitucional e hermenêutica: uma nova crítica do Direito.* Porto Alegre, Livraria do Advogado, 2002.

[75] Ver THOMPSON, J. B. *O escândalo político:* poder e visibilidade na era da mídia. Petrópolis, Vozes, 2002.

[76] Ver OST, François. *O Tempo do Direito.* [trad. Élcio Fernandes] Bauru – SP: EDUSC, 2005.

[77] Ver ROCHA, Alvaro Filipe Oxley da. Direito e jornalismo: uma convivência difícil. In *Revista da AJURIS/Associação dos Juízes do Rio Grande do Sul* – v.31, n°93. Porto Alegre: AJURIS, março, 2004.

[78] Ver BOURDIEU, Pierre. *Sobre a Televisão.* Rio de Janeiro: Jorge Zahar Ed., 1997.

nalista e para o público. A política dos homens de mídia resulta na eleição de jornalistas e/ou no treinamento dos políticos para a atuação nesse meio. Essa mecânica exclui completamente os juízes, que não podem simplificar a linguagem jurídica, pois além do "habitus" judicial não os preparar para isso, nunca disporão do tempo suficiente para explicar as complexas instituições jurídicas e suas minuciosas variações interpretativas e, em conseqüência, não serão compreendidos via televisão. Por essa razão, ao apelar para a mídia, o juízes chocam-se com um "habitus" concorrente, o jornalístico, que também estabelece a resistência própria desse campo social e, pois, muito raramente os juízes encontram o efeito desejado, de aperfeiçoamento da imagem do Judiciário. As linguagens, assim como a ideologia e os objetivos de cada um desses campos sociais, são muito diferentes e, portanto, logicamente incompatíveis, embora muitos juízes estejam convencidos de que podem ser compreendidos pelo grande público, por tomarem irrefletidamente, como premissa, uma das principais falácias midiáticas, a de que os agentes da mídia detém o mágico poder de tornar qualquer objeto, por mais complexo que seja, acessível ao público. Existem muitos trabalhos que atestam cientificamente essa incompatibilidade,[79] mas a falta de debates sérios e aprofundados sobre a mídia e sua ação social faz com que muitos juristas, não apenas juízes, acreditem que a mídia possui um poder muito maior do que esta realmente possui.[80] Bourdeiu lembra que o poder se estabelece pela crença no discurso simbólico, mas facilmente se desfaz pela percepção do mecanismo discursivo pelo qual este se legitima.[81] Entretanto, é preciso destacar que o efeito da pressão da mídia sobre os magistrados, no caso dos "novos" direitos, torna-se ambivalente: ao mesmo tempo em que se revela benéfica, ao forçar a colocação em pauta, no Legislativo e no Judiciário alguns desses direitos, revela-se prejudicial, ao ignorar outros desses direitos; além disso, não é legítimo, do ponto de vista da cidadania, imaginar que só resta recorrer à mídia para realizar direitos socias. Esse tema merecerá tratamento mais extenso em trabalho posterior. Entretanto, destacamos que esse recurso é válido como parte da mecânica da luta social pela realização desses direitos. É preciso, também, lembrar que o Judiciário não é a instituição ideal para a realização de direitos de cidadania,[82] pois o mesmo se constitui, em grande parte, em instância de acordos, o que não garante a plena realização desses direitos.

---

[79] Ver por exemplo SANTOS, Maria C. M. Poder Judicial e da Mídia em Interação, in *Revista USP –Dossiê Judiciário* nº 21, março/abril/maio 1994.

[80] Ver BONELLI, Maria da Glória. Ideologias do profissionalismo em disputa na magistratura paulista. In *Sociologias*/UFRGS/PPG em Sociologia, vol 1, (jan/jun 1999) Porto Alegre: UFRGS-IFCH, 2005.

[81] Ver BOURDIEU, Pierre. A representação política. In *O Poder Simbólico*. Rio de Janeiro: Bertrand Brasil, 1998.

[82] Ver FLICKINGER, Hans-Georg. *Em nome da Liberdade: elementos da crítica ao liberalismo contemporâneo*. Porto Alegre, EDIPUCRS, 2003.

Conclusão

Procuramos, neste artigo, apresentar nossos primeiros esforços no sentido de esclarecer as relações da mídia com o Poder Judiciário, centrando nosso interesse sobre a realização dos direitos de cidadania. Dadas as limitações de espaço que impõe o formato de artigo científico, pudemos apenas apresentar as linhas principais do levantamento da literatura a respeito e estabelecer algumas das principais linhas de desenvolvimento de interpretação dos dados até aqui obtidos. Apontamos, desse modo, que é fundamental não utilizar as categorias, termos e pautas da mídia para aproximar nosso instrumental de análise de resultados produtivos. Os conceitos que julgamos mais úteis para essa análise são as noções de "habitus" e de "campo social", como trabalhados na obra de Pierre Bourdieu, aplicados aos grupos de agentes da mídia e do Judiciário. Destacamos que o conceito de cidadania a ser levado em consideração é a sua forma ampla, ainda tratada com resistência por muitos juristas brasileiros. A seguir, apontamos alguns dos principais aspectos e problemas da relação entre a mídia e o poder judiciário, iniciando o levantamento das perspectivas de efeitos dessa interação sobre a democracia e os "novos" direitos de cidadania. Nesse sentido, e finalmente, podemos afirmar que resulta a análise dos elementos até aqui apresentados, leva ao entendimento de que a compreensão dessa dinâmica por todos os agentes envolvidos é de muito relevo para a realização de uma cidadania democrática brasileira, visto que o esclarecimento dos embates da luta por poder entre os agentes dos campos judicial e jornalístico refletem, com certeza, na compreensão desses direitos e, em conseqüência, nos mecanismos jurídicos, políticos e sociais que podem permitir a realização de uma sociedade mais justa para a maioria de seus cidadãos, fim ao qual procuramos colaborar.

— IX —

A ilusão metafísica do positivismo jurídico

ANTÔNIO CARLOS NEDEL

Sumário: 1. A fundamentação metafísica do direito pré-moderno; 2. A ilusão metafísica do positivismo jurídico no paradoxo de uma metafísica ao contrário; Considerações finais.

1. A fundamentação metafísica do direito pré-moderno

Da mesma forma como ocorreu na tradição jurídica de todas as civilizações, a base fundante da concepção jurídica ocidental estruturou-se, normativo-consuetudinariamente, a partir de um metafísico-religioso conceito de justiça. Assim, inicialmente, o domínio conceitual da metafísica determinava, *a priori*, o problema da legitimidade da ordem jurídica, identificando-a eticamente com a totalidade normativa de uma heteronomia moral derivada da transcendência religiosa, o que também determinava o domínio do sagrado no exercício da jurisprudência.

Mesmo quando o logos grego, nos albores da filosofia, começou a esforçar-se para racionalizar a condição humana, o fundamento mítico-teológico da moralidade jurídica transubstanciou-se numa metafísica cosmológica identificada com a idéia de um universo perfeitamente ordenado, de cujo perene e harmonioso equilíbrio derivou o conceito de justiça, que serviu de fonte inspiradora para a legitimidade coercitiva do nomos.

Assim sendo, o cumprimento das leis identificadas metafisicamente com a essência da justiça cósmica promoveria, nas relações humanas, uma proporcionalidade harmônica na correlação das condutas sociais.

Essa identificação da ordem da pólis com a ordem do cosmos, salienta Kirk,[1] construída racionalmente nos termos de uma especulação naturalista, concebia a natureza para além da dimensão empírica, vislumbrando-a a partir de um princípio divino-panteísta, que a fazia fonte geradora de todas as coisas, isto é, o entendimento da natureza como *phýsis*.

A idéia de uma justiça natural derivada da *phýsis*, base metafísica do jusnaturalismo cosmológico, assume, em Parmênides, uma formulação estática

---
[1] KIRK, G. S.; RAVEN, J. E. *Os filósofos pré-socráticos*. 3. ed. Lisboa: Fundação Calouste Gulbenkian, 1977, p. 115 e ss.

que advém do seu conceito de ser, eis que, para o grande eleata, todo movimento engendra a doxa, a ilusão da verdade sob a forma da aparência sensorial; logo, a justiça, identificada com a verdade do ser no plano da totalidade cósmica, pressupõe que "Nunca el ser podrá surgir del no ser, porque Dike no tolerará que nazca cosa alguna, ni que cosa alguna se disuelva, librándose de sus garras, que todo lo sujetan".[2]

No pensamento de Heráclito, ao contrário, a idéia da justiça como síntese ordenadora do cosmos, rompe o imobilismo e se movimenta dialeticamente no âmbito de uma racionalidade que a manifesta nos termos de uma lei eterna e universal que promove, num fluxo ininterrupto, a contínua transformação de toda a realidade.

Segundo Heidegger,[3] paradoxalmente, no discurso fragmentário desse pensador considerado obscuro, o conceito de *phýsis* desvelou-se, emergindo da invisibilidade, e permitiu aos homens convivê-la por meio da contínua epifania dialética da *alétheia,* que a torna visível por intermédio da representação do logos. Assim, o intelecto humano, em consonância com o logos, comunga com a essência da *phýsis* que, por meio dele, pode constituir-se em fonte normativa do agir social, em fundamento ético de toda a práxis e critério decisivo do nomos positivo que pode, assim, viabilizar, a partir de uma essência transempírica, uma ordem social empiricamente justa.

Dessa forma, no contexto metafísico do jusnaturalismo cosmológico, a *phýsis*, como expressão normativa do equilíbrio universal, aponta eticamente o caminho da proporcionalidade prudencial como expressão do justo, legitimando, por meio da perfeição normativa da lei dela promanada, a noção da imperiosa necessidade de se obedecer às leis humanas, desde que a heteronomia do nomos, exercitada por autoridade legítima, consubstancie, na prática, a materialização da sua idéia, isto é, quando a legalidade positiva absorver, na sua normatividade, o mistério transcendente da natureza divina que anima a sua essência e por ela, prudencialmente, integrar-se ao fluxo harmônico que equilibra o cosmos, ou seja, por intermédio do logos, a *phýsis,* fenomenologicamente desvelada, constitui-se normativamente em positividade jurídica.

No entanto, com a emergência do antropológico pensamento sofista, que reduziu o conceito de verdade ao plano da subjetividade individual, a concepção metafísica do jusnaturalismo cosmológico sofreu o ataque iconoclasta de um cético relativismo, que, ao advogar a impossibilidade de uma verdade universal, rompeu com o monismo normativo cosmológico, acarretando uma dicotomia entre a *phýsis*, enquanto idéia transcendental da essência jurídica, e o nomos, que, para além da lei *stricto sensu*, abrangia, em dimensão consue-

---
[2] SERRA, Antonio Truyol Y. História de la filosofia del derecho y del Estado. *Revista de Occidente*, Madrid, v. 1, 1970, p. 122-123.

[3] HEIDEGGER, Martin. *Heráclito*. Tradução de Márcia Sá Cavalcante. Rio de Janeiro: Relume Dumará, 1998, p. 34 e ss.

tudinária, todo o caudal ético-normativo da positiva e contingente organização político-social.

Da contradição *phýsis* x nomos posta em relevo pelo relativismo antropológico da filosofia jurídica sofista, emergiu o problema da legitimação do direito, eis que, sendo o homem o centro e a medida de todas as coisas, como celebra a máxima de Protágoras, cada homem é o seu absoluto, e a noção do justo atomiza-se na consciência individual de cada um, não havendo, portanto, a possibilidade de um norma objetiva, com axiológica vinculação universal. Assim sendo, de acordo com a gnoseologia relativista de base empírico-cultural afirmada pelo pensamento sofista, qualquer predicado pode ser, ao mesmo tempo, justo ou injusto, de acordo com o jogo retórico-dialético dos indivíduos que os afirmam ou negam.

Enfrentando a crise gerada pelo anárquico ceticismo dos sofistas no seio da democracia ateniense e inspirado no racionalismo lógico de Sócrates, Platão não se empenhará em reafirmar a metafísica cosmológica do jusnaturalismo fundamentado na *phýsis*; ao contrário, seu esforço epistemológico engendrará uma nova concepção metafísica, que, afastando-se dela, fundamentará lógico-matematicamente, a essência ontológica do seu pensamento, e o conceito de verdade emergente dessa metafísica, embora ainda designado pela palavra *alétheia*, já não reproduzirá o que o vocábulo significava no pensamento originário.

Igualmente, a filosofia jurídica platônica, em consonância com os termos gerais da sua metafísica, erigirá, lógico-axiologicamente, um fundamento metafísico-racional para o nomos, que, para superar o relativismo axiológico da subjetividade sofista, transcendeu a sua concepção antropológica, definindo, *a priori*, os fundamentos metafísico-axiológicos da normatividade jurídica, absolutizando idealmente a sua teoria dos valores com um rigor geométrico-teológico. Assim, fixada lógico-metafisicamente, a idéia do bem como expressão do justo torna-se a fonte da normatividade jurídica, e o nomos, racionalmente constituído em conexão com a essência ontológica do bem, objetiva-se como expressão da verdade e transforma-se, pedagogicamente, em instrumento ético-normativo para orientar a conduta dos cidadãos da pólis, pois, para quem, como o grande idealista, manifestava a firme crença no absoluto da razão, as questões morais também eram passíveis de lógica determinação, razão pela qual ele pode afirmar que: "Todo es ciencia, la justicia, la Templanza, el valor, lo qual és el médio más seguro de demostrar que la virtud se puede enseñar, pues es evidente que si la virtud fuera algo distinto de una ciencia, como defendia Protágoras, no se podria enseñar, mientras que si, en su totalidad, es una ciencia, como lo defiendes tu, Sócrates, seria absurdo que no pudiera ser objeto de una enseñanza".[4]

---

[4] PLATÃO. Protágoras. *In: Obras completas*. Tradução de Francisco de P. Samarauch. Madrid: Aguilar, 1993, p. 195.

Assim, alicerçado nos fundamentos objetivos da metafísica veracidade dos seus princípios, Platão pôde refutar o relativismo da retórica sofista carente de lógica e de noções de geometria, afirmando que "[...] el que pretenda ejercer rectamente la oratória habrá de ser justo y tener conocimiento de lo que es justo".[5] Pois o homem de bem deve ter um fundamento teleológico e metodologicamente buscá-lo, ordenando, lógico-dialeticamente, a evolução da sua argumentação, que, no final, produzirá, a partir do rigor formal das partes ordenadas, um conjunto harmonioso, eis que, para que uma alma possa discernir, em sua pureza e plenitude, a objetividade dos conceitos universais, precisa transcender, por meio de metódico esforço, a contingência do relativismo empírico, eterna vítima da aparência enganosa do mundo sensorial. Dessa forma, consciente de que a justiça, como expressão da idéia do bem, é o fundamento último do Estado, e que este só realiza o sentido histórico-ontológico do seu ser ao materializá-la, Platão buscou fundamentar, com exatidão lógica, os contornos metafísicos do seu conceito, para então fixá-lo na imutabilidade dogmática de um objetivismo apriorístico e, assim, constituí-lo em fonte axiológica de toda normatividade jurídico-social, concebendo a idéia de direito como expressão transcendental de um formalismo axiológico-normativo, fundamentado nos pressupostos de uma metafísica lógico-objetificante.

Então, liberta de contingências relativistas, na forma arquetipal da sua eterna e imutável essência metafísico-teológica, a justiça se manifesta quando, num Estado perfeitamente ordenado segundo os critérios do bem e obedecendo à sua hierarquia normativa, "[...] cada um deve ocupar-se de uma função na cidade, aquela para a qual a sua natureza é mais adequada".[6] Fiel à índole aristocrática do seu pensamento, Platão refuta a igualdade democrática, estabelecendo, onto-teologicamente, um fundamento metafísico que vincula a essência do direito em imanência com a fonte normativa que emana da hierarquia das classes, resolvendo a aparente desigualdade formal com uma igualdade geométrica que irmana proporcionalmente todos os membros do Estado, segundo os termos transcendentes da justiça divina que inscreveu, na essência da alma humana, o mistério ontológico que a variação da sua natureza manifesta: "O deus que vos modelou, àqueles dentre vós que eram aptos para governar, misturou-lhes ouro na sua composição, motivo pelo qual são mais preciosos; aos auxiliares, prata; ferro e bronze aos lavradores e demais artífices".[7]

Por acreditar que, depois de terem visto o bem em si, os cidadãos "[...] usá-lo-ão como paradigma, para ordenar a cidade",[8] o jovem Platão julgou despicienda a preocupação específica com a normatividade positiva da realidade

---

[5] PLATÃO. Górgias. Idem, p. 399.

[6] PLATÃO. República. Traduzido por Maria Helena da Rocha Pereira. 4. ed. Lisboa: Fundação Calouste Gulbenkian, 1983, p. 186.

[7] Idem, p. 187.

[8] Idem, p. 360.

empírica, afirmando que "Não vale a pena estabelecer preceitos para homens de bem".[9]

No entanto, a consciência da imperfeição humana que a madureza acrescentou ao seu logos levou Platão a reconsiderar o idealismo do Estado perfeito delineado na República e, já no Político, o *ethos* jurídico do filósofo reivindica uma organização estatal estruturada a partir de uma monarquia constitucional fundamentada em leis, pois "[...] la monarquia, sujeta al yugo de unas buenas normas escritas que denominamos leyes es la mejor de las seis constituciones; pero, sin leyes, es la que hace la vida más penosa e insoportable".[10]

Assim, já prefigurado no Político, o legalismo platônico ganha contornos definitivos no diálogo "As Leis", onde se materializa a síntese do seu pensamento jurídico-político, e as leis, como expressão da virtude total, transformam-se em fonte axiológica e amálgama metafísico que deve propiciar, a partir da evidência lógica de uma verdade insofismável, com absoluta unanimidade, todas as estimativas da vida social. Então a generalidade abstrata das leis positivas viabiliza racionalmente a materialização da hegemonia do espírito, da reta razão, e assumem dogmática primazia na pólis: "En primer lugar, pues, se encontran la ciudad, la constitución y las leyes ideales".[11]

Dessa forma, como que antecipando a crença do positivismo legalista, Platão identifica, na obediência às leis, a consumação dos fins do Estado, e isso ocorre quando a reta razão transforma um juízo de valor em preceito universal. Então ele assume, metafisicamente, o *status* axiológico-normativo de lei, e a prudência determina a incondicional subordinação aos seus postulados, que determinam, *a priori*, a essência do bem e do justo.

Sem abandonar o rigor lógico-formal da sua metafísica objetificante, Platão culmina divinizando misticamente a lei, identificando-a como a mais alta construção do espírito humano, como ele mesmo acentuou: "[...] de entre todas las ciencias, en efecto, la que más eleva al espírito que se aplica a ellas es la ciência de las leyes".[12]

Como bem demonstrou Heidegger,[13] a emergência da metafísica platônica promoveu uma apostasia na interpretação da *physis* e do logos, instaurando uma nova compreensão da realidade a partir do paradigma da idéia. Nesse contexto, o conceito de verdade desvinculou-se do epifânico desvelar da *alétheia* e vinculou-se a uma outra essência, à exatidão.

---

[9] PLATÃO. *República*. Traduzido por Maria Helena da Rocha Pereira. 4. ed. Lisboa: Fundação Calouste Gulbenkian, 1983, p. 172.

[10] PLATÃO. O político. *In: Obras completas*. Tradução de Francisco de P. Samarauch. Madrid: Aguilar, p. 1094.

[11] PLATÃO. As leis. *In: Obras completas*. Tradução de Francisco de P. Samarauch. Madrid: Aguilar, p. 1355.

[12] *Idem*, p. 1507.

[13] HEIDEGGER, Martin. O fim da filosofia e a tarefa do pensamento. *In: Os pensadores*. Tradução de Ernildo Stein. São Paulo: Abril Cultural, 1979, p. 71.

Do caráter ôntico-fundante do idealismo transcendental da *orthótes* platônica derivou uma concepção jurídica que desvinculou definitivamente a idéia de direito do âmbito da materialização fenomênica da *phýsis*, para fixá-la, a partir de geométricas deduções amparadas no formalismo abstrato de hipotéticas premissas gerais definidas *a priori*, nos termos de uma metafísica lógico-objetificante, que culminou, axiológico-normativamente, num dogmatismo legal.

Embora criticada e, em alguns momentos, renegada, a metafísica platônica constituiu o fundo paradigmático de todo o pensamento jurídico ocidental que o sucedeu, estando inclusive na base da aspiração de segurança e certeza jurídica da concepção que tentou banir a metafísica do direito: o positivismo jurídico.

Neste sentido, a fundamentação prático-prudencial do direito desenvolvida por Aristóteles, em que pese o pendor realista da sua epistemologia priorizar a sensibilidade empírica através de uma filosofia prática, culminou platonicamente num idealismo metafísico de base onto-teo-lógica, evidenciando a vinculação ontológico-normativa com a transcendência idealista que ele quis superar.

Se é verdade, como reconhece Heidegger, que Aristóteles "[...] hizo descender de su lugar supraceleste a las ideas que flotaban libremente y las transplanto a las cosas reales",[14] verifica-se, nos desdobramentos dialéticos do seu pensar prático-jurídico, o mesmo fundamento ético-metafísico que imanta a partir da sua transcendência, de forma dogmático-reducionista, as possibilidades de existência moral do indivíduo que, impossibilitado de autodeterminação, deve submeter-se, incondicionalmente, aos ditames normativos do poder político, pois, se enquanto portador do logos, o homem não está submetido ao determinismo normativo-causal da natureza, a possibilidade de constituir-se em ente político exige-lhe a identificação ontológica com a essência metafísica da pólis: "Quem for incapaz de se associar ou que não sente essa necessidade por causa da sua auto-suficiência, não faz parte de qualquer cidade e será um bicho ou um deus".[15]

Nos termos da teleologia prática aristotélica, a lei jurídica, enquanto expressão racional da ética, deve moldar a consciência moral dos cidadãos e submetê-los coercivamente ao império da sua axiologia, da mesma forma como, em Platão, o seu fundamento ético-metafísico legitima-se, em última instância, apoiado no argumento teológico como expressão da suprema razão: "[...] exigir que a lei tenha autoridade não é mais que exigir que Deus e a razão predomi-

---

[14] HEIDEGGER, Martin. *Nietzsche*. Tradução de Juan Luis Vermal. Barcelona: Ediciones Destino, 2000, v. 2, p. 334.

[15] ARISTÓTELES, *Política*. Tradução de Antônio Campelo Amaral e Carlos de Carvalho Gomes. Lisboa: Veja, 1998, p. 55.

nem",[16] o que equivale a dizer que o justo legal, na sua contingência e variabilidade, deve fundamentar-se no justo natural, que é eterno e imutável.

Esta imanência legitima a soberania das leis, desvinculando-as do plano das paixões que movem as contingências do poder político, vinculando-as aos princípios transcendentes que vigem eternamente na abstrata axiologia metafísica do seu ser.

O mesmo fio condutor da essência metafísica que, partindo das mais profundas raízes da reflexão jurídica grega, identificou, num primeiro momento, o direito em imanência com a *phýsis*, refundiu-o no objetivismo lógico-abstrato do idealismo de Platão, ampliou-o na filosofia prática de Aristóteles, também se fez presente no contributo do pensamento estóico, no qual "[...] o ôntico naturalismo prático-racional generaliza-se num universal racionalismo ontológico-normativo e compreende-se como o sentido de uma eterna lei racional".[17] Por meio do pensamento estóico que explicitou o jusnaturalismo,[18] fundindo uma compreensão cosmológico-racional da lei da natureza, em unidade com os princípios eternos da reta razão, pôde o pensamento jurídico romano, como que encerrando o ciclo clássico da racionalidade metafísica, vislumbrar, como fundamento de validade da *lex civilis,* os princípios eternos e imutáveis da *lex naturalis*, agregando, na compreensão do *jus*, o equilíbrio harmônico e prático-prudencial de uma ordem racional que, rompendo com os laços formais dos ritos arcaicos do direito quiritário, elevou o direito ao estatuto de razão escrita: "[...] el Derecho no es ya la orden inflexible del orden público, la regla impuesta y absoluta: su fundamento no es ya la autoridad, sino la razón: la idea del Derecho llegó a ser eminentemente filosófica".[19]

Embora com o influxo autoritário da palavra divina, o logos metafísico da clássica compreensão prático-prudencial do direito também se manteve na base da reflexão jurídica medieval.

Tomás de Aquino, ao caracterizar a metafísica como a ciência suprema, identifica-a como o resultado hermenêutico de uma lógica dedução da perfeição de Deus, que é onipotente e absoluta: "Deus encerra em si as perfeições de todos os seres e, por isso, é denominado ser universalmente perfeito".[20] Logo, por conta da absoluta perfeição divina, todos os entes do universo estão submetidos ao domínio da sua governabilidade; "[...] assim como nada pode existir sem ser

---

[16] ARISTÓTELES, *Política*. Tradução de Antônio Campelo Amaral e Carlos de Carvalho Gomes. Lisboa: Veja, 1998, p. 259.

[17] NEVES, António Castanheira. *O instituto dos "assentos" e a função jurídica dos supremos tribunais.* Coimbra: Editora Coimbra, 1983, p. 495.

[18] *Idem*, p. 496-497.

[19] ORTOLAN, M. *Compendio del derecho romano*. Tradução de Francisco Perez de Anaya y Melquiades Peres Rivas. Buenos Aires: Atalaya, 1947, p. 13.

[20] AQUINO, Tomás de. *Suma teológica*. Tradução de Alexandre Corrêa. Caxias do Sul: Sulina, 1980, v. 1, p. 34.

criado por Deus, assim também nada há que lhe possa escapar ao Governo".[21] Se a vontade de Deus que tudo governa é o fim último da vida, e para ela devem convergir todas as ações humanas, orientadas pelos critérios prudenciais da reta razão, por decorrência lógica, a idéia de direito tem por fonte o princípio imponderável e metafísico de uma lei não promulgada; "E como a razão divina nada concebe temporalmente, mas tem o conceito eterno, conforme a Escritura, é forçoso dar a essa lei a denominação de eterna".[22] Toda prescrição normativa que contrariar os dogmáticos princípios derivados desta metafísica transcendência não será considerada lei, mas corrupção.

Portanto, o justo legal apenas se justifica enquanto materialização prudencial do justo perfeito contido na lei eterna, evocando, assim, a aspiração apolínea e eudemonista da racionalidade clássica; a concepção tomista da razão prática, como fundamento metafísico do direito, expressa a manifestação humanizada da vontade, da verdade e da justiça divina, convergindo, também, onto-teologicamente, para um dogmatismo legal.

Esse legalismo, apoiado no dogma metafísico da revelação divina, imprimiu ao pensamento jurídico medieval uma índole exegético-textual, que se valia da razão para afirmar, logicamente, o argumento irrefutável da autoridade sagrada dos textos, que "[...] não são tidos como testemunhos históricos da verdade ou da realidade das coisas, mas como estas verdade e realidade em si mesmas".[23]

Dessa forma, o caráter não-investigativo, mas meramente descritivo, isto é, exegético-interpretativo do pensamento jurídico medieval, hermeneuticamente submisso aos textos da autoridade *a priori* estabelecidos, antecipa a concepção lógico-dedutiva do positivismo legalista.

Nesse sentido, o pensamento jurídico moderno, embora tenha constituído uma nova dimensão epistemológica para o direito, ao romper os laços ético-ontológicos com a teologia em nome da autonomia humana, manteve-se ainda nos quadros da tradição metafísica.

Nos termos da homologia instaurada pela racionalidade moderna, a idéia de direito natural, que a tradição identificava na transcendência onto-teológica de uma eterna e imutável orientação axiológico-normativa, submete-se agora aos pressupostos hipotético-dedutivos de uma ordem lógico-analítica fundamentada na autonomia da razão.

A universalidade formal visualizada pelos axiomas dessa razão autofundamentante priorizou a satisfação dos interesses individuais e engendrou um pensamento ético-jurídico voltado para o *solipsismo* egoísta de um homem

---

[21] AQUINO, Tomás de. *Suma teológica*. Tradução de Alexandre Corrêa. Caxias do Sul: Sulina, 1980, v. 2, p. 894.

[22] *Idem*, v. 4, p. 1737.

[23] WIEAKER, Franz. *História do direito privado moderno*. Tradução de A. M. Botelho Espanha. Lisboa: Fundação Calouste Gulbenkian, 1993, p. 43.

auto-suficiente: "A universalidade dos direitos que deriva do Direito natural moderno é fundada no postulado igualitarista, ou seja, na igualdade dos indivíduos enquanto unidades isoladas, numericamente distintas no estado de natureza".[24]

A racional formalização abstrata do direito, se coerente do ponto de vista lógico, levantou o problema da legitimidade das normas positivas, contradição que Kant procurou resolver, afirmando que a liberdade e as normas jurídicas dela derivadas deveriam ter a sua fonte axiológica nos princípios da razão pura.[25]

Perfilando a mesma linha de transcendência idealista, Hegel acentuou que o princípio político-jurídico máximo do Estado, enquanto expressão materializada da razão universal, deve viabilizar e permitir "[...] que o espírito da subjetividade chegue à extrema autonomia da particularidade pessoal",[26] e a contradição derivada da liberdade que, em princípio, opõe indivíduo e sociedade, resolve-se na medida em que a liberdade individual só pode realizar-se sob a égide axiológica da normatividade jurídica universal imposta pelas leis do Estado, entendido como um ente moral absoluto. Assim, identificada com a racionalidade puramente formal do jusnaturalismo moderno-iluminista, a dialética hegeliana reprístina os termos transcendentais da abstrata objetificação metafísica de Platão na sua concepção jurídica.

2. A ilusão metafísica do positivismo jurídico no paradoxo de uma metafísica ao contrário

Gestado a partir do humanismo renascentista e ganhando forma lógica com o rigor abstrato do racionalismo do século XVIII, o positivismo surgiu, no século XIX, como uma atitude epistemológica identificada com o paradigma da ciência empírica.

A nova visão de mundo identificada com os princípios do positivismo propunha-se instaurar uma definitiva civilização de base científica, depurada dos sofismas derivados da fantasmagoria metafísica.

Augusto Comte, principal arauto da nova era, ao analisar todas as fases em que se desenvolveu a inteligência humana, anunciou a descoberta de uma grande lei, uma lei fundamental, que, perpassando toda a história da civilização, evidencia que cada ramo do conhecimento passou por três estados históri-

---

[24] VAZ, Henrique C. de Lima. *Escritos de filosofia*. São Paulo: Loyola, 1988, v. 2, p. 165.
[25] KANT, Emmanuel. *Crítica da razão prática*. Tradução de Afonso Bertagnoli. Rio de Janeiro: Ediouro, s.d., p. 31.
[26] HEGEL, Georg Friedrich Wilhelm. *Princípios da filosofia do direito*. Tradução de Orlando Vitorino. São Paulo: Martins Fontes, 2000, p. 226.

cos diferentes: "[...] estado teológico ou fictício, estado metafísico ou abstrato, estado científico ou positivo".[27]

Reconhecendo no estado teológico o primeiro movimento reflexivo da inteligência humana na busca da explicação da realidade, Comte observa que o mesmo, ao lançar mão de divindades transcendentais para a explicação dos fenômenos, afasta-se da possibilidade de uma compreensão verdadeira. Já no estado metafísico, a equivocada pretensão de explicação absoluta da realidade mantém inalteradas as contradições do estado teológico, transladando apenas a fonte da verdade dos agentes sobrenaturais para a força humana da racionalidade abstrata. Finalmente, no estado positivo, a maturidade do espírito humano, reconhecendo a impossibilidade de atingir o conhecimento absoluto, reduz-se, conscientemente, em descobrir cientificamente as leis que regem os fenômenos.

No entanto, ao explicar o espírito fundamental do positivismo enquanto verdadeira filosofia, Comte assevera que ele deve ter a pretensão de sistematizar toda a existência humana: "Para essa comum destinação fundamental, o ofício próprio da filosofia consiste em coordenar entre elas todas as partes da existência humana, a fim de conduzir a noção teórica a uma completa unidade",[28] tendo em vista que "[...] toda sistematização parcial seria necessariamente quimérica e insuficiente".[29] Assim, contrariando sua motivação inicial, a filosofia positiva evolui para um fundamento metafísico, como acentua Habermas. Embora o positivismo tenha substituído a plenitude da metafísica clássica por uma relativização submissa a leis empíricas reguladas em imanência causal, sua interpretação continua prisioneira da metafísica, pois "Os elementos da tradição metafísica são, assim, conservados na polêmica positivista; eles tão-somente alternam seu peso valorativo".[30]

Na verdade, em seu afã de exorcizar a metafísica *a priori*, o positivismo iludiu-se a si mesmo, inconsciente de que está na sua essência por ela maculado, eis que "[...] o positivismo só pode exprimir-se, em termos compreensíveis, através de conceituações metafísicas. Ao desfazer-se delas sem as refletir, tais conceituações mantêm sua têmpera substancial também contra o adversário".[31]

Identificado com os princípios epistemológicos do paradigma positivista, o positivismo jurídico dele derivado, igualmente, partilhou da "[...] aversão à

---

[27] COMTE, Augusto. Curso de filosofia positiva. *In: Os pensadores*. Tradução de José Arthur Gianotti. São Paulo: Nova Cultural, 1991, p. 4.

[28] COMTE, Augusto. Discurso preliminar sobre o conjunto do positivismo. *In: Os pensadores*. São Paulo: Nova Cultural, 1991, p. 47.

[29] *Ibidem*.

[30] HABERMAS, Jürgen. *Conhecimento e Interesse*. Tradução de José N. Heck. Rio de Janeiro: Guanabara, 1987, p. 90.

[31] *Idem*, p. 100.

especulação metafísica e à procura das razões finais".[32] Nesse sentido, ao estabelecer um conceito de direito reduzido ao âmbito estrito das normas positivas, passou a acusar de metajurídica qualquer abordagem de índole axiológica que tivesse a pretensão de questionar sua dogmática legitimidade.

Tal atitude epistemológica, como observou Perelman,[33] culminou na oposição entre direito natural e direito positivo, e, assim, desvinculada da fundamentação de validade que lhe propiciava a ética jusnaturalista, a ordem jurídica positivista teve que extrair a sua validade de si mesma, ou seja, a norma jurídica não mais se fundamenta numa validade pressuposta, mas institui a validade a partir de suas prescrições, isto é, das prescrições normativas oriundas da vontade do legislador político, num Estado de Direito de Legalidade. E, assim, como expressão abstrata de uma hipotética vontade geral, nos termos de uma redução objetivo-formal, a lei se absolutiza como única fonte do direito, autonomizando o jurídico da metafísica jusnaturalista no âmbito de um estado civil em que "[...] todos os direitos são fixados pela lei".[34]

Em contradição com a índole judicativa e prudencial que a influência da filosofia prática sempre mantivera viva no direito, o dogmatismo positivista, em nome da neutralidade científica e temeroso da subjetiva arbitrariedade judicial, procurou anular o judiciário; segundo Montesquieu, perante os outros dois poderes do Estado, "[...] o judiciário é de algum modo nulo",[35] pois, em face de um direito *a priori* fixado na lei que, em si mesma, encarnava a justiça e a liberdade, nada restaria ao julgador senão a sua lógico-dedutiva aplicação ao caso concreto, nos termos de operações que "[...] não representem nunca senão um texto fixo da lei".[36] A plena identificação entre direito e lei, como asseverou Gény, permitiu ao direito que flotava indeciso e inconsciente, converter-se em "[...] precepto claro indiscutiblemente obligatorio a virtud de la fórmula que la expressa y mediante el poder de la autoridad que le imprime su sello".[37]

Se a metódica jurídica pré-moderna, de orientação judicativa, embora fundamentada numa transcendência metafísica, orientava sua práxis numa prudencial resolução de problemas jurídicos *a posteriori*, a metódica positivista em perspectiva inversa determinava dogmaticamente, *a priori,* os futuros resultados práticos. Tal inversão, propiciada por uma radical positivação, imunizou

---

[32] BODENHEIMER, Edgar. *Ciência do direito.* Tradução de Enéas Marzano. Rio de Janeiro: Forense, 1966, p. 110.
[33] PERELMAN, Chäim. *Ética e direito.* Tradução de Maria Ermantina Gusmão. São Paulo: Martins Fontes, 1999, p. 386.
[34] ROUSSEAU, Jean-Jacques. *O contrato social.* Tradução de Rolando Roque da Silva. São Paulo: Cultrix, 1995, p. 47.
[35] MONTESQUIEU, Charles. *Do espírito das leis.* Tradução de Gabriela de Andrada Dias Barbosa. São Paulo: Brasil Editora, 1960, p. 184.
[36] *Idem*, p. 182.
[37] GENY, François. *Método de interpretación y fuentes en derecho privado positivo.* Madrid: Hijos de Réus, 1902, p. 216.

neutralmente o direito na dogmática redoma do sistema jurídico, possibilitando uma metodologia de aplicação rigorosamente formal.

E, assim, o logicismo abstrato do idealismo platônico, que sempre se mantivera como pano de fundo da fundamentação do pensamento jurídico ocidental, reafirma-se, com toda a força, na metódica lógico-dedutiva do positivismo jurídico, que, se, por um lado, desvinculou o jurídico dos pressupostos éticos da filosofia prática, por outro, constituiu-se na mais perfeita e acabada expressão da metafísica objetificante que, a partir do racionalismo cartesiano, instituiu o paradigma científico da modernidade.

Ao tentar materializar o desiderato comteano de banir a metafísica, exorcisando axiomaticamente as ambigüidades, para propiciar uma lógica certeza e segurança nas operações metódicas, também o pensamento jurídico positivista, iludido da sua própria essência, acabou se constituindo numa metafísica ao contrário. Sua essência metafísica evidencia-se na compreensão de que uma ordem jurídica deve constituir um mundo fechado dogmaticamente em si mesmo, um mundo autônomo, que subsiste na abstrata transcendência lógica de um todo sistemático, ou seja, da mesma forma que qualquer dogmatismo teológico-metafísico, a metafísica cientificista do positivismo jurídico reduziu a possibilidade da verdade ao âmbito dogmático de um sistema fechado.

Ao reabilitar a importância dos filósofos pré-socráticos, Heidegger observou que a clivagem platônica cindiu o logos, instituindo, a partir da absolutização da idéia, o domínio epistemológico de um logicismo abstrato-metafísico. Então, dissociado da *phýsis*, o conceito de verdade foi elevado, abstrato-subjetivamente, ao plano lógico-conceitual da representação ideal, uma simples e lógica adequação conformativa entre a significação do enunciado e o objeto investigado. Essa redução propiciou, metafísico-objetivamente, com o sacrifico da liberdade criativa, a aspiração de fundamentar o conhecimento pelos termos geométricos da certeza e da exatidão.

Talvez acossada pelo medo da liberdade, cujo mistério aflige todo gênero humano, a civilização ocidental também preferiu o abrigo seguro da metafísica objetificante, e a redução platônica acabou se constituindo em paradigma da cultura que a sucedeu: "Toda a metafisica, inclusive sua contrapartida, o positivismo, fala a linguagem de Platão".[38]

Portanto, se o ideal de certeza e segurança do conhecimento, propiciado pelo logicismo abstrato da metafísica platônica, esteve na base de toda construção cultural do ocidente, também a idéia de direito, enquanto produto cultural dessa tradição, erigiu-se em imanência com os seus princípios.

Julgando ser o seu antípoda, o positivismo jurídico manifestou-a na sua negação, iludido, sem saber que a trazia na essência dos seus pressupostos, pois,

---

[38] HEIDEGGER, Martin. O fim da filosofia e a tarefa do pensamento. *In: Os pensadores.* Tradução de Ernildo Stein. São Paulo: Abril Cultural, 1979, p. 78.

através da radical positivação normativa de um abstrato dogmatismo legalista, impôs uma metafísica ao contrário, reafirmando Platão às avessas na transcendente ilusão de que uma justeza lógica propicia, a partir da sua coerência formal, uma também justeza material. Assim, ao construir um mundo jurídico, no âmbito monista de um sistema fechado, que se consumou lógico-cientificamente na redução objetificante de uma metafísica subjetivo-teorética, o positivismo jurídico transformou o direito numa técnica de controle social e, também, por conseqüência, ao confinar o saber jurídico aos limites dogmáticos do seu sistema normativo, reduziu o jurista à condição de técnico, a quem apenas compete conhecer e aplicar formalmente, sem questionar os seus fins, a vontade do legislador. Como observou Sérgio Cotta, "Da teorização oitocentista da école de l'exégése e da "jurisprudência analítica" de John Austin à novecentista da "doutrina pura" de Hans Kelsen, foi-se delineando e precisando, sempre com maior rigor e conscientização, a figura do jurista como puro técnico".[39]

A partir dessa instrumentalização técnica, que o transformou numa entidade formal destinada a delimitar burocrático-normativamente os objetivos do poder político, o direito perdeu sua autonomia e, subsistindo neutralmente na redoma dogmático-metafísica de um abstrato sistema fechado, alienou-se das contingências práticas da realidade e separou-se do mundo da vida.

O dogmatismo metódico do positivismo jurídico subtraiu do direito a sua verdadeira intenção normativa, impondo uma práxis jurídica em contradição com o sentido histórico do dever-ser jurídico, sentido este que tem o seu fundamento originário, ontológico-normativamente identificado com os princípios éticos da humanidade.

Considerações finais

Como este estudo procurou demonstrar, a idéia de direito na tradição da cultura ocidental, desde os seus primórdios, fundamentou-se nos princípios transcendentais da metafísica.

O positivismo jurídico, ao tentar libertar-se dela, reafirmou-a radicalmente, ao reduzir a normatividade jurídica na objetificação dogmática da sua entificação positiva.

Dessa redução científico-neutral, derivou uma metodologia jurídica alheia às contingências práticas da realidade social, que suprimiu a autonomia do direito e transformou-o tecnicamente em instrumento de dominação política.

Assim, contrariando a sua motivação onto-gnoseológica, a ilusão metafísica do positivismo, ao tentar concretizar uma lógico-formal certeza metódica,

---

[39] COTTA, Sérgio. *O desafio tecnológico*. Tradução de Manuel Reis. Coimbra: Armênio Amado, 1971, p. 163.

desvirtuou a práxis judicativa da intenção prático-normativa do direito em favor de uma abstração teorética.

A crise do relativismo pós-moderno evidencia radicalmente o equívoco positivista e impõe ao pensamento jurídico a busca de alternativas críticas que tenham a consciência de que a essência do problema jurídico não é lógico-sistemática e, sim, prático-problemática.

— X —

Observações sobre autopoiese, normativismo e pluralismo jurídico[1]

LEONEL SEVERO ROCHA[2]

1. O objetivo deste texto é contribuir para a divulgação e utilização no Direito de novas teorias que existem hoje para a observação da sociedade. Ressalta-se que esta não é a única nova teoria disponível, mas é, sem dúvida, em nossa opinião, aquela que permite uma observação mais profunda e sofisticada da complexidade. A essa observação diferenciada, nós estamos chamando de *teoria autopoiética*. Observa a sociedade como autopoiese.[3]

Intencionalmente, coloca-se como título *Autopoiese, Normativismo e Pluralismo Jurídico*. Trata-se de uma denominação inusitada para os não-iniciados. Porém, em grandes linhas, a idéia básica é realmente, a partir de uma *observação autopoiética*, fornecer alguns critérios para que se possam entender as formas como o Direito e a cultura jurídica se manifestam no século XXI.

Essa teoria da autopoiese tem como um dos grandes expoentes, na área do Direito, *Niklas Luhmann*. Tentar-se-á colocar alguns momentos importantes da teoria de Luhmann para permitir que fiquem na nossa memória comum. Luhmann condensa de maneira magistral todo o pensamento da *teoria dos sistemas autopoiéticos* no livro que se chama *"A Sociedade da Sociedade"*.[4] Trata-se de uma obra extremamente importante e que ainda será considerada na sociologia do século XX tão necessária como a de Max Weber[5] ou de Talcott

---

[1] Este texto se relaciona com o Projeto de Pesquisa intitulado "Direito Reflexivo e Policontexturalidade" desenvolvido no PPGD-Unisinos. Também foi apresentado em palestra na Fadisma no primeiro semestre de 2007. Agradeço ao bolsista Ricardo Menna Barreto pelas sugestões bibliográficas.

[2] Dr. EHESS-Paris-França. Pós-Dr. Unilecce-Italia. Prof. Titular da Unisinos

[3] Niklas Luhmann, influenciado pelos biólogos chilenos Maturana e Varela (MATURANA, Humberto; VARELA, Francisco. *El Árbol del Conocimiento*: las bases biológicas del entendimiento humano. Buenos Aires: Lumen, 2003.), lança as bases de sua teoria dos sistemas sociais autopoiéticos em: LUHMANN, Niklas. *Soziale Systeme*. Grundisse einer Allgemeinen Theorie. Frankfurt: Suhrkamp Verlag, 1984, com primeira edição em espanhol: LUHMANN, Niklas. *Sistemas Sociales*. Lineamentos para una teoría general. México: Alianza Editorial/Universidad Iberoamericana, 1991. Nos utilizaremos, neste ensaio, da edição espanhola.

[4] LUHMANN, Niklas. *Die Gesellschaft der Gesellschaft*. Surkamp Verlag, 1997. Com edição em espanhol: LUHMANN, Niklas. *La Sociedad de la Sociedad*. México: Editorial Herder, 2007. Igualmente, utilizar-nos-emos, neste ensaio, da edição espanhola.

[5] WEBER, Max. *A Ética Protestante e o Espírito do Capitalismo*. São Paulo: Cia. das Letras, 2004.

Parsons[6] e, principalmente, no caso do Direito, pois grandes autores contemporâneos, como Habermas,[7] Derrida[8] ou Foucault,[9] não são juristas, enquanto que Luhmann trata com destaque o Direito, de onde partiu a sua formação. Trata-se de uma vantagem para nós esta afinidade e esta identidade real de Luhmann para com os juristas.

Neste livro, Luhmann propõe que se leve a sério um pressuposto básico da sociologia: *tudo está incluído dentro da sociedade*. Não é possível nenhuma produção de identidade, nenhuma produção de linguagem que não seja no interior de uma sociedade. Tudo está dentro da sociedade. Sempre estamos vivendo no interior de alguma coisa que já está presente no social. Esse é o ponto de partida fundamental.

A partir de então, Niklas Luhmann assume a idéia de que essa sociedade é altamente complexa, pois tem muitas possibilidades diferentes de manifestação. De uma maneira simples, pode-se dizer que, na sociedade, pode acontecer tudo aquilo que pode acontecer. Tudo que se pode imaginar e observar, pode acontecer. Porém, para se criar certos sentidos perante esse excesso de possibilidades, surgiram, na sociedade, nesse processo de enfrentamento da complexidade, *sistemas*.

A sociedade criou, autoproduziu, comunicações, poderíamos dizer, em uma outra perspectiva, linguagens ou modelos, mas nós preferimos dizer que surgiram *sistemas*. Sistemas que ordenam essa complexidade a partir de certo tipo de perspectiva conforme o tipo de diferenciação funcional evolutivamente consagrado. Para Luhmann, a "complejidad no es una operación; no es algo que un sistema ejecute ni que suceda en él, sino que es un concepto de observación y de descripción – incluída la autoobservación y la autodescripción".[10]

Podemos ter, igualmente, "'complejidad organizada' que sólo puede llevarse a cabo mediante la formación de sistemas, puesto que 'complejidad organizada' no significa sino complejidad de relaciones seletivas entre los sistemas".[11] Por isso, pode-se dizer que existem sistemas sociais da Política, da Economia e do Direito, porque, como sistemas funcionalmente diferenciados, fornecem critérios de identificação para cada uma dessas áreas do conhecimento. Como tudo isso está dentro da sociedade, todas as áreas do conhecimento surgem da sociedade e têm, por isso, autonomia, mas uma autonomia que existe na *diferença* dela com a sociedade. E não é uma diferença pronta, acabada, pois se elabora em operações. Trata-se de uma diferença que se constrói constante-

---

[6] PARSONS, Talcott. *Os Sistemas das Sociedades Modernas*. São Paulo: Pioneira, 1974.
[7] HABERMAS, Jürgen. *Teoria de la Acción Comunicativa*. 2 vol. Madrid: Taurus, 1987.
[8] DERRIDA, Jacques. Marges de la Philosophie. Paris: Les Éditions de Minuit, 1972.
[9] ROCHA, Leonel Severo; PEPE, A. M. B. *Genealogia da Crítica Jurídica*: de Bachelard a Foucault. Porto Alegre: Ed. Verbo Jurídico, 2007.
[10] LUHMANN, Niklas. *La Sociedad de la Sociedad*. Op. cit., p. 101.
[11] Idem, Ibidem, p. 46.

mente numa dinâmica que exige a auto-reprodução de cada sistema, a partir de seus próprios elementos, diferenciando-se dos outros sistemas e se diferenciando dos ambientes, num processo constante.

Dessa forma, para Luhmann, "complejidad (...) significa coacción de la selección. Coacción de la selección significa contingencia, y contingencia significa riesgo".[12] Esse processo necessita de critérios próprios de auto-observação, critérios próprios de auto-organização, e essa é a grande questão do sistema, a sua organização (auto-organização). Se o sistema consegue se auto-reproduzir com certa independência, isto é, consiga se fechar operacionalmente, existe, então, um sistema autopoiético. Ou seja, sistemas autopoiéticos são sistemas que conseguem partir da criação de um espaço próprio de sentido e se auto-reproduzirem a partir de um *código* e de uma *programação* própria. Conforme Luhmann, "la garantía de la autodescripción de las operaciones al sistema y, con ello, la garantía de la clausura operativa del sistema, requiere de un código único como esquematismo binario que excluya otras codificaciones y otros valores (terceros, cuartos, quintos) del código".[13] Essa, em grandes linhas, é uma idéia de autopoiese. No caso do Direito, o sistema opera a partir do código: Direito/não-Direito. Diz Luhmann literalmente: "lo que se puede ordenar bajo el esquema de control conforme a derecho/no conforme a derecho, no pertence al sistema jurídico, sino a su entorno social: interno o externo".[14]

2. O problema da verdade em relação ao Direito e a cultura será abordado, como exemplo privilegiado de complexidade, a partir de um ponto de vista autopoiético. Ou seja, como se estruturam na sociedade Direito, cultura e verdade. Tudo isso implica revisão do critério positivista de racionalidade. A primeira dificuldade se radica no fato de que a sociedade é caracterizada pela complexidade. Se o nosso ponto de partida é a *complexidade*, naturalmente existe, em cada operação, um excesso de possibilidades. Como possibilidades? Possibilidades, potências em atos, que solicitam um outro lado mais concreto da complexidade: a redução da complexidade. Assim, "la distinción que constituye la complejidad tiene la forma de una paradoja: la complejidad es la unidad de una multiplicidad".[15]

Mas como é possível a redução da complexidade? A partir do momento em que nós temos um processo de tomada de decisão. Quando se decide fazer alguma coisa e se realiza alguma coisa, o momento da ação ou simplesmente

---
[12] LUHMANN, Niklas. *Sistemas Sociales*. Lineamentos para una teoría general. México: Alianza Editorial/ Universidad Iberoamericana, 1991.
[13] LUHMANN, Niklas. *El Derecho de la Sociedad*. México: Universidad Iberoamericana, 2002, p. 125.
[14] LUHMANN, Niklas. *El Derecho de la Sociedad*. Op. cit., p. 117.
[15] LUHMANN, Niklas. *La Sociedad de la Sociedad*. Op. cit., 101.

da fala – do ponto de vista *saussuriano*[16] – é um momento de construção de realidades. De alguma maneira, existem excessos de possibilidades no mundo, que exigem a escolha de uma delas e a conseqüente operação de construção da realidade. Há potencialmente muitas possibilidades diferentes de ser, e apenas uma possibilidade real de acontecer. Há um momento em que se poderia, portanto, escolher entre as possibilidades. Mas, uma vez estando escolhida, esta constitui a realidade (as outras possibilidades continuam existindo como ambiente). A sociedade se constrói com critérios altamente complexos. A hipercomplexidade como um jogo de incertezas e milhares de problemas está provocando decisões e constitui uma complexidade organizada que define todo o tipo de interesses. Fica assim muito difícil, numa sociedade ligada à decisão e à complexidade, definir-se critérios de racionalidade. Mas algumas áreas do conhecimento enfrentam essa questão da racionalidade com grande inteligência. Uma das áreas que tradicionalmente enfrentam a racionalidade de uma forma bem astuta é o Direito.

O Direito estabelece critérios de racionalidade que, na modernidade, construíram uma maneira ótima para enfrentar o problema da complexidade dentro de uma determinada sociedade. Para Luhmann, "el sistema jurídico constituye y reproduce unidades emergentes (incluyéndose a si mismo) que no existirían sin la unidad de operación".[17] A primeira questão que o Direito enfrenta é a questão da *verdade*. A sociedade, desde o ponto de vista da complexidade (excesso de possibilidades), tenta evitar ao máximo esse problema (de qual é a verdade), para que se possa colocar esta aporia de maneira a construir certa ordem social. Por isso, desde o início da modernidade, têm-se estruturado certas respostas prontas para o problema da verdade. Assim, adquire-se a duração temporal das operações sociais, mantendo-as estabilizadas dentro de certas condições: isso se chama cultura. Cultura é um conjunto de respostas que se cria na sociedade para resolver o problema de sua própria complexidade. São respostas que se mantêm contrafaticamente e fazem com que a complexidade do mundo não apareça. Para Luhmann, "cultura en el sentido moderno siempre es la cultura reflexionada como cultura, i.e., una descripción observada en el sistema".[18]

Como é possível manter uma noção clara de cultura e de estrutura? Graças a uma idéia simultânea de Direito, em que se coloca que certos comportamentos da sociedade devem ser previsíveis, devem ser antecipados, profundamente obrigatórios, de maneira que possam controlar as possibilidades de comportamento. Para Luhmann, "debe haber, entonces, un requerimiento que sirva de mediador entre interacción y lenguaje – una especie de provisión de posibles te-

---

[16] SAUSSURE, Ferdinand de. *Cours de Linguistique Générale*. Publié par Charles Bally et Albert Sechehaye, avec la collaboration de Albert Riedlinger. Paris: Payot, 1985.
[17] LUHMANN, Niklas. *El Derecho de la Sociedad*. Op. cit., p. 117.
[18] LUHMANN, Niklas. *La Sociedad de la Sociedad*. Op. cit., p. 698.

mas listos para una entra súbita y rápidamente comprensible en procesos comunicacionales concretos. Llamamos a esta provisión de temas, cultura, y cuando esta se ha almacenado especialmente para fines comunicativos, semántica".[19]

Para se elaborarem discursos dotados de racionalidade, são necessários critérios de verdade. O problema é que a verdade, em si, não existe, que o objeto *verdadeiro* não existe. Por isso, buscam-se critérios discursivos (exteriores) de verdade para a observação da realidade e que possam ser confirmados, ou não, via experiência ou lógica matemática. Portanto, a verdade, como se discute tradicionalmente, se perde em um discurso que descreve um objeto, analisando se *este* discurso poderá ser verdadeiro ou falso, *e não o próprio objeto*. Ninguém mais se preocupa com a essência dos objetos e das coisas, mas com o discurso. Pode-se discutir se o discurso é verificável, e não sobre o que na essência se está dizendo. Desloca-se a discussão da verdade das coisas para o sentido de um discurso sobre alguma coisa.

De qualquer maneira, esta solução discursiva da questão da verdade, como apenas algo provisório, que dependeria do contexto pragmático dos discursos, é afastada do Direito. O Direito não discute imediatamente, jamais, a questão da verdade: esse é um problema que não interessa ao Direito. O Direito se preocupa muito mais com a verdade (que interessa indiretamente), numa sociedade complexa, quando se trata de indicar certo tipo de opção que vai construir determinado tipo de realidade, se essa opção é válida. A racionalidade do Direito na cultura da modernidade é uma questão de validade.

Do ponto de vista do Direito, que tipo de sociedade nós temos? Verdadeira? Não existe sociedade verdadeira (natural). Nas sociedades complexas, procura-se um tipo de estrutura social que seja válida e, por isso mesmo, legítima. Ou seja, se há muitas possibilidades, é importante que se encontre uma possibilidade que seja *válida*. Nesse sentido, o Direito aparece como uma redução de complexidade dentro das diversas possibilidades que existem no mundo de ser. O Direito é uma condição de normatividade que determina regulação e a possibilidade de comportamentos de determinado tipo no mundo: *que não é verdadeira, mas que é válida*. Em suma, não se discute *verdade*, discute-se *validade*, discute-se *tomada de decisão*. E uma maneira clássica no Direito de se evitar o problema da verdade – porque essa é uma questão muito difícil – é discutindo a validade. O Direito substitui a verdade pela cultura dominante. Para Luhmann, "la cultura no es un contenido de sentido necesariamente normativo, pero si una determinación de sentido (reducción) que hace posible distinguir, dentro de la comunicación dirigida a temas determinados, entre aportaciones adecuadas e inadecuadas, o bien entre un uso correcto o incorrecto de los temas".[20]

---

[19] LUHMANN, Niklas. *Sistemas Sociales*. Op. cit., p. 174.
[20] Idem, ibidem.

3. Hans Kelsen[21] teorizou, de maneira extremamente brilhante, a questão da racionalidade. Kelsen, já no início do século XX, tentou construir uma Ciência do Direito. Uma ciência como uma teoria apta a reduzir a complexidade do mundo por meio de um sistema dotado de uma metodologia lógico-dedutiva. A ciência é a construção de um sistema coerente, lógico, que pode ser demonstrado. Evidentemente, os neopositivistas da época cobraram de Hans Kelsen onde estariam os critérios de verdade? Como se obter critérios sintático-semânticos de verificação de afirmações dentro do Direito? O Direito seria apenas puro senso comum? Assim não se poderia ter uma ciência analítica ou neo-positivista – o Direito nunca poderia ser uma ciência constituída de variáveis proposicionais.

Hans Kelsen pretendeu responder à indagação afirmando o seguinte: o Direito pode ser uma ciência, se colocados os critérios de verdade como secundários ou indiretos. O Direito não se preocupa com a verdade, mas, mesmo assim, pode ser rigoroso, pois os critérios de verdade poderiam existir em um segundo nível de linguagem, em uma metalinguagem de segundo grau. O Direito, desse modo, solucionaria a aporia da verdade e poderia trazer para o seu interior, ao mesmo tempo, como valor positivo, a cultura e o mundo. Assim, leva para o seu interior o tipo de comportamento valorativo que é possível no mundo, mas revisto, reelaborado a partir de uma categoria que tem uma denotação pura, que tem um objetivo universal: *a norma jurídica*. Para Kelsen, na Teoria Pura do Direito, a "norma é o sentido de um ato através do qual uma conduta é prescrita, permitida ou, especialmente, facultada, no sentido de adjudicada à competência de alguém".[22] Já, na Teoria Geral das Normas, Kelsen afirma que, "com o termo (norma) se designa um mandamento, uma prescrição, uma ordem. Mandamento não é, todavia, a única função de uma norma. Também conferir poderes, permitir, derrogar são funções de normas".[23] Do mesmo modo, Kelsen indica que o 'destinatário de norma' é só uma expressão para saber, com toda certeza, que a conduta estatuída como devida na norma é uma conduta humana, a conduta de uma pessoa".[24]

Nessa linha de idéias, a norma jurídica proporciona, a partir de uma seleção rigorosa, a imputação de sentido objetivo da natureza. Segundo Kelsen, "quer isso dizer, em suma, que o conteúdo de um acontecer fático coincide com o conteúdo de uma norma que consideramos válida".[25] O Direito é racional, não porque é verdadeiro, mas porque tem uma definição tão rigorosa, que permite que se construa um sistema estático de conceitos de onde se pode estruturar

---

[21] KELSEN, Hans. *Teoria Pura do Direito*. 7ª Ed. São Paulo: Martins Fontes, 2006.
[22] Idem, ibidem, p. 22.
[23] KELSEN, Hans. *Teoria Geral das Normas*. Tradução de José Florentino Duarte. Porto Alegre: SAFE, 1986, p. um.
[24] Idem, ibidem, p 12.
[25] Idem, ibidem, p. 21.

o mundo a partir da perspectiva do Direito e da cultura. Para Luhmann, "la comunicación incesantemente estimulada formará entonces, en el mar de posibilidades (plenas de sentido), las islas de comunicación que como cultura, en el sentido más amplio, facilitan el compromiso con la interacción y el final de la misma".[26]

Essa estrutura normativa também equaciona o sentido do *poder*. Por quê? Cada vez que se participa de um processo de tomada de decisões, existem sempre muitas possibilidades, portanto, evidentemente, a possibilidade que vingou é uma possibilidade dotada de poder. Até se pode afirmar: *poder é uma condição para que se possam tomar decisões*. E se o Direito concentra decisões prontas, originadas na sociedade da cultura, e prevê sanções que são normativas, então, é dotado necessariamente – e de maneira inerente – de poder. O Direito tem força obrigatória.

O poder, a força obrigatória do Direito, se manifesta no normativismo. Uma norma jurídica é dotada de poder, porque deve ter a capacidade de exigir o seu cumprimento, a partir do fato de que, se alguém não cumprir uma conduta prevista em uma dada norma jurídica, deverá sofrer, como conseqüência, uma sanção. Para Kelsen, "desta forma, uma determinada conduta apenas pode ser considerada, no sentido dessa ordem social, como prescrita – ou seja, na hipótese de uma ordem jurídica, como juridicamente prescrita – na medida em que a conduta oposta é pressuposto de uma sanção".[27]

O poder do Direito, consagrado na sanção, determina que as possibilidades sociais se reduzam ao determinado pela cultura por meio de uma regulamentação ordenada pela técnica reguladora social normativa, mostrando a força obrigatória do Estado. Na definição de Kelsen, são sanções os "atos de coerção que são estatuídos contra uma ação ou omissão determinada pela ordem jurídica (...)".[28] Nesse sentido, percebe-se porque, em uma teoria normativista, Estado e Direito são dois elementos que estão lado a lado. Em uma sociedade em que não se deseja que a violência se manifeste, onde se pretenda que exista a paz – a paz é o contrário da violência – essa cultura da paz se manifesta num tipo de Estado em que toda a sua possibilidade de atuação é feita juridicamente. O Estado de Direito se manifesta somente por meio do Direito, ou seja, é um Estado que sempre usa a força física organizada desde os critérios normativos da sanção para a sua objetivação, determinando o contato entre a cultura e o Direito a partir desses pressupostos da estática. Luhmann enfatiza que "parece que nuestra cultura opera de tal modo que hace entrar distinciones en el pasado, distinciones que luego han de servir de marco en el cual el futuro pueda oscilar".[29]

---

[26] LUHMANN, Niklas. *Sistemas Sociales*. Op. cit., p. 417.
[27] Idem, ibidem, p. 49.
[28] KELSEN, Hans. *Teoria Pura do Direito*. Op. cit., p. 163
[29] LUHMANN, Niklas. *La Sociedad de la Sociedad*. Op. cit., p. 469.

Por outro lado, a organização do poder necessita ser racionalizada também do ponto de vista da dinâmica. Para tanto, Kelsen, utiliza uma metáfora que foi aceita pela dogmática jurídica, que é a da *pirâmide*. Kelsen salienta que o poder do Estado entra no sistema do Direito, mas esse poder precisa ser *detalhado, identificado, em suas ramificações* no seu interior. Para controlar a racionalidade do poder nós precisamos discipliná-lo a partir da idéia de *hierarquia*. O poder é colocado em uma hierarquia, de maneira que ele seja controlado, medido. Ele chega aos poucos. Para Kelsen, "uma norma que representa o fundamento de validade de uma outra norma é figurativamente designada como norma superior, por confronto com uma norma que é, em relação a ela, a norma inferior".[30]

Esse poder se regulamenta a partir da concepção de que as normas jurídicas não estão somente no plano estático – sanção – mas igualmente em um plano dinâmico, onde uma norma superior sempre é o fundamento de validade de uma norma inferior. Ou seja, "o fundamento de validade de uma norma apenas pode ser a validade de uma outra norma".[31] Se uma norma pertence ao sistema, ela é uma norma, por isso mesmo, válida. Para Kelsen, "como norma mais elevada, ela tem de ser pressuposta, visto que não pode ser posta por uma autoridade, cuja competência teria de se fundar numa norma ainda mais elevada. (...) Tal norma, pressuposta como a mais elevada, será aqui designada como norma fundamental (*Grundnorm*)".[32] Nesse sentido, Kelsen aponta, na Teoria Pura do Direito, que, caso "se pergunte pelo fundamento de validade de uma norma pertencente a uma determinada ordem jurídica, a resposta apenas pode consistir da recondução à norma fundamental desta ordem jurídica, quer dizer: na afirmação de que esta norma foi produzida de acordo com a norma fundamental".[33] Dessa maneira, elabora-se um sistema fechado, que permite identificar uma parte do mundo com grande objetividade, ao afastar o problema da verdade.

Essa teoria de Kelsen, hoje, é extremamente insuficiente, porque ela é uma teoria que estabelece critérios de observação muito próprios. Os seus limites são dados por ela mesma e dependem muito dessa noção de Estado e de cultura única. Então, esta é uma teoria que, num certo sentido, comunga com a visão limitada do mundo, que já os marxistas antigamente chamavam de *ideologia*. Isto é, Kelsen observa o Direito como representante de uma cultura caracterizada por um discurso que aparenta reduzir as diferenças do mundo, mas que, na realidade, privilegia muito mais certos interesses particulares do que aqueles que aparecem como universais. Essas questões ideológicas foram afastadas por Kelsen como uma maneira para se propor a validade da cultura da sociedade racional, vista como um Estado de Direito.

---

[30] KELSEN, Hans. *Teoria Pura do Direito*. Op. cit., p. 163.
[31] Idem, ibidem, p. 267.
[32] Idem, ibidem, p. 269.
[33] Idem, ibidem, p. 275.

4. Mas o que acontece hoje com uma teoria normativista no contexto de uma irreversível crise do Estado: crise da soberania e de suas funções? A hipercomplexidade gerada pela globalização impede uma racionalidade objetiva da teoria kelseniana. Por quê? Seguindo Kelsen, evita-se a questão da verdade por meio da construção de um sistema de validade hierárquico, no qual o Estado se manifesta conjuntamente com o Direito. Sem um Estado forte, a validade não é suficiente para a imposição da cultura dogmática na sociedade.

O Estado é historicamente a grande organização da política. O poder sem a hierarquia estatal libera-se e volta para as microrelações sociais. Voltam os problemas: Qual é o critério para a verdade na afasia de racionalidade? O retorno da questão da verdade implica agora também a revisão da distribuição do poder. Desse modo, ocupam o centro da cena do Direito problemas políticos, que acarretam *problemas de legitimidade*. Por tudo isso, a partir da segunda metade do século XX, a epistemologia jurídica declara que o conceito de norma jurídica é insuficiente.

Para o enfrentamento dessa nova realidade política, em que a ecologia ocupa lugar de destaque, amplia-se a noção de sistema jurídico. Além das normas, ele é também constituído por regras e princípios. O Direito não pode mais fugir a um contato, que sempre existiu, dentro da complexidade, com outros sistemas, notadamente, o sistema político e sistema econômico, que manifestam também outros tipos de problemas. Ou seja, *o sistema começa a ser aberto*. O fechamento operacional que Kelsen propôs realizar no Direito, afastando a idéia de verdade e acentuando a validade, não pode evitar a entrada da questão do poder.

O pós-positivismo, originário das críticas ao normativismo, impõe a tomada de consideração para a racionalidade jurídica de seus atores sociais, principalmente, o poder judiciário. E coloca, como uma questão extremamente relevante, aquilo que Kelsen ignorou (simplesmente jogou) para o capítulo final da *Teoria Pura do Direito*: a interpretação. Nessa linha de raciocínio, os operadores do Direito ocupam o centro do sistema do Direito. Porém, retornam, com esse enfoque, a discussão da racionalidade e verdade e da cultura. O Direito kelseniano obtém a sua legitimidade a partir da Constituição, que é o fundamento da unidade e validade do sistema normativo e do Estado. Se vivemos numa sociedade globalizada, a cultura também se fragmenta, e o Direito passa a ser plural, configurando-se como um tipo de Direito no qual as normas jurídicas não são o mais importante. Isso determina mais mudanças e conseqüências do que imagina a crítica jurídica.

Em relação ao método, por exemplo, o raciocínio se obriga a romper com o racionalismo dedutivo. Para Kelsen, o sistema normativo é possível graças ao fato de que uma norma jurídica se relaciona dedutivamente com as outras a partir na estática do conceito de sanção e na dinâmica do conceito de validade. Não se pode pensar em uma verdade que logo ali não é mais verdade, porque se não, não é uma verdade. A verdade pressupõe certa universalidade. Então, o sistema kelseniano joga com a idéia axiomática que, uma vez presentes certas características do sistema normativo, estas se reproduzem, por dedução, ao infinito, desde que se passe pelo critério da validade constitucional para a produção de novas normas. Como a norma jurídica é uma abstração ontológica, a dedução não existe no Direito. A aporia da verdade renasce com toda a sua exigência, pois, se o Direito não resolve, quem o fará? O sistema econômico ou o sistema político?

5. Como se pode pensar possibilidades de racionalidade de um outro tipo para o Direito? Uma primeira alternativa que surge, que é interessante, é a idéia de *efetividade*. Se a validade de um sistema normativo é dada por uma hierarquia, agora a validade é trocada ou colocada em segundo plano. Então, o mais importante para o sistema do Direito – não mais normativo – passa a ser a *efetividade*. É preciso eficácia naquilo que o Direito determina como comportamento obrigatório, como possibilidade de construção de algum tipo de realidade social. Nesse aspecto, percebe-se como a sociologia de Max Weber[34] substituiu a teoria kelseniana com sua proposta de uma racionalidade prática da compreensão das relações entre meios e fins.

O grande problema do Direito nas sociedades complexas passa a ser, portanto, a efetividade de seu processo de tomada de decisões. O poder judiciário ocupa, nessa lógica, uma função determinante: operacionalizar, com efetividade, a equação entre os meios normativos e os fins sociais. Como o judiciário é um dos três poderes do Estado de Direito, ele procura o sentido de suas práticas na Constituição. Porém, desse modo, ocorre uma inversão em relação à proposta kelseniana de Constituição como fundamento supremo de validade, localizado no topo da hierarquia do sistema. O poder que se diluía na verticalidade do normativo passa a ser ocupado pelo judiciário. A verdade também dependeria dos juízes, pois estes detêm o privilégio de atribuir sentido ao Direito.

Nessa linha de raciocínio, é claro que muitos juristas começaram a solicitar um maior rigor nas decisões judiciais. Por isso, uma saída muito importante tomada na hermenêutica foi a de que toda decisão deve ser tomada conforme a Constituição, conforme os princípios e os Direitos fundamentais. Isso engendrou uma forte publicização do Direito privado. Por isso, o recurso ao Estado, como responsável pela efetividade do Direito, tornou-se uma regra.

No entanto, ainda existem muitos problemas nesta maneira de pensar o Direito. O método, como vimos, não pode ser mais o *método dedutivo kelseniano*. O *método* adotado passa a ser o *indutivo*, voltado à observação empírica das decisões individuais. O método indutivo do estudo de caso ao bom estilo

---

[34] WEBER, Max. *Economia y sociedad:* esbozo de sociología comprensiva. 2. ed. México: Fondo de Cultura Económica, 1969-1977. 2 v.

americano torna-se a grande novidade. O centro de decisão da racionalidade do Direito é, assim, muito fragmentado. De qualquer maneira, não se pode pensar em método indutivo seguindo a teoria do Estado neokelseniana que é pensada de forma dedutiva. Se se entender que a Constituição é o mais importante, dever-se-ia adotar o método dedutivo. Se, ao contrário, enfatiza-se a interpretação feita pelo poder judiciário em casos concretos, optar-se-ia pelo método indutivo. Parece-nos, na realidade, que o método jurídico confunde o dedutivo com o indutivo e que existe meramente uma dialética do bom senso. Estamos, assim, distantes da verdade.

6. No entanto, interessa-nos salientar que a grande mudança teórica e política, ocorrida no final do século XX e neste início do século XXI, no raciocínio jurídico, foi o denominado *Pluralismo Jurídico*. O pluralismo jurídico provocado pelo sucesso da sociologia do Direito é mais interessante do que o pós-positivismo. Por quê? O pluralismo jurídico já percebeu, e desde os seus primórdios, que o Estado – nem estou falando na crise do Estado – não é o único centro produtor de normatividade. Isso quer dizer que existem outros centros produtores de direitos na sociedade.

Hoje existem cada vez mais espaços locais de poder onde existem comportamentos obrigatórios, onde existem regras para serem cumpridas, critérios de controle temporal das expectativas normativas da sociedade, *que não derivam do Estado*. E são extremamente variados: movimentos *sociais*, sindicatos, ONG's e *comunidades,* que têm regras próprias para a tomada de decisões para grupos de pessoas que as seguem. Assim, são outras regras de Direito que estão surgindo. De certa maneira, sempre existiram, mas estão surgindo sob nossa *observação*.

A globalização vai nos forçar a um outro tipo de observação que antes nós não tínhamos. *Não é que as coisas não existiam, nós não as observávamos*. Então, o Direito, hoje, necessariamente, deve ser observado de forma diferente, não-normativista. Do ponto de vista internacional também, pois é importante analisar outros tipos de possibilidades de organizações que existem no exterior, como a ONU,[35] grandes multinacionais e a União Européia etc. Há, assim, uma observação plural do mundo ou, se quiser, mais do que um pluralismo, um multiculturalismo. Há muitas outras possibilidades de normatividade, e tudo isso faz como que nós estejamos muito longe da teoria kelseniana.

Nesse contexto intelectual, novos tipos de observação de segunda ordem se impõem. Por tudo isso é que insistimos na teoria da sociedade vista como autopoiese.[36] Porque a autopoiese tem a proposta de pensar estas questões de uma forma completamente diferente, de um ponto de vista que

---

[35] <http://www.un.org>
[36] ROCHA, Leonel Severo et all. *Introdução à Teoria do Sistema Autopoiético do Direito*. Porto Alegre: Livraria do Advogado, 2005.

perante os critérios de verdade da dogmática jurídica, são *paradoxais*. Toda produção de sentido depende da observação. Para Luhmann, "si ha sempre un'osservazione quando si distingue per indicare um lato (ma non l'altro) della distinzione".[37] Não há, no mundo de hoje, uma noção de espaço e tempo onde se possa dizer: "Estou no presente, aquilo é passado e aquilo é futuro". *Depende de onde se está observando*. Na ótica de Luhmann, "el tiempo es, para los sistemas de sentido, la interpretación de la realidad en relación con la diferencia entre pasado y futuro".[38]

Não é possível, nas sociedades complexas, uma ruptura radical entre passado e futuro. Assim, algumas questões do normativismo podem estar ainda muito presentes em certas questões e, para outras, não fazerem nenhum sentido. O normativismo está ultrapassado? *Depende*. Nessa ótica, para Luhmann, "la complejidad del sistema tiene en consecuencia siempre dos lados, uno ya determinado y otro indeterminado aún. Esto dota las operaciones del sistema de la función de determinar lo todavia indeterminado y de regenerar, al mismo tiempo, la indeterminación".[39] Isto é, não se dispõe de um *corte epistemológico* como queria Bachelard,[40] que separaria o senso comum do saber científico. Existem passagens, portais, que fecham e não fecham. Depende da observação do problema. Por isso, o interesse na idéia de *paradoxo*.[41] Do ponto de vista temporal, eventos do passado ainda estão presentes aqui, hoje, e outros já desapareceram. Para Luhmann, "la frecuencia de cambio del mundo es lo suficientemente alta para que pueda ser simbolizada como la inevitabilidad del acontecimiento tempo".[42]

Na mesma linha de Luhmann, Teubner afirma o seguinte: "O Direito determina-se a ele mesmo por auto-referência, baseando-se na sua própria positividade".[43] Isso quer dizer, não há uma possibilidade, na globalização, de se fazer, como propõe o normativismo, um processo de tomada de decisões com certa racionalidade, simplesmente seguindo critérios normativos de validade ou abrindo o sistema para uma participação maior do Estado como condição de efetividade. Esta perspectiva é insuficiente. Nós estamos em um momento no qual a complexidade se manifesta de tal forma que, numa primeira observação, só existiria *fragmentação*. Surgem, assim, muitas culturas diferentes. Surgem

---

[37] LUHMANN, Niklas. *Organizzazione e Decisione*. Traduzione di Giancarlo Corsi. Milano: Paravia Bruno Mondadori Editori, 2005, p. 103-104.
[38] LUHMANN, Niklas. *Sistemas Sociales*. Op. cit., p. 97.
[39] LUHMANN, Niklas. *La Sociedad de la Sociedad*. Op. cit., p. 590.
[40] BACHELARD, Gaston. *Le Nouvel Esprit Scientifique*. Paris: Quadrige/PUF, 2006.
[41] ROCHA, Leonel Severo; CARVALHO, Delton Winter de. Auto-referência, Circularidade e Paradoxos na Teoria do Direito. In: *Anuário do Programa de Pós-Graduação em Direito da Unisinos*, São Leopoldo, 2002. p. 235-253.
[42] LUHMANN, Niklas. *Sistemas Sociales*. Op. cit., p. 97.
[43] TEUBNER, Gunther. *O Direito como Sistema Autopoiético*. Lisboa: Calouste Gulbekian, 1993, p. 2.

espaços de identidade em construção e sempre questionáveis. Não existem mais possibilidades de observação verdadeiras, tranqüilas e seguras.

Por sua parte, Teubner afirma que o Direito da modernidade pode ser observado desde o conceito de *Hiperciclo*. Para Teubner, "se aplicarmos tentativamente a idéia de hiperciclo ao direito, vemos que autonomia jurídica se desenvolve em três fases. Numa fase inicial – 'dita de direito socialmente difuso' –, elementos, estruturas, processos e limites do discurso jurídico são idênticos aos da comunicação social geral ou, pelo menos, determinados heteronomamente por esta última. Uma segunda fase de um 'direito parcialmente autônomo' tem lugar quando um discurso jurídico começa a definir os seus próprios componentes e a usá-los operativamente. O direito apenas entra numa terceira e última fase, tornando-se 'autopoiético', quando os componentes do sistema são articulados entre si num hiperciclo".[44]

Sob essa ótica, o Direito como autopoiese tenta observar a complexidade, conjuntamente, a partir de três critérios importantes: circularidade, indeterminação e imprevisibilidade. Inicialmente, o esvaziamento da hierarquia kelseniana nos impõe a idéia de circularidade. Por isso, para Teubner, "a realidade social do Direito é feita de um grande número de relações circulares. Os elementos componentes do sistema jurídico – ações, normas, processos, identidade, realidade jurídica – constituem-se a si mesmos de forma circular (...)".[45] O segundo critério é aquele da *indeterminação*, que recusa o princípio da causalidade e da dedução. O mundo é indeterminado, não tem origem racional. Para Luhmann, "la diferenciación funcional se basa en uma clausura operativa de los sistemas-función incluyendo la autorreferencia. Esto trae como efecto, que los sistemas funcionales se colocan a sí mismos en un estado de indeterminación auto-producida. Esto puede expresarse en la forma de medios específicos de los sistemas con el dinero y el poder – los cuales pueden adquirir formas muy diversas".[46] E, por isso mesmo, o terceiro é a imprevisibilidade, *incerteza*. E, nessa lógica, temos *paradoxos*. E como é possível que exista um sistema de validade ou de método dedutivo ou indutivo num mundo paradoxal?

Isso indica que a autopoiese é um novo tipo de metodologia para o enfrentamento desta complexidade. Na autopoiese, o sistema é a unidade da diferença entre sistema/ambiente. A teoria da autopoiese parte do pressuposto de que são os sistemas o centro de tomada de decisões, a partir das organizações. Por isso, os sistemas têm como função principal a sua auto-organização, a sua auto-observação e a definição de seus limites: a definição de seus *horizontes*. Como se pode construir um mínimo de racionalidade num mundo altamente complexo, onde se têm centenas, milhares de sentidos possíveis? *Observa-se o mundo a partir do sistema*; que, finalmente, é o único ponto de partida que se pode ter.

---

[44] TEUBNER, Günther. *O Direito como Sistema Autopoiético*. Op. cit., p. 77.
[45] Idem, ibidem, p. 19.
[46] LUHMANN, Niklas. *La Sociedad de la Sociedad*. Op. cit., p. 590.

Uma alternativa que está sendo tomada é, portanto, analisar o Direito como um sistema autopoiético. Os sistemas autopoiéticos se constituem de comunicações. Já os atores sociais são aqueles que constroem, na sociedade, os processos decisórios. Podem ser caracterizadas como a própria sociedade as interações e as organizações. No Direito, a organização mais importante, pois está no centro do sistema de comunicação, é o Poder Judiciário. O Poder Judiciário, no Brasil, por exemplo, tem uma função *desparadoxizante*; tem que tomar decisões frente à indeterminação e a incertezas.

Os juristas observam o mundo a partir do sistema do Direito, e ele depende, para a sua efetividade, do Poder Judiciário como organização. Para um mínimo de efetividade, é necessário ter-se clareza deste fato. Graças às operações das organizações, nós vamos construir um mundo conforme o Direito. Ou seja, a idéia de autopoiese diz o seguinte: o sistema do Direito tem que auto-reproduzir uma organização, para, a partir daí, ela definir seus próprios problemas, seus próprios limites e construir a sua verdade (que é sempre uma construção).

Nessa perspectiva, quando se operacionaliza no Direito, constrói-se uma realidade jurídica, não importando, neste momento, examinar o sistema da Economia, o sistema da Política etc., porque não há condições de observação tão sofisticadas para entender o que não se está preparado para observar a partir do próprio sistema. A autopoiese é uma opção pela invenção, que depende da autocriatividade. Para o *construtivismo*,[47] os problemas não estão presentes no mundo exterior, os problemas não existem sem um sistema que os cause. O sistema do Direito é que finalmente define os problemas que o sistema do Direito pode observar e decidir. Os problemas que *não são* parte do sistema do Direito não são problemas, *não existem*.

Com isso, a autopoiese enfrenta o relativismo do mundo, pois o sentido é dado pela autopoiese, auto-organização, já que os limites foram os próprios sistemas que construíram. Não se observa o mundo; só se observa o *nosso* mundo, sempre a partir das nossas perspectivas. Em uma constante diferença com o ambiente, a construção destes limites é que vai definir a felicidade, o bem-estar e a própria democracia.

No entanto, devido aos paradoxos, até para encaminhar a conclusão, ocorrem crises autopoiéticas dos sistemas no mundo hoje. Cada vez que não se consegue observar o mundo a partir somente do Direito, surge irritação e ocorrem problemas de falta de eficácia e efetividade. Nesse caso, os sistemas têm dificuldade autopoiéticas. A autopoiese implica uma autonomia do sistema dentro da dependência, uma capacidade de auto-reprodução, que possui um outro lado: a *heteropoiese* (autopoiese/heteropoiese).

A heteropoiese é forte quando o sistema do Direito não consegue operacionalizar o seu fechamento. O pós-positivismo tem recorrido à Constituição

---

[47] LE-MOIGNE, Jean Louis. *Le Constructivisme*. Paris: Harmattan, 2002.

como uma condição de fechamento operacional da hermenêutica do sistema. Se a Constituição não produzir efetividade, corre-se o risco de uma crise autopoiética.

Na globalização, necessita-se acrescentar à dogmática jurídica mecanismos paraestatais (organizações internacionais) que permitam a influência de outras culturas, de outras estruturas, de uma diversidade social maior, para se poder auto-reproduzir o Direito a partir de critérios mais abrangentes. Ou seja, um Direito estruturalmente aberto para uma diversidade cultural mais ampla.

Günther Teubner discute os detalhes dessa idéia de crises autopoiéticas, recuperando o que Luhmann afirma no livro "*Sociedade da Sociedade*", por meio da idéia de *policontexturalidade*.[48] Cada vez mais, no mundo, os textos, se eu quero falar em textos, não são textos, são *politextos*, são *policontextuais*. Warat já falava em polifonia.[49] De todo modo, não é correto se usar a expressão texto ou em contexto. Isso seria a história de um mundo muito simples. Se se pretende manter essa linguagem, o nome a ser designado é *policontextual*.

A *policontexturalidade é* uma proposta que permite que se observem a partir das categorias da teoria dos sistemas, os novos sentidos do Direito. Por exemplo, relacionando-o com o sistema político, observar, desde a forma sistema/ambiente, que existem centros e periferias dentro da sociedade global, os quais dependendo do assunto (Direito ou religião, v.g.), seriam centro ou periferia, conforme a visão do observador. O Brasil é centro ou periferia? Depende. Pode ser um centro de produção cultural importantíssimo ou pode ser uma periferia na economia. Não se pode falar em centro e periferia *sem se dizer em quê*. Centro/ periferia é uma forma criada por Luhmann[50] para que se possa ter uma oposição maleável, um código – se é possível um código na sociedade – que permita analisar a inclusão e a exclusão na heterogeneidade das possibilidades do mundo.

Por isso, Teubner afirma que é preciso se pensar em novos tipos de direitos que surgiram na periferia, mas que também tem autonomia, como se fossem o centro: os direitos *softs*, *soft law*, *direitos híbridos*, direitos de contratos internacionais, direitos de organizações internacionais, que têm uma lógica própria. E que começam a surgir paralelo ao Estado, na globalização. O surpreendente, exemplifica Teubner, é que grandes multinacionais, ao regularem a sua atuação, seguem os direitos, têm regras e, às vezes, código de ética (para seus interesses). Em poucas palavras, a grande empresa tem códigos de atuação normativas, que não são necessariamente os mesmo dos países.

Nas sociedades complexas, está surgindo, assim, uma nova cultura jurídica. Se quisermos pensar do ponto de vista normativo na hipercomplexidade

---

[48] TEUBNER, Gunther. *Diritto Policontesturale*: Prospettive Giuridiche della Pluralizzazione dei Mondi Sociali. Napoli: Edizioni Città del Sole, 1999.
[49] WARAT, Luis Alberto. *O Direito e sua Linguagem*. Porto Alegre: SAFE, 1995.
[50] LUHMANN, Niklas. *Teoria della Societa*. 8. ed. Milano: Franco Angeli, 1996.

perante a lógica de empresas de informática, de biogenética e, principalmente, perante questões ecológicas, e mantermos, de certa maneira, a autopoiese, desesperadamente, nós temos que pensar em provocar irritações dentro do sistema do Direito, de maneira que a nossa lógica estrutural seja uma lógica que não se confine somente na organização estatal e na Constituição. Por isso, a intenção de se refletir sobre um Direito multicultural: um Direito que permita a abertura para essa variedade de culturas. Um Direito que permita, pelo menos, a partir da idéia de sistema, pensar a equivalência (Luhmann aceita a idéia de equivalência).

O Direito comparado é extremamente importante para se imaginar que, apesar de tudo, existem alguns critérios suscetíveis de equivalência universalmente nos sistemas jurídicos, que permitem esse diálogo entre culturas, desde que nós tenhamos essa lucidez. Perante a crise da observação normativista e a dificuldade da auto-reprodução autopoiética da dogmática jurídica, a teoria dos sistemas sociais recupera a ligação entre Direito, verdade e cultura na policontexturalidade. Esta é uma condição necessária para a construção de um espaço pluricultural e democrático, que origine a estruturação e reestruração de novas possibilidades de produção de identidade e de sociedades mais igualitárias.

— XI —

Políticas de promoção aos direitos humanos no Brasil: descontinuidades e desafios

RODRIGO STUMPF GONZÁLEZ[1]

Sumário: Introdução; A evolução histórica do reconhecimento dos direitos humanos no Brasil; O Brasil e os sistemas internacionais de proteção aos direitos humanos; Políticas para os direitos humanos no Brasil recente; Programa nacional de direitos humanos; O plano nacional de educação em direitos humanos; Secretarias de direitos humanos; Os direitos humanos fragmentados: três secretarias concorrentes; A Emenda Constitucional 45; O longo caminho que resta a percorrer.

Introdução

Uma análise da trajetória do Brasil com relação ao reconhecimento de direitos humanos indica que, em termos formais, no período recente, comparativamente não devemos nada a qualquer outro país.

A Constituição Federal de 1988 propõe que o país seja um "Estado Democrático de Direito", prevendo um rol extenso de direitos, tanto nos aspectos individuais como nos coletivos e difusos.

No período que se seguiu houve um reatamento de vínculos com os sistemas internacionais de proteção aos direitos humanos, com a adoção pelo Brasil dos principais tratados internacionais de direitos humanos, bem como o reconhecimento da competência de cortes internacionais. As delegações brasileiras tiveram papel protagônico nas diversas conferências internacionais promovidas pela ONU ao longo dos anos 90.

Porém há uma distância entre o reconhecimento formal e a aplicação prática da lei, conforme já discuti em trabalhos anteriores,[2] o que leva à análise do que tem sido feito pelo Estado brasileiro para diminuir este fosso entre a previsão e o gozo dos direitos.

Este trabalho busca analisar alguns aspectos das políticas de promoção e defesa dos direitos humanos desenvolvidas nos últimos anos no Brasil. Para

---
[1] Doutor em Ciência Política. Professor de Direitos Humanos no Programa de Pós-Graduação em Direito da Unisinos. stumpf@unisinos.br
[2] GONZÁLEZ, Rodrigo Stumpf. Participação Social e Validade Empírica. In: XXV Congresso da Associação Latinoamericana de Sociologia, 2005, Porto Alegre.

isso é reconstruído o caminho histórico desenvolvido pelo país ao longo dos séculos XIX e XX, para chegar ao atual momento político.

Em relação ao período recente é dado destaque ao mandato dos últimos presidentes do Brasil. Nos últimos 13 anos o Brasil foi governado por dois presidentes: Fernando Henrique Cardoso ocupou o cargo duas vezes, entre 1995 e 1998 e entre 1999 e 2002. Luis Inácio Lula da Silva governou de 2003 a 2006 e iniciou em 2007 seu segundo mandato.

Esta situação rara na história política brasileira, de estabilidade e democracia, cria o ambiente propício para avaliar as continuidades e descontinuidades nas políticas governamentais de promoção aos direitos humanos.

Sobre as ações realizadas neste período será dado destaque à análise do I e II Programas Nacionais de Direitos Humanos, do Plano Nacional de Educação em Direitos Humanos, da evolução das Secretarias de Direitos Humanos, no Ministério da Justiça e na Presidência da República, e da Emenda Constitucional nº 45.

Finaliza-se avaliando-se quais as perspectivas para a promoção dos direitos humanos no país para o futuro.

A evolução histórica do reconhecimento dos direitos humanos no Brasil

Do ponto de vista formal, o Brasil muito cedo incorporou dispositivos de reconhecimento e proteção aos direitos humanos a sua ordem jurídica. No entanto, seguindo uma tradição lusitana descrita por Faoro,[3] este formalismo esteve longe de ser transerido à prática cotidiana do Estado Brasileiro.[4]

A Constituição Brasileira de 1924 já nasce sob este signo. De um lado, da tradição autoritária, com um texto outorgado pelo Imperador, que não aceitava a deliberação das Cortes Brasileiras. Mas ao mesmo tempo, o texto outorgado traz um extenso rol de direitos individuais, oriundo da tradição liberal das revoluções francesa e americana, incorporados em inúmeros outros textos europeus, influenciados pela constitucionalização e limitação dos poderes das monarquias.

As Constituições posteriores não foram diferentes na incorporação de direitos individuais nem foi tampouco a prática dos governantes ao ignorá-los. Atribui-se, por exemplo, ao Presidente brasileiro Washington Luis a afirmação de que a "a questão social é um caso de polícia".

Nos anos 30, tanto a política interna como a política externa brasileira sofreram mudanças bruscas. Com a revolução de 30, Getúlio Vargas assumiu o

---

[3] FAORO, Raymundo. *Os donos do poder*. Porto Alegre, Editora Globo, 1976.
[4] TRINDADE, Hélgio. Bases da democracia brasileira: lógica liberal e práxis autoritária (1822- 1945). In: ROUQUIÉ, Alain et al. (Orgs.). *Assim renascem as democracias*. São Paulo: Brasiliense, 1985. p. 46

governo provisório, governando por decreto durante quase quatro anos, permanecendo no poder até 1945, com um interregno democrático de 1934 a 1937.

Ainda que este seja um período de mudanças positivas em relação a determinados direitos, como o reconhecimento do direito de voto da mulher, em 1932, e a criação de diversas normas protetivas dos trabalhadores, estas não se deram em um contexto plenamente democrático, levando inclusive a um episódio de levante armado em São Paulo, em 1932, sob o argumento de defesa da criação de uma constituição.[5]

Em 1934 foi aprovada uma nova constituição, bastante avançada em termos de reconhecimento de direitos sociais, além de incluir todas as garantias individuais tradicionais ao liberalismo. Este período democrático, porém, teve curta duração, sendo encerrado pelo golpe que instaura o Estado Novo em 1937.

Mantendo o seu caráter contraditório, Getúlio Vargas governou de forma ditatorial entre 1937 e 1945, fechando o Congresso e perseguindo adversários políticos, muitos dos quais foram presos e torturados. Ao mesmo tempo, este foi um período de ampliação de direitos sociais, com destaque para a aprovação da Consolidação das Leis do Trabalho. A ampliação dos direitos sociais de forma não universal, baseada em uma estrutura corporativa, em que os direitos de cada trabalhador dependiam de seu enquadramento profissional, levou Wanderley Guilherme dos Santos a cunhar o termo *cidadania regulada*[6] para se referir a este modelo.

Esta mesma situação dúbia se dá com a aprovação, em 1940, dos Códigos Penal e de Processo Penal, que dispõe sobre diversas garantias e limites à ação repressiva do Estado, pouco aplicada, no entanto, tanto no período ditatorial em que foram gerados, como também para os segmentos mais pobres da sociedade, mesmo em períodos supostamente democráticos.

Entre 1946 e 1964 o país viveu um período de formalidade democrática, não isento de percalços. Várias tentativas de golpe, a restrição ao funcionamento do Partido Comunista Brasileiro, o suicídio de Getúlio Vargas, a posse de João Goulart com poderes restritos por uma emenda parlamentarista depois revogada por plebiscito são alguns dos marcos desta época. O tema dos direitos humanos não era, neste momento, um mobilizador dos segmentos políticos mais engajados.

O Golpe Militar de 1964 e o posterior recrudescimento da repressão aos adversários do regime, após a edição do Ato Institucional nº 5 em 1968 e, particularmente, durante o Governo do General Médici trarão a violação dos direitos humanos para a ordem do dia.

---

[5] FAUSTO, Boris. *Historia Geral da Civilização Brasileira*. III – O Brasil Republicano – Sociedade e Política (1930-1064). São Paulo, DIFEL, 1978.

[6] SANTOS, Wanderley Guilherme dos. *Cidadania e justiça*. Rio de Janeiro, Campus, 1979.

As torturas, desaparecimentos forçados e execuções sumárias passam a ser armas contra os militantes de esquerda, oriundos da classe média, e não mais apenas contra os pobres.

Com as limitações impostas pelo regime à imprensa e à ação dos advogados, a denúncia de violações no exterior e ação interna de líderes religiosos, como Dom Hélder Câmara e Dom Paulo Evaristo Arns, tornou-se a resposta possível.[7]

No período de transição, com a distensão proposta pelo General Ernesto Geisel aumenta a capacidade de pressão e mobilização da sociedade, com a ação de organizações como a ABI e a OAB lutando pela redemocratização.[8]

Na década de 70 surgiram diversos movimentos em defesa dos presos políticos, dos desaparecidos e na luta pela anistia, alguns dos quais tornaram-se organizações não governamentais que contribuíram para a criação, em 1982, do Movimento Nacional de Direitos Humanos.[9]

Nos anos 80 ocorreram vários momentos de grande mobilização política, destacando-se as "Diretas Já", que, embora não tenham tido o sucesso de aprovar a emenda constitucional que restaurava as eleições diretas, contribuiu para o fortalecimento da oposição e a escolha, no colégio eleitoral, de um presidente vinculado ao PMDB e à Assembléia Nacional Constituinte.

Ainda que sob polêmica, o Congresso brasileiro é transformado, em 1987, em Assembléia Nacional Constituinte, derrotados os que defendiam a necessidade de uma assembléia exclusiva.

A Constituinte foi um processo de intensos debates, resultando na Constituição Federal de 1988. O texto reflete a relação de forças daquele momento, com a inclusão de inúmeros direitos antes não previstos ou não constitucionalizados, mas ao mesmo tempo remetendo muitos destes dispositivos para lei regulamentadoras, algumas das quais nunca foram aprovadas.

Em relação à regulação dos direitos sociais, foram aprovadas as leis orgânicas da saúde, da assistência social e os estatutos da criança e do adolescente e do idoso, entre outros textos.

O retorno ao Estado de Direito e o reconhecimento constitucional amplo de direitos individuais e coletivos cria a base institucional necessária para o respeito aos direitos humanos.

Nos dois primeiros governos pós-constituinte, compostos pelo mandato de Fernando Collor de Mello, de 1990 a 1992, completado por seu vice, Itamar

---

[7] GONZÁLEZ, Rodrigo Stumpf. *Direitos Humanos e Democracia na Transição Brasileira*.: CNBB, OAB e Anistia Internacional. Porto Alegre, UFRGS, 1994. Dissertação de mestrado

[8] GONZALEZ, Rodrigo Stumpf. A atuação da Ordem dos Advogados do Brasil na defesa dos direitos humanos e da democracia – análise histórica. In: *Estudos jurídicos* vol. 38 (3) São Leopoldo set-dez 2005

[9] MESQUITA NETO, Paulo de. O papel do governo federal no controle da violência: o Programa Nacional de Direitos Humanos, 1995-1997. In:AMARAL JR. Alberto do e PERRONE-MOISÉS, Claudia (Orgs.) *O Cinquentenario da Declaração Universal dos Direitos do Homem*. São Paulo, Edusp, 1999, p. 356

Franco, de 1993 a 1994, não se identifica uma política específica destinada aos direitos humanos, mas o Brasil começa um processo de reaproximação com os sistemas internacionais de proteção aos direitos humanos, voltando a integrar a comunidade internacional como membro pleno, como será analisado a seguir.

O Brasil e os sistemas internacionais de proteção aos direitos humanos

Da redemocratização, em 1946, até o golpe militar de 1964 o Brasil participou do processo de definição dos documentos internacionais de direitos humanos, aderindo à maioria dos textos aprovados. Destacam-se, ainda na década de 40, a Declaração de Direitos e Deveres do Homem, da OEA, aprovada em 1947, e a Declaração Universal dos Direitos Humanos, da ONU, em 1948.

O golpe militar leva a um afastamento do país em relação às normativas internacionais de proteção aos direitos humanos.

Neste período houve uma série de avanços na normativa internacional. Em 1966 a ONU aprovou o Pacto de Direitos Civis e Políticos e o Pacto de Direitos Econômicos, Sociais e Culturais. Em 1969 a OEA aprovou a Convenção Americana de Direitos Humanos e o Pacto de San José. Estes documentos somente foram subscritos pelo Brasil depois do retorno à democracia.

A última década do século XX marca a reconciliação do Brasil com o sistema internacional de proteção aos direitos humanos. Neste período não só são subscritos e ratificados pelo país os principais pactos como este busca um papel de protagonismo mais ativo nos espaços internacionais.

Foram ratificados, em 1992, o Pacto de Direitos Civis e Políticos e o Pacto de Direitos Econômicos, Sociais e Culturais, da ONU. Neste mesmo ano também foi ratificada a Convenção Americana de Direitos Humanos.

Entre outras convenções cabe também destacar a adesão do Brasil à Convenção da ONU sobre Direitos da Criança e as Convenções 138 e 182 da OIT, sobre o trabalho infantil.

O protagonismo brasileiro foi reforçado pela realização, na cidade do Rio de Janeiro, da Conferência das Nações Unidas sobre Meio Ambiente e Desenvolvimento, a Rio 92. No ano seguinte a representação do Brasil ocupa um papel importante no processo de redação da declaração final da II Conferência de Direitos Humanos da ONU, realizada em Viena.[10]

A adesão às normas dos sistemas internacionais são acrescidas da aceitação da competência da Corte Interamericana de Direitos Humanos, em 1998, e a adesão ao Tratado de Roma, que criou o Tribunal Penal Internacional, em 2000.

---

[10] CANÇADO TRINDADE, Antônio Augusto. *Tratado de Direito Internacional dos Direitos Humanos.* Vol. I. Porto Alegre: Sergio Fabris, 1997.

Se a Constituição de 1988 foi a base para uma perspectiva sobre os direitos humanos no Brasil, a criação de vínculos com os sistemas internacionais de proteção demonstraria uma política de transparência das ações governamentais, que não precisariam mais se esconder sob o argumento do soberania nacional. A seguir são discutidos algumas das iniciativas nacionais para colocar este compromisso em prática.

Políticas para os direitos humanos no Brasil recente

Aprofundando algumas ações realizadas nos governos anteriores, particularmente na adesão a tratados internacionais, durante os mandatos do Presidente Fernando Henrique Cardoso começa a se desenhar uma política para os direitos humanos no Brasil.

Algumas medidas foram tomadas por iniciativa governamental, porém outras são resultado da mobilização da sociedade. Fora do espaço do Poder Executivo cabem dois destaques: a criação da comissão de Direitos Humanos da Câmara dos Deputados e a realização da Conferências Nacionais de Direitos Humanos.

No Congresso Nacional foi criada, em 1995, a Comissão de Direitos Humanos da Câmara dos Deputados, iniciativa seguida por diversas Assembléias Legislativas. A atuação da Comissão da Câmara tem sido relevante, em ações como a articulação de Comissões Parlamentares de Inquérito e avaliação de projetos em tramitação, como o bloqueio, por anos, das propostas de emenda constitucional que buscavam reduzir a idade mínima de imputabilidade penal.

Uma das atividades realizadas pela Comissão, denominadas "Caravanas dos Direitos Humanos", levou à formulação de relatórios sobre a situação em todo o país de áreas sensíveis na violação de direitos humanos, como prisões, hospitais psiquiátricos e estabelecimentos de internação de adolescentes.

Contando com o apoio da Comissão da Câmara dos Deputados, realizou-se no espaço do Congresso Nacional a I Conferência Nacional de Direitos Humanos, em 1996, mobilizando organizações de defesa dos direitos humanos de todo o país.

Nos anos seguintes ocorreram conferências periódicas, sendo a última a X Conferência, realizada em 2006.[11] As conferências têm servido de espaço de avaliação das políticas realizadas e de pressão às autoridades públicas.

A preocupação do Governo Federal como o tema começa a se desenhar em 1995, quando foi criado o Prêmio Nacional de Direitos Humanos, para dar maior visibilidade a pessoas e instituições que atuavam na defesa e promoção de direitos.

---

[11] Foram realizadas Conferências Nacionais de Direitos Humanos em 1996, 1997, 1998, 1999, 2000, 2001, 2002, 2003, 2005 e 2006.

Neste mesmo ano começa a ser enfrentado um dos temas do passado ditatorial ainda sem solução. A lei de anistia de 1979 serviu de pretexto para bloquear investigações sobre mortos e desaparecidos durante a ditadura. Com a aprovação da Lei 9140/95[12] o governo reconhece uma lista de pessoas como tendo sido mortas por ação do Estado, garantindo a seus familiares indenizações, bem como aos sobreviventes que foram vítimas de tortura.

A lei sofreu modificações, ampliando o período previsto para os atos de violação de 1979 para 5 de outubro de 1988. A comissão que analisa os casos continua em funcionamento até a atualidade.

A ação mais concreta, no entanto, para conformar uma política destinada aos direitos humanos, no período, foi a proposição do Programa Nacional de Direitos Humanos.

Programa nacional de direitos humanos

Procurando cumprir as diretrizes propostas pela Conferência de Viena, de 1993, como parte dos compromissos assumidos, o Presidente Fernando Henrique Cardoso criou uma comissão para elaborar um plano nacional de direitos humanos. Sob a coordenação de José Gregori, a construção do projeto do plano foi organizada pelo Núcleo de Estudos da Violência (NEV), da USP, à época coordenado por Paulo Sérgio Pinheiro.[13]

Após a realização de uma série de seminários de discussão, com a participação de representantes de diferentes segmentos sociais, foi apresentado pela Presidência o Programa Nacional de Direitos Humanos[14] – PNDH. Lançado pelo Presidente Fernando Henrique Cardoso, em 13 de maio de 1996, segundo sua apresentação:

> O objetivo do Programa Nacional de Direitos Humanos (PNDH), elaborado pelo Ministério da Justiça em conjunto com diversas organizações da sociedade civil, é, identificando os principais obstáculos à promoção e proteção dos direitos humanos no Brasil, eleger prioridades e apresentar propostas concretas de caráter administrativo, legislativo e político-cultural que busquem equacionar os mais graves problemas que hoje impossibilitam ou dificultam a sua plena realização. O PNDH é resultante de um longo e muitas vezes penoso processo de democratização da Sociedade e do Estado brasileiro.[15]

O PNDH é dividido em sete títulos gerais e vinte subtítulos. Cada um deles apresenta um conjunto de objetivos, definidos segundo o prazo de implanta-

---

[12] GONZÁLEZ, Rodrigo Stumpf. *Direitos Humanos Hoje*. Heranças de Transições Inconclusas.In: KEIL, Ivete, VIOLA, Solon e ALBUQUERQUE, Paulo. Direitos Humanos – alternativas de justiça social na América Latina. São Leopoldo, Ed. Unisinos, 2002. p. 181.

[13] MESQUITA NETO, Paulo de. O papel do governo federal no controle da violência. p. 362

[14] O uso inicialmente do termo "plano", depois substituído por "programa" causa até hoje confusões, sendo possível encontrar em autores o uso de um ou de outro.

[15] Decreto 1.904, de 13 de maio de 1996. Anexo:Introdução ao Programa Nacional de Direitos Humanos.

ção. São 9 objetivos permanentes, 150 de curto prazo, 55 de médio prazo e 14 de longo prazo, totalizando 228 objetivos propostos.

Conforme reconhece a própria introdução do texto do programa, os objetivos concentram-se no atendimento a direitos individuais que podem ser enquadrados nas categorias de direitos civis. Segundo o texto:

> O Programa, apesar de inserir-se dentro dos princípios definidos pelo Pacto Internacional de Direitos Civis e Políticos, contempla um largo elenco de medidas na área de direitos civis que terão conseqüências decisivas para a efetiva proteção dos direitos sociais, econômicos e culturais como, por exemplo, a implementação das convenções internacionais dos direitos das crianças, das mulheres e dos trabalhadores.[16]

O entendimento de que é prioritário dar atenção aos direitos civis, sem descartar a importância dos direitos sociais, parte de uma avaliação de que este é o fundamento necessário para outras mudanças. Completa o texto:

> Mas, para que a população possa assumir que os direitos humanos são direitos de todos, e as entidades da sociedade civil possam lutar por esses direitos e organizar-se para atuar em parceria com o Estado, é fundamental que seus direitos civis elementares sejam garantidos e, especialmente, que a Justiça seja uma instituição garantidora e acessível para qualquer um.[17]

Esta avaliação é corroborada na avaliação feita no ano seguinte por dois dos responsáveis pela elaboração do texto.[18] O déficit histórico do reconhecimento de direitos individuais no Brasil seria um dos elementos que impede a construção de uma cultura de respeito aos direitos humanos e contribui para a prática sistemática de violações, em especial por agentes do Estado.

Além de uma opção consciente de privilegiar os direitos civis, o quadro 1, que resume os tópicos em que está distribuído o I PNDH, também aponta um outro fator para esta limitação. As ações propostas no Programa fazem parte das atribuições do Ministério da Justiça, de onde partiu a iniciativa.

Devido a este fato, grande parte dos objetivos propostos está direcionado à mudança do ordenamento jurídico, pela aprovação de lei ou reconhecimento de dispositivos internacionais de proteção.

---

[16] Decreto 1.904, de 13 de maio de 1996. Anexo:Introdução ao Programa Nacional de Direitos Humanos.
[17] Idem, Ibidem.
[18] PINHEIRO, Paulo Sérgio e MESQUITA NETO, Paulo de. Programa Nacional de Direitos Humanos: avaliação do primeiro ano e perspectivas. In: Estudos Avançados. 11(30), São Paulo 1997. p.117

Quadro 1
Estrutura do I Programa Nacional de Direitos Humanos – 1996

Títulos	Subtítulos
Políticas públicas para proteção e promoção dos direitos humanos no Brasil:	
Proteção do direito à vida	Segurança das pessoas / Luta contra a impunidade
Proteção do direito à liberdade	Liberdade de Expressão e Classificação Indicativa Trabalho forçado Penas privativas de liberdade
Proteção do direito a tratamento igualitário perante a lei	Direitos Humanos, Direitos de Todos: Crianças e Adolescentes / Mulheres. População Negra / Sociedades Indígenas Estrangeiros, Refugiados e Migrantes Brasileiros Terceira Idade / Pessoas portadoras de deficiência
Educação e Cidadania. Bases para uma cultura de Direitos Humanos.	Produção e Distribuição de Informações e Conhecimento Conscientização e Mobilização pelos Direitos Humanos
Ações internacionais para proteção e promoção dos Direitos Humanos:	Ratificação de atos internacionais Implementação e divulgação de atos internacionais Apoio a organizações e operações de defesa dos direitos humanos
Implementação e Monitoramento do Programa Nacional de Direitos Humanos	Implementação Monitoramento

Fonte: I PNDH, 1996.

As avaliações do I PNDH são contraditórias. De um lado, há autores, como Mesquita Neto,[19] que destacam os avanços conquistados e as mudanças institucionais que foram obtidas no período.

Alguns dos resultados positivos apontados são a aprovação da Lei 9299/96, de autoria do Deputado Helio Bicudo, que transferiu para a justiça comum o julgamento de militares em crimes dolosos contra a vida, a tipificação da tortura,[20] a criação do programa de proteção às testemunhas,[21] a criminalização do porte ilegal de arma virou crime[22] e a criação do sistema nacional de armas.[23]

Neste período também o Brasil aderiu a diversos tratados e convenções de proteção aos direitos humanos, conforme citado. A emenda constitucional nú-

---
[19] MESQUITA NETO, Paulo de. O papel do governo federal no controle da violência: p. 370
[20] lei 9.455 de 7 de abril de1997
[21] lei 9.807 de 13 de julho de1999
[22] Lei 9.437 de 20 de fevereiro de 1997.
[23] Posteriormente esta legislação foi modificada pelo Estatuto do Desarmamento, que limitou a concessão de porte de arma. Foi realizado plebiscito em outubro de 2005 sobre a restrição à venda de armas, porém esta não foi aprovada

mero 20 ampliou a idade mínima para o trabalho de adolescentes de 14 para 16 anos.[24]

Por outro lado, Isabel Oliveira, embora reconheça a sua contribuição, critica as limitações do programa na promoção de direitos civis.[25]

A partir de 1999 se iniciou o processo de discussão para revisão do texto do I PNDH. Foram realizados diversos eventos, novamente sob coordenação do NEV/USP. O projeto do novo texto foi debatido na V Conferência Nacional de Direitos Humanos, em 2000. O texto final foi lançado em maio de 2002.[26]

Em relação ao texto do I PNDH foram propostas diversas mudanças. A principal é a ampliação do escopo do programa, com a inclusão de objetivos que contemplam também direitos sociais, econômicos e culturais, ao lado de direitos civis e políticos.

Quadro 2
Estrutura do II Programa Nacional de Direitos Humanos – 2002

Títulos	Subtítulos
Propostas Gerais	
Garantia do Direito à Vida	
Garantia do Direito à Justiça	
Garantia do Direito à Liberdade	Opinião e Expressão / Crença e Culto / Orientação Sexual
Garantia do Direito à Igualdade	Crianças e Adolescentes / Mulheres / Afrodescendentes / Povos Indígenas / Gays, Lésbicas, Travestis, Transexuais e Bissexuais – GLTTB / Estrangeiros, Refugiados e Migrantes / Ciganos / Pessoas Portadoras de Deficiência / Idosos
Garantia do Direito à Educação	
Garantia do Direito à Saúde, à Previdência e à Assistência Social	Saúde Mental / Dependência Química / HIV/AIDS
Garantia do Direito ao Trabalho	Acesso a Terra
Garantia do Direito à Moradia	
Garantia do Direto a um Meio Ambiente Saudável	
Garantia do Direito à Alimentação	
Garantia do Direito à Cultura e ao Lazer	
Educação, Conscientização e Mobilização	
Inserção nos Sistemas Internacionais de Proteção	
Implementação e Monitoramento	

Fonte II PNDH, 2002

---

[24] Esta mudança, embora seja compatível com a Convenção 138 da OIT, pode ter sido devida à reforma da previdência e não à proteção da juventude.
[25] OLIVEIRA, Isabel Ribeiro de. Cidadania e política de direitos humanos no Brasil. In: Contemporaneidade e Educação. Ano V nº 8 segundo semestre de 2000. p.71
[26] Decreto 4.229, de 13 de maio de 2002. II Programa Nacional de Direitos Humanos.

Também foi proposta uma mudança de concepção no programa. O texto anexo deixa de ser considerado o programa em si e passa a ser um plano anual, com os objetivos a serem buscados no período de um ano, devendo ser revisado anualmente.[27] Esta revisão, no entanto, não foi realizada até o momento, passando, na prática, a ser tratado o plano de ação incluído como anexo do decreto de 2002, como II PNDH.

O II PNDH contém 518 objetivos, divididas em 15 títulos e 16 subtítulos. Como pode ser visto no quadro 2, são incluídas objetivos referentes à campos de políticas sociais, como saúde, educação, trabalho e moradia.

Por outro lado, também há indicativos de uma mudança de concepção de direitos humanos. O I PNDH, ao estar centrado nos direitos civis, apontava para a adesão a uma concepção universalista de direitos humanos, fundadas em valores construídos pelas revoluções liberais do século XVIII e incorporados a documentos da ONU, como a Declaração Universal de Direitos Humanos.

O II PNDH, ao dar atenção a questões como o meio ambiente e à defesa de direito à identidade de grupos sociais específicos, por motivos étnicos, como os afrodescendentes, indígenas e ciganos, ou por motivos culturais, como as diferenças de orientação sexual, abre espaço para as concepções de direitos humanos baseadas na defesa do multiculturalismo e na crítica do antropocentrismo da visão liberal clássica.

Embora o II PNDH continue vigente durante o governo Lula, há uma preocupação com a criação de um outro programa: o Programa Nacional de Educação em Direitos Humanos. PNEDH.

O plano nacional de educação em direitos humanos

O Plano Nacional de Educação em Direitos Humanos[28] – PNEDH começou a ser elaborado em 2003, com a formação de um comitê com representação da sociedade civil, da Secretaria Especial de Direitos humanos, do Ministério da Justiça e do Ministério da Educação.

Este comitê produziu uma primeira versão do PNEDH em dezembro de 2003. O documento passou a ser debatido em todo o país, recebendo sugestões de alteração. O documento definitivo foi apresentado em dezembro de 2006.

O plano prevê um conjunto de ações direcionadas a diversos segmentos: educação básica, educação superior, educação não-formal, educação dos profissionais dos sistemas de justiça e segurança e educação e mídia. Segundo a apresentação do plano:

---

[27] Decreto 4.229/02, Art. 3º A execução das ações constantes do PNDH será detalhada em Planos de Ação anuais, na forma do Plano de Ação 2002, que consta do Anexo II deste Decreto.
[28] Brasil. Comitê Nacional de Educação em Direitos Humanos. Plano Nacional de Educação em Direitos Humanos: 2007. Brasília: Secretaria Especial dos Direitos Humanos, 2007. 56 p

A implementação do Plano Nacional de Educação em Direitos Humanos visa, sobretudo, difundir a cultura de direitos humanos no país. Essa ação prevê a disseminação de valores solidários, cooperativos e de justiça social, uma vez que o processo de democratização requer o fortalecimento da sociedade civil, a fim de que seja capaz de identificar anseios e demandas, transformando-as em conquistas que só serão efetivadas, de fato, na medida em que forem incorporadas pelo Estado brasileiro como políticas públicas universais.[29]

As motivações da criação do PNEDH podem ser consideradas compatíveis com a formulação inicial do I PNDH, que avaliava a inexistência de uma cultura de direitos humanos no Brasil. No entanto, no texto do PNEDH há apenas três referências marginais ao PNDH, citado como antecedente da política de direitos humanos no Brasil, constando, ainda, que o novo plano deve aprofundar as propostas da educação em direitos humanos existentes no PNDH.

Embora o II PNDH esteja vigente, não foi feita sua revisão anual, conforme era previsto. Por outro lado, a SEDH, nos últimos anos, dedicou grande esforço de articulação na criação do novo plano, dando pouca ênfase e divulgação ao PNDH.

Secretarias de direitos humanos

Uma dos elementos que permite verificar as idas e vindas da trajetória da política de direitos humanos no Brasil são as mudanças ocorridas no órgão do Governo Federal encarregado de seu gerenciamento.

A Secretaria Nacional dos Direitos Humanos, vinculada ao Ministério da Justiça, foi criada no Governo Fernando Henrique Cardoso.[30] Ela substituiu a Secretaria de Direitos da Cidadania, existente nos governos anteriores, que possuía um departamento de direitos humanos.

Esta mudança é feita para atribuir ao novo órgão a competência de

X – coordenar, gerenciar e acompanhar a execução do Programa Nacional de Direitos Humanos-PNDH dando coerência às políticas setoriais das diversas áreas governamentais em matéria de direitos humanos e cidadania, em articulação com a sociedade civil;[31]

A nova Secretaria foi ocupada por José Gregori, que a deixou para ocupar o cargo de Ministro da Justiça, tendo posteriormente ocupado o cargo Paulo Sérgio Pinheiro. Foi renomeada Secretaria de Estado dos Direitos Humanos.

Com a posse do Governo Lula, o órgão transformou-se na Secretaria Especial dos Direitos Humanos,[32] vinculada à Presidência da República. Foi

---

[29] Brasil. PNEDH. p. 18

[30] Criada pelo Decreto nº 2.193, de 7 de abril de 1997

[31] Inciso X do Art. 8º do Decreto nº 1.796, de 24 de janeiro de 1996, com a redação dada pelo Decreto 2.193/97.

[32] Medida Provisória 103/03, de 01 de janeiro de 2003, transformada na lei 10.683/03

dado ao ocupante do cargo o status de Ministro.[33] Foi nomeado ministro o ex-deputado federal Nilmário Miranda, que havia sido presidente de Comissão de Direitos Humanos da Câmara dos Deputados.

Esta mudança significou um aumento de prestígio, uma vez que tanto a secretaria como os diversos Conselhos a ela ligados[34] passaram a compor a estrutura da Presidência da República. A ação de órgão interno de um ministério, normalmente é visto como uma invasão indevida, ao tentar interferir em atividades de outro ministério, ainda que no cumprimento de competências legais, pois o ato tende a ser interpretado como ingerência de um escalão inferior em decisões que deveriam ser submetidas ao ministro de cada pasta. Tal situação não se configura quando se trata da Presidência da República, que estaria acima de todos os ministérios.

Em 2005, ao realizar uma reforma ministerial devido à exoneração de ministros que concorreriam às eleições naquele ano, foi anunciada pelo Porta Voz da Presidência da República a saída do Ministro Nilmário Miranda e a extinção de seu cargo, com o retorno da Secretaria ao Ministério da Justiça.[35]

Na verdade, a medida acabou sendo modificada quando emitida a medida provisória 259.[36] Mesmo rebaixada de seu status ministerial, continuou a estar vinculada à Presidência da República como uma subsecretaria da Secretaria Geral da Presidência. Com a saída de Nilmário Miranda, passou a ser ocupada por Mário Mamede.

O fato gerou inúmeros protestos, tanto de representantes de organizações não governamentais de defesa dos direitos humanos como da Comissão de Direitos Humanos da Câmara dos Deputados.[37]

Uma emenda na Câmara dos Deputados, no projeto de conversão da medida provisória em lei,[38] alterou o artigo, restituindo a Secretaria à situação anterior. O Presidente da República sancionou a lei com a alteração. O Secretário Mário Mamede, que ocupou o cargo desde julho, tornou-se mi-

---

[33] Este enquadramento jurídico tem natureza simbólica, sendo adotado em outros casos. Embora a Secretaria não conte com a estrutura de um ministério, em termos de pessoal e recursos, o secretário passa a compor o ministério, compondo o primeiro escalão do Governo.

[34] Lei 10683/03 Art. 24, Parágrafo único. A Secretaria Especial dos Direitos Humanos tem como estrutura básica o Conselho de Defesa dos Direitos da Pessoa Humana, o Conselho Nacional de Combate à Discriminação, o Conselho Nacional de Promoção do Direito Humano à Alimentação, o Conselho Nacional dos Direitos da Criança e do Adolescente, o Conselho Nacional dos Direitos da Pessoa Portadora de Deficiência, o Conselho Nacional dos Direitos do Idoso, o Gabinete e até três Subsecretarias.

[35] Entrevista de André Singer, no dia 12 de julho de 2005. Disponível em http://www.radiobras.gov.br/integras/2005/integra_12072005_4.htm

[36] Medida Provisória 259, de 21 de julho de 2005: Art. 2º São transferidas as competências: IV – da Secretaria Especial dos Direitos Humanos da Presidência da República, para a Secretaria-Geral da Presidência da República

[37] INESC. A política de Direitos Humanos no Governo Lula. Nota técnica n. 99. Brasília, agosto de 2005. p. 5

[38] Convertida na Lei 11.204, de 5 de dezembro de 2005.

nistro interino por cerca de uma semana, até a nomeação de Paulo Vannuchi como novo ministro. A Secretaria mantém as funções de Coordenar o II PNDH e o PNEDH.

Os direitos humanos fragmentados: três secretarias concorrentes

A inclusão na Declaração da Conferência de Viena de uma referência à indivisibilidade e universalidade dos direitos humanos não impede que o cotidiano da luta pela sua efetivação se dê de forma fragmentada, devido às diferentes perspectivas e movimentos sociais envolvidos.[39]

Um dos indicativos desta situação é a criação de órgãos específicos para a promoção de políticas de determinados segmentos sociais com maior capacidade de mobilização, que passaram a não estar incluídos no âmbito da Secretaria de Direitos Humanos. É o caso do movimento de mulheres e dos afrodescendentes.

A Secretaria de Estado dos Direitos da Mulher do Ministério da Justiça, foi criada em setembro de 2002, ainda pelo Governo Fernando Henrique Cardoso.[40] Posteriormente, na mesma medida provisória que criou a Secretaria Especial de Direitos Humanos, foi criada a Secretaria Especial de Políticas para as Mulheres,[41] também vinculada à Presidência, com ocupante com status de Ministro.

O mesmo caminho se deu com a criação da Secretaria Especial de Políticas de Promoção da Igualdade Racial,[42] em 2003, também junto à Presidência da República e com status de ministro para seu ocupante.

Como as propostas referentes aos direitos das mulheres e aos afrodescendentes estão no II PNDH, que é coordenado pela Secretaria Especial de Direitos Humanos, acabaria havendo uma superposição.

É interessante observar que as Secretarias Especiais de Políticas para as Mulheres e de Promoção da Igualdade Racial não sofreram alterações com a reforma ministerial, quando foi extinta, por quatro meses, a Secretaria Especial dos Direitos Humanos. Por outro lado, ao longo do Governo Lula foram criadas e extintas secretarias especiais junto à Presidência, como a de Aqüicultura e Pesca, e a de Portos e a do Conselho de Desenvolvimento Econômico e Social.

Estas secretarias forma em geral utilizadas para acomodar os interesses partidários nas reformas ministeriais. Com estruturas leves, contando com pou-

---

[39] GONZALEZ, Rodrigo Stumpf. A retórica dos direitos humanos. In: ROCHA, Leonel, STRECK, Lenio (Orgs.) Constituição, sistemas sociais e hermenêutica. Porto Alegre, Livraria do Advogado, 2006.
[40] Medida Provisória 37, de 8 de maio de 2002, convertida na lei 10.539, de 23 de setembro de 2002.
[41] Também criada pela Medida Provisória 103/03
[42] Medida Provisória 111/03, de 21 de março de 2003, convertida na lei 10.678, de 23 de maio de 2003.

cos funcionários, concediam ao ocupante o status de ministro, a possibilidade de atuação política, mas sem o ônus político e econômico da criação de um novo ministério.

Esta prática gera a hipótese de que a criação da Secretaria Especial de Direitos Humanos com status ministerial tenha se dado muito mais para atender a necessidade de valorização de um quadro partidário de renome, o Ex-Deputado Nilmário Miranda, que foi derrotado nas eleições de 2002, quando concorreu a Governador do Estado de Minas Gerais. Com sua saída para concorrer novamente ao cargo teria desaparecido a motivação política para a proeminência da secretaria.

Um dos exemplos de superposição entre as competências das Secretarias está nos conselhos ligados a elas. A Secretaria Especial de Políticas de Promoção da Igualdade Racial conta como parte de sua estrutura básica com o Conselho Nacional de Promoção da Igualdade Racial – CNPIR,[43] criado junto com a secretaria em 2003. Tratando de temas semelhantes o Conselho Nacional de Combate à Discriminação – CNCD foi criado em 2001, vinculado à Secretaria de Estados dos Direitos Humanos do Ministério da Justiça, passando posteriormente a compor a Secretaria Especial de Direitos Humanos. Sua composição foi mudada em 2005, sem, no entanto, terem sido alterados seus objetivos.[44] As finalidades destes conselhos é bastante semelhante.[45] Qual dos organismos teria precedência na formulação da política para a área em caso de conflito?

A fragmentação pode ser explicada por uma concepção de direitos humanos que valoriza o direito à diferença e à identidade, mas também pode ser devida ao particularismo dos interesses envolvidos, tanto em termos de exploração política da visibilidade dos cargos como dos grupos sociais cuja mobilização justificou a criação do organismo.

Além dos debates referentes à atuação do Poder Executivo na aplicação de políticas de direitos humanos, o Congresso Nacional também acabou contribuindo para gerar debates ao aprovar o texto da Emenda Constitucional 45.

---

[43] Regulado pelo decreto 4.885, de 20 de novembro de 2003.

[44] Regulado pelo decreto 3.952, de 4 de outubro de 2001, posteriormente substituído pelo decreto 5.397, de 22 de março de 2005.

[45] Segundo o Decreto 5.397/05: Art. 2º Ao CNCD, órgão colegiado, integrante da estrutura básica do Ministério da Justiça, compete propor, acompanhar e avaliar as políticas públicas afirmativas de promoção da igualdade e da proteção dos direitos de indivíduos e grupos sociais e étnicos afetados por discriminação racial e demais formas de intolerância. Já o decreto 4885/03 dispõe: Art. 1º O Conselho Nacional de Promoção da Igualdade Racial – CNPIR, órgão colegiado de caráter consultivo e integrante da estrutura básica da Secretaria Especial de Políticas de Promoção da Igualdade Racial, criado pela Lei no 10.678, de 23 de maio de 2003, tem por finalidade propor, em âmbito nacional, políticas de promoção da igualdade racial com ênfase na população negra e outros segmentos étnicos da população brasileira, com o objetivo de combater o racismo, o preconceito e a discriminação racial e de reduzir as desigualdades raciais, inclusive no aspecto econômico e financeiro, social, político e cultural, ampliando o processo de controle social sobre as referidas políticas.

A Emenda Constitucional 45

Uma série de modificações, em relação aos direitos humanos foram realizados pela Emenda Constitucional 45, de 30 de dezembro de 2004, cujo conteúdo trata principalmente da reforma do Judiciário.

A menos polêmica é a inclusão do parágrafo 4º, referente ao reconhecimento do Tribunal Penal Internacional,[46] que visa afastar o entendimento de possível inconstitucionalidade da adesão do Brasil ao tratado devido ao reconhecimento de jurisdição externa para solicitar a detenção e a deportação de presos que poderiam estar sujeitos a penas não reconhecidas pelo ordenamento nacional.

As polêmicas ficaram por conta dos acréscimos do parágrafo 3º do artigo 5º,[47] em relação a tratados e convenções internacionais de direitos humanos e a criação de uma forma de avocatória pela Justiça Federal,[48] de causas que envolvam direitos humanos.

Na interpretação de alguns autores,[49] o parágrafo 2º do artigo 5º da Constituição Federal garantiria aos tratados internacionais de direitos humanos a hierarquia da norma constitucional. No entanto, este não tem sido o entendimento do Supremo Tribunal Federal, que tem atribuído aos tratados internacionais a hierarquia de lei ordinária.

O acréscimo do novo parágrafo seria a solução da controvérsia, criando um procedimento específico para a aprovação dos tratados de direitos humanos, semelhante ao de aprovação das emendas constitucionais e garantindo aos textos aprovados a mesma hierarquia destas. Desta forma estaria afastado o entendimento do STF, já que o mecanismo da Constituição não daria margem a dúvidas.

A solução seria perfeita se tivesse sido adotada em 1988. Porém, conforme já dito, ao longo da década de 90 o Brasil ratificou os principais tratados internacionais de direitos humanos, que foram incluídos na ordem interna por

---

[46] Acrescido § 4º ao Art. 5º da Constituição: "O Brasil se submete à jurisdição de Tribunal Penal Internacional a cuja criação tenha manifestado adesão"

[47] §3º- Os tratados e convenções internacionais sobre direitos humanos que forem aprovados, em cada Casa do Congresso Nacional, em dois turnos, por três quintos dos votos dos respectivos membros, serão equivalentes às emendas constitucionais.

[48] Art. 109. Aos juízes federais compete processar e julgar:
V-A -as causas relativas a direitos humanos a que se refere o § 5º deste artigo;
§ 5º – Nas hipóteses de grave violação de direitos humanos, o Procurador-Geral da República, com a finalidade de assegurar o cumprimento de obrigações decorrentes de tratados internacionais de direitos humanos dos quais o Brasil seja parte, poderá suscitar, perante o Superior Tribunal de Justiça, em qualquer fase do inquérito ou processo, incidente de deslocamento de competência para a Justiça Federal

[49] PIOVESAN, Flávia.Direitos Humanos Globais, justiça internacional e o Brasil. In: AMARAL JR. Alberto do e PERRONE-MOISÉS, Claudia (Orgs.) *O Cinquentenario da Declaração Universal dos Direitos do Homem*. São Paulo, Edusp, 1999, p. 248 No mesmo sentido CANÇADO TRINDADE, Antônio Augusto. Tratado de Direito Internacional dos Direitos Humanos, p. 185.

decreto legislativo. Como fica situação destes tratados? Não se justifica submetê-los a uma nova votação, uma vez que já foram aprovados. Por outro lado, se não passaram pelo processo previsto no parágrafo incluído, não podem ser considerados da mesma hierarquia dos que vierem a ser aprovados desta forma.

Como resultado a emenda não solucionou o problema da interpretação dada pelo STF, ao mesmo tempo em que reforçou o entendimento que os tratados vigentes não têm hierarquia constitucional. E qualquer mudança agora deverá ser feita por nova alteração constitucional.

Por outro lado, o dispositivo incluído no Art. 109 visa enfrentar um problema antigo do Governo Federal em relação aos compromissos assumidos na ordem internacional pela adesão a tratados e convenções de direitos humanos.

Em diversos casos o Brasil foi acusado de violações e descumprimento de dispositivos dos tratados, sendo a defesa do Governo, em seus relatórios enviados aos organismos internacionais de acompanhamento dos tratados, a natureza federativa do Estado brasileiro, com a divisão de competências entre a União e os Estados, o que impediria a intervenção das estruturas de poder federal para resolver casos de inoperância de autoridades estaduais na investigação ou punição de culpados por violações de direitos humanos

Esta é a argumentação desenvolvida por Flávia Piovesan:

> A justificativa é simples: considerando que estas hipóteses estão tuteladas em tratados internacionais ratificados pelo Brasil, é a União que tem a responsabilidade internacional em caso de sua violação. Vale dizer, é sob a pessoa da União que recairá a responsabilidade internacional decorrente da violação de dispositivos internacionais que se comprometeu juridicamente a cumprir. Todavia, paradoxalmente, em face da sistemática vigente, a União, ao mesmo tempo em que detém a responsabilidade internacional, não detém a responsabilidade nacional, já que não dispõe da competência de investigar, processar e punir a violação, pela qual internacionalmente estará convocada a responder.[50]

A solução encontrada foi criar a possibilidade de pedido do Procurador Geral da República, destinado ao STJ, para transferir a competência dos casos para a esfera federal, na fase de inquérito ou mesmo já aberto o processo. Supostamente a Polícia Federal e a Justiça Federal seriam menos sujeitas às pressões do poder local que poderia impedir o andamento de investigações ou processos.

Uma proposta semelhante estava prevista no I PNDH: no item luta contra a impunidade, entre as ações de curto prazo:

> Atribuir à Justiça Federal a competência para julgar (a) os crimes praticados em detrimento de bens ou interesses sob a tutela de órgão federal de proteção a direitos humanos (b) as causas civis ou criminais nas quais o referido órgão ou o Procurador-Geral da República manifeste interesse.

---

[50] PIOVESAN, Flávia *Direitos Humanos Internacionais e Jurisdição Supra-Nacional*: A exigência da Federalização In: http://www.dhnet.org.br/direitos/militantes/flaviapiovesan/piovesan_federalizacao.html. Acessado em 15 de agosto de 2007.

Embora a redação dada na emenda 45 faça referência direta a tratados e convenções de direitos humanos, pode-se compreender que o objetivo do texto era atender a esta formulação.

Associações de magistrados denunciaram o dispositivo como antidemocrático e perigoso, uma vez que romperia com o princípio do juiz natural, além de sugerir que a transferência para a esfera federal, ao contrário de impedir as pressões, poderia ser o resultado de pressões de interesses em outras esferas políticas. Forma propostas Ações Diretas de Inconstitucionalidade[51] contra a emenda constitucional, ainda sem decisão do STF.

Há notícia de pelo menos uma tentativa da Procuradoria Geral da República de utilizar o dispositivo, no caso da investigação da morte da missionária estadunidense Dorothy Stang, sem que tenha sido concedido.

O longo caminho que resta a percorrer

A capacidade do Estado brasileiro construir declarações formais e discursos retóricos tem sido mantida. Enquanto os Programas Nacionais de Direitos Humanos propõe uma grande quantidade de ações, a execução das medidas muitas vezes é impedida pela ausência ou contingenciamento de recursos, conforme indica a análise do INESC.[52]

Em relação ao II PNDH, por exemplo, é apontada a descontinuidade de projetos destinados a cumprir objetivos ligados aos direitos econômicos, sociais e culturais.[53]

Isto se dá ao mesmo tempo em que o Governo Lula colocou dois programas destinados a enfrentar problemas sociais entre suas prioridades. O Fome Zero foi um dos destaques do princípio do primeiro mandato. O bolsa família tem sido o principal instrumento de transferência de renda nos dois mandatos. Se o Governo aceita questões relativas a direitos humanos como uma prioridade, porque o contingenciamento?

Esta mudança de ênfase pode ser devido ao fato de que o Programa foi gerado em uma outra administração (FHC) e sua continuidade poderia servir de elemento de propaganda positiva à oposição. Ou seja, a manutenção da cultura de descontinuidade

Por outro lado, a busca de legitimação política de cada governante leva à descontinuidade de programas e projetos, pois cada novo ocupante do cargo quer mostrar como sua a iniciativa de ações que muitas vezes são os mesmo programa com uma nova roupagem.

---

[51] Ação Direita de Inconstitucionalidade 3486/05, promovida pela AMB e ADI 3493/05 promovida pela ANAMAGES – Associação Nacional dos Magistrados Estaduais
[52] FALEIROS ,Vicente et al. *A era FHC e o Governo Lula:* transição?. Brasília, INESC, 2004.
[53] INESC, Nota técnica 99. p. 3

O fator cultural também é importante. No Brasil são mais facilmente reconhecidos e legitimados os direitos sociais do que os direitos civis. Quando são criados programas sociais, como o bolsa-escola ou o bolsa-família, eventualmente ocorrem debates e contestações quanto à natureza dos programas, mas não são dirigidas críticas ao fundamento dos mesmos, isto é, o direito à escola ou o direito à garantia de acesso à alimentação são reconhecidos como legítimos pela maioria da população.

No entanto, quando são invocados direitos civis básicos, como a presunção de inocência dos acusados de crimes, ou a proibição de castigos cruéis ou degradantes, é comum que os defensores sejam acusados de promover "direitos de bandidos".[54]

Este foi o caso que envolveu o juiz Livingston José Machado, da Vara de Execuções Criminais de Contagem, em Minas Gerais,[55] que, em novembro de 2005, determinou a libertação de 16 presos detidos em uma delegacia, que se encontravam em uma cela construída para oito pessoas e que contava à data com 37, devido à superlotação e condições indignas de permanência. Embora cumprindo um mandamento constitucional, o juiz foi execrado publicamente.

A indivisibilidade teórica dos direitos proposta em Viena contrasta com a divisibilidade na prática das políticas. Ações destinadas a prover um perfil de direito são desconectadas das que atuam para prover outro perfil. A própria estrutura administrativa contribui para isso, isolando as políticas por Ministério. Mesmo quando há um órgão teoricamente com uma função mais ampla, como a SEDH, ainda pode ocorrer a fragmentação, conforme foi descrito sobre as secretarias para políticas para mulheres e afrodescendentes.

Mesmo entre os militantes de movimentos de defesa de direitos humanos subsistem contradições Há defensores de direitos humanos que lutam pelo uso de penas alternativas e a minimização da repressão penal. No entanto, o movimento de mulheres apoiou a criação de uma lei exatamente no sentido contrário, impedindo o uso de penas alternativas.[56]

As polêmicas geradas pela Emenda Constitucional 45 indicam que, mesmo entre os defensores de direitos humanos, nem sempre há consenso no caminho a seguir. O que alguns apontam como solução, como na avocatória do Art. 109, outros vêem como afronta à ordem jurídica e à democracia.

As avaliações que antecederam tanto o I PNDH como o PNEDH parecem corretas. Carecemos de uma cultura de direitos humanos. Porém, para além da formação de valores, as políticas de promoção e defesa dos direitos humanos

---

[54] CALDEIRA, T.P. "Direitos humanos ou 'privilégios de bandidos'?". *Novos Estudos Cebrap*. São Paulo, n.30, 1991

[55] Casa cheia Justiça manda libertar presos devido à superlotação Revista *Consultor Jurídico*, 10 de novembro de 2005. http://conjur.estadao.com.br/static/text/39392,1. .

[56] Lei 11.340/06, conhecida como Lei Maria da Penha

são afetadas pelas mesmas fraquezas e contradições que afetam o conjunto da sociedade e do Estado brasileiros.

Para que ocorra realmente uma mudança no sentido de criação de uma cultura de respeito aos direitos humanos é necessário combinar as políticas para educação em direitos humanos com uma maior responsabilidade dos meios de comunicação social, que contribuem para a formação da mentalidade brasileira, muitas vezes justificadora do uso da violência estatal sem controles legais para o combate da criminalidade e violência privada.

Não seria demais exigir também um exemplo de parte das autoridades públicas. Quando os ocupantes dos mais altos cargos da República são freqüentadores assíduos dos inquéritos policiais, torna-se mais difícil a defesa do regramento constitucional e a defesa do Estado de Direito.

Recém estão chegando à idade adulta as novas gerações nascidas sob o regime democrático, que cresceram em um país cheio de desigualdades. Muitos avanços foram conquistados, mas estes são lentos e nem sempre permanentes. A tarefa de construir uma sociedade justa e respeitadora dos direitos humanos, portanto, continua aberta e desafiadora.

— XII —

Estado e política criminal: a expansão do direito penal como forma simbólica de controle social

ANDRÉ LUÍS CALLEGARI[1]

Sumário: 1. Introdução; 2. Motivos de contaminação – risco e expansão do "novo" direito penal; 3. Intervenção política e justificação – o ganho político com as reformas penais; 4. Direito penal e eficiência.

1. Introdução

A insegurança constante e as notícias diárias acabam por revelar uma nova criminalidade, fatos, que se deve a uma sociedade em contínua transformação. As ferramentas pensadas e desenhadas para uma determinada teoria do delito, cujas bases fundem suas raízes nas concepções causal-naturalista do delito, mostram-se incapazes para fazer frente a esta nova criminalidade, cujas características se afastam totalmente destes paradigmas. A macrocriminalidade está obtendo respostas do Estado cifradas no expansionismo da intervenção penal, sempre a reboque da realidade. Os princípios da subsidiariedade e intervenção mínima só têm vigência para os denominados "delitos clássicos" e ainda com certa relativização.[2]

Assim, o debate mais importante dos últimos tempos reside em como conciliar o princípio de intervenção mínima em matéria penal com uma eficaz proteção de novos bens jurídicos coletivos socioeconômicos, que se apresentam como uma realidade do Estado Social, com a aparição de novas formas de criminalidade complexa, organizada, empresarial, próprias de uma sociedade cada vez mais complexada, onde proliferam os riscos para bens jurídicos fundamentais, a criminalidade é transnacional, e com o fato de que o Direito Penal tenha assumido o papel de primeiro instrumento de tutela dos direitos dos cidadãos. Diante disso, parece que estamos diante da "quadratura do círculo".[3]

---

[1] Doutor em Direito Penal pela Universidad Autónoma de Madrid – Advogado – Coordenador Executivo da Faculdade de Direito da Unisinos – Professor no Programa de Pós-graduação da Universidade do Vale do Rio dos Sinos – Professor visitante na Universidade de Coimbra – acordo CAPES/GRICES. Doutor honoris causa pela Universidad Autónoma de Tlaxcala e pelo Centro Universitário del valle de Teotihuacan, México.

[2] ZÚÑIGA RODRÍGUEZ, Laura. *Política Criminal.* Madrid: Colex, 2001, p. 271.

[3] Ibidem.

É verdade que as funções de intervenção nos diferentes âmbitos da vida social do Estado Social e a necessidade de regulamentar as diversas esferas sociais e econômicas na nova sociedade ampliou sobremaneira sua intervenção com a proliferação de infrações penais e administrativas, num claro processo de cessão (de redobrar) o princípio da intervenção mínima. O que se chamou de "administração do Direito Penal", ou caráter meramente sancionatório do Direito Penal, afastando-se de sua função mínima de tutela de bens jurídicos, parece uma constante do Direito vigente que começa a consolidar-se, sancionando meras desobediências ou descumprimentos de processos regulamentadores.[4]

Também é expoente deste processo expansionista do Direito Penal a antecipação da intervenção penal a âmbitos distantes da lesão de bens jurídicos e formas culposas e omissivas de lesão. Por outro lado, advertiu-se que este é um processo inevitável, desde um ponto de vista das novas funções assumidas pelo Estado atual, em face da necessidade de responder a ambas expectativas contrapostas, demandas de maior intervenção estatal em diferentes esferas com o princípio de intervenção mínima, parecem um objetivo insustentável.[5]

As rápidas mudanças e transformações sociais, decorrentes de uma sociedade que busca cada vez mais a tecnologia e as facilidades que dela decorrem, também deixaram um vazio no que diz respeito aos limites de determinas condutas. Assim, a maior modificação conceitual surge da nomenclatura da sociedade de risco,[6] em face do desenvolvimento tecnológico hoje existente, necessário para o desenvolvimento social.

É evidente que diante dessa transformação social, também a criminalidade sofreu alterações substanciais, e as ferramentas penais utilizadas até agora estão se mostrando incapazes de fazer frente aos novos delitos decorrentes desta transformação.[7] Nesse sentido, o Direito positivo atual e as instituições jurídicas constituídas sob sua égide já não conseguem dar conta de uma realidade crescente e heterogênea.[8] E o pior, não há uma teoria explicativa homogênea da delinqüência, o que nos deixa sem uma solução plausível.

Diante desse quadro, visualiza-se o Direito Penal como único instrumento eficaz de psicologia político-social, como mecanismo de socialização, de civilização, mas a conseqüência é a sua incontida expansão, submetendo-o a cargas que não pode suportar. Enquanto outros ramos do Direito vivem mo-

---

[4] ZÚÑIGA RODRÍGUEZ, Laura, p- 272.

[5] Ibidem.

[6] MENDONZA BUERGO, Blanca. *El Derecho Penal em la sociedad del riesgo*. Madrid: Civitas, 2001, p. 23 e ss.; BECK, Ulrich. *La sociedad del riesgo*. Barcelona: Paidos, 1998, p 25 e ss.

[7] Nesse sentido, basta que se verifique a criminalidade organizada, a lavagem de dinheiro, os delitos cometidos pela internet, que não encontram, muitas vezes, a correta tipificação penal, dificultando a persecução em relação as condutas incriminadas.

[8] FARIA, José Eduardo. Las metamorfosis del derecho em la reestructuración del capitalismo, em *JPD*, nº 39, noviembre de 2000, p. 6.

mentos de adaptação constitucional, revogação de leis ou apenas regulamentação administrativa, no âmbito do Direito Penal se verifica o contrário: criação de tipos penais intangíveis e abstratos;[9] incriminação de variadas atividades e comportamentos em inumeráveis setores da vida social; supressão de limites mínimos e máximos na imposição das penas privativas de liberdade para aumentá-las indiscriminadamente; relativização dos princípios da legalidade e tipicidade mediante a utilização de regras com conceitos deliberadamente vagos, indeterminados e ambíguos; ampliação extraordinária da discricionariedade das autoridades policiais, permitindo-se, com isso, invadir esferas do Poder Judiciário; e, finalmente redução de determinadas garantias processuais por meio da substituição de procedimentos acusatórios por mecanismos inquisitivos, com a progressiva atenuação do princípio da presunção de inocência e a conseqüente inversão do ônus da prova, passando-se a considerar culpado quem não prove a sua inocência.[10]

O problema é que a tendência atual da política criminal centraliza a resposta à crise vivenciada na utilização da pena, como se não existissem outros mecanismos de controle social válidos, ou ao menos igualmente eficazes. Portanto, segue-se com a antiga política ultrapassada de criminalizar cada vez mais condutas, aumentar as penas das já existentes e sujeitar cada vez mais o indivíduo à pena de prisão, política já demonstrada ineficaz na teoria e na prática.[11] A prisão novamente surge como a resolução dos problemas sociais, assistindo-se a um crescimento da população carcerária sem precedentes.

Outra tendência desta política criminal é a de configuração de um *Direito Penal preventivo* com uma característica de *antecipar a proteção penal*, o que leva, por uma parte, a freqüente elaboração de delitos de perigo – em boa medida de perigo abstrato[12] – por outra, a configuração de novos *bens jurídicos universais*. Portanto, a mais importante diferença entre o "velho" e o "novo" Direito preventivo é que o novo Direito Penal do "*controle global*" protege mais e distintos bens, além disso, protege-os antes, isto é, num estágio prévio à lesão do bem jurídico.[13]

---

[9] Apenas como exemplo, na Lei nº 9.613/98, há os delitos de terrorismo e de crime organizado, sem que se saiba qual a descrição da conduta; na Lei nº 7.492/86, há o delito de gestão temerária, que não diz nada mais que o nome da figura típica.

[10] FARIA, José Eduardo, ob. cit., p. 11.

[11] SANZ MULAS, Nievez. La validez del sistema penal actual frente a los retos de la nueva sociedad, em *El sistema penal frente a los retos de la nueva sociedad*. Madrid: Colex, 2003, p. 23.

[12] HASSEMER, Winfried. *Persona, mundo y responsabilidad*. Valencia: Tirant lo blanch alternativa, 1999, p. 55, assinala que é fácil entender porque o legislador utiliza esta via. Os delitos de perigo abstrato ampliam o âmbito de aplicação do Direito Penal, ao prescindir do prejuízo, prescinde-se também de demonstrar a causalidade. Basta somente provar a realização da ação incriminada, cuja perigosidade não tem que ser verificada pelo juiz, já que foi o motivo que levou o legislador a incriminá-la. O trabalho do juiz fica assim extraordinariamente facilitado.

[13] MENDONZA BUERGO, Blanca. *El Derecho Penal em la sociedad del riesgo*, p. 44; JAKOBS, Günther. *Fundamentos do Direito Penal*. Tradução de André Luís Callegari. São Paulo: Editora Revista dos Tribunais, 2003, p. 108 e ss.

De outro lado, essa tendência preventiva levaria a uma flexibilização dos pressupostos clássicos de imputação objetivos e subjetivos, assim como de princípios garantistas próprios do Direito Penal de um Estado de Direito.[14]

Toda esta nova tendência da política criminal encontrou eco na legislação penal brasileira, muito próxima aos movimentos de lei e ordem, onde se verifica que a solução encontrada foi a de criminalização e recrudescimento no sistema penal, fato este que se verifica com as alterações na legislação penal vigente e na criação de novas leis penais.

Com base nesta transformação em que se reflete a nova política criminal é que se buscará identificar a influência de traços de uma legislação de exceção,[15] muito identificada com o direito penal do inimigo, para determinados casos. Talvez não se queira admitir que já estamos inseridos neste contexto tão criticado por muitos, porém, não há dúvidas de que, com as recentes alterações legislativas, só não adotamos ainda o nome do direito penal do inimigo.

A recente aparição no Brasil sobre o Direito Penal do Inimigo, onde se extrai do texto, ao menos na óptica de Günther Jakobs,[16] que os autores de determinados crimes afastam-se do contrato social e, assim, deveriam ter um tratamento distinto daqueles que se mantém fiéis ao ordenamento jurídico, gerou uma série de críticas por parte da doutrina.[17]

O presente trabalho não será o de examinar as críticas endereçadas à obra de Günther Jakobs, mas demonstrar que há muito tempo o legislador brasileiro já adota o Direito Penal do Inimigo na legislação ordinária. É claro que isso não se verifica de forma aberta, como propõe Jakobs no seu texto, porém, na legislação ordinária há traços marcantes de contaminação do Direito Penal do Inimigo.

Para esta constatação é necessário analisar os câmbios políticos e legislativos nos últimos anos. As medidas penais e processuais penais contra o terrorismo nos Estados Unidos e Europa e, genericamente contra o crime organizado no Brasil, marcam uma consolidação de um moderno Direito Penal. Essa expansão se refletiu na doutrina estrangeira e, na Espanha, denominou-se de um Direito Penal de duas velocidades.[18]

---

[14] MENDONZA BUERGO, Blanca. *El Derecho Penal em la sociedad del riesgo.*, p. 45.

[15] FERRAJOLI, Luigi. *Derecho y razón.* Madrid: Editorial Trotta, 2000, p. 807, refere que a cultura da emergência e a prática da exceção, inclusive antes das transformações legislativas, são responsáveis por uma involução do ordenamento jurídico que se expressa na reedição, com roupas modernas, de velhos esquemas substancialistas próprios da tradição penal pré-moderna, além da recepção na atividade judicial de técnicas inquisitivas e de métodos de intervenção que são típicos da atividade policial.

[16] JAKOBS, Günther e CANCIO MELIÁ, Manuel. *Direito Penal do Inimigo.* Trad. André Luís Callegari e Nereu José Giacomolli. Porto Alegre: Livraria do Advogado Editora, 2005, p. 21 e ss.

[17] Ver por todos, MUÑOZ CONDE, Francisco. De nuevo sobre el "Derecho penal del enemigo". *Derecho Penal del Enemigo. El discutso penal de la exclusión.* V. 2. Buenos Aires: B de F, 2006, p. 339 e ss.

[18] SILVA SÁNCHEZ, Jesús-Maria. *La expansión del Derecho penal. Aspectos de la política criminal em las sociedades postindustriales.* 2ª ed.. Madrid: Civitas, 2001.

Neste contexto, o Direito Penal de primeira velocidade seria aquele que compreende os denominados delitos clássicos (furto, estelionato, homicídio, etc.), que estão sujeitos às penas privativas de liberdade, respeitados todos os requisitos de imputação e garantias processuais que decorrem do Estado Democrático de Direito.

Já o Direito Penal de segunda velocidade compreenderia os delitos que foram introduzidos durante o processo de modernização, que respondem ao aparecimento de novos riscos à sociedade globalizada (delitos ambientais) e que não seriam sancionados com penas privativas de liberdade, mas com sanções de restrições de atividades, multas ou inabilitação. Neste caso, permite-se uma flexibilização nas regras de imputação e garantias.[19]

Por fim, ainda haveria uma terceira velocidade do Direito Penal, destinado a determinados delitos graves (criminalidade organizada, terrorismo), com a relativização das garantias político-criminais, regras de imputação e supressão de garantias processuais e de execução penal, sendo uma espécie de Direito de guerra, onde estaria inserto o denominado Direito Penal do inimigo.

Diante da constatação deste novo fenômeno expansionista, cabe a lição de Donini, que refere que quem pretende (re)introduzir, ou inclusive simplesmente situar corretamente no debate penal contemporâneo, a categoria de inimigo como destinatário das políticas criminais ou penais atuais, pode limitar-se a realizar uma seleção, circunscrevendo o Direito Penal do inimigo (por mais ou menos aceitável que seja) a alguns aspectos do direito penal contemporâneo: vias paralelas de um fenômeno a mais de velocidade inegável aos fatos, sistema que se deve manter rigorosamente separado do comum, mas que se reconhece como legítimo, junto a leis especiais ou excepcionais não incluídos numa lógica de sistema, mas como estado de fato ou de exceção, ou bem que se reservará ao campo de uma leitura exclusivamente "crítica" e "política".[20]

Feita esta nota introdutória, passaremos a verificação da contaminação propriamente dita e dos reflexos deste novo Direito Penal.

A primeira contaminação do Direito Penal do Inimigo verifica-se na edição da Lei nº 8.072/90, Lei dos Crimes Hediondos, onde não se verifica uma nova incriminação de condutas, mas tão-somente a alteração das penas ou a restrição de garantias processuais em relação aos autores destes crimes, o que se aproximaria ao Direito Penal do autor e não ao tradicional Direito Penal do fato.[21]

---

[19] Nesse sentido ver, FARALDO CABANA, Patrícia. Um Derecho penal de enemigos para los integrantes de organizaciones criminales. La Ley Orgânica 7/2003, de 30 de junio, medidas de reforma para el cumplimiento íntegro y efectivo de las penas, em *Nuevos rectos del Derecho Penal em la era de la globalización*. Valencia: Tirant lo blanch, 2004, p. 305.

[20] DONINI, Massimo. El Derecho Penal Frente al "Enemigo". *Drecho Penal del Enemigo. El discurso penal de la exclusión*. V. 1. Buenos Aires: B de F, 2006, p. 605/606.

[21] DÍEZ RIPOLLÉS, José Luis. *La racionalidad de las leyes penales* Madrid: Editorial Trotta, 2003, p. 147/148, sobre o princípio da responsabilidade pelo fato praticado assinala que só se pode exigir responsa-

Nesse sentido, Silva Franco assinalou que, sob o impacto dos meios de comunicação de massa, mobilizado pelos delitos de extorsão mediante seqüestro, que haviam atingido pessoas importantes no meio social, um medo difuso e irracional, acompanhado de desconfiança para com os órgãos oficiais de controle social, tomou conta da população, atuando como um mecanismo de pressão ao qual o legislador não soube resistir, Na linha de pensamento da *Law and Order*, surgiu a Lei 8.72/90 que é, sem dúvida, um exemplo significativo de uma posição político-criminal que expressa, ao mesmo tempo, radicalismo e passionalidade.[22]

A reedição de uma linha dura em matéria de controle social formal constitui um mecanismo de gestão cidadã e institucional de emergência e da sensação social de insegurança. Com efeito, este modo de gestão, sintetizado em retóricas discursivas, como as de "lei e ordem" ou de "tolerância zero", apresentado como o antídoto mais fácil contra a emergência desse alarme social, supõe uma submissão aos ditados da gramática presente nos meios de comunicação, ao tempo que gera efeitos político-eleitorais imediatos.[23]

Assim, sob o efeito hipnótico dessa nova solução legislativa, o legislador ordinário, de um momento para o outro, passou a dar tratamento distinto aos autores de determinados crimes já existentes, porém, agora com etiqueta nova porque levaram o nome de hediondos.

Portanto, a partir do ano de 1990, o legislador brasileiro considerou hediondos os seguintes crimes: tráfico de entorpecentes; prática de tortura; terrorismo; homicídio praticado por grupo de extermínio e qualificado; latrocínio; extorsão qualificada pela morte; extorsão mediante seqüestro e na forma qualificada; estupro; atentado violento ao pudor; epidemia com resultado morte; falsificação, corrupção ou alteração de produto destinado a fins terapêuticos ou medicinais e o crime de genocídio.

As conseqüências jurídicas da rotulação desses crimes como hediondos pode demonstrar uma contaminação do Direito Penal do Inimigo na legislação ordinária, pois, de fato, os autores destes crimes passaram a ter um tratamento diferenciado, com restrições de garantias penais e processuais.[24]

---

bilidade por condutas externas e concretas e que dito princípio se decompõe em dois sub-princípios, ambos formulados negativamente, o da impunidade do mero pensamento e o da impunidade pelo plano de vida. JESCHECK, Hans-Heinrich. *Tratado de Derecho Penal*. Traducción de José Luis Manzanares Samaniego. Granada: Editorial Comares, 1993, p. 381, refere que na culpabilidade pelo fato individual somente se consideram aqueles fatores juridicamente censuráveis da atitude interna que encontraram expressão imediata na ação típica, enquanto que na culpabilidade pelo gênero de vida o juízo de culpabilidade extende-se à personalidade do autor e ao seu desenvolvimento.

[22] SILVA FRANCO, Alberto. *Crimes Hediondos*. 4ª ed., São Paulo: Revista dos Tribunais, 2000, p. 91.

[23] BRANDARÍZ GARCÍA, José angel. Itinerários de evolución del sistema penal como mecanismo de control social em las sociedades contemporâneas, em *Nuevos retos del Derecho Penal em la era de la globalización*. Valencia: Tirant lo blanch, 2004, p. 37.

[24] HASSEMER, Winfried. *Persona, mundo y responsabilidad*. Valencia: Tirant lo blanch alternativa, 1999, p. 50, assinala que os limites normativos do Direito Penal e do Direito Processual Penal num Estado de

De acordo com a nova regulação jurídica, os crimes hediondos são insuscetíveis de anistia, graça e indulto (art. 2º, I) e de fiança e liberdade provisória (art. 2º, II). Isso significa que aos "novos criminosos" não será permitido que respondam ao processo em liberdade, porque, de acordo com a lei, nesse tipo de crime o individuo deverá permanecer sempre preso durante a instrução processual. Nesse sentido, deixa-se de lado a regra constitucional da presunção da inocência e, também, os requisitos da prisão preventiva do Código de Processo Penal, pois, o que vale, é o tipo de delito praticado, considerando-se, *prima facie*, este autor perigoso pela comissão de determinado crimes.

No sentido de afastamento do sujeito da sociedade, impossibilitando a sua ressocialização, a lei impede a progressão de regime prisional, afirmando que o autor de crime hediondo deverá cumprir a pena integralmente em regime fechado (art. 2º, § 1º). A tendência clara do legislador é dar um tratamento distinto a esse tipo de criminoso que pratica um crime hediondo, deixando-o afastado o maior tempo possível do convívio social. A regra do cumprimento de pena é o regime progressivo, no qual o condenado, de acordo com os seus méritos, vai atingindo paulatinamente a liberdade. Porém, neste explícito Direito Penal do autor, a situação é distinta. Aqui a regra é afastar o sujeito o maior tempo possível do convívio social, como se não pertencesse à sociedade pelo delito cometido.

A idéia posta na Lei dos Crimes Hediondos aproxima-se muito ao que foi dito por Jakobs ao tratar do tema. É que as pessoas que infringirem um dos delitos previstos na Lei dos Crimes Hediondos já não participariam do modelo ideal de garantias penais e processuais penais, ou seja, já não viveriam dentro da mesma relação jurídica.[25]

Da mesma forma é a expressão de Fichte ao mencionar que "quem abandona o contrato cidadão em um ponto em que no contrato se contava com sua prudência, seja de modo voluntário ou por imprevisão, em sentido estrito perde todos os seus direitos como ser humano, e passa a um estado de ausência completa de direitos".[26]

Embora a Lei dos Crimes Hediondos não chegue ao extremo, no sentido de retirar todos os direitos garantidos aos demais criminosos que não praticam os delitos nela previstos, acaba suprimindo várias garantias penais, processuais e de execução penal aos que praticam os delitos ali contidos, o que vale dizer que determina um tratamento diferenciado ao autor do delito.

Depois destas breves considerações, verifica-se que o legislador segue cada vez mais inclinado (ou contaminado) por uma legislação de exceção para

---

Direito se debilitam ante o estendido sentimento de ameaça e a estendida esperança de que se possa com a ajuda do Direito Penal afrontar com eficácia estas novas ameaças que supõem a criminalidade organizada, a destruição do meio ambiente y o narcotráfico.

[25] JAKOBS, Günther. *Direito Penal do Inimigo*, p. 25.
[26] FICTCHE, *apud* JAKOBS, Günther. *Direito Penal do Inimigo*, p. 25.

resolver os problemas de criminalidade. Assim, no ano de 2003, aprovou a Lei 10.792/2003 na qual, entre outras medidas, estabeleceu o Regime Disciplinar Diferenciado, alterando o regime carcerário existente.

Não satisfeito com a supressão de garantias penais e processuais, além da retirada nos benefícios de progressão no cumprimento da pena privativa de liberdade, o legislador estabeleceu agora restrições para as pessoas que se encontram nas casas prisionais, dentre as quais encontramos o isolamento, a restrição de visitas, etc. Porém, o que chama atenção neste novo regime de cumprimento de pena criado pelo legislador é que dito regime se aplica ao preso provisório ou ao condenado sob o qual recaiam fundadas suspeitas de envolvimento ou participação, a qualquer título, em organizações criminosas,[27] quadrilha ou bando.

Portanto, novamente o legislador não se preocupou em relação ao fato praticado, mas à tendência de vida do autor, porque, qualquer pessoa que se inclua nos delitos previstos de organização criminosa já estaria incluída no regime de exclusão. Além disso, a lei somente faz referência à suspeita de pertencer a uma organização, isto é, não se faz necessário qualquer prova nesse sentido.

Importante aqui mencionar que essa característica da lei que regula o regime disciplinar diferenciado de incriminar o sujeito pela tendência de vida[28] contraria o princípio da responsabilidade pelo fato praticado, critério esse que norteia o Direito Penal da culpabilidade no Estado Democrático de Direito.

Nesse sentido, um dos subprincípios decorrentes do princípio da responsabilidade pelo fato praticado é o da impunidade pelo plano de vida. Portanto, somente se pode cobrar dos sujeitos os comportamentos concretos, delimitados espacial e temporalmente, e não a escolher por um determinado plano de vida ou modo de existência.[29]

---

[27] Não há previsão legal do que seja uma organização criminosa, ou seja, embora exista o *nomem júris* da figura típica, não existe a definição da conduta incriminada, portanto, incabível sua aplicação. O Conselho Nacional de Justiça, através da Recomendação nº 3 e, de 30 de maio de 2006, recomendou a adoção do conceito de crime organizado estabelecido na Convenção de Palermo. Sobre crime organizado, CALLEGARI, André Luís. *Direito Penal Econômico e Lavagem de Dinheiro*. Porto Alegre: Livraria do Advogado Editora, 2003, p. 161.

[28] AMBOS, Kai. Derecho Penal del Enemigo. *Derecho Penal del Enemigo. El discurso de la exclusión*. Buenos Aires: B de F, 2006, p. 152, assinala que o Direito Penal do Inimigo não é Direito e uma de suas causas é que conduz a um câmbio do Direito Penal do fato para o Direito Penal do autor.

[29] DÍEZ RIPOLLÉZ, José Luis. *La racionalidad de las leyes penales*. Madrid: Editorial Trotta, 2003, p. 148, segue dizendo que a fundamentação ética deste subprincípio e a proteção diante de comportamentos que afetam a convivência social externa e está fundado no objetivo de garantir interações sociais que possibilitem na maior medida possível o livre desenvolvimento da auto-realização pessoal de acordo com as opções que cada cidadão estime conveniente. Não resulta conseqüente com isso pedir satisfação pela eleição de certos planos vitais, por mais que possam estimar-se na prática incompatível com a manutenção dessa convivência externa, enquanto tal incompatibilidade não se concretize na efetiva realização de condutas contrárias àquela. De outro lado, a pretensão de que os cidadãos renunciem desde o princípio a adotar determinados planos de vida, devendo responder penalmente em caso contrário, caracteriza uma sociedade totalitária, que pretende garantir a ordem social básica mediante a privação aos cidadãos daquelas possibilidades existenciais que justificam precisamente a manutenção dessa ordem social.

De acordo com o exposto, a Lei dos Crimes Hediondos e a lei que criou o Regime Disciplinar Diferenciado demonstram uma contaminação de exclusão, de tratamento desigual, de desrespeito aos direitos e garantias fundamentais, de colocar o cidadão que pratica determinados crimes fora do sistema jurídico normal, criando, de outro lado, um sistema paralelo para pessoas que não se encontram dentro do esperado no contrato social.

O que chama atenção é que todos os textos legais referidos foram produzidos há alguns anos e, até agora, a doutrina sempre os criticou, porém, sem qualquer ligação com o Direito Penal do Inimigo. De outro lado, houve uma crítica em relação à obra de Jakobs, o que estamos de acordo, mas, se verificarmos, o autor também refere o que já vem acontecendo em nossa lei, apenas sem o forte nome de Direito Penal do Inimigo.

As características típicas do Direito Penal do Inimigo já se encontram estampadas em nossa legislação, talvez, dissimuladas ou rotuladas com outros adjetivos (leis de emergência,[30] de exceção, populistas, etc.). Por isso, embora a obra de Jakobs possa ser criticada sob uma ótica, demonstra, por outro lado, processos legislativos de exceção já existentes, apenas não reconhecidos por este nome. É que no Direito Penal do Inimigo se renuncia às garantias materiais e processuais do Direito Penal tradicional, e esse fato já ocorre em diversas leis vigentes no país.

Dentre as características do Direito Penal do Inimigo, encontramos uma modificação na técnica de tipificação das condutas,[31] ampliando-se a antecipação da punibilidade, isto é, atos que, em tese, configurariam somente *atos preparatórios,*[32] por regra não puníveis na legislação.[33] Mediante esta técnica de tipificação se criminalizam determinadas condutas que aparecem previamente a qualquer fato delitivo tradicional, punindo-se quem atua neste estágio prévio.[34] Isso pode ser demonstrado na freqüente busca por uma tentativa de tipificação do crime organizado, isto é, quem pertencesse a uma organização criminosa[35] (estágio prévio criminalizado) já sofreria as sanções correspondentes.

[30] FERRAJOLI, Luigi. *Derecho y razón.* Madrid: Editorial Trotta, 2000, p. 820, refere que o Direito Penal de emergência é mais um Direito Penal do réu do que um Direito Penal do delito.

[31] DAUNIS RODRÍGUEZ, Alberto. Seguridad, derechos humnaos y garantias penales: Objetivos comunes o aspiraciones contrapuestas?, em *Derecho Penal de la Democracia vs Seguridad Pública.* Granada: 2005, p. 232, assinala que a técnica de tipificação para proteger interesses vagos e genéricos necessita que a conduta que define a ação típica seja também aberta e indeterminada, capaz de criminalizar uma amplitude de condutas e permitir uma interpretação ampla do legislador.

[32] CALLEGARI, André Luís. *Teoria Geral do Delito.* Porto Alegre: Livraria do Advogado Editora, 2005, p. 18.

[33] JESCHECK, Hans-Heinrich. *Tratado de Derecho Penal.* Trad. de José Luis Manzanares Samaniego. Cuarta Edición. Granada: Editorial Comares, 1993, p. 474, afirma que somente por especiais razões político-criminais se presta o legislador a castigar com caráter excepcional algumas ações preparatórias, distinguindo os caminhos adotados pelo legislador.

[34] GRACIA MARTÍN, Luis. *El horizonte del finalismo y el "derecho penal del enemigo".* Valencia: Tirant lo blanch, 2005, p. 108.

[35] Esta tentativa de tipificação já existe na Lei 9.613/98, Lavagem de Dinheiro, onde um dos crimes antecedentes que podem dar origem à lavagem de dinheiro é o praticado por organização criminosa. Ocorre que

Também dentro das características legislativas de um Direito Penal do Inimigo, verifica-se a desproporcionalidade das penas. De um lado, a já mencionada punição em estágios prévios à comissão do delito, sem qualquer possibilidade de redução pela tentativa. De outro, o aumento das penas pelo simples fato de o autor pertencer a uma organização criminosa.[36] Não podemos nos olvidar que houve aumento de pena também na Lei dos Crimes Hediondos, sem qualquer justificativa coerente para a desproporcionalidade[37] ali existente.

Outro sinal característico da influência do Direito Penal do Inimigo na legislação ocorre no âmbito das restrições das garantias processuais ao acusado. Questiona-se a presunção de inocência, a exigência da licitude e admissibilidade da prova, introduzem-se medidas amplas de intervenção nas comunicações, de investigações secretas ou clandestinas, de incomunicabilidade, e amplia-se o prazo de prisão para investigação.[38]

Assim, várias medidas vão sendo introduzidas na legislação que restringem os direitos e garantias fundamentais assegurados na Constituição Federal, medidas que, embora tenham vigência, não podem ser consideradas válidas.[39] Na busca desenfreada de uma solução para a criminalidade, o Direito Penal do Inimigo aparece disfarçado. Veja-se, por exemplo, a possibilidade do sigilo do inquérito policial em relação aos advogados, a busca e apreensão realizada em escritórios de advocacia, a inversão do ônus da prova na Lei de Lavagem de Dinheiro, a gravação através de vídeo das audiências realizadas, sem a devida degravação.[40]

Finalmente, também mostrando sinais de contaminação pelo Direito Penal do Inimigo, aparece a legislação penitenciária ou de execução penal, limitando benefícios, endurecendo a classificação dos presos, permitindo o isolamento e outras medidas de restrições (Regime Disciplinar Diferenciado).

---

o legislador não descreveu o que significa dita organização e, para os fins de garantias penais, não pode ter validade referido dispositivo. Em sentido contrário, há a posição do Conselho Nacional de Justiça que recomenda a adoção da Convenção de Palermo.

[36] A Lei 9.613/98 já possui dispositivo neste sentido, isto é, aumentando a pena do sujeito que participa de organização criminosa (art. 1º, § 4º).

[37] Sobre o princípio da proporcionalidade dos delitos contra a liberdade sexual, ver CALLEGARI, André Luís. Os princípios da proporcionalidade e da ofensividade como legitimadores da sanção penal. Análise crítica em relação às penas nos crimes contra os costumes. Porto Alegre: *Revista da Associação dos Juízes do Rio Grande do Sul*, 2006, v. 33, nº 102, p. 39 e ss.

[38] GRACIA MARTÍN, Luis, ob. cit., p. 110.

[39] Ver STRECK, Lenio Luiz

[40] As gravações das audiências através de vídeo constituem-se num procedimento normal adotado na 1ª Vara Criminal Federal de Porto Alegre, respaldadas por um Provimento do Tribunal Regional Federal da 4ª Região. A defesa pode pedir que lhe seja gravado um CD com a cópia do ato realizado.

2. Motivos de contaminação – risco e expansão do "novo" Direito Penal

Nos últimos anos verificou-se uma expansão do Direito Penal, culminando em acréscimo de tipos penais protegendo novos bens jurídicos,[41] aumento de penas em crimes já existentes ou de reformas pontuais na legislação ordinária. Esta desmedida ampliação tem, entre vários fatores, o de aplacar o clamor social, iludindo-se, assim, a população que se sentiria mais segura com o recrudescimento do Direto Penal.

Algumas características marcam o aparecimento deste moderno Direito Penal, dentre as quais se destacam *a proteção de bens jurídicos, a prevenção e a orientação às conseqüências*. No que diz respeito à proteção de bens jurídicos ocorreu um fenômeno ao contrário do que se está acostumado, ou seja, converteu-se em um critério positivo para justificar a criminalização de "novos bens jurídicos", perdendo, assim, o caráter de critério negativo que teve originariamente. É que originariamente o conceito crítico se formulou para que se limitasse o legislador à proteção de bens jurídicos e agora se converteu numa exigência para que se penalize determinadas condutas.[42]

De acordo com esse novo critério, positivo, houve um aumento considerável de tipos penais protegendo bens jurídicos que não se encontravam sob o manto da tutela penal, transformando-se a proteção de bens jurídicos num mandato para penalizar em lugar de ser uma proibição condicionada de penalização.

A segunda característica do moderno Direito Penal é a exacerbação da idéia de *prevenção*, que no Direito Penal clássico era considerada como uma meta secundária da justiça penal, convertendo-se agora no paradigma penal dominante. Esse câmbio impossibilita cada vez mais que se assegurem os princípios da igualdade e tratamento igualitário.[43]

Por fim, existe uma tendência *orientada às conseqüências*, entendida como um critério de complemento para uma correta legislação, deixando-se de lado os princípios de política criminal de igualdade e de justa retribuição. Estas tendências são observadas quando se tenta utilizar o Direito Penal como instrumento de pedagogia social com o fim de "sensibilizar" as pessoas em determinados âmbitos de proteção.[44]

---

[41] ROXIN, Claus. *A proteção de bens jurídicos como função do Direito Penal*. Tradução de André Luís Callegari e Nereu José Giacomolli. Porto Alegre: Livraria do Advogado Editora, 2006, p. 18, leciona que os bens jurídicos são circunstâncias reais dadas ou finalidades necessárias para uma vida segura e livre, que garanta todos os direitos humanos e civis de cada um na sociedade ou para o funcionamento de um sistema estatal que se baseie nestes objetivos.

[42] HASSEMER, Winfried. *Persona, mundo y responsabilidad*. Valencia: Tirant lo blanch alternativa, 1999, p. 47.

[43] HASSEMER, Winfried, ob. Cit, p. 49.

[44] Id. ibid. p. 50.

Esse fenômeno acima relatado como novo Direito Penal, ou como expansionista, não é uma particularidade de nosso país, pois Cancio Meliá já fez referência a esta tendência européia em que o eixo de gravidade gira sobre a criação de novos tipos penais, o legislador afasta-se da proteção de bens jurídicos clássicos,[45] antecipa a criminalização de condutas e estabelece sanções desproporcionais ao fato praticado. Tudo isso se resume em política-criminal de característica antiliberal.[46]

Assim, Cancio Meliá observa que "a atividade legislativa em matéria penal, desenvolvida ao longo das duas últimas décadas nos países europeus tem colocado, ao redor do elenco nuclear de normas penais, um conjunto de tipos penais que, vistos desde a perspectiva dos bens jurídicos clássicos constituem hipóteses de 'criminalização do estado prévio'[47] a lesões de bens jurídicos cujos marcos penais, ademais, estabelecem sanções desproporcionalmente altas".[48]

No mesmo sentido, Silva Sánchez salienta que não é difícil constatar a existência de uma tendência claramente dominante na legislação no sentido de introduzir novos tipos penais, assim como o de agravar as penas dos já existentes, que se encravam no marco geral de restrição ou na "reinterpretação" das garantias clássicas do Direito Penal substantivo e do Direito Penal processual. Criação de novos "bens jurídicos-penais", ampliação dos espaços de riscos jurídico-penalmente relevantes, flexibilização das regras de imputação e relativização dos princípios político-criminais de garantia não seriam senão aspectos desta tendência geral, a que cabe referir-se com o termo "expansão".[49]

É do conhecimento de todos que durante muitos anos, especialmente nos Estados autoritários, em nome da segurança nacional, a promoção do uso da violência além dos limites impostos pelo Estado de Direito foi utilizado. Novamente, hoje, alguns Estados têm adotado estratégias repressivas e punitivistas, justificando o (ab)uso da violência em nome da segurança nacional como forma de contenção do fenômeno criminal. A pressão social provocada pela insegurança que ronda a sociedade tem servido como justificativa para gerar a legitimação necessária para que o Estado aumente sua "potestade", ampliando seu espectro de controle penal (através da criação de nos tipos penais e aumento de pena – no caso do Direito Penal material) na luta contra a crimina-

---

[45] Ver sobre bens jurídicos, ROXIN, Claus. *A proteção de bens jurídicos como função do Direito Penal.* Trad. André Luís Callegari e Nereu José Giacomolli. Porto Alegre: Livraria do Advogado Editora, 2006, p. 11 e ss.

[46] CANCIO MELIA, Manuel em JAKOBS, Günther/CANCIO MELIÁ, Manuel. *Direito Penal do Inimigo.* Porto Alegre: Livraria do Advogado Editora, 2005, p. 56/57. CANCIO MELIÁ, Manuel. *Direito Penal e Funcionalismo.* Porto Alegre: Livraria do Advogado Editora, 2005, p. 91.

[47] JAKOBS, Günther. *Fundamentos do Direito Penal.* Tradução de André Luís Callegari. São Paulo: Editora Revista dos Tribunais, 2003, p 108 e ss.

[48] JAKOBS, Günter; MELIÁ, Manuel Cancio. *Direito penal do inimigo:* noções e críticas. Org. e trad. André Luis Callegari e Nereu José Giacomolli. Porto Alegre: Livraria do Advogado, 2005, p. 56.

[49] SILVA SÁNCHEZ, Jesús-María. *La expansión del derecho penal.* Aspectos de la política criminal em las sociedades postindustriales. Madrid: Civitas, 1999, p. 17 e 18.

lidade, suprimindo direitos e garantias ao ponto de admitir-se a perda do *status* de pessoa, como defende Jakobs.

Cancio Meliá observa o ressurgimento de um Direito Penal com "efeitos meramente simbólicos", que, utilizado em um sentido crítico, faz referência justamente ao papel de determinados agentes políticos que somente buscam o objetivo punitivista visando dar a "impressão tranqüilizadora de um legislador atento e decidido",[50] em uma evidente atitude populista. Assim, o que Cancio Meliá[51] define como Direito Penal simbólico, em sua visão, mantém relação fraternal com o punitivismo.

Igualmente, Silva Sánchez, ao tratar do tema, refere que é freqüente que a expansão do Direito Penal se apresente como produto de uma espécie de perversidade do aparato estatal, que buscaria no permanente recurso à legislação penal uma (aparente) solução fácil aos problemas sociais, deslocando ao plano simbólico (isto é, ao da declaração de princípios, que tranqüiliza a opinião pública) o que deveria resolver-se no nível instrumental (da proteção efetiva).[52]

Para Cornelius Prittwitz, esta criminalização do estado prévio constitui-se, de certa forma, no Direito Penal do risco, no qual descreve uma mudança do modo de compreender o Direito Penal "e de agir dentro dele", que o justifica não pelos seus atos, mas sim pelos seus efeitos e conseqüências.[53]

Prittwitz, após breve e parcial autocrítica acerca do conceito estabelecido em sua obra *Direito penal e risco*, especialmente em face das críticas tais como as feitas por Lothar Kuhlen, admitiu que seu intento de definir Direito Penal do risco foi somente alcançado em parte, já que empregado "de forma inconsistente e sem uniformidade",[54] com o que não concorda. Mas o que interessa abordar nesta breve investigação é sua constatação de que "em conformidade com o desenvolvimento da sociedade como um todo, também a política criminal, a teoria penal e a dogmática do direito penal há muito são moldadas pela sociedade de risco assim compreendida".[55]

Assim, pontua que ao "admitir *novos candidatos no círculo dos direitos* (como meio ambiente, a saúde da população e o mercado de capitais), ao deslocar mais para frente a *fronteira entre comportamentos puníveis e não-puníveis* – deslocamento este considerado em geral, um pouco precipitada-

---

[50] JAKOBS, Günter; MELIÁ, Manuel Cancio, ob. cit., p. 57-9.
[51] Id. Ibid., p. 65.
[52] SILVA SÁNCHEZ, Jesús-María. *La expansión del derecho penal*. Aspectos de la política criminal em las sociedades postindustriales. Madrid: Civitas, 1999, p. 19.
[53] PRITTWITZ, Cornelius. O direito penal entre o direito penal do risco e direito penal do inimigo: tendências atuais em direito penal e política criminal. IBCCRIM, ano 12, n. 47, março-abril 2004. São Paulo: Revista dos Tribunais, 2004, p. 31-4. Sobre o problema, ALBRECHT, Peter-Alexis. El derecho penal en la intervención de la política populista, em *La insostenible situación del derecho penal*. Granada: Editorial Comares, 2000, p. 473.
[54] Id. ibid., p. 37.
[55] Id. ibid., p. 38.

mente, como avanço na proteção exercida pelo direito penal – e, finalmente em terceiro lugar, ao *reduzir as exigências de censurabilidade*, redução esta que se expressa na mudança de paradigmas, transformando lesão aos bens jurídicos em perigo aos bens jurídicos",[56] observamos o expansionismo do denominado Direito Penal do risco, mas que este movimento deve ser visto com cautela.

Portanto, diante da transformação e do avanço tecnológico, surgem novos bens jurídicos e a tentativa cada vez mais veloz de conter a criminalidade através da incriminação de condutas. Ocorre que, nessa pressa, olvidam-se os princípios da legalidade e taxatividade,[57] criando-se tipos penais abertos e de difícil compreensão. Além disso, muitas condutas seriam penalmente puníveis ainda na esfera de atos preparatórios, contrariamente aos postulados do tradicional Direito Penal.

3. Intervenção política e justificação – o ganho político com as reformas penais

O fenômeno da expansão do Direito Penal também se deve à busca incessante de resolução dos conflitos sociais através de políticas populistas, isto é, que servem para aplacar o clamor social, mas que não apresentam qualquer resolução para o problema.

Os legisladores de plantão estão sempre prontos com os seus pacotes de medidas de resolução da criminalidade que se traduzem, normalmente, em aumento de penas e restrições de garantias.

A verdade é que o ganho político destas medidas é incomensurável, pois estamos diante de um tema que atinge a todos, e qualquer proposta de uma possível solução sempre é atraente, ainda que nela venha disfarçada toda uma legislação de exceção.

Assim, as características do populismo punitivo são guiadas por três assunções: que as penas mais altas podem reduzir o delito; que as penas ajudam a reforçar o consenso moral existente na sociedade; e que há ganhos eleitorais que são produto deste uso.[58] Também o populismo punitivo pode ser definido como aquela situação em que as considerações eleitorais primam sobre as considerações de efetividade. Acrescentando-se como marco deste populismo que

---

[56] PRITTWITZ, Cornelius. Op. cit., p. 39.

[57] FERRERES COMELLA, Victor. *El principio de taxatividad em matéria penal y el valor normativo de la jurisprudencia*. Madrid: Civitas, 2002, p. 21, assinala que o princípio da taxatividade não é outra coisa senão a exigência de que os textos em que se prevêem as normas sancionadoras descrevam com suficiente precisão as condutas que estão proibidas e quais as sanções que serão impostas às pessoas que nela incorrerem.

[58] LARRAURI PIJOAN, Elena. Populismo punitivo y penas alternativas a la prisión, em *Derecho penal y la política transnacional*. Barcelona: 2005, p. 284.

as decisões de política criminal se adotam com desconhecimento da evidência e baseiam-se em assunções simplistas de uma opinião pública não informada.[59]

Como assevera Albrecht, as leis penais não servem somente para os fins instrumentais da efetiva persecução penal, mas devem fortalecer os valores e as normas sociais. A discussão política, mediante a atenção a grupos de interesses, aterrissa no âmbito da legislação. Inclusive os "interesses abstratos do próprio Estado" se encontram nos caminhos da atividade legislativa. Poder e influência pugnam na luta pelo Direito. As reformas da criminalização são apreciadas em todos os campos políticos como meio de reafirmação simbólica de valores.[60]

Isso ocorre também nos movimentos politicamente alternativos, que no princípio mostravam pouca confiança no Estado e na lei, e hoje figuram entre os propagandistas do Direito Penal e entre os produtores ativos de leis.[61]

Assim, a qualquer momento surgem novas normas penais e, independentemente da própria situação no jogo das maiorias parlamentares, estas se colocam a caminho legislativo ou publicitário. Não só a normativa penal efetiva, mas também a proposta de criminalização apresentada no parlamento ou discutida fora do parlamento indicam quais são as valorações sociais especialmente significativas e suscetíveis de proteção.[62]

O *uso político* do Direito Penal se apresenta como um *instrumento de comunicação*. O Direito Penal permite trasladar os problemas e conflitos sociais a um tipo de análise específico. Esse emprego político do Direito Penal não requer necessariamente a sanção ou a separação simbólica como meio instrumental de disciplina; nem sequer a ampliação ou endurecimento efetivo da lei estão unidos forçosamente à utilização do Direito Penal como meio de comunicação política. A lógica da utilização política se apóia na função analítica e categorial característica do discurso penal, posto que o cumprimento desta função não requer mais que a demonstração exemplar da atividade da práxis legislativa e da justiça penal.[63]

Esse fato fica demonstrado através do aumento de projetos apresentados em matéria de leis penais e processuais penais, cujo discurso é sempre o de melhorar o sistema já existente. Assim, estaria justificado o uso político do Direito Penal, porque há vários deputados e senadores trabalhando para uma suposta

---

[59] LARRAURI PIJOAN, Elena, ob. cit, p. 285.

[60] ALBRECHT, Peter-Alexis. El derecho penal en la intervención de la política populista, em *La insostenible situación del derecho penal*. Granada: Editorial Comares, 2000, p. 478.

[61] A esquerda também tem o seu viés punitivo e muitos daqueles que discordavam da intervenção do Direito Penal hoje propõem medidas intervencionistas de cunho popular. Veja-se, por exemplo, a possibilidade do fiscal de trânsito fazer prova da embriaguez do condutor.

[62] ALBRECHT, Peter-Alexis. El derecho penal en la intervención de la política populista, em *La insostenible situación del derecho penal*. Granada: Editorial Comares, 2000, p. 478.

[63] Idem, p. 479.

melhoria na segurança pública e na proteção de bens jurídicos, ainda que isto não seja verificado na prática.

O discurso político quase nunca reflete as medidas necessárias,[64] embora aparentemente demonstre aos cidadãos certa tranqüilidade que poderá advir das aprovações das medidas propostas. Esse discurso de cunho populista tem um efeito mágico sobre a população, que pugna por medidas mais duras, olvidando-se, no futuro próximo, que será a destinatária das mesmas.

4. Direito penal e eficiência

Outra consideração que não se pode olvidar é a trazida por Baratta quando coloca em jogo a eficiência do Direito Penal e a eficiência do pacto social, principalmente quando entram em jogo determinadas normas de caráter meramente publicitário, mas que, em contrapartida, trazem, como reflexo, outras que suprimem direitos e garantias individuais.[65]

Isso fica claramente demonstrado em nosso país como as legislações próprias de emergência, que visam "acalmar" a população ou "conter" um determinado tipo de criminalidade, porém, trazem sob um manto cinzento a supressão de direitos e garantias fundamentais preconizados na Carta Política. Veja-se, por exemplo, a Lei dos Crimes Hediondos, onde o caráter publicitário ganhou força, entretanto, não se demonstrou uma efetividade com a edição de referida lei.

Assim, segundo Baratta, o pacto social próprio da modernidade, o direito moderno e suas Constituições estão ligados à intenção de conter a guerra, de civilizar e de submeter às regras institucionais os conflitos políticos e sociais. No interior deste processo, a segurança dos cidadãos constitui a promessa central do Estado.[66]

A condição de validade e de eficácia do pacto é a eliminação da violência graças ao monopólio legítimo da força por parte do Estado imparcial. Baratta ressalva que, ao contrário, sabe-se que o resultado histórico até agora, imediatamente depois da crise da modernidade, freqüentemente descrita nos discursos que se auto-qualificam "pós-modernos", é que o direito moderno, na intenção de conter a violência, terminou por ocultá-la, excluindo do pacto os sujeitos mais fracos, fazendo juridicamente invisível a violência estrutural na sociedade.[67]

---

[64] HASSEMER, Winfried. *Persona, mundo y responsabilidad*. Valencia: Tirant lo blanch alternativa, 1999, p. 90, assevera que quando os efeitos reais e afirmados não são os esperados, o legislador obtém, pelo menos, o ganho político de haver respondido aos meios sociais e às grandes catástrofes com prontidão e com meios radicais que são os jurídico-penais.

[65] Nesse sentido, HASSEMER, Winfried. *Crítica al Derecho Penal de Hoy*. Traducción de Patrícia Ziffer. Buenos Aires: AD-HOC, 1995, p. 49 e ss.

[66] BARATTA, Alessandro. Nuevas reflexiones sobre el modelo integrado de las ciencias penales, la política criminal y el pacto social, em *Criminologia y Sistema Penal*. Buenos Aires: Editorial B de F, p. 175/176.

[67] Id., ibid., p. 176.

Quando os conflitos assumem a dimensão da guerra civil, assistimos regularmente ao recíproco condicionamento entre a forma bélica de pensamento e de ação e de aquelas próprias da reação punitiva. O fenômeno se produz não só nos processos de criminalização informal, mas também nos processos institucionais próprios de um sistema penal (paralelo), que acompanha de maneira natural os conflitos armados. A força de ordem e o sistema penal legal assumem a forma da guerra; ao mesmo tempo, o *momento penal* se dilata desproporcionalmente, englobando as atitudes e as práticas das formações militares e paramilitares, dos grupos armados e das organizações terroristas ou criminais.[68]

Este fenômeno aparece quando se verifica um aumento crescente da criminalidade dita organizada pelos órgãos de controle formal, chegando-se à conclusão, errônea, de que a forma de combate deve ser idêntica à utilizada, ou seja, quanto mais força melhor. Podemos constatar isso quando verificamos as alterações legislativas supressoras de direitos fundamentais, ou, ainda, naquelas em que ocorre uma desproporção da pena em relação ao delito praticado.

Na medida em que os conflitos diminuem e se localizam no tempo e no espaço, tende a desaparecer o condicionamento recíproco entre guerra e pena, entre violência armada e violência punitiva; o sistema punitivo legal se impõe então sobre o sistema paralelo. A condição necessária para uma normalização do sistema penal legal é que o Estado possa exercitar um controle efetivo sobre o sistema paralelo, para impedir a continuidade da guerra e permitir que os conflitos sociais e políticos se demonstrem em forma não violenta. A normalidade do sistema penal é uma conseqüência da validez ideal e do respeito efetivo do pacto social e, por conseguinte, da vigência da Constituição.[69]

A paz é, entretanto, condição necessária do pacto social, mas não suficiente; as outras condições necessárias se encontram na eficácia das normas que regulam a organização e a divisão dos poderes do Estado e garantem os direitos fundamentais dos cidadãos.[70]

Ocorre que o eficientismo penal constitui, na visão de Baratta, uma nova forma de *direito penal de emergência*, degeneração que acompanhou sempre a vida do direito penal moderno. O direito penal deixa de ser subsidiário, de constituir a *última ratio* de acordo com a concepção liberal clássica e se converte na *prima ratio*, uma panacéia com a qual se deseja enfrentar os mais diversos problemas sociais.[71]

Há uma idéia generalizada que o direito penal pode cumprir determinadas funções que deveriam ser destinadas a outros ramos do ordenamento jurídico,[72]

---

[68] BARATTA, Alessandro. Nuevas reflexiones sobre el modelo integrado de las ciencias penales, la política criminal y el pacto social, em *Criminologia y Sistema Penal*. Buenos Aires: Editorial B de F, p. 176/177.

[69] Id., Ibid, p. 177.

[70] Id., Ibid, p. 177.

[71] Id., Ibid, p. 179.

[72] Nesse sentido, FIGUEIREDO DIAS, Jorge. Para uma dogmática do direito penal secundário. *Direito Penal Econômico e Europeu: Textos Doutrinários. V. I. Problemas Gerais*. Coimbra: Coimbra Editora, 1998, p. 44.

porém, como o Estado é ineficiente para a resolução de determinados problemas sociais, sempre se vale do instrumento ameaçador que constitui o Direito Penal. Na área fiscal isso fica cristalino com a criação de tipos penais que visam unicamente à cobrança de tributos, claro, mediante a ameaça da pena estatal. Também na regulação do trânsito de veículos cada vez mais se deixa de lado o Direito Administrativo para que o Direito Penal resolva o problema, ou seja, não há políticas públicas, mas há o velho e bom Direito Penal.

Desse modo, o Direito Penal se transforma em um instrumento ao mesmo tempo repressivo (com o aumento da população carcerária e a elevação qualitativa e quantitativa do nível da pena) e simbólico (com o recurso a *leis-manifesto*, através do qual a classe política reage à acusação de "afrouxamento" do sistema penal por parte da opinião pública, reação esta que evoca uma sorte de *direito penal mágico*, cuja principal função parece ser o exorcismo).[73]

No interior desse processo, o eficientismo penal tenta fazer mais eficaz e mais rápida a resposta punitiva limitando ou suprimindo garantias substanciais e processuais que foram estabelecidas na tradição do Direito Penal liberal, nas Constituições e nas Convenções Internacionais.[74]

Assim, cada vez mais se verifica a utilização de tipos penais abertos,[75] com a incriminação vaga e imprecisa de condutas, que chocam com o princípio da legalidade e da taxatividade, ferindo-se frontalmente os preceitos constitucionais. Na esfera processual, garantias são suprimidas e algumas leis invertem o ônus da prova,[76] cabendo ao acusado a prova de que não é culpado. Também nessa linha, admitem-se acusações genéricas em determinados crimes ditos "societários", onde não se faz necessário mais individualizar a conduta de cada acusado na peça formulada pelo Ministério Público, posição essa respaldada por muitos tribunais, embora com posições atuais divergentes.[77]

De acordo com a exposição que se extrai do texto de Baratta, chega-se à conclusão de que o passo seguinte só poderia redundar na expansão do Direito Penal, com a criminalização de estágios prévios ao início do delito, a criação de novos tipos penais, a supressão de garantias processuais, tudo em nome da eficiência do Direito Penal como resposta eficaz ao descontrole da sociedade, que, na realidade, traduz-se no descontrole do Estado.

---

[73] Nesse sentido, FIGUEIREDO DIAS, Jorge. Para uma dogmática do direito penal secundário. *Direito Penal Econômico e Europeu: Textos Doutrinários. V. I. Problemas Gerais.* Coimbra: Coimbra Editora, 1998, p. 180.

[74] Id., Ibid, p. 180.

[75] RODRÍGUEZ MOURULLO, Gonzalo. *Derecho penal.* parte general. Madrid: Civitas, 1978, p. 287, assinala que a introdução de cláusulas gerais nos tipos penais constitui uma técnica legislativa recusável.

[76] Ver a Lei nº 9.613/98, que trata da lavagem de dinheiro, onde se inverte o ônus da prova sobre a licitude dos bens apreendidos.

[77] RHC 85658/ES, Rel. Min. Cezar Peluzo; HC 84768/PE, Rel. Min. Ellen Gracie; HC 80549/SP, Rel. Min. Nelson Jobim.

Esse descontrole demonstra a contaminação do Direito Penal e Processual Penal pelas leis de exceção, de supressão de garantias, tudo em nome de uma suposta segurança do cidadão. Também fica claro uma distorção de interpretação pelos operadores do Direito, pois a legislação ordinária acaba prevalecendo sobre a Constituição Federal,[78] quando deveria acontecer o oposto.

Assim, a contaminação de uma legislação de exceção referida no início deste trabalho é clara em determinadas leis, ainda que não se queira chamar de Direito Penal do Inimigo, talvez, porque não seja tão explícito ou radical como propõe Jakobs em sua obra, mas, implicitamente, caminhamos para novos rumos do Direito Penal.

Infelizmente, a desordem do Estado tem proporcionado a abertura destes novos caminhos que não se coadunam com um Estado Democrático de Direito e caberá aos operadores do Direito a leitura correta das leis vigentes, mas sem eficácia diante de nossa Carta Política.

---

[78] Nesse sentido, ver STRECK, Lenio Luiz. *Bem Jurídico e Constituição. Da proibição de excesso (übermaβverbot) à probição de proteção deficiente (untermaβverbot) ou de como não há blindagem contra normas penais incostitucionais*. Coimbra: Boletim da Faculdade de Direito, v. LXXX, 2004, p. 303 e ss.

— XIII —

Hiatos da transnacionalização na nova gramática do direito em rede: um esboço de conjugação entre estatalismo e cosmopolitismo

DEISY VENTURA*

Sumário: Introdução; A) Sentidos contemporâneos do direito cosmopolítico kantiano; B) Nem o Estado na lente do mundo, nem o mundo na lente do Estado.

> *Há lugar para os cosmopolitas quando não há nem "cosmos" nem "polis"?*
> Pierre Hassner[1]

> *Este "patriotismo estatalista-constitucional" em vez de resolver os problemas emergentes das "soberanias fluidas", da "dessacralização-desubstanscialização do Estado", do binário tensional de consenso e conflito das sociedades democráticas, ousa impor uma epoché às aprendizagens inteligentes que os cidadãos e os povos têm vindo a fazer no último século do milênio.*
> J. J. Gomes Canotilho[2]

Introdução

O direito cosmopolitizou-se. É o que reconhece unanimemente a boa doutrina. Resta saber de que cosmopolitismo tanto se fala. A irrupção da idéia é atribuída ao cínico Diógenes. À pergunta "de onde tu és?", teria ele respondido

---

* Professora do PPGD-UNISINOS. Doutora em Direito Internacional e Mestre em Direito Europeu da Universidade de Paris 1, Panthéon-Sorbonne.

[1] "Le cosmopolitisme entre chaos et république", *Revue de Synthèse*, 2002, Dossier *Circulation et cosmopolitisme em Europe*, Série 5, Paris: Springer-Verlag, p. 193.

[2] *Brancosos" e Interconstitucionalidade* – Itinerários dos discursos sobre a historicidade constitucional, Coimbra: Almedina, 2006, p. 195.

"cidadão do cosmos",³ arvorando-se em condômino de uma razão universal⁴ residente no homem, não na cidade.⁵

Já pintalgado entre os gregos,⁶ o cosmopolitismo grassou em novos matizes com os romanos⁷ e se fez esteio religioso, em particular do cristianismo.⁸ Tendo alvoroçado o Iluminismo, a ótica cosmopolita, assaz camaleônica, adquiriu incontáveis sentidos ao longo da história.⁹ De tamanha polissemia, resulta que a acepção vulgar e contemporânea da palavra soa menos como o que há de uno (em comunhão) no humano, e concerne bem mais à capacidade de circular intensamente entre as diferenças.

---

³ κοσμοπολίτης (*Kosmopolités*). Surpreende, todavia, que alguém como Diógenes, um "outsider incivilizado", crítico mordaz da *polis*, pretenda ser um *polités* (John L. Moles, "Cosmopolitismo cínico", in Goulet-Cazet e Bracht Branham (orgs.), *O movimento cínico na Antiguidade e o seu legado*, São Paulo: Loyola, 2007, p. 126). Causa espécie, também, que embora despreze a cosmologia (cosmos aqui entendido como, mais do que o universo, a unidade e a ordem de tudo o que existe) o cínico refira-se ao cosmos e ainda o adjetive como político. Bracht Branham interpreta o "neologismo" de Diógenes como uma "rejeição espirituosa da cidadania real, que havia resultado em seu exílio, e uma afirmação das lealdades maiores e apolíticas de um cínico, que não estão sujeitas aos mesmos riscos e limitações" (ver "Desfigurar a moeda. A retórica de Diógenes e a *invenção* do cinismo", ibid., nota n° 48, p. 110). O cosmos seria para ele, então, algo como o *lugar comum a todos*.

⁴ "Todas as coisas entrelaçam-se entre si; seu encadeamento é sagrado, e quase coisa alguma é estranha à outra, pois foram elas ordenadas conjuntamente e contribuem juntas ao ordenamento do mesmo mundo. Há, em realidade, um só mundo que tudo abrange, um só Deus em todo lugar, uma só substância, uma só lei, uma só razão comum a todos os seres inteligentes; como una é a verdade, eis que a perfeição entre os seres da mesma natureza e participantes da mesma razão é também única", Marco Aurélio (Livro VII, IX), *Pensées pour moi-même*, tradução ao francês de Mario Meunier, Paris: Garnier, 1951, p. 115. Assim, se os cínicos pretendiam-se cidadãos do cosmos para não o ser de cidade alguma, os estóicos, de influência cínica e também socrática, tendem a reconhecer uma comunidade política universal.

⁵ "A *polis*, ao contrário do Estado romano, que é sobretudo territorial, não se define pelo seu contexto geográfico, mas pelo corpo de cidadãos que a compõem. A base jurídica principal da *polis* era a união pessoal – o grupo humano da cidadania", Celso Lafer, "Medida e desmedida: reflexões sobre as relações externas da *polis* e sobre o conflito entre Demóstenes e Filipe", in Hélio Jaguaribe (Org.), *A Democracia grega*, Brasília: Unb, 1981, p. 81. No mesmo diapasão, para Julia Kristeva, o primeiro cosmopolitismo político se deve aos estóicos e talvez contenha um vício de origem, capaz de explicar sua difícil implementação: "o ideal da *polis*, da cidade política com os seus direitos e a sua isonomia, é conservado, mas ampliado para a escala mundial, pois o mundo inteiro ali se aloja" (*Estrangeiros para nós mesmos*, Rio de Janeiro: Rocco, 1994, p. 67); e, de certo modo, "em sua concepção de sociedade, na qual a *polis* deve se tornar uma *cosmopolis* e as fronteiras ultrapassadas, a noção de estrangeiro passa a ser supérflua" (Laplantine e Nouss, *Le métissage*, Paris: Flammarion, p.18).

⁶ Ver particularmente as sacudiduras causadas pelas conquistas de Alexandre, com a emergência de novas equações de poder e solidariedades, em, p. ex., Franco Ferrarotti, *L'Énigme d'Alexandre* – Rencontres de cultures et progrès de la civilisation, Bruxelles: La lettre volée, 2004.

⁷ Para um resumo do sentido do cosmopolitismo em Roma, ver Francisco Andrés Santos, "Ciudadanía europea y ciudadanía cosmopolita: convergencias y divergencias", *Cuadernos de Filosofía del Derecho*, n° 15/2007, Universidad de Valencia, p. 5-10.

⁸ Ver Michel Fédou, "Le christianisme à l'heure de la mondialisation", *Étvdes – Revue de culture contemporaine* Tomo 397 09-2002, Paris: SER-SA, p. 215-225.

⁹ Ver o percurso resumido da palavra traçado por Marie-Antoinette Hily e Christian Rinaudo, para quem "buscando construir uma figura paradigmática do estrangeiro, ao mesmo tempo próximo e distante, nômade mas testemunha dos jogos e desafios locais, *desetnicizado* e por isto mesmo *civilizacional*, o cosmopolitismo inscreve-se mais na ordem *do que deve ser* do que da constatação empírica" ("Cosmopolitisme et altérité – Les nouveaux migrants dans l'économie informelle", Dossier *Figures du cosmopolitisme*, Revue de la Société suisse d'ethnologie n°8, Zurich: Seismo Verlag, 2003, p. 54). É por isto que, entre etnólogos e sociólogos, prospera a expressão *situações cosmopolíticas de fato*, por vezes em detrimento do termo cosmopolitismo.

Com efeito, para o leigo, o cosmopolita é o viajante, poliglota e culto; um ser que se adapta com desenvoltura ao meio que o acolhe. Isto explica que, no campo semântico, a idéia positiva de pertencimento ao cosmos possa deslizar rapidamente para o enfoque pejorativo do desapego às origens, a tal ponto que o cosmopolitismo chegou a ser definido pelos nazistas como o individualismo dos intelectuais sem raízes.[10] Ancorou-se, assim, no imaginário social, a oposição entre nacionalismo e cosmopolitismo, sendo o cosmopolita aquele que negligencia ou renuncia a sua cultura, eivando-a, com isto, do risco de desaparição.

Conotação pejorativa encontra-se, igualmente, na seara econômica: sendo o modelo capitalista ontologicamente cosmopolita, os formões dos fluxos opacos de capitais e de comércio trincharam, pouco a pouco, a ficção do poder unidimensional, da soberania absoluta e da unicidade das ordens jurídicas nacionais. É consenso que o poder econômico encontra-se fora do Estado (por vezes, fora até do campo de visão do Estado). A propósito, grande parte da transnacionalização (no sentido de transposição a uma dimensão não-nacional, formal ou informal) do direito deve-se ao avanço irrefreável da *lex mercatoria*. Este fluido direito econômico-comercial voga não somente sob a forma de acordos internacionais, mas também se infiltra, tal como a água, em ordens jurídicas nacionais cada vez mais permeáveis. Deste modo, a transnacionalização soaria antagônica ao Estado e ao direito.[11]

Ora, as eventuais institucionalizações do cosmopolitismo poderiam atingir de chofre a vertente institucional do nacionalismo, o *estatalismo*,[12] centrado na Constituição. Neste diapasão, o cosmopolitismo pareceria ser a ideologia da transnacionalização, do mesmo modo que o nacionalismo daria suporte ideológico ao estatalismo.

Entretanto, é curioso constatar que, na atualidade política, os movimentos sociais, articulados em rede e no plano transnacional, formulam uma crítica

---

[10] "O cosmopolitismo era uma característica tipicamente judia na percepção do nacionalismo alemão. (...) O judeu encarnava a mobilidade do dinheiro e das finanças, o cosmopolitismo e o universalismo abstrato, o direito internacional e a cultura urbana *mestiça*; o alemão, em compensação, estava enraizado numa terra, criava suas riquezas pelo trabalho e não graças a operações financeiras, possuía uma cultura que expressava um gênio nacional, não concebia as fronteiras de seu Estado como construções jurídicas abstratas, mas como as marcas de um *espaço vital*", Enzo Traverso, "Cosmopolitisme et transferts culturels – le cas des juifs allemands", *Revue de Synthèse* 2002 – Dossier *Circulation et cosmopolitisme em Europe*, Série 5, Paris: Springer-Verlag, p. 74.

[11] Logo, ao Estado de Direito, não esquecendo que "esse enfraquecimento da política e do direito acoplados estruturalmente por via da Constituição é atribuído ao forte vínculo de ambos os sistemas ao Estado nacional", Marcelo Neves, *Entre Têmis e Leviatã: uma relação difícil*, São Paulo: Martins Fontes, 2006, p. 262. Da *lex mercatoria*, Teubner disse tratar-se de um "direito corrupto", vulnerável a toda sorte de ataques (ibid., p. 267); indo além, Neves estima que as ordens correspondentes aos "governos privados" constituem "direito trivializado" pela economia mundial (ibid., p. 268).

[12] No âmbito deste artigo, emprega-se o termo "estatalismo" para designar a continuidade mental que faz do Estado a "essência" ou o "a priori" de qualquer organização política, convertendo o dado "estatalidade" em neutralizador dos "devaneios" de constitucionalismos supranacionais e globais, cf., sobretudo, Canotilho, *Brancosos...*, op. cit., p. 24.

simultânea à globalização econômica e ao nacionalismo. Trata-se de combater tanto a universalização dos valores de mercado, quanto o recurso à soberania nacional para justificar a escassa efetividade dos direitos individuais e sociais já consagrados na ordem jurídica internacional.[13]

Calha acrescentar que o movimento "anti-globalização", de cunho humanista, reúne-se a dois fenômenos originados na segunda metade do século XX e em crescente aceleração. De um lado, a universalização dos direitos humanos e da democracia; de outro, a extraordinária evolução do papel do indivíduo na ordem internacional, outrora arena exclusiva dos Estados. Ambos conduzem à questão: foi o mundo que chegou ao indivíduo ou foi o indivíduo que chegou ao mundo? Em qualquer caso, o Estado não é o intermediário incontornável entre a criatura e o cosmos – e na realidade tangível nunca o foi, mas o era, e fortemente, na ficção.

O cosmopolitismo ressurge, assim, como um potente discurso político-jurídico (quase sempre anti-econômico), a reunir variadas cores partidárias sob o estandarte de temáticas transversais,[14] de regra vinculadas ao humanismo. O direito tradicional, eminentemente estatalista, vê-se, portanto, encurralado por duas grandes vertentes universalistas: a do mercado e a dos direitos humanos.

Ora, foi precisamente Immanuel Kant – convertido em "oráculo" do direito,[15] e de quem o piramidal Hans Kelsen diz administrar "o mais fielmente possível a herança espiritual"[16] – quem ofereceu à humanidade a "fórmula filosófica mais rigorosa"[17] para o cosmopolitismo conhecida até então. Paulatinamente, o seu projeto de "paz perpétua", antes considerado uma expressão menor do pensamento kantiano, vai se afirmando não somente como uma de suas obras de maior ressonância, como também de maior originalidade.[18]

Natural, portanto, que, após os horrores das grandes guerras mundiais, assista-se à retomada, em todo seu vigor, da idéia kantiana de que "a violação de um direito num lugar da Terra se sente em todos os outros",[19] reconhecendo a "influência

---

[13] Edgar Morin nota que este movimento "testemunha uma nova consciência planetária, no mesmo momento em que há a ruína do espírito internacionalista, da Internacional comunista e da Internacional social-democrata. Estes movimentos internacionalistas se fizeram devorar pelas nações", *Culture et barbarie européennes*, Paris: Bayard, 2005, p. 55.

[14] Joel Birman, "Virevoltes de la souveraineté", *Figures de la psychanalyse* n° 11, 2005/1, Paris: Érès, p. 185. Lembra o autor que Antonio Negri reconhece, hoje uma "massa cosmopolita", apta a relançar em outras bases o universalismo e o internacionalismo, elaborando novas condições de possibilidades para o "poder constituinte", ibid., p. 186.

[15] A expressão é de Simone Goyard-Fabre, *Les fondements de l'ordre juridique*, Paris: PUF, 1992, p. 313.

[16] Carta à Renato Treves de 3 de agosto de 1933, *apud* Renato Treves, "Kant et le kantisme", *Revue Droit et société*, n° 7, 1987, p. 334.

[17] Nas palavras de Jacques Derrida, *Cosmopolites de tous les pays, encore un effort*, Paris: Galilée, 1997, p. 47.

[18] Ver, por exemplo, o modo como Bohman e Bachmann a apresentam em James Bohman e Matthias Lutz-Bachmann (Orgs.), *Perpetual Peace – Essays on Kant's Cosmopolitan Ideal*, Cambridge: MIT Press, 1997.

[19] KANT, Immanuel. "À Paz Perpétua", in *A paz perpétua e outros opúsculos*, Lisboa: Edições 70, 2004, p. 140.

tão notável que os abalos em um Estado produzem em todos os outros Estados".[20] O cosmopolitismo kantiano projeta-se na "paz perpétua" como objetivo último de todas as nações, e sua ferramenta só pode ser o direito: o "direito cosmopolítico",[21] nova esfera jurídica, que não é nem a interna, nem a internacional.[22]

No entanto, *(A)* qual seria o sentido contemporâneo do direito cosmopolítico kantiano (1)? Teria pertinência a crítica feita por Ulrich Beck a Kant, de que a *ius cosmopoliticum* iluminista, embora humanista, não logrou superar o nacionalismo metodológico[23] (2)? *(B)* Uma vez abandonado o paradigma monista, teria sobrevida, no plano jurídico, a oposição ontológica entre estatalismo e cosmopolitismo (3)? Crer nesta polarização não seria confundir estatalismo com nacionalismo, e transnacionalização com cosmopolitismo (4)?

Este artigo pretende, preliminar e modestamente, responder a estas perguntas, como singela contribuição ao tratamento de uma questão maior, que é o efeito da transnacionalização sobre o direito. Se é verdade que o mundo simples e mecânico do monismo jamais existiu, também se deve reconhecer que no novo paradigma do direito em rede, com sua interatividade generalizada,[24] ainda há uma gramática por descobrir.[25]

---

[20] KANT, Immanuel. *Idéias de uma História Universal de um Ponto de Vista Cosmopolita*, São Paulo: Martins Fontes, 2003, p. 19.

[21] No original, *Weltbürgerrecht*. Em intercâmbio informal, Marcelo Neves ponderou, com propriedade, que se poderia traduzir "welbürgerlich" pelo adjetivo "cosmopolita", mas para o substantivo "Weltbürger" (Welt=mundo, Bürger=cidadão) optaria pela expressão "cidadão do mundo"; logo, para Weltbürgerrecht (Welt=mundo, Bürger=cidadão, Recht=direito), seria preferível "direito de cidadania mundial". No entanto, minha escolha da tradução desta palavra por "direito cosmopolítico" foi tão arbitrária quanto madura. No francês, a expressão largamente predominante entre os juristas, quando Kant é citado na doutrina, é *droit cosmopolitique*, configurando nitidamente um neologismo, pelo que, nas edições da obra do próprio Kant, os tradutores (não-juristas) tendem a recorrer à expressão *droit cosmopolite*. Do mesmo modo, em inglês, prima entre os doutrinadores o emprego de *cosmopolitical right*, mas se pode encontrar *cosmopolitan right*; e no italiano encontra-se tanto o neologismo *diritto cosmopolitico* quanto o *diritto cosmopolita*, do mesmo modo que no espanhol o *derecho cosmopolítico* e o *derecho cosmopolita*. No Brasil, a tendência parece ser o uso indiscriminado das duas versões. Opto pelo neologismo "cosmopolítico" porque considero que o uso do adjetivo cosmopolita (hoje tão banal em sua acepção leiga) pode dar a impressão errônea de que o direito proposto por Kant é o direito transnacional (que circula sobre as nações, móvel). Já "direito do cidadão do mundo" poderia insinuar a transposição mundial do *polités* grego, o que não parece adequado, eis que a cidadania grega era seletiva, logo excludente em relação a largos grupos humanos. Além de tudo, a sonoridade da expressão induz ao campo semântico da política, em detrimento do lugar-comum da cidadania, algo indubitavelmente supérfluo, mas benfazejo.

[22] "Kant alarga o âmbito do direito quando, ao lado do direito político e do das gentes, acrescenta o cosmopolita", Ricardo Terra, *Kant e o direito*, Rio de Janeiro: Zahar, 2004, p. 50-51.

[23] *Qu'est-ce que le cosmopolitisme?*, Paris: Flammarion, 2006, part. p. 93-95.

[24] Entre as muitas expressões desta interatividade, pode-se dizer que o estudo das "estruturas e operações reais" do Estado democrático de direito "revela claramente que, nesse tipo de Estado, relações circulares ou *tangled hierarchies* existem não apenas entre política e direito e entre legislação e jurisdição, mas também entre os diversos procedimentos político-jurídicos e entre as diferentes normas jurídicas, inclusive as normas constitucionais", e que estas "formas internas de circularidade são constantemente interrompidas por irritações e estímulos" que provêm tanto de outros subsistemas autônomos da sociedade mundial quanto da esfera pública, Marcelo Neves, *Entre Têmis...*, op. cit., p. 264.

[25] François Ost e Michel van der Kerchove, *De la pyramide au réseau?* Bruxelas: Facultés Saint-Louis, 2002, p.18. No âmbito deste artigo, adota-se a noção de *gramática* de François Ost, para quem persiste até hoje

A) Sentidos contemporâneos do direito cosmopolítico kantiano

Impossível arrolar as numerosas releituras contemporâneas do pensamento kantiano, sobretudo as destinadas a melhor compreender o processo de transnacionalização ou de globalização do direito.[26] Há, em particular, uma espécie de novo internacionalismo, comprometido com os direitos humanos, que remete constantemente ao projeto de "paz perpétua" de Kant,[27] em que o filósofo recupera, de modo sistemático e consciente, a idéia do Abée de Saint-Pierre, publicada em 1713.[28] Contudo, Kant inscreve seu pensamento num registro diverso tanto de Saint-Pierre como daquele da Antigüidade:[29] "homem do direito pela inquietação crítica que instrumenta sua vontade arquitetônica, ele se interroga sobre o que condiciona e legi-

---

uma dualidade de definições do termo: de um lado, o conjunto de regras para falar e escrever corretamente uma língua (como prescrição-proscrição e arte gramatical); de outro, em direção do qual penderia a evolução histórica, o estudo sistemático dos elementos constitutivos de uma língua (sentido, formas, palavras, procedimentos – como descrição e ciência lingüística). Segundo Ost, "os adeptos da normatividade *a priori* jamais estão isentos, de uma forma ou de outra, do uso que fazem [da língua] e, por isto mesmo, privilegiam e afiançam com sua autoridade, enquanto os partidários do uso jamais renunciam a um mínimo de regulação normativa. Tanto é verdade que não existe uso 'em si' (uso bruto, monolítico, delimitado e estável), tampouco se encontra norma puramente normativa (comando 'caído do céu' que, de início, nada deveria à constituição – este termo ambivalente, factual e normativo – do real visado e que, ao cabo, em nada seria informada por ele). Entre norma e uso, as trocas são constantes e a informação recíproca", do notável "La querelle des dictionnaires – à qui appartient la langue?", *Bulletin de la Classe des Lettres*, nº 7-12/2005, Bruxelas: Academia Real da Bélgica, p. 370.

[26] Mencione-se, por registro, ao menos algumas delas: o polêmico opúsculo de Jürgen Habermas, que recupera a idéia kantiana de Sociedade das Nações para defender uma "política dos direitos humanos", dotada de poderes coercitivos no plano mundial (*La paix perpétuelle, le bicentenaire d'une idée kantienne*, Paris: Cerf, 1996), chegando a ser considerado anti-kantiano justamente por preconizar a potência supranacional de sanção; a valiosa reflexão de Jean-Marc Ferry, que se vale do cosmopolitismo para explicar a origem e o futuro da integração européia (*Europe, la voie kantienne* – Essai sur l'identité postnationale, Paris: Cerf, 2005); e, no Brasil, a tentativa empreendida por Soraya Nour, de renovar a filosofia do direito internacional à luz da paz perpétua (*À paz perpétua de Kant* – Filosofia do direito internacional e das relações internacionais, São Paulo: Martins Fontes, 2004).

[27] Soraya Nour contextualiza: "no dia 5 de abril de 1795, França e Prússia celebram a 'Paz de Basiléia'. A Prússia abandona a coalizão com a Áustria e com a Inglaterra de oposição à França e cede-lhe as ocupações à margem esquerda do Reno. Em agosto, Kant termina sua obra *Esboço Filosófico: À Paz Perpétua*, texto no qual, ironicamente, imita a forma dos tratados de paz de sua época" ("Os cosmopolitas. Kant e os temas kantianos nas relações internacionais", *Contexto Internacional*, vol. 25, n. 1, janeiro/junho 2003, Rio de Janeiro: PUC-RJ, p. 7). Curiosamente, aquela foi a primeira publicação de Kant depois de seus percalços com a censura, provocados por seus escritos sobre a religião. Uma ordem do gabinete do Rei Frederico Guilherme II, acusa Kant, em 1794, de "abusar da filosofia para deturpar a Sagrada Escritura", faltando ao seu "dever de instrutor da juventude", e termina por exigir que renuncie a ensinar tais idéias, "a fim de não cair em nossa desgraça", cf. Otfried Höffe, *Immanuel Kant*, São Paulo: Martins Fontes, p. 26.

[28] Ver edição brasileira, prefaciada por Ricardo Seitenfus, *Projeto para tornar perpétua a paz na Europa*, São Paulo: FUNAG/IPRI/UNb/IOESP, 2003.

[29] A este respeito, é oportuna a ressalva de Pierre Hassner, sobre a dificuldade de responder se os gregos propunham um projeto de cidade universal capaz de ultrapassar os Estados, ou se sua reflexão detinha-se na metáfora de uma grande cidade comum, devendo cada cidade ser um reflexo particular desta ordem global cósmica, entrevista concedida a Henriette Asséo e Elisabeth Gessat-Anstett, em Paris, 26 de outubro de 2001, *Revue de Synthèse*, 2002, Dossier *Circulation et cosmopolitisme em Europe*, Série 5, Paris: Springer-Verlag, p. 208.

tima os meios necessários *de jure* para manter, e até acelerar o contínuo progresso da humanidade rumo ao melhor".[30]

Assim, Kant não se limita a criticar a utopia proposta por Saint-Pierre, mas nela imerge para dotar-lhe de tangibilidade por meio da razão. Aliás, é patente sua obsessão de negar o caráter utópico da paz perpétua e do cosmopolitismo. Kant reconhece a natural objeção de que os "Estados jamais se submeterão a leis coercitivas" e de que um tal projeto "pode soar agradavelmente na teoria de um Abbé de Saint-Pierre ou de um Rousseau, mas não vale para a prática: pois foi também em todos os tempos escarnecido por grandes estadistas", como uma "idéia pedante e pueril, saída da escola".[31] Mas o filósofo replica: "de minha parte, pelo contrário, confio na teoria, que dimana do princípio de direito sobre o que *deve ser* a relação entre os homens e os Estados": primeiro, porque um "Estado universal dos povos [...] é possível (*in praxi*) e que pode existir"; segundo, porque "confio também (*in subsidium*) na natureza das coisas, que obriga a ir para onde de bom grado se não deseja", concluindo que "do ponto de vista cosmopolita, se persiste também na afirmação: o que por razões racionais vale para a teoria, vale igualmente para a prática".[32]

Aqui recende o perfume da época, eis que o cosmopolitismo kantiano aflora no seio de um longo debate filosófico sobre as relações entre os povos. Trata-se de saber se a humanidade é fadada à paz ou à guerra; ou de como conceber um direito que possa ao menos atenuar a natureza beligerante do homem. Discute-se a natureza do "direito das gentes": se direito natural, porém entre Estados; se derivado do direito natural, ou apenas convencional e costumeiro, desprovido de legitimidade moral transcendente.

Kant aparta-se dos juristas que legitimam a guerra: "quando se conhece a maldade da natureza humana, que se mostra abertamente nas livres relações entre os povos, enquanto no estado civil e jurídico ela se oculta sob a coerção do governo", surpreende que "o direito ainda não tenha sido completamente banido, como pedantesco, da política guerreira", pois "se cita sempre ingenuamente Hugo Grócio, Pufendorf, Vattel, além de outros (todos, deploráveis consoladores) para justificar uma ofensiva de guerra, ainda que seu código, redigido sob a forma filosófica ou diplomática, não tenha e nem mesmo possa ter a mínima *força de lei*".[33]

---

[30] Simone Goyard-Fabre, *La construction de la paix ou le travail de Sisyphe*, Paris: J. Vrin, 1994, p. 197.

[31] "Sobre a expressão corrente [eu diria adágio]: isto pode ser correcto na teoria, mas nada vale na prática", in *A paz perpétua e outros opúsculos*, Trad. de Artur Morão, Lisboa: Edições 70, 2004, p. 101. Alguns anos antes, Kant já havia referido Saint-Pierre e Rousseau na sétima proposição de *Idéias...* (op. cit., p. 13), para dizer que a noção de confederação de nações "presta-se ao riso" na obra daqueles, "talvez porque eles acreditassem na sua realização demasiado próxima".

[32] "Sobre a expressão...", op. cit., p. 101-102.

[33] *Projet de paix perpétuelle – esquisse philosophique*, Trad. de Gibelin, Paris: J. Vrin, 1999, p. 45 (na tradução de Artur Morão – ver referência *supra* – "incômodos consoladores", p. 133). Grócio, com efeito, propõe-se, em suas próprias palavras, a saber se existe ou não a guerra justa (Livro I), a expor os direitos e obrigações

Kant constata uma "insociável sociabilidade dos homens", em que "sua tendência a entrar em sociedade" coexiste com uma "oposição geral que ameaça constantemente dissolver esta sociedade",[34] levando o homem tanto a associar-se como a isolar-se. Ele não suporta os outros homens, mas não pode prescindir deles; ele busca o proveito próprio,[35] e espera dos demais a mesma oposição que ele pretende produzir. O embate termina por estimular o florescimento de todos os talentos. Assim, enquanto o homem quer a concórdia, a natureza sabe o que é melhor para a espécie: a discórdia.

O principal problema da espécie humana seria, então, alcançar uma sociedade civil capaz de "administrar universalmente o direito". Quanto maior a liberdade, mais emerge o antagonismo geral entre os homens, e ainda mais precisa deve ser a determinação dos limites desta liberdade. Deste modo, sob uma "constituição justa", haverá uma "sociedade na qual a *liberdade sob leis exteriores* encontra-se ligada no mais alto grau a um poder irresistível".[36] Ora, "o problema de uma constituição civil perfeita depende do problema da relação externa legal entre Estados, e não pode ser resolvido sem que este último o seja".[37]

No entanto, a mesma sociabilidade anti-social que obrigou os indivíduos a entrar "num estado civil conforme as leis" atinge o Estado, que deve esperar dos demais Estados "os mesmos males que oprimiam os indivíduos". Para evitar a "liberdade bárbara" que arma uns contra os outros, é necessário um "Estado cosmopolita de segurança pública".[38]

Tão fantástica quanto esta idéia possa parecer, ela constitui a saída inevitável da miséria em que os homens colocam-se mutuamente – e que coagiu tão

---

que nela estão em jogo (Livro II) e a buscar tudo que é permitido numa guerra (Livro III), ver Prolegômenos XXXIII, XXXIV e XXXV, *Le droit de la guerre e de la paix*, Paris: PUF, 1999, p. 20-21.

[34] Kant, *Idéias ...*, *Quarta proposição*, op. cit., p. 8.

[35] Embora este artigo não comporte a realização do necessário cotejo entre o cosmopolitismo de Kant e o iluminismo, não se pode deixar de mencionar, ainda que superficialmente, o modo como ele se demarca, por exemplo, de Rousseau. Crente na bondade da natureza humana e descrente do direito das gentes, o genebrino formula a célebre passagem do *Discours sur l'origine et les fondements de l'inégalité parmi les hommes*: "tendo o direito civil se tornado a regra comum dos cidadãos, a lei da natureza passou a ter lugar apenas entre as diversas sociedades, nas quais, sob a alcunha de direito das gentes, ela foi temperada por algumas convenções tácitas para tornar o comércio possível e suprir a comiseração natural, que, perdendo de sociedade em sociedade quase toda a força que ela possuía de homem a homem, reside não mais que em algumas grandes almas cosmopolitas, que atravessam as barreiras imaginárias que separam os povos, e que, a exemplo do ser soberano que lhes criou, abraçam todo o gênero humano em sua benevolência" (Paris: Gallimard, 1995, p. 108).

[36] *Idéias ...*, op. cit., *Quinta proposição*, p.10.

[37] Ibid., *Sétima proposição*, p. 12.

[38] Uma "federação de nações em que todo o Estado, mesmo o menor deles, possa esperar sua segurança e direito não da própria força ou do próprio juízo legal, mas somente desta grande confederação de nações (*Foedus Amphictyonum*), de um poder unificado e da decisão segundo leis de uma vontade unificada", ibid., p. 13. A propósito, Simone Goyard-Fabre adverte sobre a inocuidade de perscrutar o uso das expressões federação e confederação em Kant, pois seus diferentes sentidos surgirão somente no século XIX, *Critique de la raison juridique,* Paris: PUF, 2003, p. 172.

a contragosto o homem selvagem a renunciar à sua liberdade. Sobretudo, trata-se de um movimento objetivo da natureza humana,[39] pelo qual a reiteração das guerras só pode levar à paz. "Pressionados por seu próprio risco", os Estados preparam com antecedência um "futuro grande corpo político", sem precedentes históricos; assim, "depois de várias revoluções e transformações, finalmente poderá ser realizado um dia aquilo que a natureza tem como propósito supremo, um Estado cosmopolita universal".[40]

Note-se que a constituição pensada em dimensão mundial deve desempenhar entre os Estados o papel de imperativo categórico[41] – "não se trata de um código ou um instrumento de técnica jurídica: ela é um horizonte de ordem e de valor".[42] Logo, o direito cosmopolítico de Kant não é um corpus normativo do qual se possa questionar a efetividade ou a factibilidade, mas um "*princípio regulador* das relações de comunicação e reconhecimento recíprocos", derivado de um "vínculo jurídico entre os homens que se submetem às leis".[43]

Discernidos tais alicerces, no curto espaço deste artigo é possível esboçar três demarcações de sentido relevantes. A primeira é a de que o Estado cosmopolita não diz respeito ao direito das gentes: embora reconheça que os tratados sobre a guerra (direito positivo) são (maus) costumes, Kant reputa as regras humanitárias como uma expressão do "traçado secreto" da natureza. Daí a necessidade de complementar o direito internacional com o cosmopolítico, que não é nem o direito político entre os indivíduos nem o direito das gentes.[44] Portanto, não é direito internacional, ou inter-estatal, ou inter-governamental,

---

[39] "*Oitava proposição* – Pode-se considerar a história da espécie humana, em seu conjunto, como a realização de um plano oculto da natureza para estabelecer uma constituição política (*Staatsverfassung*) perfeita interiormente e, quanto a este fim, também exteriormente perfeita, como o *único estado no qual a natureza pode desenvolver plenamente, na humanidade, todas as suas disposições*", *Idéias ...*, p. 17.

[40] Ibid., p. 19.

[41] Na impossibilidade de desenvolver a noção de imperativo categórico nos limites deste artigo, lembre-se a fórmula kantiana: "procede apenas segundo aquela máxima, em virtude da qual podes querer ao mesmo tempo que ela se torne lei universal", *Fundamentação da metafísica dos costumes*, trad. de Antônio Pinto de Carvalho, São Paulo: Companhia Editora Nacional, 1964, p. 83.

[42] Esta "aliança que selam livremente os Estados deve colocar-se sob o signo de um inter-estatismo tendente, nos limites da simples razão, ao universalismo que é a *finalidade última*", Goyard-Fabre, *Critique de la raison juridique*, op. cit., p. 171 (interpretando não a *Paz Perpétua*, mas a *Doutrina do Direito*, de 1796).

[43] Grifo meu, ibid., p. 172. Num ensaio intitulado "Repensar Kant", Goyard-Fabre acrescenta: "a Idéia de paz é 'evidentemente irrealizável': não que haja nesta sentença uma confissão de fracasso ou de ceticismo; a Idéia de paz não pode se transformar em realidade: ela orienta uma prática, ela é um guia, o fio de Ariane de uma busca a requerer, para uma tarefa infinita, um esforço infinito... Se, então, à Idéia da paz não corresponde ser fenomenal algum, ela preside, no horizonte numênico, como uma lei incondicional, a federação dos povos e, como tal, ela possui algo de sagrado e de 'irresistível'", in *Les fondements de l'ordre juridique*, Paris: PUF, 1992, p. 352.

[44] "... toda a constituição jurídica, no tocante às pessoas que nela estão, é: 1) Uma constituição segundo o direito político (*Staatsbürgerrecht*) dos homens num povo (*ius civitatis*); 2) Segundo o direito das gentes (*Volkerrecht*) dos Estados nas suas relações recíprocas (*ius gentium*); 3) Uma constituição segundo o direito cosmopolítico (*Weltbürgerrecht*), enquanto importa considerar os homens e os Estados, na sua relação externa de influência recíproca, como cidadãos de um estado universal da humanidade (*ius cosmopoliticum*). Esta divisão não é arbitrária, mas necessária em relação à idéia da paz perpétua. Pois, se um destes Estados numa relação de influência física com os outros estivesse em estado da natureza implicaria o estado de guerra, de que é justamente nosso propósito libertar-se", nota ao preâmbulo da segunda seção, "À Paz ..", op. cit., p. 127.

porque, mais do que reconhecer o indivíduo como sujeito de direito, o situa no fulcro semântico da categoria, como razão de *ser* e de *dever ser*.

A segunda estaca semântica atine ao conteúdo do direito cosmopolítico, que "deve restringir-se às condições da hospitalidade[45] universal", com a ressalva de que não se trata de filantropia, mas de direito.[46] Graças a esta hospitalidade, o homem que entra em território estrangeiro não será tratado como inimigo. Todo homem pode apresentar-se como membro de uma sociedade, em virtude do "direito de possessão comum da face da terra sobre a qual, enquanto esfera, eles não podem dispersar-se infinitamente"; assim, os homens devem suportar uns aos outros, "ninguém tendo originariamente o direito de se encontrar num lugar da Terra mais que num outro".[47] Que aqui não passe desapercebida, igualmente, a enérgica condenação do processo de colonização do novo mundo e do primado do comércio nas relações internacionais: Kant reputa *inospitaleira* a conduta das potências européias, a ameaçar a paz no mundo.[48]

Enfim, uma terceira baliza merece relevo, e pode ser uma pegada importante no sendeiro deste artigo. Trata-se da correspondência irrenunciável entre a *polis* e a *cosmopolis*, refletida, por exemplo, no primeiro artigo definitivo para a paz perpétua: "a constituição civil em cada Estado deve ser republicana". Em outras palavras, o direito cosmopolítico não é supranacional, nem corresponde a um super-Estado. A federação de Estados proposta por Kant não institui um poder soberano, não engendra um Estado acima dos Estados, mas reveste-se da forma de uma "*associação*, na qual os componentes permanecem num nível de colaboração entre iguais (*societas aequalium*)", como se o *pactum societatis* e o *pactum subiectionis* que, segundo o jusnaturalismo, formam o Estado, "tivesse que ser efetivado, para resolver os conflitos entre os Estados, somente o primeiro e de forma alguma o segundo".[49]

Nesta federação, porém, as sociedades civis são necessariamente republicanas: Kant assimila particularmente o estandarte iluminista de que não deve ser o soberano, para quem a guerra nada custa, aquele que decide sobre a guerra, mas sim o povo, que a custeia. Cumpre, aqui, perceber que, contemporaneamente, esta idéia kantiana seria "atravancada por mecanismos que provocam

---

[45] Para Derrida, "a hospitalidade é a própria cultura, e não é uma ética em meio a outras. Na medida em que concerne ao *ethos*, a saber a residência, ao lar, tanto ao lugar familiar como à maneira de nele estar, ao modo de referir-se a si mesmo e aos demais, aos outros como seus ou como estrangeiros, *a ética é hospitalidade*", *Cosmopolites...*, op. cit., p. 42.

[46] Terceiro artigo definitivo para a paz perpétua, *Projet de paix...*, op. cit., p. 55.

[47] *Projet...*, op. cit., p. 55. Não se trata, porém, de apropriação do solo; não de *ter*, e sim de *estar*. Ora, para Derrida, embora universal, esta hospitalidade que limita o direito conhece, ela mesma, ao menos dois limites: o primeiro é a garantia de um *direito de visita* ao estrangeiro, em detrimento de um *direito de residência*; o segundo é que tal direito depende da soberania estatal, refém de uma tradição jurídica mesquinha, comandada por interesses demográfico-econômicos, *Cosmopolites...*, p. 31 e 56.

[48] Ibid., p. 57.

[49] Norberto Bobbio, *Direito e Estado no Pensamento de Emanuel Kant*, Brasília: Unb, 1984, p. 160.

o aumento vertiginoso da porção da humanidade que está, legalmente ou não, excluída do direito de representar como sujeito político".[50]

Em qualquer caso, os escritos de Kant são filosofemas de imensurável influência sobre o direito internacional da atualidade.[51] Eles "anunciam, isto é, a um só tempo profetizam, adiantam e prescrevem um certo número de instituições internacionais" que surgiram apenas no século XX, em sua maior parte após a Segunda Guerra mundial – e o engajamento dos Estados nestas organizações é um "ato filosófico", é o "compartilhar de uma cultura e de uma linguagem filosóficas", cruciais para a idéia de direito internacional que elas pretendem realizar.[52] O reconhecimento de tamanha ressonância não esquiva, todavia, a suspeita de que o cosmopolitismo de Kant seja acometido de algumas deficiências metodológicas congênitas.

Nesta linha, Ulrich Beck, ao mesmo tempo em que alcunha os textos de Kant de chaves do tempo presente, considera que seus argumentos não são nem *transestatais*, nem transnacionais: "eles fundam, numa perspectiva otimista típica das Luzes, a legitimidade do direito, num mundo de Estados que evoluem em direção de um princípio republicano federalista".[53] Natural que o pensamento surgido simultaneamente à afirmação do Estado acabe por ficar preso aos seus moldes de seu próprio objeto. Para este nacionalismo metodológico, a sociedade e a política só podem existir no plano nacional, e as formas estatais são formas naturais

Logo, o cosmopolitismo kantiano junta-se a outros mais ou menos banais *cosmopolitan moments* da história que, incapazes de construir uma ótica cosmopolítica, não escaparam à prisão normativa e jurídica. Tal limite os condena a três fraquezas: não existe uma teoria política suficientemente complexa do cosmopolitismo; não se desenvolveu um cosmopolitismo empírico e analítico; e, enfim, as ambigüidades fundamentais que surgem com a cosmopolitização da realidade afloraram, mas não foram identificadas nem pensadas sistematicamente.[54]

Em oposição à teoria carcerária da identidade que anima as ciências sociais, Beck aponta cinco princípios de construção da ordem cosmopolítica. O primeiro é a experiência da sociedade mundial, marcada pela interdependência dos riscos globais e pela consciência de uma comunidade de destino civilizatória, descoberta com o recrudescimento do terrorismo, do crime transnacional, dos danos ambientais e das epidemias. A seguir, refere o reconhecimento das

---

[50] Soraya Nour, *À Paz...*, op. cit, p. 175.
[51] A doutrina internacionalista refere um "modelo kantiano" de direito internacional, em oposição ao "paradigma grociano"; nas palavras de Antonio Cassese, o primeiro preconiza valores meta-nacionais, enquanto o segundo tem na soberania sua quintessência, *International Law*, 2.ed., Oxford: Oxford University Press, 2005, p. 336.
[52] Jacques Derrida, *Le droit à la philosophie du point de vue cosmopolitique*, Paris: Unesco-Verdier, 1997, p. 13.
[53] *Qu'est-ce que le cosmopolitisme*, op. cit., p. 91-92.
[54] Ibid., p. 92-93.

diferenças no seio da sociedade mundial (seu caráter conflitivo, mas também a curiosidade pelo outro, pela alteridade); a mudança de perspectiva do ser humano e uma certa "empatia da rede", devida ao intercâmbio virtual de situações; a impossibilidade de viver numa sociedade sem fronteiras e a necessidade de retraçá-las; e, enfim, a mescla entre culturas e tradições locais, nacionais, étnicas e religiosas que se impregnam mutuamente.[55]

Ora, perderam o sentido, portanto, as velhas oposições fora-dentro, nacional-internacional, nós-outros, em favor de um novo realismo cosmopolítico. Não se trata, contudo, de amor universal (Kant falava de filantropia), mas da urgência de encontrar soluções coletivas, porque as nacionais têm sido inócuas diante dos riscos e conflitos em curso. Tampouco se trata, aqui, daquela segunda banalização do cosmopolitismo, mais rasteira, pela pasteurização cultural e pelo mimetismo induzidos via padrões de consumo da globalização econômica. Em realidade, é justamente porque os Estados desejam sobreviver que se torna imprescindível o rompimento do nacionalismo metodológico, com a afirmação, diante dos riscos comuns, de uma "consciência normativa global".[56]

No entanto, o transnacional e o cosmopolítico devem ser compreendidos como parte da redefinição do nacional e do local, e não como destruição do nacional. Esta tarefa é particularmente espinhosa no campo do direito, simbolicamente cingido entre interno-externo, formal-informal, *soft-hard law*, entre outras fendas.

B) Nem o Estado na lente do mundo, nem o mundo na lente do Estado

Há quem diga que o direito internacional não é direito. O confinamento nacionalista comporta a ilusão de que algo diferente da ordem do Estado não pode ser direito. Como no verso de Caetano Veloso, "é que Narciso acha feio o que não é espelho".[57] Todavia, o reflexo parece embaçado. Quem critica a "insustentável leveza" do direito internacional, ignora que o direito interno padece, também ele, de um imenso déficit de efetividade. O direito oficial do Estado centralizado e suas aspirações de abstração, generalidade e universalidade desatualizam-se diante do local, do plural e do subversivo: o "quase-direito" das favelas, as técnicas de "justiça privada", a colcha de retalhos dos direitos das minorias e os regulamentos internos de redes informais.[58] A maior parte das nervuras dogmáticas do direito tradicional pertence a um mundo que já não é o nosso.[59]

---

[55] *Qu'est-ce que le cosmopolitisme*, op. cit., p. 20-21.
[56] Ibid., p. 344.
[57] "Sampa", *Muito (dentro da estrela azulada)*, LP, Caetano Veloso e a Outra Banda da Terra, Philips, 1978.
[58] Gunther Teubner, *Direito, sistema e policontexturalidade*, Piracicaba: Unimep, 2005, p. 81.
[59] Canotilho, *Brancosos...*, op. cit., p. 37.

O credo da pirâmide monista, nostalgia patética de quem ignora as entranhas do processo legislativo ou é pouco assíduo nos folguedos jurisdicionais, foi a pique, já faz tempo, e graças às mais variadas sortes de pensamento e ação. No entanto, as continuidades mentais dogmáticas, embora desmentidas pela teoria e pela prática, mantêm-se como prismas ativos no molde que dá forma a numerosos enfoques jurídicos. Incontáveis pendências metodológicas corroem, assim, a relevância política e social da cultura jurídica.

Uma destas pendências é justamente o efeito da transnacionalização sobre as vetustas teorias propensas a explicar o relacionamento entre as esferas normativas nacional e internacional, e a conseqüente perplexidade dos Estados e dos indivíduos diante do crescente mosaico de jurisdições internacionais disponíveis, rivais ou complementares às jurisdições nacionais.

De uma parte, muitos dos que manuseiam o direito interno insistem em olvidar a profunda permeabilidade entre suas dimensões nacional e não nacionais (local, regional, bilateral, multilateral). O reconhecimento de que se freqüenta sistemas de alta complexidade dimensional, além de uma forte instabilidade, confrontaria o jurista à plena mutação da ordem jurídica.[60] Fechado em seu idioleto, não está, porém, disposto a reverter a canonização de suas opiniões, embora, há tempos, delas não se registre um só milagre.

De outra parte, numerosos internacionalistas, reagindo às dificuldades de implementação das normas multilaterais, são acometidos de uma espécie de neo-nacionalismo, que os leva à busca incessante da transposição ao plano internacional das categorias que correspondem ao Estado Nação. O inevitável fracasso desta transposição conduz, por outra via, ao mesmo recalque. Por conseguinte, há quem ensine direito internacional sem convicção, até constrangido, porque este não funciona de modo piramidal. Ora, a intensa permeabilidade do direito internacional a dados extra-positivos (não positivados) explica que seu processo de interpretação jamais se tenha formalizado nos moldes das disciplinas internas, e que, não raro, ele se encontrasse totalmente apartado dos dogmas legalistas.[61]

Acrescente-se que o Poder Judiciário pátrio, como pilar do sistema político, catalisa as críticas à escassa prestação da justiça, como consenso social expresso normativamente, mas não realizado, e vítima de uma sensação crescente e retro-alimentadora de irrealização. Entretanto, quando é possível incorporar, no âmbito de uma controvérsia, uma ou mais searas não nacionais, a prestação jurisdicional *à la carte* parece encontrar um outro tipo de dilema concernente à efetividade. Com efeito, cresce não somente o número de jurisdições ou quase-jurisdições não nacionais, mas também avança o grau de acesso dos particulares

---

[60] Mireille Delmas-Marty, *Les forces imaginantes du droit* – Le relatif et l'universel, Paris: Seuil, 2004, p. 7.
[61] Robert Kolb, *Interprétation et creation du droit international* – Esquisse d'une herméneutique juridique moderne pour le droit international public, Bruxelas: Bruylant, 2006, p. 151.

à jurisdição internacional, atuando como parte ou mesmo como *amicus curiae*. A depender da escolha do direito aplicável, e da jurisdição natural da ordem normativa eleita, será obtido um "produto jurídico" diferente. A luta pela execução da sentença é política, e seu desfecho depende do embate entre interesses econômicos transnacionais, ou entre interesses econômicos e de outros matizes, particularmente os veiculados pelos movimentos sociais organizados – cujo crescente protagonismo tem aniquilado o postulado clássico da exclusividade do Estado como ator do direito internacional.

Por tudo isto, parece evidente que nem o olhar internacionalista, de simples coexistência e cooperação políticas, nem o olhar dos monistas, sejam eles felizes ou recalcados, servem à busca da efetividade de direito na realidade adversa da globalização econômica. Os casmurros arautos do direito oficial do Estado acabam por fazer eco aos mercadores ou aos decisionistas,[62] que sustentam a dispensabilidade do direito. Claro que a re-acomodação dos poderes, no plano global, pode prescindir de um direito anacrônico e ensimesmado, mas não de uma nova forma de direito.

No quadro atual, que não é nem puramente nacional, nem puramente internacional, mas sim "internacionalizado", a razão de ser do Estado de direito, que é, grosso modo, a submissão do poder, implica uma organização complexa, capaz de funcionar em diversos níveis, incluir conjuntos de atores estatais e não-estatais, e de ordenar os diferentes setores do direito.[63] Logo, quanto mais tarde o direito tarda a reconhecer-se como mutante, mais ele reduz sua capacidade de influenciar um processo histórico que galopa.

Cumpre perguntar, então, qual seria esta nova ótica não monista, capaz de revelar os dilemas das relações entre o "externo" e o "interno" sob o paradigma do direito em rede, recordando que não se trata de prescindir da ótica nacional, mas sim de enquadrá-la. Duas tendências mostram-se especialmente marcantes na tentativa de responder aos recentes desenvolvimentos da sociedade mundial: a primeira seria o sofisticado modelo de Teubner, recorrendo às ordens jurídicas globais, plurais e heterárquicas; a segunda, a proposta de uma "política interna mundial" de Habermas, situada acima do Estado soberano, perscrutando os limites de regulação e de legitimação do Estado de direito.[64]

Empregando a metáfora da difícil relação entre Têmis e Leviatã a estas duas vertentes, Marcelo Neves considera que Teubner não recomendaria a Têmis a "monogamia" com o Leviatã, preferindo a "poligamia" em diversos acoplamentos estruturais com os subsistemas da sociedade mundial heterárqui-

---

[62] No sentido que lhe atribuiu Habermas, de protagonista do processo decisório dominado pelo voluntarismo político em oposição à técnica como elemento de institucionalidade, *La technique et la science comme "idéologie"*, Paris: Gallimard, 2000, p. 131.

[63] Mireille Delmas-Marty, *Les forces imaginantes du droit III* – La refondation des pouvoirs, Paris: Seuil, 2007, p. 266.

[64] Marcelo Neves, *Entre Têmis e Leviatã...*, op. cit., p. 259.

ca.[65] Já Habermas propugnaria um tipo "paternal" ou "tutelar" de instituição substitutiva ou instância fiscalizadora desta relação no seio do Estado nacional. Tudo indica, porém, que, "no caso das relações das ordens jurídicas globais com os sistemas mundiais, especialmente no exemplo do direito econômico global", Têmis seria *"violada por diversos Leviatãs irresponsáveis"*, eis que o direito padece difusamente de dependências unilaterais e subordinações estruturais a "dominadores" invisíveis.[66]

Logo, o Estado de direito é mais do que nunca necessário, entre outras razões porque "uma completa desregulação constitucional dos 'excluídos da justiça' legitima uma separação crescente dos *in* e dos *out*, e não fornece qualquer arrimo à integração da marginalidade"[67] – pelo que certas "ilhas de particularismo" detectadas em algumas constituições são, ao contrário do que parecem, imperativos de universalismo.[68] É preciso evitar a "desestruturação moral dos pactos fundadores escondida, muitas vezes, num simples esquema processual da *razão cínica* econômico-tecnocrática".[69]

O século XXI abre-se, então, tendo no seu primeiro plano não a questão "da 'transição do Estado Democrático de Direito para um direito mundial heterárquico ou uma política interna mundial supra-ordenada', mas sim a referente aos novos papéis, tarefas e possibilidades do Estado Democrático de Direito em uma sociedade mundial heterárquica, que se torna cada vez mais dinâmica e flexível".[70]

Alargado que está, porém, o espaço nacional à transnacionalização, e como modo de tornar a constituição "menos espessa, menos regulativamente autoritária e menos estatizante", Canotilho propõe que a lei dirigente ceda lugar aos "quatro contratos globais": o das necessidades, a fim de remover as desigualdades; o cultural, para tolerância e diálogo das culturas; o democrático, para que assim os seja o "governo global";[71] e o planetário, para o desenvolvimento sustentável.[72]

---

[65] Marcelo Neves, *Entre Têmis e Leviatã...*, op. cit., p. 260.

[66] Ibid., p. 267.

[67] Canotilho, *Brancosos...*, op. cit., p. 127.

[68] "O que significa universalismo? Que se relativiza a própria forma de existência, atendendo às pretensões legítimas das demais maneiras de viver, que se reconhece aos outros direitos iguais, aos estranhos, com todas as suas idiossincrasias e tudo que neles nos é difícil de entender; que não se está aferrado à universalização da própria identidade, que não se exclui ou condena tudo que dela se desvie, que os âmbitos de tolerância devem fazer-se infinitamente maiores do que são hoje", Jürgen Habermas, *Identidades nacionales y postnacionales*, 2. ed., Madrid: Tecnos, 1998, p. 117.

[69] Canotilho, *Brancosos...*, op. cit., p. 125.

[70] Marcelo Neves, *Entre Têmis ...*, op. cit., p. 283.

[71] Diante desta expressão-aresta, limito-me a referir que "soberania, direito e governo se encontram mutuamente por uma multiplicidade incompleta e contingente de trilhas contornadas: o direito revela as carências da soberania no seu tornar-se soberana e assim a 'governamentaliza' um instante", Thomas Berns, *Souveraineité, droit et gouvernementalité* – Lectures du politique moderne à partir de Bodin, Bruxelas: Léo Scheer, 2005, p. 230. Berns também julga pertinente "distanciar lentamente a soberania dessa perfeição negativa, que justifica que se queira superá-la, mas que lhe permite resistir a toda superação; tratar-se-ia mais de torná-la prosaica, de descentralizá-la, de amolecê-la, do que de deixar-lhe para trás", ibid.

[72] Canotilho, *Brancosos...*, op. cit., p. 128-129.

Assim, para Canotilho, a Constituição dirigente não afasta a idéia liberal e kantiana do republicanismo constitucional cosmopolita.[73] O direito constitucional "finisecular" perde, porém, "sua centralidade jurídico-política", passando a ser um "direito residual" – direito do resto do Estado, depois da atribuição de competências a organizações supranacionais; direito do resto do *nacionalismo jurídico*, depois das consistentes e persistentes internacionalização e globalização terem reduzido o Estado a um simples *herói do local*"; direito dos restos da autoregulação, com a eficácia superior da autoregulação privada e corporativa se comparada à estatal; do resto das regionalizações, depois da "inclusão de outros entes quase soberanos nos espaços unitarizantes da soberania estatal".[74] A Constituição passa a ser aberta a outros espaços, a outras pessoas, outras normas e conflitos, "aberta à sobreposição experiencial de consensos".[75]

Resta repudiar a objeção sorumbática de que o debate em tela interessa apenas ao mundo desenvolvido, sobretudo aos Estados amalgamados sob a forma da União Européia, e com isto submetidos a um direito supranacional. Canotilho é compreensivo diante "das angústias dos autores de países de 'modernidade tardia'", que "ainda não resolveram o combate às três violências – física, política e social", e onde "não se compreende nem o eclipse do Estado de direito, democrático e social, nem a dissolução de sua valência normativa".[76] Três observações impõem-se, todavia, a este respeito.

A primeira delas é a de que o gesto de apartar os debates que "interessam" ou "não interessam" ao mundo não-desenvolvido só pode ser um resíduo do colonialismo.[77] A abertura do leque "do que interessa ao jurista" por certo multiplica geometricamente nossos desafios. No entanto, a auto-exclusão dos temas nevrálgicos do debate mundial, ademais de injustificável, compromete seriamente os interesses estratégicos dos países em via de desenvolvimento.[78]

A segunda é a de que a ausência de direito supranacional nos processos de integração regional do qual o Brasil participa o deixa ainda mais desprotegido em relação às pulsões regulatórias transnacionais. Ora, não é a União Européia

---

[73] Canotilho, *Brancosos...*, op. cit., p. 141.
[74] Ibid., p. 185-186.
[75] Ibid., p. 197.
[76] Ibid., p. 137-138.
[77] Derrida adverte que "em filosofia, como alhures, o eurocentrismo e o anti-eurocentrismo são sintomas da cultura missionária e colonial. Um conceito do cosmopolitismo que seja ainda determinado por esta oposição não somente limitaria concretamente o desenvolvimento do direito à filosofia mas sequer se daria conta do que se passa na filosofia", *Le droit à la philosophie...*, op. cit., p. 33-34.
[78] Trata-se não somente do interesse pelas instâncias multilaterais onde tomam assento os PVD, mas do seguimento atento da política interna dos Estados desenvolvidos. Michel Byers observa, com propriedade, que os cidadãos de outros países vêem-se numa situação irônica em relação ao processo decisório norte-americano: "sujeitas ao governo de uma potência estrangeira mas privadas de voz, as populações do mundo tornaram-se vítimas de uma nova forma de taxação sem representação, precisamente a queixa que desencadeou a Revolução Americana de 1776", *A Lei da Guerra* – Direito internacional e conflito armado, Rio de Janeiro: Record, 2007, p. 194.

que complexifica o direito dos Estados europeus; a integração regional é, ao contrário, fruto da complexidade, em sua condição de dique regulatório e jurisdicional, a proteger a Europa das forças centrífugas que a condenariam à absorção total pelo mercado, depois da devastação econômica (entre outras) de duas guerras mundiais.

No entanto, e aqui irrompe a terceira observação, "a expansão destrutiva do código econômico" ocorre igualmente em relação aos sistemas europeu e norte-americano, "o que está intimamente associado à perda de normatividade (força normativa) das constituições social-democráticas lastreadas no modelo de Estado de Direito".[79] Deste modo, não há que se confundir a diferença entre dadas características dos sistemas a analisar com a impertinência de analisá-los conjuntamente. Estando o processo decisório mundial ancorado no Estado como unidade semântica, mas dele quase desvinculado na realidade tangível, o debate é ainda mais complexo, mas certamente inclusivo.

Após este breve itinerário, orientado pelo esforço de conjugar duas culturas – uma cristalizada (quando não fossilizada, em parte por um sentimento que poderia ser comparado ao que George Steiner chamou de "provincianismo inevitável da empatia honesta"[80]); outra ainda gelatinosa (polissêmica e cujo modesto aparato é incomparável à tradução palpável das engrenagens do Estado) e pressuposta (diante da escassez de estudos sobre suas realidades tangíveis) –, é preciso assumir o risco de esboçar algumas respostas às questões formuladas neste artigo.

Quanto à primeira, ademais dos sentidos do direito cosmopolítico kantiano que foram demarcados na primeira parte (a não-coincidência com o direito internacional, o conteúdo da hospitalidade universal e a inexistência de Estado supranacional), talvez o seu grande aporte simbólico seja a ousadia de vincular o "interno" ao "externo", pois ele é não mais que ambiguamente "externo".

A propósito, passando à segunda questão, a crítica de Beck a Kant procede, na medida em que o pensamento kantiano não criou um novo campo semântico para o direito cosmopolítico, tampouco uma nova metodologia; contentou-se com transpor categorias estatais (federalismo, constituição, cidadania), que ele preservava intactas no plano nacional, à dimensão política mundial que pretendia forjar, numa espécie de cosmopolitismo estatalista.

Mas como esperar que um iluminista, filho do século XVIII, combatesse a barbárie, senão pela afirmação de um Estado constitucional republicano em pleno frescor histórico? Já os filhos do século XXI serão obnubilados pelas Luzes? Ora, um direito cosmopolítico do nosso tempo não poderia mesmo ser o kantiano, do mesmo modo que Kant não poderia

---

[79] Marcelo Neves, *Entre Têmis...*, op. cit., p. 272.
[80] "Sobre la dificultad", in *Sobre la dificultad y otros ensayos*, México: Fundo de Cultura Econômica, 2001, p. 72.

antecipar a ótica ou a metódica cosmopolítica, imprescindível à compreensão da globalização econômica.

O golpe mais certeiro de Beck, portanto, é o que incita à produção de estudos capazes de aferir a permeabilidade entre as dimensões nacionais e não nacionais. Urge a produção de parâmetros de aferição da transnacionalidade na elaboração das normas e na aplicação judicial do direito (regulação e jurisdição). Como reconhecê-la, quantificá-la e qualificá-la, por exemplo, no direito brasileiro hoje? Transnacionalização e globalização precisam deixar de ser o passe-partout discursivo de todas as perplexidades e incongruências de um estatalismo insuficiente.

No que concerne à terceira questão, há indícios de que a oposição entre estatalismo e cosmopolitismo configura, sim, uma herança maldita do monismo na nova gramática do direito que se quer construir. Enfim, do mesmo modo que nem todo estatalismo confunde-se com o nacionalismo ortodoxo, tampouco à transnacionalização corresponde o cosmopolitismo humanista. Ao contrário do que a leviandade leva a supor, ele não propõe a globalização, e o seu discurso não nasceu com ela. Se não for revisto, porém, poderá servi-la, tanto quanto o estatalismo, por inépcia, a serve.

Neste diapasão, talvez seja oportuno resgatar, também de Kant, seu pedido aos filósofos de que não se fechassem numa torre de marfim, mas dirigissem à sociedade, e em particular à política, os seus ensinamentos derivados de uma crítica desapaixonada da razão.[81] Há um nítido hiato, hoje, entre realidade e pensamento jurídico, cavado, sobretudo, pelos kamikazes teóricos – aqueles que criam uma teoria e a seguir refutam tudo aquilo que possa contrariá-la,[82] matando-a por inanição até o desuso, no confortável refúgio da arrogância.

Uma ótica cosmopolítica não se confunde, portanto, com o cosmopolitismo como movimento. Que ela seja percebida como abertura, conjunção, auspício metodológico. Canotilho, por exemplo, ousou escrever que "não basta estar contra os ventos": "é preciso navegar entre o Estado de direito e a República constitucional comercial, e compreender como a fortuna e a virtude se agitam no contexto das novas sociedades em rede".[83]

---

[81] Norberto Bobbio, *Direito e Estado no Pensamento de Emanuel Kant*, Brasília: Unb, 1984, p. 166.

[82] Para George Steiner, "o homem de ciência deve resignar-se ao caráter transitório de suas descobertas: ele é apenas o servidor de um progresso que anulará ou corrigirá seus esforços. (...) Homens de ciência e sábios são devotados ao um ideal sacrifical", *Maîtres et disciples*, Paris: Gallimard, 2003, p. 179.

[83] Canotilho, *Brancosos...*, op. cit., p. 25.

— XIV —

Por que punir?

VICENTE DE PAULO BARRETTO[1]

Sumário: I. Da natureza da punição; II. *Ob quod?*; III. *Cujus ergo?*; IV. Menos penas e mais justiça; V. Por uma fundamentação ética; VI. Crime e direitos do criminoso.

I. Da natureza da punição

As reflexões que me proponho a fazer sobre os fundamentos éticos da punição têm uma dupla origem. Nasceram, em primeiro lugar, de uma indignação mais psicológica do que racional provocada pelo grau e a variedade da violência que tomou conta do Brasil. Originaram-se, também, da necessidade intelectual de procurar uma resposta para a constatação de que o grande desafio que ronda, e ameaça, a sociedade brasileira contemporânea consiste na cultura da falta de punição. Essa cultura, por sua vez, vai expressar-se e consagrar-se na impunidade, mera expressão sócio-legal da ausência de punição.

Não me parece que a impunidade, simples materialização legal de uma atitude moral e intelectual seja o problema, pois por detrás das leis, do descaso e da corrupção, encontra-se um germe anti-social mais ativo e destrutivo. Idêntico a uma célula cancerosa no corpo humano, multiplica-se e desdobra-se ao perpassar e contaminar todo o corpo da sociedade. Manifesta-se na facilidade com que se aceita a transformação da criança na tirana dos pais, dos irmãos, dos colegas e que irá depois lançar-se à imposição de sua vontade descontrolada na família, na escola e na sociedade. Esse problema central também irá ser detectado na própria tentativa de justificativa racional para a falta de punição, pois esta é considerada, por muitos doutrinadores, como constituindo, ela própria, a grande violência contra a pessoa humana.

Algumas teorias têm tratado da justificativa, não tanto da punição, mas da pena. Desde a conhecida definição de punição dada por Grotius, no século XVII (malum passionis quod infligitur ob malum actionis – mal de paixão, infligido em virtude de uma má ação),[2] a teoria da pena veio abandonando a aná-

---
[1] Professor no PPG em Direito da UERJ e da UNESA. Professor Visitante do PPG em Direito da UNISINOS.

[2] GROTIUS, Hugo (1925). *Del Derecho de la Guerra y de la Paz*. Trad.Jaime Torrubiano Rippoll. Madrid: Editorial Réus, cap. XVII, I. 1.

lise das razões primeiras de sua aplicação e tratando mais de suas finalidades do que de sua natureza. Isto porque a pena passou a ser considerada como um mal em si mesmo, assim como o castigo da criança constitui-se, na ótica de algumas escolas pedagógicas, em violência e atentado aos direitos da criança.

Podemos utilizar a definição de Grotius como parâmetro de referência para a análise dos fundamentos da punição na contemporaneidade. Essa definição talvez possibilite delimitar o campo conceitual, que poderá ajudar a compreender e explicar a natureza da punição na sociedade humana. Da definição grociana podemos determinar as seguintes características de toda e qualquer forma de punição:

> 1. Quando se fala em punição estamos fazendo referência a um mal, vale dizer, alguma coisa que não é prazerosa, implicando no cerceamento da liberdade e dos seus benefícios;
>
> 2. Aplica-se a punição em conseqüência de ato praticado anteriormente e condenado pela lei. Trata-se do segundo de um par de termos relacionados, como no título do romance de Dostoievsky, *Crime e Castigo*. Ainda que se possa infligir dor em outro indivíduo, sem causa ou por simples crueldade, ou mesmo acreditando-se que se está proporcionando um benefício à vítima, agir dessa forma não caracteriza uma punição legal, legítima, executada através do poder público;
>
> 3. Para que se caracterize a punição, deve existir uma relação, estabelecida por lei entre a punição e o ato que a provocou. Pelo menos, deve-se ter explícito na punição que o infrator deverá vivenciar, na privação da liberdade e na sua consciência, a angústia e o tormento provocado pelo crime na vítima e na comunidade;
>
> 4. A punição é *imposta*. Resulta de um ato da autoridade pública e não é uma forma de retaliação da vítima. Entende-se, assim, como a vingança é uma das conseqüências maléficas da banalidade da violência nos nossos dias, pois substitui a idéia de punição, como ato legítimo, pelo recurso à vingança primitiva, que se expressa na máxima e na prática de que "bandido bom é bandido morto";
>
> 5. A punição restringe-se à aplicação de uma pena ao criminoso individualmente ou alguém responsável por atos considerados criminosos pelas leis. Não se estende aos seus familiares e nem se constituí no elo de uma cadeia de punições, que se desdobra para as famílias dos criminosos e que se propaga por gerações sucessivas.

Seguindo o argumento de Grotius, devem-se diferenciar duas questões para que se possa estabelecer os contornos do espaço da punição na sociedade contemporânea e que se encontram nas respostas a serem dadas às seguintes questões: *Ob quod?* e *Cuius ergo?* Nem todo ato que viola as normas e costumes de uma sociedade pode ser considerado como um ato criminoso. Deve-se perguntar, como faz Grotius, qual a ofensa que justifica a punição legal e com que finalidade é o criminoso punido.

As respostas a essas perguntas têm-se constituído em *casus belli* na cultura contemporânea, especificamente no pensamento social e jurídico, envolvendo uma gama enorme de filósofos, juristas, cientistas sociais, economistas e legisladores. Encontramos diferenças radicais nas respostas dadas a essas questões, muitas delas mais preocupadas em responder à interrogação sobre a finalidade da pena do que considerar a questão nuclear que consiste em desvendar a natureza ética da mesma.

As opiniões encontradas na filosofia e na ciência do direito sobre quais as ofensas devem ser punidas e as razões para a aplicação da pena dividem-se, *grosso modo*, em três grupos. O primeiro afirma que é sempre justificável punir as violações das normas sociais e jurídicas, ainda que nem sempre seja possível na prática materializar-se a punição; o segundo grupo sustenta que a punição é, às vezes, justificável e, às vezes, não; finalmente, o terceiro grupo sustenta ser a punição sempre desnecessária e injustificável.[3]

II. *Ob quod?*

A primeira pergunta de Grotius possibilitará a recuperação da relação entre a natureza da violação da lei e a punição. Qual o tipo de ofensa deve ser punido? Essa pergunta tem encontrado desde as primeiras civilizações uma resposta comum. Historicamente, a punição deita as suas raízes em tempos arcaicos, quando a pena era aplicada em virtude da violação de princípios religiosos. O ato criminoso por mais insignificante que fosse constituía-se no rompimento da uma ordem sagrada e natural. Entre os crimes, o homicídio, principalmente, era considerado como tendo um simbolismo e significado moral único, pois representava um assalto à ordem natural sagrada e a sua reparação somente seria possível com a morte do próprio homicida.[4]

A resposta a essa primeira questão, suscitada pelo texto de Grotius, é simples e imediata, pois afirma que a punição é a aplicação do princípio geral de justiça em virtude do qual cada indivíduo deve responder por seus atos. Essa justificativa encontra-se expressa na conhecida máxima latina: *ut, qui malum fecit, malum ferat*, aquele que com o mal fere, com o mal deverá ser ferido. Nesse sentido, a punição serviria para expressar e satisfazer a indignação da comunidade diante da transgressão, sendo a pena considerada como tendo uma finalidade em si mesma.

Essas raízes profundas da punição encontram-se no espaço de uma antropologia que pode explicar-se pela relação entre o ato e sua repercussão na vítima, na sociedade e no criminoso. Não existe dúvida de que essa concepção da punição responde a uma demanda profundamente enraizada na natureza humana. Torna-se necessário, entretanto, determinar a relação moral existente entre o indivíduo, o criminoso e a punição. A idéia da punição será então estabelecida em função da atitude do indivíduo em relação ao crime e ao criminoso. Resta, entretanto, uma dúvida sobre a qualidade dessa atitude e dessa demanda: ela será de Deus ou do Diabo?

Quando um indivíduo agride o outro, um terceiro experimenta – do ponto de vista moral – um duplo sentimento. Em primeiro lugar, sente a necessidade

---

[3] MOBERLY, Sir Walter (1968). *The Ethics of Punishment*. London: Faber and Faber.
[4] WILSON, William (2007). "What's wrong with murder?", in *Criminal Law and Philosophy*. Volume 1, No. 2, May 2007, pg. 158.

de defender a vítima e, em segundo lugar, de recuperar para o agressor a racionalidade que se constitui no alicerce da vida social. Ambas as reações que se experimenta diante do crime deitam as suas raízes no respeito à vida e à dignidade da pessoa. O sofrimento mental vivenciado pela vítima consiste, assim, no fato de que a sua dignidade foi violada, fato que se liga à degradação, também, dessa dignidade na pessoa do criminoso. Nos dois casos, torna-se necessário que essa dignidade violada e degradada seja restabelecida,[5] na vítima e no criminoso. Na construção da fonte ética da punição teremos, assim, o primeiro alicerce: o restabelecimento da dignidade tanto na vítima, quanto no criminoso.

Como escreve Soloviev, essa necessidade de restabelecimento da justiça origina-se do princípio moral que exige, no caso de um crime, i. e., quando ocorre uma ofensa de um homem contra outro homem, que a sociedade tome antes de tudo uma atitude moral em relação ao agressor e à vítima. Mas a atitude a ser tomada irá depender de que ponto de vista iremos nos situar. Podem-se considerar exclusivamente os direitos da vítima ou da comunidade a ser defendida ou vingada; o criminoso será considerado, então, como simples objeto de punição, sem direitos que lhe foram retirados pelo próprio fato de ter sido condenado. Essa posição simplista nos remete às práticas da vingança primitiva, e suscitam, por sua vez, uma reação, muito encontrada na atualidade entre doutrinadores, juristas e legisladores, que reconhece o direito do ofensor a ser punido unicamente através da persuasão verbal e não admite coerção punitiva em relação ao criminoso, o que na prática resulta em privar a vítima e a sociedade do seu direito de defesa. Essas duas atitudes morais e intelectuais constituem-se na fonte de dois grupos de doutrinas penais contraditórias: as doutrinas da vingança e a doutrina da persuasão verbal.[6]

Psicologicamente, o nosso sentimento pela vítima é diferente daquele que temos pelo agressor, pois pela vítima sentimos piedade e pelo agressor revolta e indignação moral. A exigência moral faz com que não deixemos a nossa indignação transformar-se em vingança, na negação do seu direito, ainda que materialmente esse direito distingue-se do direito da vítima. Essa tem o direito de ser defendida pela sociedade, enquanto o agressor tem o direito de ser reconduzido à razão. A base moral desses dois tipos de relacionamento é a mesma: o valor absoluto ou a dignidade da pessoa humana, que reconhecemos em nós e nos outros.

III. *Cujus ergo*?

Ambos os modelos teóricos que justificam a aplicação da pena representam um passo à frente no sentido de normatizar através da lei a aplicação da

---
[5] SOLOVIEV, Vladimir (1997). *La justification du bien. Essai de philosophie morale*. Trad. Russo por T.D.M. Genève: Editions Slatkine, pgs. 302.
[6] SOLOVIEV. Ibidem, pág. 304-305

punição. Trata-se da superação da idéia de que o ofensor é um inimigo do qual deve a sociedade vingar-se e não um criminoso que deve ser punido. Esse tipo de resposta à segunda pergunta, formulada por Grotius, representou um estágio na evolução moral da humanidade e, como escreveu Beccaria, a idéia de que nunca se deve punir pela satisfação da punição.[7] A contribuição de Beccaria para o tema não se reduziu à defesa da idéia da punição como pena, mas prosseguiu para distinguir entre dois níveis de punibilidade, o religioso e o político.

Durante séculos, pecado e crime foram considerados como duas faces de uma mesma moeda. O ofensor da lei civil era também um pecador. Além dessa confusão de níveis – o religioso e o civil –, um servindo ao outro, como no caso da Inquisição, não se tinha presente na consciência jurídica a diferença entre níveis de criminalidade. Assim, por exemplo, na Idade Média, o homicídio não era considerado como um crime capital para a consciência jurídica, mas a falsificação de moeda implicava na aplicação da pena capital, pois o criminoso violava um privilégio do poder real e significava por essa razão um crime político. Tudo isto porque o que se encontrava em causa era segurança da Igreja e do Estado. Vivia-se à época em que Voltaire, em carta a Beccaria, escrevia como sendo aquela em que se cometeu (a propósito da execução do cavaleiro de La Barre) um "...crime jurídico". E Voltaitre apontava para as conseqüências do Estado ser o braço punitivo da Igreja: "Mas que abominável jurisprudência a de sustentar a religião somente pelo carrasco".[8]

Beccaria foi quem separou as esferas da Igreja e do Estado no que se refere ao direito de punir. A Igreja poderia continuar a punir o pecado e o Estado deveria considerar a desobediência a lei civil, ao avaliar e sopesar o dano que o seu descumprimento traria para o indivíduo e para a sociedade. Como escreve Venturi, o grau de utilidade ou não-utilidade passaria a ser o critério de medição de todas as ações humanas. A punição deixaria de constituir-se na expiação de um pecado religioso e civil e o direito penal perderia todo o seu conteúdo sagrado.[9]

A influência de Beccaria propagou-se exercendo papel decisivo na abolição da tortura, como pena, na supressão dos suplícios e na humanização das leis penais. Ainda no século XX, Camus considerava Beccaria o humanista que sem ter pertencido a um movimento religioso ou político tinha exercido a mais profunda influência no pensamento europeu.[10]

A humanização e a secularização do direito de punir realizada por Beccaria não elidiu, entretanto, a questão central da necessidade ou não do dever de pu-

---

[7] BECCARIA, Cesare (1991). *Dês Délits et des peines*. Trad. Maurice Chevallier. Paris. GF-Flammarion.

[8] VOLTAIRE (1768). In Porret, Marcel. *Le Droit de Punir*. Paris: Éditions Michalon.

[9] VENTURI, Franco (1971). *Utopia and Reform in the Enlightenment*. Cambridge: Cambridge University Press.

[10] CAMUS, Albert (1979), in KOESTLER, Arthur, CAMUS, Albert. *Reflexions sur la Peine Capitale*. Paris: Gallimard, pág. 60

nição pelo poder público como condição de existência da sociedade. A aliança entre humanismo e reformismo penal marca uma radical reavaliação da idéia da punição penal na sociedade moderna. Considera-se, porém, que a pena legal constitui-se na transformação histórica da vingança do sangue e, por essa razão, deve ser considerada sob outra perspectiva. Em torno desse tema irão se diferenciar as escolas do pensamento social e jurídico do século XIX e XX, que procuram, em face de um sistema punitivo injusto, propor soluções mais humanas para a questão da pena.

Permanece em debate, entretanto, quais a razões do ato de punir e como punir significa necessariamente provocar de alguma forma dor – física ou espiritual – e é sempre uma agressão à pessoa; algumas vezes, no entanto, é um mal menor diante da alternativa de não se punir. A punição seria, então, justificada somente como um instrumento com vistas a uma finalidade, prevenir futuros crimes. A pena ideal teria o papel de servir como exemplo, destinada a impedir delitos a serem praticados no futuro.

Mas a pena destina-se, também, a produzir efeitos benéficos para o próprio criminoso, que ficaria impedido de praticar outros crimes em três distintas situações. O indivíduo pode ser impedido de praticar outros crimes pelas seguintes causas: pela morte, pela prisão ou pela mutilação; pode sentir-se ameaçado e, assim, enquadrar-se nas normas sociais; finalmente, pode recuperar-se para a vida social.

Sob esse ponto de vista a punição deve ser julgada não porque corrige atos passados, mas sim pelas conseqüências futuras de sua aplicação, portanto, não por sua justiça, mas por sua utilidade. Não deve ser considerada como uma retaliação a ofensas passadas, mas como uma defesa preventiva contra futuros crimes.

IV. Menos penas e mais justiça

No contexto do debate contemporâneo sobre o crime, essa dimensão utilitarista, foi contestada teorias e legislações variadas, que erigiram a pena como tendo características essencialmente educativas e de com a função de recuperação do infrator. Uma importante contribuição à teoria ética da punição é aquela desenvolvida contemporaneamente pelos doutrinadores do abolicionismo penal e do garantismo penal. Essas teorias originaram-se de uma compreensível reação às penas desumanas, aviltantes e a sistemas penitenciários que se transformaram em fábricas de criminosos, tanto na pessoa do criminoso, quanto na pessoa do executor das sentenças penais.

Como soluções, sustentam essas escolas a tese de que a punição nunca é remédio para um crime cometido, pois os sistemas penais contemporâneos transformaram-se em sistemas auto reprodutores dos crimes que se propõem coibir. Essa teoria assume diversas formas na contemporaneidade, principalmente, em dois modelos teóricos. O primeiro é encontrado nos trabalhos de Christie, Hulsmam e Baker,[11] configurando formas da abolicionismo radical, definido por Ferrajoili[12] como um conjunto um tanto heterogêneo de teorias, doutrinas e atitudes ético-culturais unificadas pela negação de qualquer classe de justificação ou legitimidade do exercício do poder punitivo por parte do Estado. O garantismo penal, por sua vez, que se insere neste processo de reavaliação crítica do direito penal clássico, será desenvolvido plenamente na obra Ferrajoli sobre o garantismo penal.

A corrente doutrinária do abolicionismo radical resulta da observação empírica, psicológica ou sociológica dos criminosos. O crime é explicado, ou pelo menos a maioria deles, como resultado de alguma distorção na razão do criminoso ou fruto do seu ambiente social. O uso da punição como forma de dissuasão tem-se revelado fútil e cruel e, portanto, essa escola de pensamento sustenta que a sociedade deve procurar coibir a incidência de crime através do tratamento dos possíveis futuros criminosos e não da sua punição.

Outro paradigma teórico que procura responder a pergunta sobre a natureza da punição é o garantismo penal. Essa teoria argumenta que a questão das razões da punição e quais os tipos de infração que devem ser considerados como crimes passíveis de punição, ao contrário do que sustentam a teoria clássica retributiva e a teoria do abolicionismo penal, devem ser consideradas em função de parâmetros teóricos e empíricos específicos.

O garantismo de Ferrajoli, o chamado "utilitarismo reformado", consiste na tutela de valores ou direitos fundamentais cuja satisfação, ainda que contra os interesses da maioria, é o fim justificador do direito penal: a imunidade dos cidadãos contra a arbitrariedade das proibições e dos castigos, a defesa dos mais fracos mediante regras de jogo iguais para todos, a dignidade da pessoa do imputado e, por conseguinte, a garantia de sua liberdade mediante o respeito também da sua verdade. A garantia desses direitos fundamentais é que possibilita a aceitação por todos, inclusive a minoria dos réus e dos imputados, do direito penal e do próprio princípio majoritário.[13] Mais adiante esclarece Ferrajoli que "um sistema penal somente estará justificado quando a soma das violências – delitos, vinganças e castigos arbitrários – que se encontra em condições de impedir é superior ao das violências constituídas pelos delitos prevenidos e pelas penas para esses estabelecidas".[14]

---

[11] CHRISTIE, Niels (1998). *A Indústria do Controle do Crime*. São Paulo: Forense; Hulsman, Louk e Celis, Jacqueline Bernat (1993). *Penas Perdidas; o sistema penal em questão*. Rio de Janeiro: Luam; BAKER, Catherine (2004). *Pourquoi faudrait-il punir? Sur l'abolition du système penal*. Lyon: Éditions Tahin Party. ; Hulsman, Louk e Celis, Jacqueline Bernat (1993). *Penas Perdidas : o sistema penal em questão*. Rio de Janeiro: Luam;

[12] FERRAJOLI, Luigi (2001) *Derecho y Razon*. trad. Perfecto Andrés Ibáñez. Madrid: Editorial Trotta, p. 249

[13] FERRAJOLI (2001), ib. p. 335-336

[14] Ibidem, p. 336

V. Por uma fundamentação ética

Esse ideal punitivo acha-se desmentido, porém, pela realidade da sociedade brasileira contemporânea, onde o aumento da criminalidade encontra-se, talvez, diretamente relacionado com a ausência da punição do infrator. Nesse contexto, onde se perderam na cultura cívica os argumentos racionais que possam legitimar o sistema punitivo, é que se torna necessária uma reflexão que procure a fundamentação ética, portanto, filosófica, da punição. Essa justificativa ética destina-se a formular argumentos razoáveis para convicções que temos como indivíduos e cidadãos, fruto de predisposições instintivas, mas que nós, agentes morais, necessitamos justificar em nossa consciência.

A dificuldade primeira em se situar diante do avanço da criminalidade encontra-se, em primeiro lugar, na repulsa encontrada na cultura cívica a respeito da punição. O mal acaba sendo a punição e não o crime e isto porque o sistema punitivo, por falta precisamente dessa fundamentação ética, tornou-se um sistema reprodutor do crime que deveria punir. Uma constatação empírica, que se revela sintomática, a propósito, reside na ausência na literatura filosófica e jurídica brasileira de textos que tratem da fundamentação ético-filosófica da punição.

Para suprir essa lacuna, que se reflete na legislação e na aplicação da pena, encontramo-nos em face de um desafio. Como justificar a punição quando se reconhece na sociedade um ambiente criminógeno? A resposta, provavelmente, não se encontra nas razões psicológicas, sociológicas ou religiosas, que podem levar ao crime. Essas razões são relevantes e uma ética da punição deverá considerá-las como o patamar empírico sobre o qual será construída a fundamentação ética. Mas essas razões não são suficientes, por si mesmas, para explicar e justificar um sistema penal eficiente. O desafio com que nos encontramos no Brasil contemporâneo reside em refletirmos sobre essa realidade em função de princípios morais, que servem de alicerce para a própria sociedade.

Por que punir? Essa pergunta que se encontra implícita no debate sobre o crime permanece atualíssima e para que possamos, pelo menos situá-la racionalmente no âmbito do espaço público, é necessário recuperarmos para a cultura cívica nacional algumas indagações sobre a natureza da pessoa, da sociedade e do crime. A pessoa como agente moral – ser dotado de razão e autonomia – constrói a sociedade, o estado e estabelece leis comuns com vistas a preservar, precisamente, a sua dimensão moral maior. A condição de sobrevivência da sociedade reside, assim, no reconhecimento, antes da própria explicitação do sistema de normas jurídicas, de um conjunto de valores fruto da consciência moral de cada indivíduo. Essa a idéia que se encontra nas teorias contratualistas da justificação da sociedade, do Estado e do direito.

Logo, a punição com vistas antes de tudo a restabelecer a igualdade violada pelo ato criminoso – quando um indivíduo furta, ele está, em última análise, estabelecendo uma relação de desigualdade na sociedade – torna-se, assim, um problema moral, antes de ser legal. Por essa razão, para que possamos ser também moralmente justos no exercício do direito de punir, a punição dos crimes deve atender a duas exigências: defender a vítima e fazer com que o criminoso, através da pena, recupere a racionalidade perdida, base de todo o relacionamento humano. O castigo concebido como vingança e o abolicionismo penal negam, um e outro, esses dois aspectos inseparáveis da natureza da punição.

VI. Crime e direitos do criminoso

Encontra-se no terreno da consciência moral uma questão que ronda todo debate sobre a natureza e a dimensão da pena. Essa questão pode ser formulada da seguinte forma: o fato do crime priva o criminoso dos seus direitos como pessoa? A resposta das teorias de que a pena é uma forma necessária de vingança desdobra-se na defesa da pena de morte e de que "bandido bom é bandido morto". Acrescente-se à sede de vingança, que se encontra entranhada na revolta diante do crime, as vinculações entre a pobreza e a criminalidade, tema esse que recebeu de muitos antropólogos e sociólogos um tratamento inocente e abrstrato. A impossibilidade de recuperação do criminoso dentro de um sistema penitenciário corrupto e violento levou a outros tantos idealistas da criminologia ao paradoxo de afirmar que a pena em si mesma é um mal e que nada se pode e deve fazer diante do crime. Todo exercício de força ou uso da violência contra o indivíduo é um ato ilícito e, por essa razão, a ação contra o criminoso deve limitar-se a palavras de persuasão.

O mérito dessas doutrinas talvez possa residir no seu idealismo, mas o seu defeito consiste em não atingir os seus objetivos. O princípio de tomar uma atitude passiva diante do criminoso rejeita qualquer medida de vingança ou de intimidação, mas exclui também as medidas necessárias para prevenir os crimes ou mesmo o de educar os criminosos. No fundo, essa cegueira face às dimensões patológicas do ser humano e a realidade social fazem com que se torne irrelevante o fato de que a sociedade pressupõe a organização do bem e não a liberdade do mal.

O fato do sistema de prisões ter-se tornado numa máquina de humilhação e degradação da pessoa do criminoso não justifica o enfraquecimento brutal da ação punitiva do Estado e, portanto, das próprias condições de recuperação do criminoso. Sustentar que a punição tornou-se ilegítima em virtude das condições de execução da pena seria o mesmo que sustentar que não cabe ao Estado, por exemplo, intervir na educação pública das crianças porque as escolas encontram-se em estado deplorável. Negar a punição significa abandonar a vítima a sua própria sorte, de um lado, e de outro, impedir que o infrator possa trilhar o único caminho moralmente legítimo que lhe resta: o cumprimento da pena, como etapa na sua recuperação moral e como cidadão.

A fundamentação ética da punição exigirá, assim, para sua formulação que se aceitem três condições:

1. a punição expressa a condenação moral expressa, portanto, a repulsa moral da comunidade diante do crime praticado;
2. destina-se a punição a servir como uma lição para todos os indivíduos, mostrando que tais atos são maus em si mesmos;
3. pretende corrigir e recuperar o criminoso, fazendo com que cumpra uma pena e com isto possa emendar-se e conformar-se com as leis sociais.

A punição, portanto, somente atenderá a essas exigências quando significar algo mais do que a simples pena. Significa que o criminoso pelo seu ato encontra-se em estado de deterioração moral e também que o ato criminoso provoca conseqüências socialmente maléficas. Tanto para a sociedade, quanto para o criminoso, a resposta dada através da lei constitui-se numa obrigação moral, pois somente assim sedimentam-se os laços de respeito ao outro e o tratamento de todos obedecendo a um critério de igualdade, alicerces da sociedade.

Neste sentido é que a punição reveste-se de um duplo aspecto. Em primeiro lugar, ela se destina a dissuadir, e impedir, a prática de outros crimes. A punição visa, portanto, punir e, também, desencorajar o criminoso a reincidir no crime e servir de exemplo para toda a sociedade. Mas, por outro lado, a punição tem a função de passar um julgamento sobre determinado comportamento e mostrar quais os valores que a sociedade considera como relevantes para que sejam preservados. Neste sentido, a re-educação do criminoso torna-se um objetivo mediato da punição e não o seu objetivo principal. O criminoso ao ser condenado é responsabilizado, e o processo deve mostrar toda a sua deformidade moral, e como isto repercute na consciência do infrator e da sociedade.

Como escreveu Soloviev,[15] o fato de que as formas mais violentas de vingança ou de intimidação desapareceram das legislações penais modernas, além de representar um avanço no processo de garantia da justiça, tornaram esses sistemas punitivos mais eficazes, e, em última análise, constitui também um progresso moral. Esse progresso, entretanto, somente poderá ser assegurado na medida em que não se considerar a punição do criminoso como uma violência moral. Longe de ser imoral, a punição será obrigatória em consciência e deriva dos próprios princípios morais alicerces da sociedade. Impedir um indivíduo de praticar um crime ou puni-lo pela sua prática significa do ponto de vista moral que procuramos preservar no criminoso a sua própria dignidade humana, gravemente ameaçada pela intenção e que foi violada pelo ato criminoso.

Uma reflexão pública que se situe para além das dimensões sociológicas, econômicas, antropológicas e jurídicas, sem dúvida importantes, da questão, como tem acontecido em diferentes países, como a Grã-Bretanha, a França, a

---

[15] SOLOVIEV, ibidem, pág. 318.

Itália, a Espanha, tem um papel relevante na construção do Estado Democrático de Direito. No Brasil, essa reflexão sobre o sistema penal somente receberá a prioridade espiritual, cultural e social, que lhe é devido nas sociedades democráticas, quando a inteligência nacional estiver esclarecida sobre a necessária fundamentação filosófica da punição.

— XV —

A repersonalização do direito civil em uma sociedade de indivíduos: o exemplo da questão indígena no Brasil*

JOSÉ CARLOS MOREIRA DA SILVA FILHO**

Sumário: 1. Introdução; 2. O debate de Valladolid e a questão da humanidade dos índios; 3. Francisco de Vitoria e a tese da infantilidade indígena; 4. A política indigenista brasileira e sua tradição orfanológica; 5. A dimensão existencial do sujeito; 6. Por um sujeito de direito existencial; 7. A virada paradigmática da Constituição de 1988: o reconhecimento da pluralidade étnica brasileira; 8. Considerações finais.

1. Introdução

A questão do sujeito tem despertado importantes caminhos de reflexão no pensamento jurídico contemporâneo. Seguindo o movimento generalizado de um repensar das teorias e das ciências, tais caminhos têm colocado em xeque as representações e conceitos até então assentes a respeito do tema. Uma dessas direções encontra guarida no âmbito jurídico-privatista, sendo designada pela expressão *repersonalização do Direito Civil.*[1] Tal senda revela pelo menos quatro grandes razões para ser considerada rica e promissora no debate da subjetividade jurídica.

---

* Versão reduzida do Trabalho apresentado no I Simpósio Internacional – O futuro da autonomia. Uma sociedade de indivíduos? – ocorrido na UNISINOS, em São Leopoldo/RS, de 21 a 24 de maio de 2007. Este artigo é resultado parcial do projeto de pesquisa "Pessoa Humana e Sujeito de Direito nas Relações Jurídico-Privadas: identidade e alteridade", coordenado pelo Prof. Dr. José Carlos Moreira da Silva Filho e financiado pela UNISINOS.

** Doutor em Direito das Relações Sociais pela Universidade Federal do Paraná – UFPR; Mestre em Teoria e Filosofia do Direito pela Universidade Federal de Santa Catarina – UFSC; Bacharel em Direito pela Universidade de Brasília – UnB; Professor do Programa de Pós-graduação em Direito e da Graduação em Direito da UNISINOS; Conselheiro da Comissão de Anistia do Ministério da Justiça.

[1] Explicando melhor tal tendência, Paulo Luiz Neto Lobo assinala que a "patrimonialização das relações civis que persiste nos códigos, é incompatível com os valores fundados na dignidade da pessoa humana, adotado pelas constituições modernas, inclusive pela brasileira (artigo 1, III). A repersonalização reencontra a trajetória da longa história da emancipação humana, no sentido de repor a pessoa humana como centro do direito civil, passando o patrimônio ao papel de coadjuvante, nem sempre necessário. (...) O desafio que se coloca aos civilistas é a capacidade de ver as pessoas em toda sua dimensão ontológica e, por meio dela, seu patrimônio. Impõe-se a materialização dos sujeitos de direitos, que são mais que apenas titulares de bens. A restauração da primazia da pessoa humana, nas relações civis, é a condição primeira de adequação do direito à realidade e aos fundamentos constitucionais". (LÔBO, Paulo Luiz Netto. Constitucionalização do direito civil. *Revista de Informação Legislativa,* Brasília, a. 36, n. 141, p. 103, jan./mar. 1999).

Em primeiro lugar, ela se aloja no clássico campo de discussão do tema no Direito, pois é especialmente com relação ao âmbito do Direito Civil que temas como sujeito de direito e direito subjetivo são tradicionalmente desenvolvidos. Em segundo lugar, projeta-se explicitamente o foco sobre a pessoa, abrindo-se um claro espaço para resgatar a reflexão filosófico-moral no Direito. Em terceiro lugar, a bandeira da repersonalização do Direito Civil indica a necessidade de ir além da noção de pessoa que predominou no jusnaturalismo moderno, apontando para uma noção que faça jus à dimensão concreta, histórica e relacional da pessoa humana. E, finalmente, tal direção articula-se fortemente com o surgimento e fortalecimento de um novo constitucionalismo, visceralmente comprometido, especialmente em países de capitalismo periférico como o Brasil, com a transformação da sociedade e com o aprimoramento da dimensão republicana e comunitária.

Neste artigo, iremos passar pelos quatro aspectos acima aludidos, mas guiados por uma temática bem específica e peculiar ao Brasil: os direitos indígenas. Parte-se aqui do pressuposto de que a questão indígena no Brasil é um *lócus* privilegiado para, entre nós, pensarmos o tema da subjetividade jurídica, inclusive considerando o campo do Direito Civil. As razões para tanto serão apresentadas no decorrer do texto.

2. O debate de Valladolid e a questão da humanidade dos índios

Comecemos com a constatação de que, quando interpretados pelo paradigma ocidental, do "homem branco e civilizado" (inclusive o jurídico), os índios não passam de "sub-sujeitos", incapazes de protagonizarem sua própria história. Das duas uma: ou não pertencem ao gênero humano ou então são sujeitos infantilizados e carentes de tutela. No primeiro caso, é preciso remeter a um fato marcante, normalmente omitido nas histórias contadas sobre o surgimento e a configuração do sujeito moderno e do universalismo do conceito de pessoa (e conseqüentemente do sujeito de direito):[2] o debate de Valladolid

---

[2] Segundo Enrique Dussel, uma história do sujeito moderno que não leve em conta o contexto periférico no qual surgiu é, no mínimo, incompleta e parcial. É o que o filósofo argentino acusa na conhecida obra de Charles Taylor "As fontes do *self*". Referindo-se a ela, afirma que "está escrita com maestria, com conhecimentos, com criadora maneira de obter novos resultados, mas é só uma exploração 'intrafilosófica' à qual falta uma história, uma economia e uma política. Esta limitação metodológica impedirá que o autor chegue a resultados mais críticos. Parece que o capitalismo, o colonialismo, a contínua utilização da violência ou a agressão militar não tem nenhuma importância". (DUSSEL, Enrique. *Ética da libertação* – na idade da globalização e da exclusão. Petrópolis: Vozes, 2000. p.67). Assim, considerar tão-somente o contexto interno da Europa e os termos dos seus pensadores centrais para identificar as fontes do sujeito, aplicando suas conclusões de modo universal é um procedimento chamado pelo autor de "eurocentrismo". "O 'eurocentrismo' consiste exatamente em constituir como *universalidade abstrata humana em geral* momentos da *particularidade* européia, a primeira particularidade de fato mundial (quer dizer, a primeira universalidade humana concreta). A cultura, a civilização, a filosofia, a subjetividade, etc. *moderno*-européias foram tomadas como a cultura, a civilização, a filosofia, a subjetividade, etc. *sem mais* (humano universal abstrata). Grande parte dos ganhos da modernidade não foram criatividade exclusiva do europeu, mas de uma contínua dialética de impacto e contra-impacto, efeito e contra-efeito, da Europa-centro e sua periferia, até no que poderíamos chamar de

em 1550 entre Juan Ginés de Sepúlveda e Bartolomé de Las Casas. Tal debate, conforme relata Todorov,[3] deu-se em função de o filósofo Ginés de Sepúlveda, conhecido humanista e erudito da época, não ter obtido a autorização para publicar o seu tratado favorável às guerras justas contra os índios. Sendo assim, solicitou a apreciação de uma Junta de doutos, juristas e teólogos, formada na cidade de Valladolid. Para sustentar a tese oposta, prontificou-se o frei dominicano Bartolomé de Las Casas, conhecido pela defesa veemente que fez, durante boa parte de sua vida, em relação à causa dos índios assolados pelos exércitos espanhóis. Tal veemência, como deixa transparecer em seus escritos,[4] é fruto de uma série de experiências diretas (fazia meio século que Las Casas já estava na América), como capelão das expedições espanholas, no presenciar de massacres e extermínios fúteis e banais contra aldeias atônitas e indefesas.

A leitura do tratado de Sepúlveda durou três horas, ao passo que a leitura dos argumentos de Las Casas[5] durou cinco dias. Sepúlveda sustentava a inferioridade dos indígenas a partir do pensamento de Aristóteles sobre a condição dos escravos.[6] Ele era grande conhecedor dos textos de Aristóteles, tendo inclusive traduzido alguns, e entre eles a *Política*. Assim, Sepúlveda argumentava

---

a própria constituição da subjetividade moderna enquanto tal". (grifos do autor) (Ibid., p. 69). Interessante perceber que alguns dos temas centrais que caracterizam o pensamento europeu moderno já povoavam as questões específicas das relações entre europeus e indígenas. Observa Lewis Hanke, tratando mais especificamente da América espanhola, que as "Leyes de Burgos de 1512 fueron el primer fruto de los sermones pronunciados en 1511 por Montesinos" – as Leis de Burgos foram regras que estabeleciam a necessidade de tratamento mais ameno para os índios escravizados, e sua promulgação se deu como conseqüência da atuação do Frei dominicano Antonio de Montesinos – "Pero la cosa no acabó aquí. Otros pensadores españoles, ahora que el problema había sido ofrecido a su atención, comenzaron a preguntarse si España, después de todo, tenía justo título para gobernar las Índias. Estos pensadores escribieron tratados en que fueron mucho más allá de la polémica de Burgos sobre las leyes adecuadas que habían de redactarse para el buen tratamiento de los indios. Se dedicaron a las cuestiones políticas fundamentales planteadas por el descubrimiento de América, y con ello contribuyeron a formular las leyes básicas que rigen las relaciones entre las naciones, más de un siglo antes de que Grocio publicase su estudio *sobre la libertad de los mares*". (HANKE, Lewis. *La lucha por la justicia en la conquista de América*. Madrid: Istmo, 1988. p.39). Do mesmo modo, Dussel observa que o domínio instrumental da natureza na filosofia cartesiana já havia sido precedido pela ação conquistadora no "novo mundo". Assim, o *"ego cogito*, como vimos, já diz também relação a uma proto-história do século XVI, que se expressa na ontologia de Descartes, mas que não surge do nada. O *ego conquiro* (eu conquisto), como um 'eu prático', a antecede. Fernando Cortés, em 1521, antecede o *Le discours de la méthode* (1636) em mais de um século, como já dissemos. Descartes estudou em La Flèche, colégio jesuíta, orden religiosa de ampla implantação na América, África e Ásia nesse momento – além disso, Descartes está em Amsterdã desde 1629, como observamos acima. No entanto, o 'bárbaro' não foi considerado como o contexto obrigatório de toda reflexão sobre a subjetividade, a razão, o *cogito*". (Ibid.).

[3] TODOROV, Tzvetan. *A conquista da América* – a questão do outro. São Paulo: Martins Fontes, 1993. p.148-149.

[4] Ver os impressionantes relatos contidos em uma espécie de panfleto escrito por Las Casas e publicado pela primeira vez em 1552 em Sevilha: LAS CASAS, Bartolomé de. *Brevíssima relação da destruição das Índias*: o paraíso destruído: a sangrenta história da conquista da América espanhola. 5. ed. Porto Alegre: L&PM, 1991.

[5] Presentes nas 550 páginas em latim, divididas em 63 capítulos, do seu arrazoado contra o *Democrates alter* de Sepúlveda, e que se intitulava *Argumentum apologiae*.

[6] Hanke argutamente observa que o argumento de que um grupo social mereça a guerra e a violência como modo de lidar com sua natural rudeza e primitivismo é sempre invocado nas ações colonizadoras e imperialistas (op.cit., p.354-355).

pela natural inferioridade dos indígenas diante da maior "racionalidade" com a qual os espanhóis se guiavam.[7]

Interessante perceber, igualmente, que Sepúlveda antecipou em mais de um século o argumento de John Locke sobre o legítimo despojamento dos bens indígenas, especialmente de suas terras. Segundo Locke, por não utilizarem racionalmente a sua propriedade, os índios norte-americanos desobedeciam a lei natural de Deus que proibia o desperdício da propriedade privada (já que não "utilizavam" todas as suas terras). Ao incorrerem nesta desobediência confeririam legitimidade à usurpação de sua propriedade por parte dos colonizadores ingleses.[8] Sepúlveda, por sua vez, recomendava a usurpação dos bens indígenas como o resultado da guerra justa que se deveria mover contra eles em função de sua rudeza e inferioridade. Um sinal desta inferioridade, inclusive, seria o fato de não encarnarem a lógica do sujeito proprietário, seja por não terem bens individuais, seja por não administrarem tais bens a partir de uma autonomia e liberdade próprias, submetendo tudo ao seu rei.[9]

Las Casas, a seu turno, ousadamente afirmou que Sepúlveda, famoso pelo seu conhecimento das obras de Aristóteles, não tinha entendido em absoluto o Estagirita e a sua teoria da escravidão. Aduziu que Aristóteles previa três tipos

---

[7] Nas próprias palavras de Sepúlveda: "Y así, en un solo hombre se puede ver el imperio heril que el alma ejerce sobre el cuerpo, la potestad civil y regia que el entendimiento ó la razón ejercen sobre el apetito, por donde se ve claramente que lo natural y justo es que el alma domine al cuerpo, que la razón presida al apetito, al paso que la igualdad entre los dos ó el dominio de la parte inferior no puede menos de ser perniciosa para todos. A esta ley están sometidos el hombre y los demás animales. Por eso las fieras se amansan y se sujetan al imperio del hombre. Por eso el varón impera sobre la mujer, el hombre adulto sobre el niño, el padre sobre sus hijos, es decir, los más poderosos y más perfectos sobre los más débiles ó imperfectos. Esto mismo se verifica entre unos y otros hombres; habiendo unos que por naturaleza son señores, otros que por naturaleza son siervos". (SEPÚLVEDA, Juan Ginés de. *Demócrates segundo o De las justas causas de la guerra contra los indios*. Prólogo, Tradução e Edição de Marcelino Menéndez y Pelayo. Disponível em: http://www.cervantes virtual.com/servlet/SirveObras/12593394228031524198624/p0000001.htm. Acesso em 05 maio 2007

[8] Ver este argumento com maior detalhe em: HINKELAMMERT, Franz J. La inversión de los derechos humanos: el caso de John Locke. In: HERRERA FLORES, Joaquín (Ed). *El vuelo de anteo* – derechos humanos y crítica de la razón liberal. Bilbao: Editorial Desclée de Brouwer, 2000. p.79-113; e SILVA FILHO, José Carlos Moreira da. John Locke. In: BARRETTO, Vicente (coord.). *Dicionário de filosofia do direito*. São Leopoldo: UNISINOS; Rio de Janeiro: Renovar, 2006. p. 541-545.

[9] Eis o que Sepúlveda escreveu a respeito: "Y por lo que toca al modo de vivir de los que habitan la Nueva España y la provincia de Méjico, ya he dicho que á estos se les considera como los más civilizados de todos, y ellos mismos se jactan de sus instituciones públicas, porque tienen ciudades racionalmente edificadas y reyes no hereditarios, sino elegidos por sufragio popular, y ejercen entre sí el comercio al modo de las gentes cultas. Pero mira cuánto se engañan y cuánto disiento yo de semejante opinión, viendo al contrario en esas mismas instituciones una prueba de la rudeza, barbarie é innata servidumbre de estos hombres. Porque el tener casas y algún modo racional de vivir y alguna especie de comercio, es cosa á que la misma necesidad natural induce, y sólo sirve para probar que no son osos, ni monos, y que no carecen totalmente de razón. Pero por otro lado tienen de tal modo establecida su república, que nadie posee individualmente cosa alguna, ni una casa, ni un campo de que pueda disponer ni dejar en testamento á sus herederos, porque todo está en poder de sus sectores que con impropio nombre llaman reyes, á cuyo arbitrio viven más que al suyo propio, atenidos á su voluntad y capricho y no á su libertad; y el hacer todo esto no oprimidos por la fuerza de las armas, sino de un modo voluntario y espontáneo es señal certísima del ánimo servil y abatido de estos bárbaros". (Ibid). Embora no trecho citado acima, Sepúlveda dê a impressão de que inclua os indígenas no gênero humano, ao dizer que não são macacos, em outras passagens afirma de modo claro que eles seriam sim uma espécie assemelhada aos macacos.

de bárbaros: os que tinham comportamento e opiniões estranhas, mas possuíam uma maneira decente de viver e capacidade para governar a si próprios; os que não tinham escrita; e os que eram rudes, primitivos, viviam sem leis e se igualavam às feras. Somente o terceiro tipo de bárbaros eram os escravos por natureza, e todo o esforço de Las Casas foi mostrar que os índios não se incluíam entre estes.[10] Grande parte de sua *Apologética* contém relatos de costumes e aspectos da vida dos índios com os quais conviveu, nos quais Las Casas procura destacar características virtuosas e racionais: a sua beleza, bom governo, economia doméstica, bons sentimentos, religiosidade, etc. Tais aspectos eram até mesmo superiores aos dos povos antigos: os templos de Yucatã eram mais admiráveis que as pirâmides do Egito; a religiosidade era maior que a dos gregos e romanos; os indígenas eram superiores no modo de educar e criar seus filhos.

Embora os juízes nunca tenham manifestado seus pareceres, o fato é que enquanto Las Casas publicou e falou o que quis durante toda a sua vida, Sepúlveda nunca obteve autorização para publicar os seus escritos. O livro de Sepúlveda que motivou a formação da Junta de Valladolid só foi publicado em 1892. De todo o modo, após uma breve interrupção, as conquistas espanholas continuaram e o tema da guerra justa nunca foi adequadamente resolvido (como, inclusive, se vê até os dias de hoje). Mas algo se pode claramente extrair do episódio e, em especial, da atuação de Las Casas:

> (...) al hablar Las Casas en Valladolid a favor de los indios americanos, su larga y complicada argumentación tenía también otra utilidad. Fortaleció a todos aquellos que en su tiempo y en los siglos que siguieron trabajaron con la creencia de que todos los pueblos del mundo son hombres – no hombrecillos, ni medio hombres que deben hacer lo que otros les manden, sino hombres.[11]

3. Francisco de Vitoria e a tese da infantilidade indígena

Além de Las Casas, houve outros grandes personagens que, com a sua palavra, buscaram frear a violência e a ganância dos espanhóis para com os índios. Um outro nome bem conhecido é o do dominicano Francisco de Vitória, morto alguns anos antes do célebre debate de Valladolid. De modo contundente em seus escritos, argumentou que a guerra contra os índios não poderia ser movida de modo indiscriminado. Nem o papa nem o imperador poderiam impor suas leis e domínio sem que para isto houvesse justo motivo (e muitas razões consideradas suficientes na época não o eram para Vitória, como, por exemplo, o fato de o imperador ser o senhor de toda a terra, ou o fato de o

---

[10] Como bem observa Hanke, não é que Las Casas admitisse a possibilidade de homens que fossem escravos por natureza, mas sim que estrategicamente procurou uma linha de argumentação que não contrariasse a autoridade indiscutível de Aristóteles na época, sem falar que combater nos próprios termos do argumento oposto revelava-se uma eficiente estratégia de argumentação. (Hanke, op.cit., p.367-371).

[11] Ibid., p.377.

papa deter o poder temporal). Assim, apoiado em sua concepção do direito das gentes (Vitória é considerado um dos grandes precursores do direito internacional), o frei entendia que não era lícito aos indígenas impedir o livre acesso dos espanhóis às suas terras, desde que estes não lhes causassem danos. Era preciso manter uma lei internacional de reciprocidade que permitisse inclusive o comércio entre os diferentes povos.[12] Por outro lado, os espanhóis também poderiam de modo legítimo mover a guerra contra os índios para salvar indígenas condenados a sacrifícios humanos ou a rituais canibalísticos e, igualmente, proteger os que haviam se convertido à fé cristã e invocassem a proteção contra os seus próprios reis.

O mais significativo, contudo, é que na argumentação de Vitória emerge uma outra categoria na qual os indígenas passaram a ser inseridos: não mais bestas e feras inumanas, mas sim homens com pouca instrução e aprisionados em um estágio infantil, sendo, pois, até uma questão de caridade cristã instruí-los, tutelá-los e governá-los.[13] Esta noção irá espalhar-se aos quatro ventos e

---

[12] Em suas duas primeiras proposições sobre a justificativa da guerra contra os índios, em sua famosa obra intitulada *De Indis et de Ivre Belli Relectiones*, Vitória escreve o seguinte: "(...) it was permissible from the beginning of the world (when everything was in common) for any one to set forth and travel wheresoever he would. Now this was not taken away by the division of property, for it was never the intention of peoples to destroy by that division the reciprocity and common user which prevailed among men, and indeed in the days of Noah it would have been inhumane to do so. (...) The Spaniards may carry on trade among the Indian aborigines, so long as they do no harm to their own country, by importing the goods which the aborigines lack, etc., and taking away gold and silver and other articles in which the Indians abound; and the princes of the Indians can not prevent their subjects from trading with the Spaniards, etc". (VITORIA, Francisco de. *De Indis et de Ivre Belli Relectiones*. Translated by John Pawley Bate and edited by Ernest Nys. Disponível em: http://www.constitution.org/victoria/victoria_4.txt . Acesso em 05 maio 2007). Tradução nossa: "(...) era permitido desde o começo do mundo (quando tudo era comum) a qualquer um iniciar uma jornada e viajar a qualquer lugar. Agora, isto não foi eliminado pela divisão da propriedade, pois nunca foi intenção dos povos destruir, mediante aquela divisão, a reciprocidade e o uso comum que prevaleceu entre os homens, e, de fato, nos dias de Noé seria desumano fazê-lo. (...) Os espanhóis podem continuar comerciando entre os índios aborígenes, desde que não façam mal ao seu país, mediante a importação das mercadorias que faltam aos aborígenes, etc., e retirar ouro e prata e outros artigos que abundam entre os índios; e o príncipe dos índios não pode impedir seus súditos de comerciarem com os espanhóis, etc".

[13] A respeito do que seria, em seu *De Indis*, a última justificativa ou título pelo qual os espanhóis poderiam de modo legítimo mover a guerra contra os índios, Vitória não demonstra estar muito certo, mas, de todo o modo, acaba por lançar a idéia, podendo igualmente perceber-se a convicção sobre a inferioridade indígena em outras justificativas ao longo do texto. Eis, literalmente, sua proposição: "There is another title which can indeed not be asserted, but brought up for discussion, and some think it a lawful one. I dare not affirm it at all, nor do I entirely condemn it. It is this: Although the aborigines in question are (as has been said above) not wholly unintelligent, yet they are little short of that condition, and so are unfit to found or administer a lawful State up to the standard required by human and civil claims. Accordingly they have no proper laws nor magistrates, and are not even capable of controlling their family affairs; they are without any literature or arts, not only the liberal arts, but the mechanical arts also; they have no careful agriculture and no artisans; and they lack many other conveniences, yea necessaries, of human life. It might, therefore, be maintained that in their own interests the sovereigns of Spain might undertake the administration of their country, providing them with prefects and governors for their towns, and might even give them new lords, so long as this was clearly for their benefit. I say there would be some force in this contention; for if they were all wanting in intelligence, there is no doubt that this would not only be a permissible, but also a highly proper, course to take; nay, our sovereigns would be bound to take it, just as if the natives were infants. The same principle seems to apply here to them as to people of defective intelligence; and indeed they are no whit or little better than such so far as self-government is concerned, or even than the wild beasts, for their food is not more

ditará em grande parte o modo pelo qual a civilização ocidental pautará sua compreensão e suas relações com os indígenas. Assim como Vitória foi o responsável por fornecer a base jurídica para as guerras contra os índios,[14] sua noção quanto à *infantilidade* indígena pautará uma tendência que até aqui prevaleceu quanto à compreensão jurídica das *pessoas* dos indígenas: o de que elas não possuem capacidade plena para exercer os atos da vida civil, o de que elas são relativamente ou totalmente incapazes, o de que elas necessitam da tutela do Estado, o de que elas só atingirão a capacidade plena e poderão ingressar no seleto grupo dos sujeitos de direito no pleno gozo de suas capacidades quando forem *integradas* à civilização.

pleasant and hardly better than that of beasts. Therefore their governance should in the same way be entrusted to people of intelligence. There is clear confirmation hereof, for if by some accident of fortune all their adults were to perish and there were to be left boys and youths in enjoyment, indeed, of a certain amount of reason, but of tender years and under the age of puberty, our sovereigns would certainly be justified in taking charge of them and governing them so long as they were in that condition. Now, this being admitted, it appears undeniable that the same could be done in the case of their barbarian parents, if they be supposed to be of that dullness of mind which is attributed to them by those who have been among them and which is reported to be more marked among them than even among the boys and youths of other nations. And surely this might be founded on the precept of charity, they being our neighbors and we being bound to look after their welfare. Let this, however, as I have already said, be put forward without dogmatism and subject also to the limitation that any such interposition be for the welfare and in the interests of the Indians and not merely for the profit of the Spaniards". (Ibid). Tradução nossa: "Há um outro título que não pode, de fato, ser afirmado, mas trazido à discussão, e alguns pensam que ele é lícito. Eu não ouso afirmá-lo, nem inteiramente condená-lo. Ei-lo: Embora os aborígenes em questão não sejam (como foi dito acima) totalmente ininteligentes, eles são um pouco limitados nesta condição, e assim são inúteis para fundar ou administrar um Estado legal no padrão requerido pelas demandas humanas e civis. Portanto, eles não têm leis apropriadas nem magistrados, e não são capazes até mesmo de controlar seus assuntos familiares; eles não têm qualquer literatura ou artes, não apenas as artes liberais, mas também as artes mecânicas; eles não têm agricultura cuidadosa e não têm artesãos; e carecem de muitas outras conveniências necessárias à vida humana. Pode ser mantido, portanto, que os soberanos da Espanha podem, no interesse deles, se fazerem responsáveis pela administração do seu país, provendo-os de prefeitos e governadores para suas cidades, podendo até dar a eles novos senhores, desde que isto seja claramente para o seu benefício. Eu diria que há alguma força nesta opinião; pois se eles fossem todos insuficientes em inteligência, não há dúvidas de que isto não só seria um permissível como também um altamente adequado rumo a ser seguido; mais ainda, nossos soberanos seriam compelidos a tomá-lo, como se os nativos fossem crianças. O mesmo princípio parece aplicar-se aqui a eles e às pessoas de inteligência limitada; e, de fato, eles não são menos ou pouco melhores que estes, até onde se trate do auto-governo, ou até mesmo que as bestas selvagens, pois sua comida não é mais agradável e dificilmente melhor do que a das bestas. Portanto, seu governo deveria, do mesmo modo, ser confiado a pessoas de inteligência. Há clara confirmação disto, pois, se por um acidente do destino, todos os seus adultos perecerem e forem deixados meninos e jovens, naturalmente, com alguma razão, mas com tenras idades e abaixo da idade da puberdade, nossos soberanos seriam certamente justificados em tomar conta deles e governá-los até quando estiverem nesta condição. Agora, isto sendo admitido, parece inegável que o mesmo poderia ser feito no caso de seus pais bárbaros, se eles supostamente tiverem a estupidez mental a eles atribuída por aqueles que entre eles estiveram, e que é reportada como sendo mais marcante entre eles do que até mesmo entre os meninos e os jovens de outras nações. E certamente isto pode ser fundado no preceito da caridade, sendo eles nossos vizinhos e sendo nós compelidos a cuidarmos de seu bem-estar. Deixe-se isto, contudo, como eu já disse, ser apresentado sem dogmatismo e ser submetido também à limitação que qualquer interposição como esta seja para o bem-estar e no interesse dos índios e não meramente para o lucro dos espanhóis".

[14] Todorov não deixa de bem ressaltar este ponto: "Tornou-se um hábito ver em Vitória um defensor dos índios; mas, se interrogarmos o impacto de seu discurso, em vez das intenções do sujeito, fica claro que seu papel é outro: com o pretexto de um direito internacional fundado na reciprocidade, fornece, na verdade, uma base legal para as guerras de colonização, que até então não tinham nenhuma (em todo caso, nenhuma que resistisse a um exame um pouco mais sério)". (TODOROV, op.cit., p. 147).

4. A política indigenista brasileira e sua tradição orfanológica

A noção da infantilidade indígena, bem como a conseqüente necessidade de que fossem instruídos e tutelados (esta é a palavra), foi a tônica da política indigenista no Brasil até a Constituição de 1988. Como nos esclarece Rosane Freire Lacerda,[15] é mais precisamente a partir do ano de 1750, com o início da administração pombalina e com a transição do trabalho indígena servil para o assalariado, que se localiza a gênese da aplicação da *tutela orfanológica* aos índios.

Ao determinar a proibição da escravidão indígena, a legislação da época (composta de Leis e Alvarás) estabelecia uma série de restrições à capacidade civil dos índios.[16] Tal postura viria a ser assumida de modo ainda mais explícito no Brasil independente.[17] O governo imperial deu continuidade à política de miscigenação, esbulho territorial, presença constante de não-indígenas nos aldeamentos (espécie de unidades territoriais montadas e comandadas pelo governo para agrupar e manter os indígenas sob controle), e se desfez de inúmeras terras que eram tradicionalmente ocupadas pelos indígenas e que ficaram vazias pela migração forçada de seus habitantes aos aldeamentos. Não é preciso enfatizar que tal política levou uma série de povos ao extermínio e causou imensas perdas territoriais às comunidades indígenas remanescentes.

A Constituição republicana de 1891 não trazia, nos moldes da Constituição imperial, nenhuma referência aos indígenas. A tendência tutelar e assimilacionista, contudo, continuaria sendo implementada mediante decretos que tinham como finalidade a "catequese e civilização dos índios". É neste espírito

---

[15] Em brilhante dissertação de mestrado, orientada pelo Professor José Geraldo de Sousa Junior da Universidade de Brasília, Rosane Freire Lacerda, mediante importante pesquisa histórica e documental, evidencia que esta foi a principal diretiva, embora não a única, das políticas públicas desde a época da Colônia no Brasil, passando pelos esforços de Tomé de Souza, Men de Sá, Felipe III, Marquês de Pombal, D. Maria I, José Bonifácio de Andrada e Silva, D.Pedro I, a Regência Imperial, D.Pedro II, e não sendo muito diferente a partir da Proclamação da República (LACERDA, Rosane Freire. *Diferença não é incapacidade*: gênese e trajetória histórica da concepção da incapacidade indígena e sua insustentabilidade nos marcos do protagonismo dos povos indígenas e do texto constitucional de 1988. 2007. 550 f. (Dissertação de mestrado) – Curso de Pós-Graduação em Direito da Universidade de Brasília. Brasília. 2007). De lá para cá, mediante diferentes leis, os indígenas têm sido considerados infantis, havendo um giro de Copérnico, como se verá adiante, a partir da Constituição de 1988.

[16] A Lei de 6 de junho de 1755, além de proibir a escravidão dos índios, "mandava ainda castigar aqueles que, abusando da 'imbecilidade' dos índios, perturbassem os seus direitos territoriais. Para o êxito de sua civilização, seriam estimulados às práticas agrícolas, na perspectiva de que as relações 'com os habitantes dos lugares marítimos' para comercialização de tais produtos viesse a contribuir para o abandono dos seus bárbaros costumes'. E ao Governador e Capitão Geral caberiam cuidar de sua instrução civil, ao mesmo tempo que 'conservar a liberdade de suas pessoas, bens e comércio'". (LACERDA, op.cit., p.42).

[17] Esclarece Rosane Freire Lacerda que a legislação imperial procurava distinguir entre índios capazes e integrados à civilização e os que viviam em estado "primitivo", procurando atribuir somente para estes a tutela orfanológica. Contudo, na prática, como essas distinções eram muito nebulosas e não havia critérios estabelecidos para fazê-las, interpretou-se que todos os índios estariam sujeitos à tutela orfanológica, entendimento que predominou até a República. (Ibid., p.50).

que se constitui, em 1910, o Serviço de Proteção aos Índios e Localização de Trabalhadores Nacionais (SPILTN), comandado pelo General Cândido Mariano Rondon.

O Código Civil brasileiro de 1916, como se sabe, consagrará a idéia de tutela orfanológica dos indígenas, situando-os em uma espécie de limbo permanente da subjetividade jurídica ao determinar, em seu artigo sexto, que os "*silvícolas* são incapazes relativamente a certos atos ou a maneira de os exercer" (grifos nossos), e, no parágrafo único do mesmo artigo, que eles "ficarão sujeitos ao regime tutelar, estabelecido em leis e regulamentos especiais, o qual cessará à medida que se forem adaptando à civilização do País". A regulamentação especial veio em 1928, com o Decreto 5.484, que estabelece toda uma política pública de proteção e *incorporação* dos indígenas à sociedade.[18] O ideal integracionista e assimilacionista relativamente aos povos indígenas passaria também a fazer parte do projeto constitucional brasileiro nas Constituições de 1934, 1946, 1967 e 1969. E, finalmente, com a Lei Nº 6.001 de 19 de dezembro de 1973, mais conhecida por "Estatuto do Índio", a tutela orfanológica seria ainda mais enfatizada, na medida em que o escopo primeiro e declarado da lei era o de regular o regime de tutela previsto no Código Civil. Nessa altura, o órgão público diretamente responsável pelo exercício desta tutela era a Fundação Nacional do Índio (FUNAI), instituída em 1967, e a quem cabia a gestão dos bens indígenas, a representação ou assistência jurídica e a educação que almejasse a integração dos índios à sociedade nacional. O ideal assimilacionista, ademais, seria mantido pelo Estatuto do Índio que, em seu artigo 1º, estatui que ele "regula a situação jurídica dos índios ou silvícolas e das comunidades indígenas, com o propósito de preservar a sua cultura e integrá-los, progressiva e harmonicamente, à comunhão nacional". E quando tal integração ocorresse, inclusive, as terras ocupadas pelos indígenas, seriam devolvidas ao Estado.

O que se pode perceber com clareza em todo esse itinerário, aqui brevemente percorrido, é que os indígenas, ao longo das sucessivas leis brasileiras e das políticas públicas delineadas e colocadas em prática, foram sempre considerados de um modo assimilador, que desfaz de sua alteridade, levando-a em

---

[18] Interessante perceber que a inserção da questão indígena no Código Civil não tinha a anuência de Clóvis Bevilacqua, que não considerava ser aquele Código aplicável às sociedades indígenas, entendendo que estas deveriam ter um estatuto especial. Foi mediante a emenda Moniz Freire, no Senado Federal, que a questão acabou sendo incluída no texto do Código. Apesar disto, já havia um certo consenso de que os institutos de direito privado não eram adequados para tratar do tema, o que explica o surgimento, dez anos depois, da regulamentação especial. Sobre ela, observa Souza Filho que: "Apesar dos defeitos da lei com a classificação de índios a partir do ponto de vista do Estado brasileiro e os generaliza fazendo tabula rasa das diferenças étnicas, o grande avanço que ela oferece é justamente introduzir no sistema jurídico brasileiro a concepção de que as relações dos índios com a sociedade organizada sob o manto do Estado brasileiro é de natureza pública e não privada". (SOUZA FILHO, Carlos Frederico Marés de. *O renascer dos povos indígenas para o direito*. Curitiba: Juruá, 1998. p.101). Contudo, seja pela ineficiência burocrática ou até mesmo pela persistência no imaginário político de uma visão dos indígenas pautada pela noção de inferioridade, a tutela continuou a ser exercida e compreendida (e, diga-se de passagem, em muitos casos de modo lesivo e prejudicial aos tutelados) pelos órgãos públicos responsáveis pela questão indígena.

consideração apenas para demarcar a sua inferioridade. Tal atitude pode ser explicada por todo um desenvolvimento cultural e histórico de caráter uniformizante e etnocêntrico que perfaz a civilização ocidental. No que toca ao Direito, fruto sem dúvida deste mesmo desenvolvimento, tal atitude é visível no predomínio das categorias jurídicas universalizantes, abstratas e unificadoras, que padecem de uma grande dificuldade em lidar com a pluralidade e a diferença.[19] É exatamente isto que acontece com o clássico conceito de sujeito de direito.[20]

A invenção e sistematização da noção de sujeito de direito, levada a efeito pelo pensamento jusnaturalista moderno, foi, sem dúvida, um passo marcante na construção do direito moderno. Todavia, é preciso ir mais além desta noção, visto que ela é demasiada refém de um enfoque racional abstrato da pessoa e de sua versão jurídica, que não fazem jus à diversidade antropológica. Falta enfatizar uma dimensão existencial deste sujeito.

5. A dimensão existencial do sujeito

A partir da ontologia fundamental de Martin Heidegger é possível *dar um passo aquém* em relação ao sujeito racional e instrumentalizador que assumiu o protagonismo no pensamento moderno. Fala-se aqui em *um passo aquém*, pois ocorre o deslocamento de foco do ponto de partida no sujeito racional para a existência do homem. Isto quer dizer que, antes de se formar o pensamento e a consciência de si, existe algo que reclama a prioridade da análise, algo tão fundamental que, inclusive, nem pode ser totalmente delimitado e descrito pelo *logos*. Este *algo* é, ao mesmo tempo, o limite e a condição de possibilidade do homem enquanto tal, e, conseqüentemente, da sua racionalidade.

---

[19] Tratando mais diretamente da questão indígena, o jurista mexicano Jesus Antonio de La Torre Rangel assinala o mesmo ponto: "Los viejos conceptos de bien común y justicia son atrapados casi siempre en la ideología de la juridicidad dentro de la totalidad del modo de producción. Asi ha sucedido con el común y la justicia en el Derecho capitalista. Sin embargo, esos conceptos y su riqueza pueden ser recuperados por la filosofía jurídica, si su contenido es analizado desde *el otro como otro*, es decir, desde una consideración que parte de la Exterioridad del sistema.

Las luchas reivindicatorias de los indios anteponen para defensa de sus derechos su ser distinto, *su ser otro*, frente al dominador y su juridicidad. El apelar a un Derecho ancestral y a un Derecho que rompa con la lógica de la juridicidad de la modernidad, no es por considerar esos derechos con un valor intrínseco y inmanente, sino sólo en cuanto que representan un inicio de distinción a favor de ellos como *otro*.

(...) El Derecho perderá así su generalidad, su abstracción y su impersonalidad. El rosto del *otro* como clase alienada que provoca a la justicia, romperá la generalidad al manifestarse como distinto, desplazará la abstracción por la justicia concreta que reclama y superará la impersonalidad porque su manifestación es revelación del hombre con toda su dignidad personal que le otorga ser precisamente el *otro*.

Los indígenas, en sus luchas jurídico-políticas por la defensa de sus derechos, defienden ante todo su identidad, su ser *otro*. Por esa razón cuestionan y ponen en crisis el Derecho de la modernidad". (DE LA TORRE RANGEL, Jesus Antonio. *El derecho a tener derechos* – ensayos sobre los derechos humanos en México. Aguascalientes: CIEMA, 1998. p.46-47).

[20] Nesta altura, a versão original deste artigo abre um item para apresentar em linhas gerais as características do conceito de sujeito de direito, situando-o a partir dos principais autores jusnaturalistas que contribuíram para a sistematização do conceito (como Ockham, Grotius, Locke e Leibniz). No presente espaço, todavia, em função de seus limites, foi necessário suprimir este item.

Vamos começar com a constatação de que não somos totalmente responsáveis por quem somos, visto que ninguém escolhe e molda, de modo voluntário e consciente, suas referências iniciais de sentido, estados de ânimo e valores. Somos, então, *lançados* em nossa própria existência. A *compreensão*[21] e o *estado de ânimo*[22] nunca são algo de nossa total escolha, eles sempre se antecipam e constituem a condição de possibilidade da própria consciência.[23] O homem é lançado em um horizonte de sentido que não pode escolher ou controlar, visto que imerso na temporalidade, e tal horizonte delimita as possibilidades de sentido. O homem não existe antes das suas bases, mas sim *a partir* delas.

As ações pelas quais cada qual conduzirá sua vida, as inúmeras buscas de finalidades, conscientes ou não, que caracterizam o viver humano, este caráter projetante do *Dasein*,[24] enfim, o *projeto*, caracteriza sempre escolhas que são feitas a partir do horizonte de sentido que constitui cada subjetividade. O *projeto* indica o caráter de *poder-ser* do homem, ou seja, o fato de que, a partir do *mundo* que o constitui, abrem-se inúmeras possibilidades de ação, inúmeros projetos de vida. Todavia, a cada instante, somos chamados a realizar uma escolha, e esta escolha nos impõe um sacrifício: o de renunciar às possibilidades que ficaram fora da escolha. Isto nos mostra que não podemos nos confundir totalmente com os projetos nos quais nos envolvemos, pois eles não nos esgo-

---

[21] A *compreensão* (Verstehen), tratada no § 31 de *Ser e Tempo*, não diz respeito a alguma noção consciente, racional e teórica, mas sim ao sentido que os entes assumem a partir da nossa experiência pragmática e pré-reflexiva. É claro que as noções e conceitos produzidos pelo esforço teórico e pela ciência de um modo geral acabam por fecundar esta esfera pré-reflexiva, produzindo sentidos que são assumidos sem que se tenha, muitas vezes, consciência da sua origem teórica e científica. Parte-se sempre, portanto, de alguma compreensão, que é responsável pela abertura de sentido.

[22] Juntando-se à *compreensão* perfila-se o *estado de ânimo* (Befindlichkeit) na qualidade de um dos aspectos do *ser-em*. Este, por sua vez, indica um estado de familiaridade com o mundo. A noção de *ser-em* tenta nos explicar de que modo *somos-no-mundo*, de que maneira se configura este dado inicial e incontornável de que já somos, desde sempre, no *mundo*. Nessa direção, sobressaem-se quatro aspectos que estruturam este *ser-em*: a *compreensão*, o *estado-de-ânimo*, o *discurso* (Rede) e a *decaída* (Verfallen). O estado de ânimo, tratado no § 29 de *Ser e Tempo*, indica que cada ente é percebido não somente a partir de um sentido que ele assume em relação à pragmática experiência de finalidades que orienta nossas ações e pensamentos, mas também em relação a algum *humor* (Stimmung) ou ânimo que sempre acompanha este sentido e interfere na interpretação do ente em uma dada situação, a depender do fim para o qual se tende.

[23] John Richardson, no intuito de realizar uma introdução de *Ser e Tempo* ao leitor, explica de modo sumário e preciso esta idéia do *ser-lançado*: "(...) that more general predicament of Dasein which Heidegger refers to as *thrownness* [Geworfenheit]: we have always already been thrown into our world, and are indeed always 'in the thrown', which can never get back behind. Not only our moods, but even our understanding, is something we find ourselves already in, with no possibility of originally producing it". (RICHARDSON, John. *Existential epistemology* – a heideggerian critique of the cartesian project. Oxford: Clarendon Press, 1986. p.34). Tradução nossa: "(...) aquele predicado mais geral do Dasein ao qual Heidegger se refere como *ser-lançado* [Geworfenheit]: nós já somos sempre lançados para dentro do nosso mundo e somos sempre, de fato, 'no lançamento', do qual nunca podemos voltar atrás. Não só nosso estado de ânimo, mas até mesmo nossa compreensão, são alguma coisa na qual já nos encontramos inseridos, sem possibilidade de, originalmente, produzi-la".

[24] A famosa noção heideggeriana do *Dasein* (*ser-aí*) indica um substituto para a categoria do *sujeito* na filosofia, pois aponta para o homem sempre a partir do seu *aí*, sempre concebido em seu contexto existencial. Sobre as principais noções da filosofia de Martin Heidegger, já nos estendemos em outro trabalho: SILVA FILHO, José Carlos Moreira da. *Hermenêutica filosófica e direito*: o exemplo privilegiado da boa-fé objetiva no direito contratual. 2.ed. Rio de Janeiro: Lúmen Juris, 2006.

tam. Antes das determinações que eles trazem existe o momento em que nos projetamos para eles. Contudo, é fundamental ter claro que esta projeção se dá sempre a partir de uma existência, de um lançamento que não escolhemos, que é condição de possibilidade. Somos chamados então a assumir a responsabilidade por este nosso caráter lançado, que abre inúmeras possibilidades, mas das quais sempre escolheremos algumas.

Reforçando ainda mais essa nota existencial da subjetividade humana, percebe-se que os projetos que escolhemos (a partir do horizonte que não escolhemos) podem ser, a qualquer instante, interrompidos sem nenhuma explicação e sem que tenham sido completados. Tal ocorre tendo em vista que todos os homens, além de confrontarem o fato de não serem causadores de si mesmos, são também conscientes de sua mortalidade. A última possibilidade é a possibilidade de que não existam mais possibilidades. Este caráter de *ser-para-a-morte* torna ainda mais intenso o aspecto existencial humano, aumentando a responsabilidade das escolhas feitas, visto que não há tempo sobrando para explorar todas as possibilidades à nossa disposição.

Outro ponto importante relativo à estrutura do *ser-no-mundo* é o fato de que o *mundo* é sempre compartilhado com os outros (*ser-com*), demarcando que o sentido inaugural para cada um surge a partir de um compartilhamento com outros homens. E é graças a este fato que é possível iluminar para os outros aspectos do mundo em comum e vice-versa. Este *iluminar* o *comum* a partir de um *ser-com* é o que se chama de *discurso*.[25]

Viver com *autenticidade* é ter consciência desta dimensão finita e temporal da existência humana. E como não é fácil nem confortável confrontar este aspecto é que surge a figura da *decaída*,[26] segundo a qual nos deixamos absorver nas determinações e sentidos que os entes assumem e nos deixamos levar pelo que a opinião anônima de um certo senso comum tem como verdade. A *decaída* revela-se como uma fuga do confronto com nossos limites existenciais,[27] impedindo-nos de percebê-los como instância original e condição de possibilidade. Um claro exemplo de *decaída* está em insistirmos na definição tão-somente racional do homem, tal qual uma concepção abstrata e *a priori* desenvolvida pela modernidade que tende a abstrair o sujeito de sua própria existência. É muito mais cômodo partir do pressuposto de que podemos explicar a realidade com base em teorias seguras e imunes ao influxo do tempo. Diferentemente, uma concepção autêntica não pode deixar de perceber os limites existenciais, dando-se conta, inclusive, de que a própria teoria se dá a partir destes limites e que, portanto, ela nunca pode suplantá-los.[28]

---

[25] Ver § 34 de *Ser e Tempo*.

[26] Ver § 38 de *Ser e Tempo*.

[27] Esta fuga fica patente na tendência geral de se entreter com as questões imediatas, comezinhas e superficiais, não visualizando, vivendo e discutindo as grandes questões e projetos de vida, pois quando ampliamos o foco para este nível estamos muito mais perto de nos depararmos com nossos limites existenciais.

[28] Este é exatamente um dos pontos centrais que John Richardson procura destacar em seu estudo. É como se devêssemos usar o *logos* para denunciar o seu próprio limite e começarmos a nos abrir para o que está aquém

O *discurso*, portanto, ao assumir sua forma autêntica exorta as pessoas a reconhecerem em si e nos outros os limites existenciais que os constituem e, a partir deste reconhecimento, possibilitar a construção de uma *comunidade autêntica*.

É preciso, por fim, dentre esses limites existenciais, enfatizar a questão da alteridade, ainda que nos estreitos marcos deste artigo não se possa dar ao tema a profundidade que ele merece. Basta dizer, por ora, que, assim como o nosso *lançamento*, nosso caráter projetante e o nosso *ser-para-a-morte*, o *outro* também se revela algo que não pode ser aprisionado pela teoria ou descrito totalmente pelo *logos*. O *outro* é também condição de possibilidade do homem, e, ao mesmo tempo, denuncia sua finitude. Qualquer conceito que tente dar conta da alteridade ou delimitar os outros a partir de certas características não faz jus à incomensurabilidade do *rosto*[29] do *outro*.

Diante de tantos limites, como podemos nos satisfazer apenas com uma apreensão conceitual e padronizante dos sujeitos? Será que não haveria lugar, em meio às categorias lógicas e precisas da dogmática jurídica, para uma dimensão de incerteza dos sujeitos, que não sufoque sua alteridade e o seu caráter existencial?

6. Por um sujeito de direito existencial

Quando, no seio do Direito Civil, se fala em uma repersonalização é preciso que, antes de tudo, se perceba que a pessoa, ao ser considerada titular de direitos e capaz de deveres e obrigações, não pode ser tida simplesmente en-

---

e além, daí a importância da fenomenologia. "The truth of phenomenology, then, will consist in its capacity to 'light up' for its student those aspects of his Being that falling has inclined him to avoid. The reader must be helped to turn himself towards, to confront directly, those features of his Being that he has previously fled; in particular and most crucially, he must confront the nullities fundamental to that Being, which are the original motives for flight from it. (...) Phenomenology finds its point in directing its student towards authenticity, and it is the latter, and not any theoretical system, that constitutes the existential understanding at which the former ultimately aims". (RICHARDSON, *op.cit.*, p.194). Tradução nossa: "A verdade da fenomenologia, portanto, vai consistir em sua capacidade de 'iluminar' para o seu estudioso aqueles aspectos do seu Ser que a decaída o inclinou a evitar. O leitor deve ser ajudado a virar-se para, a confrontar diretamente, aquelas características do seu Ser das quais ele previamente havia fugido; em particular e mais crucialmente, ele deve confrontar as nulidades fundamentais àquele Ser, que são os motivos originais de se fugir dele. (...) A fenomenologia encontra o seu ponto ao direcionar seu estudioso para a autenticidade, e é esta, e não qualquer sistema teórico, que constitui a compreensão existencial à qual aquela visa afinal". As "nulidades" das quais o autor trata aqui dizem respeito aos limites existenciais indicados acima.

[29] O *rosto* (*Visage*) é uma importante noção de Levinas que procura demarcar a presença do *outro* sem que ela seja subsumida em alguma representação. O *rosto* indica uma realidade totalmente diferente e misteriosa, que só pode ser *encontrada* e não representada. "O rosto está presente na sua recusa de ser conteúdo. Neste sentido, não poderá ser compreendido, isto é, englobado. Nem visto, nem tocado – porque na sensação visual ou táctil, a identidade do eu implica a alteridade do objeto que precisamente se torna conteúdo. (...) A relação entre Outrem e eu que brilha na sua expressão não desemboca nem no número nem no conceito. Outrem permanece infinitamente transcendente, infinitamente estranho, mas o seu rosto, onde se dá a sua epifania e que apela para mim, rompe com o mundo que nos pode ser comum e cujas virtualidades se inscrevem na nossa *natureza* e se desenvolvem também na nossa existência". (LEVINAS, Emmanuel. *Totalidade e infinito*. Lisboa: Edições 70, 1988. p.173).

quanto um universal racional, mas, também e paradoxalmente, como um particular concreto. Existem inúmeros aspectos reais da vida em relação que ficam de fora dos recortes funcionais e abstratos da teoria jurídica,[30] e que só podem ser percebidos na dimensão concreta da existencialidade.

Uma análise jurídica que faça jus à noção de dignidade da pessoa humana, entendida nos patamares temporais e finitos aqui perfilados, não pode contentar-se com um recorte meramente funcional do sujeito nas relações jurídicas.[31]

Em artigo instigante que tenta remeter o leitor para além dos estreitos limites do sujeito de direito moderno, dando especial destaque ao tema da alteridade no Direito, Roberto Aguiar assinala que:

> As críticas sobre a despersonalização que o discurso científico suscita também podem ser estendidas ao discurso jurídico, que é um dever-ser, um saber de controle, que corre o risco de despersonalizar e que forclui o outro como estratégia de funcionamento e de racionalização de seus procedimentos. Assim, há necessidade de abstrair o outro, de torná-lo apenas um elemento na sintaxe das relações jurídicas, retirando a possibilidade de realização de uma efetiva alteridade, de uma abertura do mesmo para o outro, ou da constituição de valores no afrontamento com o rosto do outro.
>
> (...) A crescente descorporificação do ser humano possibilita, na atualidade, a maior fluidez dos controles sociais, pois, além de abstraí-lo, torna-o mais apto para sofrer considerações quantitativas, menos sensíveis, com pretensão à objetividade e estatuto de verdade. O sujeito de direitos de nosso Código Civil é a expressão mais acabada dessa visão. Não mais o cidadão e seus dramas e demandas, não mais a sociedade clivada por assimetrias de todos os gêneros, mas o particular descarnado, anônimo, que chega a se confundir, apesar da separação, com as pessoas jurídicas. É nesse momento que a normatividade oficial se expressa em contradição com o sujeito concreto, pertencente ao mundo do dado.[32]

Um ótimo exemplo para demonstrar os limites da concepção abstrata e racional do sujeito de direito moderno é o da questão indígena. Desde o início deste artigo, restou patente a dificuldade e a violência em se procurar compre-

---

[30] Essa característica seletiva, excludente e de caráter abstrato é destacada sobremaneira por Luiz Edson Fachin em relação ao Direito Civil, constituindo um dos argumentos centrais de seu conhecido trabalho *Teoria Crítica do Direito Civil*. Eis um trecho ilustrativo: "O sistema artimanhado, de tal sorte competente, atribuiu a si próprio o poder de dizer o Direito, e assim fazendo, delimitou com uma tênue, mas eficaz lâmina, o direito do não-Direito; por essa via, fica de fora do sistema o que a ele não interessa, como as relações indígenas sobre a terra; o modo de apropriação não exclusivo dos bens; a vida em comunhão que não seja a do modelo dado". (FACHIN, Luiz Edson. *Teoria crítica do direito civil*. Rio de Janeiro: Renovar, 2000. p.213).

[31] Neste viés, o sujeito é visto como um dos elementos necessários da relação jurídica. Como bem assinala Hattenhauer, a noção de relação jurídica, desenvolvida na Pandectística alemã, já não considera mais decisiva a discussão filosófica sobre o conceito de pessoa e a sua projeção jurídica para a idéia de sujeito de direito. O sujeito passa a ser percebido em sua funcionalidade esquemática, para a qual as caracterizações concretas e peculiares são irrelevantes. Ver: HATTENHAUER, Hans. *Conceptos fundamentales del Derecho Civil* – introducción histórico-dogmática. Barcelona: Ariel, 1987. p.19-20; e artigo de nossa autoria no qual este aspecto é mais comentado e aprofundado: SILVA FILHO, José Carlos Moreira da. Pessoa humana e boa-fé objetiva nas relações contratuais: a alteridade que emerge da ipseidade. In: COPETTI, André; ROCHA, Leonel Severo; STRECK, Lênio Luiz (orgs.) *Constituição, sistemas sociais e hermenêutica*: programa de pós-graduação em direito da UNISINOS: Mestrado e Doutorado: Anuário 2005. Porto Alegre: Livraria do Advogado, 2006. p.113-136.

[32] AGUIAR, Roberto A. R. de. Alteridade e rede no Direito. *Veredas do Direito*, Belo Horizonte, v.3, n.6, p.25, 26 e 32, jul./dez. 2006.

ender os povos indígenas e suas especificidades a partir tão-somente da noção racionalista moderna de sujeito e de sua conseqüente faceta instrumentalizadora e proprietária.

Atualmente, o Direito brasileiro, em especial a partir da Constituição de 1988, se vê continuamente confrontado com o desafio de assumir visceralmente as conseqüências de uma pluralidade étnica e a exortar os seus intérpretes e atores a escaparem da visão padronizante do sujeito de direito tradicional. É preciso cultivar um espaço no qual as peculiaridades concretas e existenciais dos diferentes sujeitos que compõem o todo social possam se expressar e serem reconhecidas a partir de si mesmas.[33] Tal desiderato fica evidente no caso dos direitos dos povos indígenas no Brasil.

7. A virada paradigmática da Constituição de 1988: o reconhecimento da pluralidade étnica brasileira

Partiria dos próprios indígenas brasileiros, apoiados por organizações como o Conselho Indigenista Missionário (CIMI), as ações decisivas para mudar radicalmente o cenário da política indigenista brasileira e, especialmente, de seus fundamentos jurídico-constitucionais. Este novo cenário teve como gênese marcante a criação da União das Nações Indígenas (UNI) em 1980, que, a partir de então, começou a empreender inúmeras ações de articulação e pressão junto aos órgãos públicos responsáveis pela questão indígena, tais como retomadas de terras, ocupações de sedes de administrações da FUNAI e realização de assembléias e manifestações.

É com esse espírito e empenho que a UNI exercerá uma verdadeira marcação cerrada ao longo de todo o processo constituinte que culminou na promulgação do texto constitucional em 05 de outubro de 1988, enviando e discutindo propostas; tentando conseguir uma representação indígena na Assembléia Nacional Constituinte (o que, infelizmente não ocorreu); comparecendo em Brasília para acompanhar as votações e discussões e também pressionar e conversar pessoalmente com os deputados constituintes, passando por quase todos os gabinetes; realizando pajelanças, danças, rituais e pinturas corporais, realizando discursos contundentes (como foram os do Cacique Raoni Mentuktire); entre outras ações.[34] "Pela primeira vez na história do País e do

---

[33] Neste particular e a propósito do tema do multiculturalismo, Charles Taylor chama a atenção para o fato de que, na sociedade contemporânea, já que a identidade deixou de ser firmada por referência a uma ordem cósmica ou divina dada e pressuposta, o reconhecimento passou a ser um problema, algo que precisa ser negociado com os outros membros da sociedade. O não reconhecimento ou o reconhecimento incorreto revela-se uma ofensa e uma ameaça à própria sobrevivência da identidade que se busca afirmar, porquanto induz a uma autodepreciação. Ver: TAYLOR, Charles. A política de reconhecimento. *In*: TAYLOR, Charles, APPIAH, K. Anthony *et al. Multiculturalismo*. Lisboa: Piaget, 1998. p. 45-94.

[34] Em seu estudo, Rosane Freire Lacerda nos brinda com um relato rico e minucioso de todo este processo, mostrando que não foi de graça a conquista dos povos indígenas do Brasil consolidada no tratamento jurídico inédito proporcionado pela nova Constituição, visto que tiveram de enfrentar não só a oposição da própria

processo constituinte brasileiro, a participação indígena numa elaboração normativa havia ocorrido, e de forma exitosa".[35]

Assim, o novo texto constitucional acaba por romper com o paradigma assimilacionista[36] e adota o do reconhecimento da pluralidade étnica do Brasil. Assim reza o *caput* do art. 231 da Constituição Federal: "São reconhecidos aos índios sua organização social, costumes, línguas, crenças e tradições, e os direitos originários sobre as terras que tradicionalmente ocupam, competindo à União demarcá-las, proteger e fazer respeitar todos os seus bens".

O dispositivo deixa claro que a especificidade indígena não consiste em uma inferioridade a ser corrigida com a tutela orfanológica, que seria progressivamente afastada na medida da assimilação cultural pela "civilização". Trata-se de reconhecer os povos indígenas brasileiros a partir de sua alteridade e identidades culturais, o que implica, inclusive, não simplesmente em conferir um direito, mas sim em reconhecê-lo como pré-existente ao próprio Estado brasileiro.

Além disso, estabelece o artigo seguinte, o 232, que "os índios, suas comunidades e organizações são partes legítimas para ingressar em juízo em defesa de seus direitos e interesses, intervindo o Ministério Público em todos os atos do processo".

Este dispositivo deixa mais cristalino ainda o fato de que não se trata de perceber o indígena como um ser infantil que necessita de tutela e que deve ser representado por órgãos como a FUNAI, mas sim que os povos indígenas são sujeitos de sua própria história e possuem capacidade jurídica plena. É claro, porém, que em função de suas especificidades culturais, e até mesmo da histórica opressão, marginalização e, por que não dizer, dizimação que sofreram no processo de constituição e formação do Estado brasileiro, carecem de proteção, assessoramento e regras especiais para que não tenham seus direitos fundamentais e sua dignidade desrespeitados e desprezados. Mas isto está muito longe de se continuar reproduzindo a visão pejorativa e preconceituosa da sua incapacidade, infantilidade e inferioridade, a serem "sanadas" mediante a assimilação aos padrões "civilizatórios".[37]

FUNAI à sua participação, mas também o preconceito de constituintes e de parte da imprensa que viam no argumento da pluralidade étnica e do reconhecimento da diversidade e especificidade indígena uma espécie de submissão da soberania nacional a forças ocultas multinacionais. (LACERDA, *op.cit.*, p.98-148).

[35] Ibid., p.145.

[36] A Constituição anterior, em seu artigo 8, inciso XVIII, estabelecia que competia à União legislar sobre "a incorporação dos silvícolas à comunhão nacional".

[37] Faz parte ainda deste artigo a narração de uma situação específica em Porto Alegre que serve como uma luva para ilustrar os aspectos aqui comentados. Trata-se do caso do Morro do Osso, cujo conflito estabelecido entre uma comunidade de índios Kaingang e o município de Porto Alegre, já deflagrado nas vias judiciais, evidencia tanto o modo tradicional e etnocêntrico de os atores jurídicos lidarem com a questão, como o modo plural e que ultrapassa o enfoque padronizante do sujeito de direito. É o que se vê neste caso na comparação entre as leituras de dois diferentes juízes que se manifestaram sobre o caso. Contudo, no breve espaço deste artigo, não podemos trazer aqui a narração deste caso. Remetemos, assim, o leitor para duas fontes nas quais

A Constituição brasileira, portanto, escancara uma porta para a alteridade, remetendo os atores jurídicos, no afã de aplicá-la e concretizá-la quando no trato da questão indígena, a um verdadeiro exercício de reconhecimento e respeito aos valores e sentidos de um mundo situado na exterioridade da onipotência ocidental. Apesar disto, porém, grande parte dos atores jurídicos permanece insensível a esta mudança de perspectiva. O Código Civil de 2002, apesar de não reproduzir o texto do Código Civil de 1916 quanto à incapacidade relativa dos "silvícolas", remete a questão para a legislação especial. Contudo, em muitos casos, continua-se ainda a considerar o Estatuto do Índio de 1973 como sendo esta legislação especial, ignorando-se olimpicamente, em prática desgraçadamente comum no Direito brasileiro, o texto constitucional.[38]

8. Considerações finais

Ao final da presente reflexão, esperamos ter desenvolvido, ainda que em rápidas pinceladas, os quatro importantes aspectos que a idéia de *repersonalização do Direito Civil* pode, a nosso ver, reforçar, a saber: transformar a compreensão do Direito Civil moderno ao chamar para o debate duas de suas mais fundamentais noções: a de sujeito de direito e a de direito subjetivo; resgatar a dimensão filosófico-moral da noção de pessoa projetada para o Direito; fazer isto, contudo, sem perder de vista a dimensão concreta, relacional e existencial que se antecipa a qualquer representação da pessoa; e, finalmente, perceber

---

tal narrativa está presente: SILVA FILHO, José Carlos Moreira da. O Direito dos Índios às suas terras tradicionais. *Constituição e Democracia*, Brasília-DF, v. 11, p. 6 – 7, 19 abr. 2007; e SILVA FILHO, J.C.M. Direitos indígenas e direito à diferença: o caso do Morro do Osso em Porto Alegre. In: CARVALHO, Salo de. RUBIO, David Sanchez (orgs.). *Anuário Ibero-Americano de Direitos Humanos* – vol.03. Rio de Janeiro: Lumen Júris, 2008. (prelo).

[38] É o que se pode constatar, por exemplo, nos comentários ao novo Código Civil de Maria Helena Diniz. Ao comentar o parágrafo único do art. 4º do Código de 2002 ("a capacidade dos índios será regulada por legislação especial"), e em item intitulado "Indígenas e sua *submissão* a regime tutelar" (grifos nossos), assim se manifesta a conhecida autora: "Os índios, devido a sua educação ser lenta e difícil (sic), são colocados pelo novo Código Civil sob a proteção de lei especial, que regerá a questão de sua capacidade. O Código Civil sujeita-os ao regime tutelar, estabelecido em leis e regulamentos especiais" (DINIZ, Maria Helena. *Código Civil anotado*. 10ª.ed. São Paulo: Saraiva, 2004. p.16). O mais impressionante é que logo após o trecho transcrito acima a autora cita não só o Estatuto do Índio, mas também o art. 231 da CF, não percebendo, aparentemente, nenhuma contradição entre ambos. Contudo, o maior sinal de como a conquista dos povos indígenas brasileiros na Constituinte passa até hoje despercebida pela maior parte dos juristas brasileiros são os comentários ao mesmo dispositivo do novo Código feitos por Gustavo Tepedino, Heloísa Helena Barboza e Maria Celina Bodin de Moraes, conhecidos defensores e propagadores da perspectiva do Direito Civil-Constitucional (segundo a qual todas as normas e institutos do Direito Civil devem ser reinterpretados à luz da Constituição de 1988, o que parece incrível que seja necessário dizer, afinal tal afirmação deveria ser tida como óbvia). Em seus comentários ao parágrafo único do artigo 4º, os referidos autores dizem o seguinte: "Quanto aos indígenas, sua capacidade é regulada pela legislação especial; no arcabouço vigente, o Estatuto do Índio, Lei n.6.001/73. Dentre as principais disposições de tal diploma, destaque-se (...) que os índios e as comunidades indígenas *ainda não integrados à comunhão nacional* ficam sujeitos ao regime tutelar estabelecido naquela lei (art.7º)". (grifos nossos) (TEPEDINO, Gustavo, BARBOZA, Heloisa Helena, MORAES, Maria Celina Bodin de. *Código Civil interpretado* – conforme a Constituição da República. Rio de Janeiro: Renovar, 2004. v.1. p.15). Ao que parece, com relação à capacidade indígena, referida no parágrafo único do artigo 4º do novo Código Civil, os ilustres autores não realizaram a Constitucionalização do Direito Civil.

que tal enfoque é a decorrência mais veemente de um novo constitucionalismo, voltado para a construção de um Estado Democrático de Direito, no qual o vocábulo "democrático" nos remete para a manutenção da abertura de nossas representações jurídicas, da hospitalidade diante do que é sempre cambiante, existencial e diferente, na convicção de que a democracia é a situação comunitária que permite o contato com a diferença sem que esta seja tida como inferioridade ou irrelevância, ou ainda algo que não se percebe pois é sufocado.

Cremos que o exemplo indígena, pela sua intensa exterioridade e, ao mesmo tempo, pela sua proximidade às mais antigas raízes brasileiras, pode evidenciar de modo privilegiado as questões acima elencadas, mostrando como é possível aos atores jurídicos brasileiros desapegarem-se de uma visão monista, restritiva e intolerante do sistema jurídico do país e abrirem-se a uma compreensão do Direito que o torne aberto e permeado pelas múltiplas referências que constituem o Brasil, percebendo que diferença não significa fraqueza e inferioridade, mas sim o sinal de uma alteridade a ser respeitada em seu inapreensível mistério, o que, muito mais do que a compreensão, demanda o reconhecimento e o respeito.

— XVI —

Thomas Hobbes e a controvérsia acerca da interpretação da lei: uma questão jurídica contemporânea vista à luz do *Commonwealth hobbesiano*

WLADIMIR BARRETO LISBOA[1]

Sumário: Introdução; 1. O caso *Lawrence et alli versus Texas*: premissa majoritária e leitura moral da Constituição; 2. Thomas Hobbes e o problema da interpretação da lei; 2.1. Lei de natureza e lei civil em Thomas Hobbes: a função da soberania; 2.2. A crítica à tradição e a lei civil em Hobbes.

Introdução

O propósito deste artigo consiste em mostrar de que modo um problema contemporâneo no domínio da teoria do direito suscita questões que podem encontrar esclarecimentos na filosofia de Thomas Hobbes. Para essa finalidade será primeiramente analisada uma decisão da Suprema Corte norte-americana que retoma um debate constitucional aberto há já quase vinte anos. Trata-se, mais especificamente, do caso *Lawrence et alli versus Texas*.[2] A partir dos debates jurídicos daí originados, a noção de República em Hobbes será apresentada enquanto fornecendo uma teoria sobre a interpretação jurídica que permite apanhar o bom lado nesse debate.

1. O caso *Lawrence et alli versus Texas* : premissa majoritária e leitura moral da Constituição

Convém lembrar, de início, os elementos factuais e o processo judicial que estão na origem da decisão da Suprema Corte norte-americana no caso *Lawrence*. Chamados por suposta perturbação de sossego, policiais de *Houston* penetram no domicílio de *Lawrence* e o surpreendem mantendo relações sexuais com outro homem. Os dois indivíduos são presos preventivamente e pos-

---
[1] Doutor em Filosofia Política pela Université de Paris – I, Panthéon/Sorbonne. Professor da disciplina "Ética e Fundamentação dos Direitos" no PPG em Direito – Unisinos. Advogado
[2] *Lawrence v. Texas*, 539 U.S. 558 (2003).

teriormente condenados pela lei do *Texas* que reprime a prática da sodomia entre duas pessoas do mesmo sexo. Após a rejeição do recurso em apelação, os dois denunciados dirigem-se à Suprema Corte. A decisão é de 26 de junho de 2003. A Corte, na ocasião, põe diante de si três questões a serem decididas.[3] 1) "Se a condenação dos recorrentes segundo a lei do *Texas* que criminaliza a prática sexual por adultos do mesmo sexo viola a décima quarta emenda que garante a igual proteção das leis [*equal protection of laws*]";[4] 2) "se a condenação dos recorrentes por terem mantido relações sexuais privadas e consentidas viola seu interesse vital à liberdade e à vida privada protegidos pelo processo legal regular [*due process clause*] da décima quarta emenda";[5] 3) "se o precedente do caso *Bowers v. Hardwick*, 478 U.S. 186 (1986) deve ser revisado".[6]

A Suprema Corte justificará sua mudança de posição no caso *Lawrence* a partir de uma interpretação da décima quarta emenda em virtude da qual nenhum Estado poderá privar uma pessoa de sua liberdade sem o processo legal regular [due process clause], nem recusar a todos que se encontram sob sua jurisdição a igual proteção das leis [*equal protection of laws*].

O *Justice* Kennedy, que redigiu o voto majoritário da Corte, afirmou que o ponto da questão consiste em saber se a maioria [isso é, o Poder Legislativo] pode utilizar seu poder de Estado para impor uma convicção moral a toda so-

---

[3] "1. Whether Petitioners' criminal convictions under the Texas "Homosexual Conduct" law—which criminalizes sexual intimacy by same-sex couples, but not identical behavior by different-sex couples—violate the Fourteenth Amendment guarantee of equal protection of laws?
"2. Whether Petitioners' criminal convictions for adult consensual sexual intimacy in the home violate their vital interests in liberty and privacy protected by the Due Process Clause of the Fourteenth Amendment?
"3. Whether *Bowers v. Hardwick*, 478 U. S. 186 (1986), should be overruled?" Pet. for Cert. i. In http://www.supremecourtus.gov/opinions/02pdf/02-102.pdf , acessada em 07/07/2007.

[4] O argumento dos recorrentes aqui é pela inconstitucionalidade da lei do Texas, uma vez que interditava a sodomia entre duplas do mesmo sexo, mas não entre parceiros heterossexuais. A lei, portanto, não garantia uma igual proteção aos apelantes. O texto da *Section* 1 da 14ª Emenda afirma: "All persons born or naturalized in the United States, and subject to the jurisdiction thereof, are citizens of the United States and of the State wherein they reside. No State shall make or enforce any law which shall abridge the privileges or immunities of citizens of the United States; nor shall any State deprive any person of life, liberty, or property, without due process of law; nor deny to any person within its jurisdiction the equal protection of the laws". Disponível em: http://www.archives.gov/national-archives-experience/charters/constitution_amendments_11-27.html, acesso em 21-07-2007. Convém lembrar que a interpretação dessa disposição da 14ª emenda à Constituição conheceu uma evolução na história constitucional americana. Ela correspondia, inicialmente, à idéia de 'justo processo para os acusados', norma de alcance puramente processual. Com o tempo, entretanto, a cláusula toma uma significação material que acentua menos o processo e mais o direito em disputa, concernindo a questão mesma proposta. Essa regra permitiu à Suprema Corte proteger os indivíduos contra avanços dos poderes públicos, interpretada enquanto permitindo impor aos estados federados o respeito à *Bill of Rights*.

[5] O direito à vida privada constitui um dos aspectos do *due process of law* da décima quarta emenda.

[6] Na decisão Bowers, de 1986, a Corte Suprema recusou-se, por cinco votos contra quatro, a condenar a lei do Estado da Geórgia que criminalizava a sodomia. A decisão concentrou-se sobre a questão de saber se a Constituição norte-americana conferiria um direito à sodomia homossexual. A resposta negativa da maioria fundava-se, na ocasião, na referência a diversos elementos históricos destinados a demonstrar que a proibição da sodomia entre dois homens possuía raízes antigas nos Estados Unidos. Voltarei adiante a esse argumento histórico à luz da teoria hobbesiana. Para uma exposição e análise do caso, ver a apresentação de STRECK, L. ao livro de TRIBE, L. & DORF, M. *Hermenêutica Constitucional*. Belo Horizonte, Del Rey, 2007, p. XXVI-XXVII, nota 13.

ciedade através da lei penal. "Nossa obrigação aqui [*afirma o Justice Kennedy*, citando *Planned Parenthood of Southeastern Pa. v. Casey*, 505 U.S. 833, 850 (1992)], consiste em definir a liberdade *tout court*, e não em fazer valer nosso código moral particular".[7] Se aqueles que escreveram e ratificaram o artigo do *due process* da quinta emenda ou da décima quarta, continua o argumento, houvessem conhecido os componentes da liberdade em suas múltiplas possibilidades, eles teriam podido ser mais específicos. Eles sabiam não possuir esse *insight*. Eles sabiam que os tempos podem tornar-nos cegos a certas verdades que gerações futuras podem ver, e que leis um dia pensadas necessárias e adequadas não servem, na realidade, senão para oprimir. Como assegura a Constituição, o povo, em todas as gerações, pode invocar os princípios em sua própria busca de mais liberdade.[8]

O caso *Lawrence* coloca, desse modo, a questão acerca da existência, no centro desse "processo legal regular", de um direito à vida privada, no sentido de intimidade da vida sexual, que poderia ser reivindicado pelos homossexuais.

Pela maioria de seis votos contra três, o direito constitucional ao respeito à vida privada, incluindo a intimidade sexual, foi reconhecido aos homossexuais adultos engajados em uma relação livremente consentida.

O *Justice* Scalia, autor de um dos votos minoritário da Corte, recusou-se a reconhecer à Suprema Corte o poder de intervir e tomar posição em questões que sacodem a sociedade americana e sobre as quais os estados federados não estão de acordo. Fosse verdadeira a afirmação do *Justice* Stevens, voto minoritário no caso *Bowers*, segundo a qual o fato de que exista uma maioria governante em um estado que tradicionalmente tomou a prática homossexual imoral não é razão suficiente para aprovar uma lei que interditasse essa mesma prática, então, nessas circunstâncias, a *regra da maioria* estaria suspensa. Ora, se o estado não pode mais, por maioria, legislar em matéria moral, por conseqüência toda legislação incriminando a fornicação, a bigamia, o adultério, o incesto, a bestialidade, etc., seria ab-rogada. "The law, it said [no caso *Bowers*], is constantly based on notions of morality, and if all laws representing essentially moral choices are to be invalidated under the Due Process Clause, the courts will be very busy indeed. 478 U.S., at 196". Mais do que tomar posição no debate moral, deveria a Corte, de modo imparcial, assegurar e observar que as regras democráticas da maioria sejam observadas. Que os homossexuais busquem persuadir os cidadãos de que seu modo de vida é o melhor, prossegue *Justice* Scalia, não os autoriza a impor seu próprio ponto de vista na ausência de uma vontade democrática: "It is indeed true that later generations can see that laws once thought necessary and proper in fact serve only to oppress [...];

---

[7] "Our obligation is to define the liberty of all, not to mandate our own moral code". *Planned Parenthood of Southeastern Pa. v. Casey*, 505 U. S. 833, 850 (1992).
[8] Cf. *Lawrence v. Wade*, 539 U.S. 558 (2003).

and when that happens, later generations can repeal those laws. But it is the premise of our system that those judgments are to be made by the people, and not imposed by a governing caste that knows best".[9]

Outro argumento do *Justice* Scalia consiste em afirmar que a interdição da sodomia homossexual possui raízes antigas na história americana. Ela era considerada um crime na *common law*. Treze Estados condenavam essa prática no momento em que ratificavam a *Bill of Rights*. Em todos os casos em que há um grupo minoritário que demanda a aceitação de uma prática emergente, continua o *Justice* Scalia, tal prática não está, por definição, profundamente enraizada na história e na tradição da nação de modo a poder justificar um estatuto de "direito fundamental". À questão de se existe um direito à conduta homossexual na Constituição americana, a resposta seria, para Scalia, simples: ninguém jamais pensou que quando a *Bill of Rights* foi adotada ela atribuía um direito à conduta homossexual. Essa conduta foi um delito por quase duzentos anos em todos os estados.

Como se pode verificar, o ponto central do voto minoritário envolve, primariamente, a questão da premissa majoritária segundo a qual o projeto político deliberativo dos diferentes estados é soberano em questões morais. Apenas direitos fundamentais profundamente enraizados na história e na tradição da nação estariam protegidos pelo *heightened scrutiny*.[10] Argumentos históricos acerca da prática jurídica e social no momento onde a lei foi aprovada tornam-se, nessa perspectiva, fundamentais.

2. Thomas Hobbes e o problema da interpretação da lei

Será, a seguir, analisado o papel dos juízes em uma República,[11] segundo Thomas Hobbes, confrontado sua teoria com que se denomina aqui, seguindo Ronald Dworkin, de "leitura originalista da Constituição",[12] tal como pensamos ser a estratégia argumentativa do *Justice* Scalia no voto acima apresentado sucintamente. A questão posta no início desse texto é a seguinte: a Constituição norte-americana, em sua décima quarta emenda, garante um direito à homossexualidade entre adultos e consentida?

---

[9] Cf. *Lawrence v. Wade*, 539 U.S. 558 (2003).

[10] A lei do estado do Texas que penaliza a homossexualidade consentida entre adultos, ao discriminar uma prática não fundada na história e no *common law*, sempre segundo *Justice* Scalia, não estaria protegida pelo *heightened scrutiny* que autoriza a revisão, pela Corte, de normas que produzem injustificadas discriminações no domínio de direitos fundamentais. Sobre o *heightened scrutiny* ver Stone, G. R.; Seidman, L. M.; Sunstein, C. R. & Tushnet, M. V. *Constitutional Law*. New York, Little, Brown and Company ed., 1996, p. 595-782 e 1031-1039.

[11] O *Leviatã* inglês utiliza a expressão *commonwealth* para traduzir *Respublica*, do latim.

[12] Ver DWORKIN. R. Freedom's Law. *The moral reading of the american constitution*. Cambridge, Harvard University Press, 1996, p. 12-15 e também, do mesmo autor, The Bork Nomination. *The New York Review of Books*, v. 34, n. 13, agosto de 1987.

Possuiria Hobbes uma teoria capaz de decidir o debate constitucional apresentado no caso Lawrence? Apesar do anacronismo da pergunta, creio que podemos, senão oferecer uma resposta peremptória, ao menos mostrar de que modo o filósofo de Malmesbury recusaria os argumentos do *Justice* Scalia como infundados e desprovidos de uma adequada compreensão das circunstâncias que envolvem a interpretação da lei civil. Como deveria um juiz, segundo Hobbes, decidir a controvérsia constitucional apresentada? É necessário, naturalmente, que os juízes interpretem a lei. Mas de que modo?

2.1. Lei de natureza e lei civil em Thomas Hobbes: a função da soberania

Para situar a questão, é necessário, de início, recordar que a figura do soberano, em Hobbes, é instituída não apenas para assegurar a paz, inviável na ausência de um poder político, isso é, na circunstância onde os homens vivam em condição natural, mas também, e esse aspecto é fundamental, para fazer valer as leis de natureza, torná-las efetivas. Há um fundamento ético indissoluvelmente ligado à instituição do poder civil, e ele se encontra no necessário conhecimento das paixões que levam os homens a agir em vista de fins particulares. A ética, também denominada de filosofia moral, estabelece, em Hobbes, os primeiros princípios da política, pois nela estão contidos "os primeiros fundamentos dos deveres ou da doutrina civil, que é o coroamento da filosofia".[13] A ciência dessas leis naturais, continua Hobbes no *Leviatã*, é a ética, "e a ética nada mais é do que a ciência das coisas que são boas ou más no comércio e na sociedade dos homens. (...) Desse modo, ninguém pode negar que os meios necessários à paz são bons. Ora, esses meios são a justiça, a gratidão, a modéstia, a eqüidade e todas as outras leis de natureza".[14] As leis de natureza, por sua vez, são tornadas efetivas através das leis civis estabelecidas pelo poder civil. Como é sabido, para Hobbes, na ausência de um poder comum capaz de submeter os homens e fazê-los renunciar à capacidade indiscriminada de usar dos meios que julguem necessários à manutenção de sua identidade, isso é, de sua vida, com vistas à aquisição de um bem aparente futuro, as leis de natureza permanecem como simples teoremas relativos aos meios que permitem a preservação da vida humana. Pois uma lei, no sentido próprio, é a palavra daquele ou daqueles

---

[13] HOBBES, Thomas. *De Corpore*, OL, I, VI, 17, 77-78; EW, 87. Para as citações, serão utilizadas as abreviações usuais.. *De Corpore*, por exemplo, corresponderá aos *Elementa Philosophica Sectio Prima De Corpore*. EW, e OL, equivalem, respectivamente, aos *English Works* e à *Opera latina* de Hobbes, editadas por Sir William Molesworth, entre 1839-45. Para o *De Corpore* latino, é utilizada a edição de Schuhmann, *De Corpore. Elementorum Philosophiae Sectio Prima*, edição crítica, notas, apêndices, índice e introdução de Karl Schuhmann, com a colaboração de Martine Pécharman, Paris, Vrin, 1999. O número da página citado corresponde a essa edição.

[14] HOBBES, Thomas. *Léviathan* latin, OL. Traduzido e anotado por François Tricaud e Martine Pécharman, Paris, Vrin, 2004, cap. XV, p. 129-130.

que comandam.[15] O capítulo XXVI do *Leviatã* define do seguinte modo essa relação entre lei natural e lei civil:

> As leis de natureza e as leis civis contêm-se mutuamente. Toda lei de natureza, com efeito, é uma virtude moral: assim são a equidade, a justiça e a gratidão, que, como foi dito ao final do capítulo XV, não são leis propriamente ditas, mas qualidades. Elas são realmente leis, mas leis civis, quando a cidade comanda observá-las. As leis naturais são, portanto, também, leis civis.[16]

Ora, uma vez que o poder soberano foi instituído para dar efetividade às leis naturais, é a elas, portanto, que se deve voltar o legislador, como razão ou fundamento, no momento de criação das leis civis. A lei civil, por sua vez, enquanto comando, deve ser notificada, por oral, por escrito ou por outro sinal apropriado, àqueles a quem se destina. Além disso, ela deve ser interpretada. Assim, prossegue Hobbes:

> Uma vez conhecidas as leis e o legislador, resta ainda, se as leis devem ser obrigatórias, compreender sua verdadeira interpretação, na qual apenas consiste a essência da lei. Ora, pertence à mesma pessoa comandar e interpretar seus comandos, ordenar e explicar suas ordens. O único intérprete de todas as leis é, pois, o detentor do poder soberano ou aquele a quem foi dada autoridade nessa matéria.

A prerrogativa reivindicada pelo soberano de ser o único intérprete da lei civil é a condição mesma da paz. Evidentemente, todo cidadão pode interpretar a lei civil. Apenas a cidade pode interpretá-la definitivamente. «Uma vez a cidade (poder civil) instituída, a interpretação das leis naturais não depende dos doutores e dos escritores de filosofia moral, mas da autoridade da cidade (civil). Suas doutrinas podem ser verdadeiras, mas é a autoridade, e não a verdade, que faz a lei.» Permanece ainda o problema relativo à interpretação da lei, pois será de tal interpretação que dependerá a potência da República. Um soberano que não busca, por exemplo, em um litígio, tratar igualmente as partes, enfraquece sua potência, pois, ao cometer um ato hostil contra um ou alguns cidadãos, contraria a própria finalidade pública de sua instituição. A continuidade do poder político depende, pois, do respeito às leis de natureza, inscritas na cidade pela lei civil, e da efetivação do princípio mesmo da soberania, a *salus populi*. Da lei civil depende, portanto, a paz. Ora, continua Hobbes:

> Todas as leis, escritas ou não escritas, têm necessidade de interpretação. [...] Quanto às leis escritas, se são breves, a ambigüidade de uma ou duas palavras pode, todavia, torná-las obscuras. E se são longas, a ambigüidade de muitas palavras torna-as ainda mais obscuras. Por isso, toda lei escrita, que seja composta de muitas ou poucas palavras, apenas pode ser compreendida a partir das causas finais da lei ela mesma: ora, o conhecimento dessas causas pertence ao legislador apenas. Apenas ele pode resolver as dificuldade e os nós das leis, desatando-os ou resolvendo-os.[17]

---

[15] Cf. HOBBES, Thomas. *Léviathan* latin, OL., cap. XV, p. 130.

[16] Idem ibidem, cap. XXVI, p. 206.

[17] HOBBES, Thomas. *Léviathan* latin, OL., cap. XXVI, p. 210-11. Essas três últimas citações buscam chamar a atenção sobre a necessidade de que a lei seja notificada e interpretada. Na obscuridade da lei, é preciso buscar sua causa final.

Para Hobbes, a eqüidade e as leis constituem a razão e a vontade artificial da República. A unidade da cidade (*civitas*) reside na composição de todos os seus membros em torno de sua finalidade. Os magistrados, legisladores, conselheiros, etc., agem enquanto prepostos dessa vontade artificial da qual se investe o poder soberano. Tem-se aqui uma distinção fundamental entre a pessoa moral e a pessoa natural do soberano. Essa distinção é crucial, uma vez que se deve bem compreender que o princípio da soberania não repousa na vontade natural do soberano, mas na vontade que é a sua enquanto pessoa moral, isso é, enquanto representante da República.

Portanto, quando os magistrados se interrogam sobre a significação de expressões como "processo legal regular" ou "igual proteção das leis" presentes da décima quarta emenda da Constituição americana, é a vontade pública do poder civil que eles devem interrogar. É preciso compreender que, em Hobbes, a interpretação da lei não é nem uma introspecção psicológica acerca daquilo que pensa o poder político, nem uma prospecção histórica, mas uma atividade estritamente jurídica e política.

Retomando, agora, a partir de uma perspectiva hobbesiana, a questão proposta no início desse artigo. Qual é a causa final de décima quarta emenda? Para responder a essa pergunta é preciso dirigir-se ao legislador. Mas quem é o legislador? Ele é, como foi explicado acima, o soberano. Mas, finalmente, quem é o soberano e qual é a sua vontade? Vejamos o que Hobbes tem a dizer sobre isso:

> A interpretação correta de não importa qual lei natural [e, acrescentaria aqui, de toda lei] é a sentença do detentor do poder supremo ou daquele a quem ele deu autoridade para conhecer tais causas. Esse último dá sua interpretação aplicando a lei ao fato. E essa interpretação é autêntica não porque é a sua sentença, mas porque é a da cidade.[18]

A interpretação, portanto, é autêntica porque é dada pelo soberano em sua pessoa pública, isso é, enquanto representante da cidade. A intenção que é preciso buscar é, pois, a da *civitas*. Se lembrarmos agora que o soberano é instituído para fazer valer as leis de natureza, todo problema consistirá em saber qual decisão é a melhor para a conservação da República, para a preservação da paz civil. Nesse ponto, é necessário citar outra passagem de Hobbes que descreve o funcionamento da razão do juiz: "Assim, se ele [o soberano] institui um juiz, é preciso que esse preste atenção ao fato de que sua sentença deve estar de acordo com a razão de seu soberano: e essa, sendo sempre suposta coincidir com a eqüidade, ele está a ela limitado pela lei de natureza".[19]

A eqüidade de que nos fala Hobbes consiste, para alguém que decide um conflito, em tratar as partes com igualdade. Sem isso, destroem-se as arbitragens, os julgamentos e, conseqüentemente, a paz ela mesma. A eqüidade,

---

[18] HOBBES, Thomas. *Léviathan* latin, OL., cap. XXVI, p. 210.
[19] HOBBES, Thomas. *Leviathan*, éd. MacPherson, Harmondsworth, Penguin Books, 1968, p. 318.

nesse contexto, implica a imparcialidade no tratamento das partes em litígio. A eqüidade exige, pois, tratar a todos igualmente. Segundo ela, os juízes devem aplicar as leis igualmente a todos os cidadãos.

E porque razão é preciso recorrer ao princípio da imparcialidade para interpretar a décima quarta emenda? Seu caráter genérico exige, para a interpretação, um recurso, segundo Hobbes, às leis naturais enquanto apontando o fim a que se destinam todas as leis civis. Assim, afirma a referida emenda: *Nenhum Estado privará uma pessoa de sua vida, de sua liberdade ou de seus bens sem o processo legal regular, nem recusará a todos que estejam sob sua jurisdição a igual proteção das leis.* Essa formulação extremamente ampla exige que o juiz decida em função de um certo fim que a norma aponta.

O *justice* Scalia, por exemplo, invoca, de um lado, a história dos costumes do povo americano e, de outro, a intenção dos pais fundadores da Constituição. Segundo ele, a proibição da sodomia não está sujeita ao *heightened scrutiny*, uma vez que não implica em um "direito fundamental" submetido à cláusula do *Due Process*. Deve-se notar, continua Scalia, que a proibição dessa conduta tem raízes antigas. A sodomia era uma ofensa criminal sob o *common law*. Ela era interditada pelas leis dos treze primeiros Estados que ratificaram a *Bill of Rights*, e foi mantida por muitos Estados. O precedente *Bowers*, segundo Scalia, conclui que um suposto direito a engajar-se em sodomia homossexual não está enraizado na história e na tradição da Nação.

2.2. A critica à tradição e a lei civil em Hobbes

Não é, segundo Hobbes, na intenção do legislador histórico que se deve buscar o sentido da lei. A renúncia ao uso do direito natural e a correspondente outorga à pessoa civil do soberano do direito de distinguir entre o certo e o errado não repousa em um momento mítico ancestral de renúncia recíproca de todos ao uso do direito natural. O poder soberano se exerce no tempo presente, e é nesse tempo que a intenção da vontade pública deve ser perscrutada. A interpretação da lei civil é uma prerrogativa do poder soberano que se exerce sempre no tempo presente:

> Com efeito, o legislador não é aquele pela autoridade de quem as leis foram instituídas no começo, mas aquele pela autoridade de quem elas são mantidas. [...] essas leis, mesmo se elas são muito antigas, tiram sua força de lei não do costume, mas da vontade do poder supremo do momento.[20]

Os argumentos históricos do *justice* Scalia, ao contrário, não se apóiam, em definitivo, na ordem jurídica positiva. Eles tomam como apoio algo que está para além do texto: uma história, uma ancestralidade, um momento fundador e petrificador da interpretação.

---

[20] HOBBES, Thomas. *Léviathan* latin, *OL.*, cap. *XXVI*, p. 207. "*Legum earum authoritas, etsi antiquissimae sint, vim Legum, non à Consuetudine, sed à voluntate Summae Potestatis praesentis habent*".

Uma coisa é certa, a atividade do juiz não é oracular, isso é, ela não consiste em propor uma interpretação arbitrária da lei. Além disso, se a ancestralidade constituísse a autoridade, poderíamos, segundo Hobbes, produzir mil autoridades que se contradiriam umas às outras. A história, a razão privada e mesmo a arte do juiz são impotentes para estabelecer o sentido da lei. Para Hobbes, a história nada pode ensinar acerca dos fundamentos do direito, da justiça e da soberania.[21]

Como bem afirmou o *Justice* Kennedy, no caso *Lawrence*, o precedente *Bowers* deve ser revisto, pois gerações futuras podem compreender que interpretações pensadas outrora como necessárias e mesmo apropriadas podem, de fato, servir apenas para oprimir.

Sobre a mesma problemática de hipótese de revisão dos precedentes, escreve Hobbes:

> Mas como não há nenhum juiz, nem subordinado, nem supremo, que não se engane alguma vez e não pronuncie uma sentença contrária à eqüidade, se o mesmo juiz reconhece a seguir seu erro por ocasião de uma causa semelhante, ele se encontra obrigado a pronunciar uma sentença mais eqüânime.[22]

Quanto à segunda parte do argumento do *Justice* Scalia que consiste em apoiar-se na intenção originária dos primeiros legisladores, também ela não encontra fundamento na República. Com efeito, reencontrar a intenção do legislador é algo bem diferente de interpretar o texto que é o produto da atividade legislativa. Quando Hobbes afirma que é preciso buscar o fim da lei e que esse consiste na vontade do soberano, não se deve compreender aqui, como ficou demonstrado, que é de sua vontade enquanto pessoa privada que se trata. A vontade do soberano é a vontade pública, a qual é preciso sempre interpretar em função de uma situação presente. Dito de outro modo, não se trata de procurar compreender a intenção do legislador à época em que o texto foi promulgado, mas, antes, o texto ele mesmo no contexto presente.

Somos governados pelo resultado da atividade legislativa, isso é, pelas leis que os legisladores criaram, e não pelas intenções que teriam sido as suas outrora.

O que importa é encontrar uma interpretação do texto conforme à vontade pública do poder civil existente. No caso *Lawrence*, devemos buscar uma interpretação da décima quarta emenda que empreste a maior força possível ao conjunto dos princípios constitucionais americanos. É preciso, pois, que os juízes se demandem qual decisão é a mais eqüitativa, isso é, a mais conforme à igual consideração de todos. É possível sustentar que em uma constituição liberal, como é a dos Estados Unidos, apenas uma parte da população possui o direito ao respeito de sua vida privada e de sua intimidade?

---

[21] Sobre esse ponto, ver LISBOA, W. B. O direito, a moral e os limites da justiça: algumas dificuldades legadas pelos modernos. In Coppetti, A., Streck, L. L., Rocha, L. S. Constituição, sistemas sociais e hermenêutica. Porto Alegre, Livraria do Advogado, 2005.
[22] HOBBES, Thomas. *Léviathan* latin, OL., cap. XXVI, p. 210.

— XVII —

Transparência na gestão fiscal e efetividade: a importância da cultura constitucional e orçamentária

TÊMIS LIMBERGER*

Sumário: 1. Introdução; 2. Da metodologia; 3. Análise dos resultados; 3.1. LRF origem e falta de previsão de autonomia aos entes federados; 3.2. A in(formação) como critério relavante na formação do Estado Democrático de Direito; 3.3. Acesso aos dados e o (in)efetivo controle das disposições orçamentárias; 4. Considerações finais.

1. Introdução

A Constituição Federal consagrou diversos direitos fundamentais sociais no art. 6º. Estes direitos são necessários num país de modernidade tardia[1] como o Brasil. Na época em que foi realizada a Constituinte, vivia-se uma euforia como se a partir da colocação das garantias na Constituição fosse haver uma transformação em nossa realidade. Pairava na sociedade a idéia infantil de pensamento mágico, como se da previsão na Constituição fosse advir uma modificação na situação fática. É claro que a garantia representa um compromisso importante em termos de desenvolvimento de políticas públicas, isto é, que país queremos ser neste terceiro milênio. Tiveram que se passar mais de 15 anos[2] para que se começasse a amadurecer no sentido de que os direitos sociais fossem relacionados com os dispositivos orçamentários. Isto é, questões vitais como moradia, saúde, educação, que reclamam para sua implementação dispêndios por parte do poder público.

---

* Doutora em Direito pela Universidade Pompeu Fabra de Barcelona, Mestra pela UFRGS, professora do PPG em Direito UNISINOS. Promotora de Justiça/RS.

[1] STRECK, Lenio. *Jurisdição constitucional e hermenêutica: uma nova crítica do direito.* 2ª ed. Rio de Janeiro: Forense, 2004, p. 122.

[2] KRELL, Andreas. *Direitos Sociais e Controle Judicial no Brasil e na Alemanha: os (des)caminhos de um direito constitucional comparado.* Porto Alegre: Fabris, 2002, p. 107. Para o autor, uma década depois do estabelecimento formal dos catálogos monumentais de Direitos Fundamentais na Carta de 1988, essas normas ainda não lograram causar os efeitos desejados na realidade do país, sobretudo na área dos direitos sociais.

Para que os direitos sociais possam ser concretizados[3] é necessário que o sejam dentro de parâmetros orçamentários, a reserva do possível.[4] Assim, é importante o conhecimento do orçamento que pautará e limitará as possibilidades de investimento.

Os municípios, diante do modelo federativo do contexto constitucional de 1988, foram brindados com atribuições em áreas prioritárias para o desenvolvimento do país, como saúde e educação, sem que lhes fosse concedida a contrapartida na receita tributária. Isto leva a um descompasso entre as tarefas que deverão ser realizadas e a (in)capacidade financeira.

Visando equilibrar os gastos com a despesa de pessoal, a Lei de Responsabilidade Fiscal – LRF – estabeleceu limitadores de gastos com relação aos entes federativos. Esta foi a novidade com relação a tentativas anteriores, como Lei Camata, etc.

A lei inovou, também, ao estatuir que houvesse transparência nas contas públicas, isto é, a divulgação pelos meios eletrônicos dos relatórios de gestão fiscal. A informação é básica quando se trata de poder gerenciar recursos visando a efetivar os direitos sociais. O direito de informar e ser informado é eixo central no Estado Democrático de Direito.

Diante deste contexto, pretendeu-se pesquisar se o dispositivo constitucional do artigo 169, "caput", que objetiva a contenção dos gastos públicos, relativos às despesas com pessoal, está sendo efetivo junto à administração pública do vale do sinos, no aspecto de gestão fiscal e o uso de novas tecnologias. Para isso, buscou-se informação junto aos vereadores, que são os representantes da comunidade, para saber se os mesmos estão fazendo a consulta aos dados disponibilizados por meio eletrônico, referentes à gestão fiscal, conforme artigos 48 e 49 da LRF. Tal é um indicativo para ver se as novas tecnologias estão servindo para tornar mais transparentes as contas públicas.

A contenção da dívida pública é uma meta constitucional. Os controles clássicos do Estado que foram desenvolvidos a partir de um modelo liberal-individualista hoje se apresentam insuficientes. Com a globalização, toda esta estrutura enfrenta uma crise. Por isso, a importância deste mecanismo de controle reside no aspecto preventivo e na ampla publicidade da informação, que difere do modelo repressivo, a partir do qual se estruturou o direito. A Constituição estabelece que a saúde e a educação são competências municipais e se consti-

---

[3] BOLZAN DE MORAIS, José Luis. *As crises do Estado e da Constituição e a transformação espacial dos direitos humanos*. Porto Alegre: Livraria do Advogado, 2002, p. 75. Para o autor, deve-se verificar o papel do ente público estatal para que se obtenha o máximo de efetividade para os direitos de cunho prestacional.

[4] A reserva do possível é um limitador fático, que atua necessariamente sobre os direitos a prestações materiais, devido à sua conotação econômica. A definição dos recursos e sua afetação a umas e outras finalidades são tarefas atribuídas ao legislador e administrador, porém cabe ao julgador o exame da adequação de tais escolhas à previsão constitucional.

A respeito da força normativa dos direitos fundamentais sociais, *vide* VIEIRA DE ANDRADE, José Carlos. *Os direitos fundamentais na Constituição Portuguesa de 1976*. 2ª ed. Coimbra: Almedina, 2001, p. 379.

tuem em áreas prioritárias para o desenvolvimento do Brasil. Somente com a correta fiscalização e utilização dos recursos públicos será possível a concretização dos direitos do cidadão. O município é a estrutura de poder mais próxima do cidadão e, portanto, mais passível de fiscalização. No âmbito federal, isto acaba distante, completamente difuso, dificultando os controles sociais.

A importância de analisar estas questões no âmbito municipal reside em que este se encontra mais próximo ao eleitorado e este ente federativo têm tarefas que são absolutamente prioritárias para o desenvolvimento de nosso país, ou seja, estes dispositivos constitucionais têm de se tornar realmente efetivos. No dizer de Lenio Streck,[5] "é a partir da superação da crise paradigmática do Direito é que poderemos dar um sentido eficacial à Constituição, inserida no novo modelo de cunho transformador que é o Estado Democrático de Direito. Ao lado disto, é imprescindível uma nova hermenêutica jurídica que possibilite ao operador do Direito a compreensão da problemática jurídico social , *inserida no contexto de uma sociedade excludente como a brasileira, onde a dignidade da pessoa humana tem sido solapada desde o seu des-cobrimento*". Dentro desta perspectiva que se procurou realizar a pesquisa e que se pretende analisar os dados coletados.

2. Da metodologia

Foi escolhido o vale do sinos, devido à inserção regional onde se encontra a Universidade – UNISINOS. O Vale é composto por quatorze cidades que circundam o rio do Sinos. Na pesquisa, levou-se em consideração 50% dos municípios, portanto o número de sete . Dentre estes, foram escolhidos de porte grande, médio ou pequeno, tento em vista o contingente populacional. De perfil grande: Novo Hamburgo, São Leopoldo e Canoas; de médio: Esteio e Sapucaia; e pequeno: Portão e Estância Velha.

Em cada município foi pesquisado percentual de 20% do número total de vereadores, o que fez com que fossem entrevistados três edis nos municípios de grande porte e dois nos de médio e pequeno tamanho. Os vereadores foram entrevistados na respectiva Câmara, por meio de um questionário,[6] que primeiramente foi testado sob a forma de piloto e, depois, tornou-se definitivo.

As perguntas podem ser divididas entre dois grandes blocos. O primeiro visa traçar um perfil dos vereadores, a partir de características previamente definidas. O segundo pretende relacionar o (des)conhecimento da LRF e o acesso destas informações por meio eletrônico, conforme tabelas em anexo.

Relativo ao primeiro grupo, o critério da faixa etária, maior ou menor de 45 anos de idade, foi utilizado a fim de constatar se a pessoa com mais idade poderia utilizar melhor a informação disponível por meio eletrônico, devido a

---
[5] STRECK, *op. cit.* 870/1, grifos do autor.
[6] Participação dos alunos: Clarice Koll, Fábio Leopoldo Lara e Fabrício Antônio da Silva.

estar habituada às novas tecnologias e, portanto, oferecer menor resistência a essas novidades.

Colocou-se como indicador a escolaridade para identificar o perfil de estudo daquele que acessa a rede e qual o conhecimento que tem a respeito da LRF. O que se objetivou foi relacionar o maior nível de escolaridade com o conhecimento da lei.

Com relação a ser natural do município ou não, buscou-se constatar se o vereador nascido na cidade onde desempenha seu mandato tem maior nível de comprometimento com os encargos decorrentes da vereança.

Relativo à pergunta, no sentido de ser o primeiro mandato ou não, objetivou-se verificar se os mais experientes já tinham consciência da importância do orçamento.

Atinente à questão de pertencer ao partido político do prefeito, pretendia-se visualizar a relação entre o conhecimento da questão orçamentária e a necessidade de fiscalização, inerente à oposição.

O contato com a base eleitoral, locais onde este se realiza e a periodicidade com que são feitos os encontros, indagou a respeito da (in)existência de vínculo do representante com o representado fora das épocas de eleição.

Relativo ao segundo grupo, buscou-se os assuntos debatidos com a base eleitoral que foram enunciados de forma espontânea, sem que os questionados fossem sugestionados. A partir das respostas, foram estas aglutinadas em dois blocos, a matéria relativa a direitos sociais, contemplando os assuntos de: saúde, educação, moradia e trabalho, e as demais, que receberam a especificação de questões locais. Após, questionou-se o local de discussão e o respectivo momento, de forma espontânea.

Com relação ao debate da questão orçamentária, pretendeu-se verificar se havia relação entre a questão dos direitos sociais e o custo que os mesmos implicam.

Na seqüência, objetivou-se medir o conhecimento da LRF, a partir de resposta afirmativa ou negativa. Após, pediu-se que relacionasse temas com a lei, de forma não provocada, que ao final forma classificados como consistentes e inconsistentes. E, ainda, foram pedidos pontos da lei que se relacionassem à transparência, sendo que as respostas foram classificadas com os balizadores anteriores.

Por derradeiro, perguntou-se a respeito do acesso à *internet* com o objetivo da busca de informação relativa à gestão fiscal, bem como o local onde esta foi obtida.

3. Análise dos resultados

Relativo ao primeiro critério porte do município e o efetivo conhecimento da lei, a partir da relação da temática proposta, verificou-se que 100% dos vereadores disseram conhecer a LRF, o que denota um nível de informação genérico a respeito do assunto, mas quando convidados a relacionar espontaneamente pontos da LRF , os municípios grandes apresentaram respostas em maior número consistentes e os de médio e pequeno porte tenderam para inconsistentes. Uma possibilidade é a de que os municípios grandes possuem, algumas vezes, maiores informações a respeito da LRF no site do município e têm maior demanda dos eleitores com relação aos gastos públicos. Outro ângulo de possibilidade de análise é a associação do nível de escolaridade, que se demonstrou maior (superior completo e incompleto) nos municípios de grande porte do que com relação aos de médio e pequeno contingente populacional. A formação universitária qualificando a informação.

Outros indicadores, como ser natural do município, primeira vereança e partido político de oposição, para relacionar o efetivo conhecimento da LRF, não se mostraram significativos. Esperava-se que pudesse haver relação entre o vereador ser natural do município e um maior comprometimento com as questões fiscais. Outra possibilidade, que não se confirmou, foi a de que aquele que já é mais veterano no exercício do mandato pudesse estar mais atento à LRF. E outra variável que se pretendia levantar era de que houvesse um maior conhecimento da LRF com relação à oposição, como forma de fiscalização do Executivo, sendo que esta hipótese não foi confirmada pela pesquisa. Assim, todos estes elementos não tiveram a sua importância confirmada.

A questão de manter contato com a base obteve o indicativo de 100%, o que demonstra a consciência dos edis de que é fundamental a proximidade com o eleitor, sendo que a periodicidade semanal foi a que se demonstrou mais expressiva, seguida da mensal e a semestral (esta mostrou-se rarefeita).

Relativo ao debate das questões orçamentárias com a base este já se demonstrou significativo, ainda mais porque quando perguntados a respeito das questões discutidas, de forma espontânea, foi encontrado a temática relacionada à saúde (principalmente), educação, moradia e trabalho, que foram reunidos para o fim da pesquisa como direitos sociais. Isso pode indicar um amadurecimento no tocante à questão orçamentária, no sentido de conscientização de que os direitos sociais têm um custo para sua implementação e não são benesses concedidas pela política paternalista dos governantes. Pode ser interpretado como o desenvolvimento que a sociedade brasileira está experimentando com relação à percepção de que os direitos sociais demandam orçamento para sua implementação, é o que se denomina reserva do possível.

A idéia de transparência visava investigar a respeito da efetividade da lei com relação à publicidade conferida pelas novas tecnologias, ou seja, se esta informação que está disponível é efetivamente acessada ou não pelos seus destinatários.

3.1. LRF origem e falta de previsão de autonomia aos entes federados

A pergunta preliminar a respeito dos pontos que relaciona com transparência, revelou-se insubsistente, pois a publicação dos dados referentes à gestão fiscal e o respectivo controle somente foi apontada em três municípios. Isso demonstra como a lei traz ditames que não se incorporaram ainda à realidade fática, apesar de estar em vigor há 7 anos.

A origem da criação da lei pode explicar, em parte, pois esta foi editada a pedido do FMI, em diversos países, não contemplando as especificidades próprias do sistema presidencialista brasileiro com seu peculiar modelo federativo, e destituindo completamente a autonomia para os Estados-membros e municípios. Importante registrar que a LRF baseou-se em experiências de implementação de políticas de metas inflacionárias em países que adotam a forma parlamentar de governo (tais como: Nova Zelândia, Canadá, Grã-Bretanha e Alemanha), onde os ministros são politicamente responsáveis perante o Legislativo. Nesta importação direta de modelo, o legislador desconsiderou completamente as características da realidade brasileira.[7]

---

[7] A LRF sofreu inconstitucionalidades no âmbito formal e material. O projeto de lei foi de iniciativa do Presidente da República, por isto o trâmite iniciou-se na Câmara de Deputados. O artigo 20 da LRF, que trata dos percentuais de gastos dos entes federados, em seu projeto original continha dispositivo que autorizava, no "caput" do artigo, a referência segundo o qual a repartição dos limites globais dessa despesa obedeceriam ao disposto nos seus incisos "caso não seja fixada na Lei de Diretrizes Orçamentárias – LDO", passando a dispor seu enunciado em parágrafo específico. Pela redação conferida ao dispositivo do "caput" do art. 20, a prevalência era de que os percentuais estabelecidos somente se aplicariam no caso de não serem estabelecidos pela LDO. A emenda aprovada no Senado inverteu o sentido da proposição, fazendo com que a prioridade fosse estabelecida aos percentuais fixados na LRF e não na LDO. A redação original tornava impossível o veto presidencial apenas à parte em que se referia à LDO. A mudança efetuada pelo Senado destacou e colocou no §6° a referência à LDO. Em assim o fazendo, alterou todo o sentido político da norma que fora aprovada pela Câmara. Esta alteração não foi apreciada pela Câmara, atropelando o bicameralismo que é pedra basilar no processo legislativo. Posteriormente, o Presidente da República vetou expressamente este parágrafo. A emenda proposta pelo Senado foi um artifício que permitiu ao Chefe do Executivo desfigurar o sentido original do dispositivo legal. O procedimento legislativo foi maculado, o dispositivo foi elaborado com o vício de inconstitucionalidade formal, sem que este fosse reconhecido pelo STF.

A inconstitucionalidade material também ocorreu, pois no conceito de federalismo é ínsita à idéia de autonomia dos Estados-membros. Dentre a autonomia está a capacidade de auto-organização dos Estados, dentre eles a fixação dos seus gastos, desde que observado o limite global de 60% estabelecido no art. 19 da LRF, que tem como fundamento o art. 169 da CF. Houve uma discriminação minuciosa dos percentuais no âmbito federal, restringindo os espaço dos Estados-membros. A divisão de competências é o cerne do federalismo. O art. 24, I, CF preceitua a competência concorrente sobre normas de direito financeiro entre a União, Estados e Distrito Federal. A competência concorrente é entendida como a edição das normas gerais pela União e de normas específicas para os Estados. A União não pode(ria) restringir a autonomia dos Estados ou a independência dos Poderes, fixando percentuais rígidos para os Estados. O federalismo devido à sua importância foi erigido à cláusula pétrea, as conseqüências que daí advém, tais como a competência, também tem de ser preservados, sob pena de desvirtuar o perfil constitucional (doutrina dos poderes implícitos da Constituição). A União ao disciplinar detalhadamente os gastos dos Estados-membros imiscuiu-se em competência que não era sua. O patamar de gastos gerais fixado pela União visa equilibrar o pacto federativo, mais do que isto, é invasão de competência, pois estes percentuais podem ser gastos de forma distinta, conforme a necessidade do Estado. Estes argumentos de inconstitucionalidade material foram submetidos à apreciação do STF, que desconheceu toda essa argumentação na Adin nº 2238-5, proposta pelos partidos políticos, aos quais foram apensadas as demais ações propostas.

A supressão total da autonomia dos Estados-membros com a possibilidade de que gastem de acordo com suas necessidades regionais, conforme porcentuais pré-estabelecidos. Isto fica mais crítico quando se trata dos 5.500 municípios brasileiros que têm uma enormidade de diferenças culturais e econômicas. Dentre os 496 municípios do Rio Grande do Sul,[8] as cidades situadas no vale do Sinos possuem condições de desenvolvimento muito boas (considerando-se a realidade brasileira), levando-se em consideração indicadores, tais como PIB, escolaridade, etc. Apesar desta situação favorável, os indicadores encontrados foram no sentido de elevado número de respostas inconsistentes, levando em conta o conhecimento da LRF. Caso se pense em outros rincões do Rio Grande onde não há este desenvolvimento ou mesmo nos municípios mais longínquos do norte e nordeste de nosso país, em uma projeção, estes indicadores seriam ainda mais nefastos.

Saliente-se que o desiderato da lei é positivo ao visar conter o déficit público, mas a forma como o faz, de maneira a engessar as diferenças regionais, é que merece crítica. É a centralização que ocorre no modelo federativo brasileiro, herança do Estado unitário, na época do Brasil Império. Isto faz com que as questões não tenham como ponto de partida o âmbito local e sejam impostas a partir de Brasília para os municípios. O resultado dessa prática faz com que a lei, após 7 anos de vigência, ainda seja desconhecida por muitos vereadores, que deveriam saber o objetivo da LRF. Ora, o conhecimento dos dados de gestão fiscal é básico para poder planejar e executar os gastos que são prioritários para o desenvolvimento das unidades federativas. O Brasil é um país que não realizou todas as metas que objetivava o Estado Social. Daí decorre a necessidade de se ter presente a discussão do orçamento e dos direitos sociais, pois estes têm um custo para sua implementação.

A Constituição Federal estatui políticas públicas que devem ser implementadas pelo administrador e pelos legisladores. Os mandatos políticos não são um "cheque em branco", mas algo que deve ser desenvolvido por aqueles que estão prestando esta importante tarefa como agentes políticos. Existem políticas públicas nacionais e não apenas governamentais, da educação, da saúde e da segurança.[9]

3.2. A in(formação) como critério relevante na formação do Estado Democrático de Direito

A questão do nível de escolaridade ficou evidente como sendo um elemento chave no conhecimento da lei, cerne para a operacionalização das po-

---

[8] Disponível em: *htpp: //www.famurs.com.br*, acesso em 21/07/2007.
[9] MOREIRA NETO, Diogo de Figueiredo. Novos horizontes para o direito administrativo- pelo controle das políticas públicas. Ecos de um congresso: a próxima missão. Revista de Direito do Estado, Rio de Janeiro, ano 1, n°4, p. 406, out/dez 2006.

líticas públicas. Por isso, Pérez Luño[10] ao traçar considerações a respeito dos direitos humanos e constitucionalismo: situação atual e perspectivas para o século XXI, coloca a educação como elemento fundamental nesta relação dialética e complementar. Assim, "a adesão cívica aos direitos humanos e ao constitucionalismo não se produz de forma espontânea, requer um processo de ensino e aprendizagem, isto é, uma *Paideia*. Somente a educação nos valores e princípios que informam as liberdades e as normas constitucionais pode assegurar sua vivência e vigência".[11]

A *Paideia*[12] é uma palavra grega que vai além de expressões modernas como civilização, cultura, tradição, literatura ou educação. Nenhuma delas, porém, coincide com o que os gregos entendiam por *Paideia*. Cada um dos significados se limita a exprimir um aspecto daquele conceito global, e, para abranger o campo total do conceito grego, ter-se-ia de empregá-los todos de uma só vez. Deste conjunto de expressões unido pela palavra grega *Paideia* decorre a formação do homem grego, que não é uma teoria formal ou abstrata, mas valores, que, para os gregos, concretizavam-se na literatura, expressão de toda a cultura superior.

O projeto grego de civilização era baseado na cultura e educação, isto permitiu a diferença de desenvolvimento entre o ocidente e o oriente. Sem isso, provavelmente, a parte ocidental estaria em situação de desenvolvimento semelhante ao medievo. A vinculação entre felicidade e educação, entre felicidade e racionalidade, é uma idéia consolidada historicamente por muitos filósofos.[13] Na filosofia helenística, a felicidade é concebida como autonomia racional e independência, tanto em relação às vicissitudes externas quanto em relação aos desejos e à busca dos prazeres.

Posteriormente, alguns séculos depois, com o liberalismo surge a cultura administrativista, decorrente da cultura constitucional,[14] já que o direito administrativo é o direito constitucional concretizado. A Constituição com a sua função limitadora[15] declarava os direitos fundamentais e limitava os poderes do Estado, a fim de que se garantisse os direitos individuais. Os instrumentos da atividade administrativa vêm previamente encunciados. Com o advento

---

[10] PÉREZ LUÑO, Antonio Enrique. *Derechos humanos, Estado de derecho y Constitución*. 8ªed, Madrid: Tecnos, 2003, p. 618/9.

[11] PÉREZ LUÑO, *op.cit.*, p. 619.

[12] JAEGER, Werner. *Paidéia – A formação do homem grego*. São Paulo: Martins Fontes, 2003.

[13] SANTOS, André Leonardo Copetti. O ensino do direito como condição de possibilidade para a concretização de um projeto de felicidade presente na Constituição Federal brasileira, *In* Constituição, sistemas sociais e hermenêutica: programa de pós-graduação em Direito da Unisinos: mestrado e doutorado. Porto Alegre: Livraria do Advogado, 2007, p. 51.

[14] HÄBERLE, Peter. *Verfassungslehre als Kulturwissensschaft*. Berlin: Duncker&Humblot, 1982,p.20 considera a cultura constitucional e a cultura administrativa como conceitos paralelos, afirmando: "A boa cultura administrativa amolda a cultura constitucional, enquanto a má a destrói". (*Gute Verwaltungskultur prägt die Verfassungskultur, mit, schlechte verdirbt sie.*)

[15] MIRANDA, Jorge. *Manual de Direito Constitucional*. 4ª ed. Coimbra:Coimbra Ed., 1988, vol. 2, p. 179

do Estado Social, ocorre a expansão de seus serviços. Alarga-se a esfera do poder público, da publicidade, com a expansão da burocracia profissional e da dominação racional.[16] Necessita-se da complementação das normas constitucionais para o funcionamento dos serviços estatais. As obras de direito administrativo procuram compreender as novas exigências sociais e fornecer subsídios para a juridicização deste fenômeno, que se pode denominar de cultura administrativa.

Outra decorrência da cultura constitucional é a cultura orçamentária, vinculada também à administrativa. Com o liberalismo constitucionaliza-se o orçamento, tornando-se cogente os impostos e necessária a autorização anual para a realização de despesas. Os juristas passam a se preocupar com as receitas e despesas públicas. Relaciona-se a idéia de que os direitos sociais, para sua implementação, necessitam ter suporte orçamentário. Valoriza-se o debate a respeito da elaboração do orçamento, contando-se com a participação popular para sua implementação, tendo-se em conta a necessidade de controle do mesmo, quando de sua execução. É o que Canotilho denomina de "Constituição Orçamental".[17] Todos estes componentes ajudam a formar a cultura orçamentária. Em síntese, os direitos fundamentais são garantidos pelos serviços públicos e por isso mesmo lhes constituem o fundamento.[18]

A Constituição como cultura, conforme denomina Peter Häberle,[19] a proteção nacional dos bens culturais somente é um aspecto de algo mais complexo, cada Constituição própria de um Estado Constitucional parece direcionada pela dimensão cultural.

Transpondo-se estes conceitos para a realidade brasileira, a cidadania precisa ter noções de constitucionalismo e dos direitos fundamentais. Os seus representantes legais, no Legislativo, mais ainda. A questão do nível de formação superior completo ou incompleto dos vereadores foi importante para relacionar aspectos da LRF, bem como para apontar porque a lei contribui à transparência. Da formação cultural decorre o direito de informar e ser informado, que é um eixo sobre o qual se alicerça o Estado Democrático de Direito.[20] Somente o

---

[16] WEBER, Max. *Economía y Sociedad*. México: Fondo de Cultura Econômica. 1990, p. 170 *et seq*.

[17] CANOTILHO, J. J. Gomes e MOREIRA, Vital. *Fundamentos da Constituição*. Coimbra: Coimbra Ed. 1991, p. 173. Na Constituição orçamental, estariam os preceitos relativos ao orçamento do Estado, principalmente a aprovação parlamentar do orçamento, incluindo a autorização parlamentar anual dos impostos e a autorização e controle parlamentar das despesas públicas.

[18] LIMA, Ruy Cirme. "Organização Administrativa e Serviço Público no Direito Administrativo Brasileiro". RDP 59/60, p. 131: "Na verdade, os direitos fundamentais, assegurados na Constituição, ao revés de limite, são, quanto aos serviços públicos, o fundamento e a razão destes".

[19] Häberle, Peter. La protección constitucional y universal de los bienes culturales: um analisis comparativo. *Revista Española de Derecho Constitucional*, n° 54, sep./dic 1998, Madrid, pp.11-38.

[20] VILLAVERDE MENÉNDEZ, Ignacio. *Estado Democrático e información: el derecho a ser informado*. Junta General del Principado de Asturias: Universidad de Oviedo, 1994, p. 34/5. No Estado Democrático de Direito não se protege somente a difusão, tal qual se sucedia no Estado Liberal, senão se protege a informação mesma, que forma um processo substancial a toda a democracia.

representante legislativo corretamente informado a respeito dos dados de gestão fiscal pode implementar os dispositivos constitucionais que garantem os direitos sociais.

3.3. Acesso aos dados e o (in)efetivo controle das disposições orçamentárias

O direito brasileiro encontra-se numa fase de transição entre um tratamento tradicional lógico-formal das normas e a aplicação de métodos modernos de uma interpretação material-valorativa.[21]

Com relação à acessibilidade dos dados em Internet, o percentual negativo foi elevado, o que confirma que esta disponibilidade dos números da LRF não redunda em uma consulta aos mesmos. O acesso à internet foi significativo nos municípios de porte grande (havendo todos os três obtido a faixa dos 66%), o que demonstra que nestes há uma maior disponibilidade dos dados na página do município ou da Câmara Municipal de Vereadores.

Pretendia-se averiguar a relação entre pessoas com a idade mais avançada e a resistência aos meios de inovação tecnológica, por isto se escolheu pessoas de mais e menos idade, sendo estas, em tese, mais propicias ao uso da Internet. Pelo cotejo da idade e a questão do acesso, não se conseguiu demonstrar, pois mesmo os mais jovens muitas vezes não acessam estes dados. Porém, quando estes são consultados, a página da Câmara Municipal foi a que recebeu mais consulta, como forma de indicar a importância dos computadores conectados na Internet, nos espaços públicos.

Um dos grandes objetivos das democracias atuais é possibilitar uma rede de comunicação direta entre a Administração e os administrados que redunde em um aprofundamento democrático e em uma maior transparência e eficiência na atividade pública. A sociedade democrática reinvindica o pluralismo informativo, o livre acesso e a circulação de informações. É o que Pérez Luño[22] denomina de ciberciudanía@ ou ciudanía.com.

A partir da publicidade da informação é possível controlar os atos da administração. As novas tecnologias podem servir para o controle dos gastos públicos. É importante que os mecanismos previstos na legislação com a disponibilidade dos dados de gestão fiscal na *internet* sejam efetivamente consultados por seus destinatários.

O acesso à Internet vem crescendo nos últimos anos em nosso país. Em 2001 apenas 8,2% dos lares brasileiros estavam conectados à rede. Em 2006, este porcentual cresceu significativamente, alcançando 13,7% , o que representa atualmente 15 milhões de usuários da *web*. Quando se coteja prontidão

---

[21] KRELL, *op.cit.*, p. 107.
[22] PÉREZ LUÑO, Antonio-Enrique. ? Ciberciudanía@ o ciudanía.com? Barcelona: Gedisa, 2004, p. 99.

eletrônica na conexão por *internet,* levando-se em consideração os critérios de rapidez, economicidade e segurança, o Brasil ocupa o 43º lugar,[23] dentre as 69 maiores economias do mundo. Estes números demonstram a importância de conexão à rede nos espaços públicos, uma vez que ainda é pequeno o acesso à *internet* nas residências brasileiras.

4. Considerações finais

O administrador na realização das políticas públicas deve buscar concretizar os direitos sociais. O mandato político não deve ser exercido ao alvedrio do governante, mas deve buscar a implementação de políticas em consonância com os preceitos da Constituição. Direitos sociais importantes reclamam a sua implementação após quase 20 anos da promulgação da Constituição cidadã. O orçamento é restrito por motivos variados, desde um gerenciamento que por vezes é realizado de maneira insatisfatória até problemas de desvio de recursos, comprometendo, por isso, a implementação dos direitos prestacionais. Atualmente, não se afigura um projeto político claro comprometido com as demandas da sociedade. Como conseqüência, os serviços públicos não são prestados ou o são de uma forma deficiente. Assim, somente com o conhecimento do orçamento é que se torna possível eleger as políticas públicas e sua realização. E, ainda, que a LRF que visa a transparência das contas públicas, seja efetiva, pois de nada adianta a publicação dos resultados de gestão fiscal se estes não são consultados.

A partir da pesquisa realizada, pode-se concluir, primeiramente, que os entes federativos municipais com maior porte e estrutura oferecem maiores condições de disponibilidade dos dados fiscais. Atualmente, o Brasil conta com 5.560 municípios.[24] As diferenças entre eles são enormes com relação ao grau de desenvolvimento. A lei foi pensada para os municípios maiores e com melhor estrutura, com possibilidade de informatização.

Por segundo, a formação cultural é importante para o conhecimento dos gastos públicos. Volta-se à idéia de cultura constitucional. Percebe-se uma preocupação com as questões orçamentárias, o que está a indicar uma evolução, ainda que tímida, da efetividade do disposto no art. 169, *caput*, da CF, em relação aos dados disponibilizados por *internet*, de que trata o artigo 48 da LRF. A discussão e o controle das despesas do Estado é instrumento para se conseguir a concretização dos direitos sociais, de implementação urgente no contexto brasileiro.

---

[23] Abismo digital entre países está menor, aponta pesquisa, publicada no jornal Folha de São Paulo, B 17, de 28/4/2007.

[24] Disponível em: *htpp://www1.ibge.gov.br* . Acesso em *30/8/2007.*

Município	Vereadores entrevistados (=100%)	Faixa Etária 25 a 45	Faixa Etária 46 a 65	Escolaridade Sup. Comp.	Escolaridade Sup. Inc.	Escolaridade 2º Grau	Escolaridade 1º Grau	Natural do Município Sim	Natural do Município Não	Primeira Vereança Sim	Primeira Vereança Não	Partido Político X Mandato Prefeito Situação	Partido Político X Mandato Prefeito Oposição	Partido Político X Mandato Prefeito Coligação	Contato com Base Eleitoral Sim	Contato com Base Eleitoral Não
Novo Hamburgo	3	66%	33%	33%	33%	33%	-	33%	66%	66%	33	33%	66%	-	100%	-
São Leopoldo	3	66%	33%	33%	33%	-	33%	33%	66%	33%	66%	33%	33%	33%	100%	-
Canoas	3	33%	66%	33%	33%	33%	-	33%	66%	33%	66%	33%	33%	33%	100%	-
Esteio	2	50%	50%	-	50%	50%	-	50%	50%	-	100%	50%	50%	-	100%	-
Campo Bom	2	50%	50%	-	50%	50%	50%	-	100%	50%	50%	50%	-	50%	100%	-
Portão	2	50%	50%	-	-	-	50%	100%	-	50%	50%	-	100%	-	100%	-
Estância Velha	2	50%	50%	-	50%	-	50%	50%	50%	50%	50%	-	50%	50%	100%	-

Município	Periodicidade de Contato com a Base Eleitoral			Assunto debatido com Base Eleitoral		Local de discussões com a Base Eleitoral			Momento de discussão			
	Semestral	Mensal	Semanal	Dirs.socias	Questões locais	Diretório do Partido	Câmara de Vereadores	Comunidade e Associações	Reuniões com a Base / Campanha Eleitoral	Quando procurado	Audiências Públicas	Não respondeu
Novo Hamburgo	-	-	100%	33%	66%	66%	33%	-	100%	-	-	-
São Leopoldo	-	33%	66%	33%	66%	-	66%	33%	66%	33%	-	-
Canoas	-	66%	33%	33%	66%	-	-	100%	33%	-	-	66%
Esteio	-	50%	50%	50%	50%	-	100%	-	-	50%	50%	-
Campo Bom	50%	50%	100%	50%	50%	100%	-	-	50%	50%	-	-
Portão	-	-	100%	50%	50%	-	50%	-	-	50%	-	50%
Estância Velha	-	-	100%	50%	50%	-	100%	-	-	-	-	100%

Município	Vereadores entrevistados (=100%)	Assunto debatido com Base Eleitoral - Dirs.sociais	Assunto debatido com Base Eleitoral - Questões locais	Debate de questões orçamentárias com base - Sim	Debate de questões orçamentárias com base - Não	Conhece LRF - Sim	Conhece LRF - Não	Pontos relacionados com a LRF - Consistentes	Pontos relacionados com a LRF - Inconsistentes	Pontos relacionados com a LRF e transparência - Consistentes	Pontos relacionados com a LRF e transparência - Inconsistentes	Acesso Internet referente gestão fiscal - Sim	Acesso Internet referente gestão fiscal - Não	Site onde foi obtida a informação - Página da Câmara	Site onde foi obtida a informação - Página do Município
Novo Hamburgo	3	33%	66%	100%	-	100%	-	33%	66%	33%	66%	66%	33%	33%	33%
São Leopoldo	3	33%	66%	33%	66%	100%	-	66%	33%	66%	33%	66%	33%	66%	-
Canoas	3	33%	66%	66%	33%	100%	-	33%	66%	-	100%	66%	33%	66%	-
Esteio	2	50%	50%	50%	50%	100%	-	50%	100%	-	100%	-	100%	-	-
Campo Bom	2	50%	50%	100%	-	100%	-	50%	50%	-	100%	50%	50%	50%	-
Portão	2	50%	50%	50%	50%	10%	-	50%	50%	-	100%	-	100%	-	-
Estância Velha	2	50%	50%	50%	50%	100%	-	-	100%	50%	50%	50%	50%	50%	-

Impressão:
Evangraf
Rua Waldomiro Schapke, 77 - P. Alegre, RS
Fone: (51) 3336.2466 - Fax: (51) 3336.0422
E-mail: evangraf.adm@terra.com.br